KB151425

전문가의 조건:

기술적 숙련가에서
성찰적 실천가로

도날드 쇤 지음
배을규 옮김

역자 서문

　도날드 쇤Donald Schön, 1930 ~ 1997은 하버드 대학에서 듀이의 탐구 이론에 관한 연구로 박사학위를 취득하였고 이후 발명과 지식의 발전 과정, 기술 발전과 조직 변화의 관계, 사회 조직의 학습 현상 등과 관련된 연구를 수행하였다. 쇤은 박사학위 취득 후 컨설팅 회사에서 활동하기도 했지만, 1968년부터 1997년 사망할 때까지 MIT 대학의 '도시연구 및 교육'학과의 교수로서 재직하면서 전문가의 실천, 성찰, 학습 행위에 관한 왕성한 연구와 교육, 자문 활동을 수행하였다. 쇤은 경영컨설턴트이자 조직학습이론가인 크리스 아지리스Chris Argyris와 함께 『실천의 이론』Theory in Practice: Increasing Professional Effectiveness, 1974, 『조직학습: 행위이론의 관점』Organizational Learning: A Theory of Action Perspective, 1978을 출간하면서 학계와 현장의 주목을 끌게 되었다. 우리나라에서 이 책들은 주로 경영 및 조직 연구자와 관리자들에게 많은 관심을 받았지만, 이 번역서의 원전인 『전문가의 조건: 기술적 숙련가에서 성찰적 실천가로』Reflective Practitioner: How Professionals Think in Action, 1983는 경영 및 조직 분야뿐만 아니라 교육 분야에서도 관심의 대상이 되었다. 이 책에서 쇤은 객관적 지식과 보편적 지식을 강조하는 기술적 합리성에 근거하는 전통적 지식관을 거부하고, 지식이 실천 행위를 수행하는 동안 일어나는 성찰 과정에서 형성되기에 성찰지 내지는 실천지로 인식해야 한다는 새로운 지식관, 즉 실천의 인식론an epistemology of practice을 지지한다. 즉 한 분야의 전문가는 자신의 실천 상황 중에 성찰을 하고, 그 과정에서 습득하는 실천지를 즉각적으로 실행할 수 있는 능력, 즉 실천적 기예artistry를 전문성으로 보유한다는 것이다. 다양한 분야의 전문가 실천 사례를 통하여 실천적 기예로서 전문성의 실체를 기술하고 전문성의 구조와 내용을 규명하고 있는 이 책은 조직 경영자와 관리자는 물론 전문성 교육과 연구에 관심을 두는 HRD/성인교육 분야 학자들과 학생들이 반드시 읽어보아야 할 문헌이 아닐까 생각한다.

이 책과 역자와의 인연은 약 20년 전으로 거슬러 올라간다. 역자는 미국 유학 시절 자주 찾던 도서관 구석 서가에 꽂혀 있던 이 책을 우연히 발견하고 수일 동안 숙독했던 경험을 잊을 수가 없다. 수업 준비와 과제 수행으로 눈코 뜰 새 없이 바쁘던 와중에도 누구도 추천해주지 않았고 나의 학업 계획과도 관련이 없어 보였던 이 책을 며칠 만에 완독해냈던 기억은 지금도 생생하다. HRD/성인교육 전공자로서 기업과 공공 조직의 직무 수행자에게 요구되는 역량이 무엇인지, 그리고 그들의 역량을 개발하고 개선하는데 효과적인 방법은 무엇인지에 대해서 관심을 갖고 있던 나에게 이 책이 담고 있는 내용은 매우 신선하게 다가왔다. 당시 산업계와 교육계에선 각 직업 분야의 실천가 역량을 전통적인 직무분석기법에 의거하여 도출된 지식·기술·태도의 분류체계로 규정하고 그에 근거하여 전문가 교육과정을 구성하고 활용하였다. 그런 사정은 지금도 그리 달라지지 않은 듯이 보인다. 그러나 과학기술과 일터세계의 변화가 더욱 가속화되고 복잡화되는 상황에서 각 직업 분야의 실천가 역량은 지식·기술·태도의 분절된 체계가 아니라 실제 현장에서 발휘되고 달성되는 실천 행위, 즉 수행성performativity 차원에서 이해되고 규정되어야 할 것이다. 왜냐하면 전문가의 실천 행위는 실제 일터 현장에서 발생하는 예측불가능하고 복잡다단한 상황 속에서 지속적으로 성찰하고 행위를 변경하면서 유연하게 대응하는 모습으로 전개되어야 하기 때문이다. 따라서 불확실하고 불안정한 실천 현장에서 발휘되어야 할 전문성을 지식·기술·태도 요소별로 미리 분류하여 체계화하는 방식이 적절하지도 않을뿐더러, 그런 식으로 분절화된 능력 요소를 전문성으로 간주하고 교육하는 것이 타당하지 않을 것이다. 전문가 양성을 위하여 대학과 기업에서 막대한 비용과 시간을 투자하고 있음에도 불구하고 산업 현장에서는 기존의 전문가 교육에 대해서 불만과 비난을 쏟아내고 있는 실정이다. 이러한 시점에서 전문성을 객관적이고 보편적인 지식 체계가 아니라 주관적이고 상황적인 앎의 과정으로 이해하고 분석하는 이 책 내용은 전문성 연구자와 전문가 교육자들에게 의미있는 교훈을 제공하리라 믿는다.

이 책의 내용을 정리해보면, 1부에서 저자는 과거 전문가들이 인정받고 우대받던 시절을 지나갔다고 지적하면서 전문가의 신뢰가 추락하고 있는 현상과 원인에 대해서 다룬다. 전문직 분야의 실천 상황이 점점 더 복잡성, 불안정성, 불확실성을 더해가는 현실 속에서 전통적인 지식관, 즉 기술적 합리성 관점으로 대응하는 자세의 문제점에 대해서 논의한다. 지식의 객관성과 보편타당성을 강조하는 소위 기술적 합리성 모델에 의거하여 훈련된 실천가들은 고유하고 독특한 상황에서 발생하는 문제를 해결할 수 없고, 이 때문에 그들의 평판과 역량에 대한 신뢰는 점점 더 저하될 수밖에 없다는 것이다. 이제 전통적 지식관을 탈피하여 새로운 지식관으로서 실천의 인식론an epistemology of practice이 요청되는데 이는 실천가의 전문성을 실천가의 실천 행위 중에 일어나는 성찰의 과정 속에서 이해해야 할 필요성을 제기한다.

2부는 5가지의 전문직 분야의 사례들을 통하여 실천가의 행위 중 성찰의 과정, 구조, 한계, 그리고 조직 내 학습의 과정과 조직학습의 시스템 문제 등을 분석하고 기술하고 있다. 각 사례에서 전문가는 자신이 당면하는 상황의 불확실성, 불안정성, 독특성 때문에 상황과의 성찰적 대화가 필요하고 그 과정에서 전문가는 행위 중 성찰 능력이란 실천적 기예artistry를 발휘하고 있음을 보여준다. 나아가서 이런 실천적 기예를 행위 중 성찰 과정에서 나타나는 즉흥적인 실험 행위, 유사 경험의 활용, 실천 행위의 적합성과 엄밀성 딜레마라는 측면에서 논의하고 있다. 또한 전문가의 역할 규정과 실천 행위의 한계, 전문가 지식 레퍼토리로서 범례exemplar의 의미와 적용, 사회적 맥락이 전문가 실천 행위에 미치는 영향, 조직의 학습시스템과 그 한계점 등에 대해서도 살펴보고 있다. 특히 전문가는 자신의 역할을 규정하는 방식에 따라서 자신이 선택하고 활용하는 지식이 달라지며 그 과정에서 새로운 전문성이 발휘되고 형성된다는 주장이나, 전문가가 가치 갈등 상황 속에서 자신의 역할 규정 방식으로 초래되는 실천 행위의 부정적 결과의 원인을 분석하는 대목은 매우 흥미롭다. 즉 전문가는 자신이 지니고 있는 기존의 실천지, 즉 실행 행위 이론Model I theory-in-use 차원에서 자신의 역할을 규정하고 실천 지식을 선택하고 활용하며, 그로 인해서 실천 행위가 제약되는 결과를 초래한다는 것이다. 따라서 전문가는 자신의 역할을 재규정하고 실천 행위의 한계를 극복하기 위해서는 기대 행위 이론Model II espoused theory을 탐색하고 정립하려는 행위 중 성찰 능력이 요청된다는 것이다.

　　3부는 결론 부분으로서 행위 중 성찰의 인식론이 갖는 시사점, 즉 전문가의 사회적 역할과 위상, 전문가와 고객 관계에서 자율과 권한, 전문성 연구의 아젠다, 사회 진보와 복지를 위한 전문가 활동에 대해서 논의하고 있다. 오늘날 우리는 소위 '전문가 없는 전문성 사회'의 시대에 살고 있다. 사회 제반 분야로부터 분출되는 전문성의 요구를 충족시킬만한 전문가들이 부족한 상황이다. 예컨대 최근 사회경제 변화의 화두가 되고 있는 4차산업혁명은 창의·혁신·융합의 전문가를 요구하고 있다. 과연 우리 사회는 그와 같은 전문가 인재를 길러낼 준비가 되어있는가라고 자문해보아야 할 것이다. 세계적인 IT기업인 인텔사가 지적한 것처럼 대학의 공학교육과정은 최소 18개월마다 개정되어야 한다는데, 대학은 여전히 전통적인 학문과 지식체계에 근거한 교육과정으로 학생들을 교육하고 있는 실정이다. 이러한 교육시스템 하에서 변화된 사회에 필요한 전문가로서 역량을 진정 발휘할 수 있을 것인지 의문이 생길 수밖에 없다. 또한 전문직 분야의 고객들은 '전문가'라 하면 무조건 신뢰하는 게 우리의 현실이다. 이 책이 보여주는 것처럼 전통적 학문지식체계에 근거한 교육과정에 따라 습득한 기술적 지식과 경험적 숙련으로는 유동적이고 불확실하고 독특한 실천 문제를 효과적으로 해결하지 못하고 고객의 요구를 충족시키지 못할 것이다. 다시 말하면 실천 맥락과 무관하고 분절된 능력 요소로 훈련된 기술적 숙련으로서 전문성을 이해할 때, 전문가 교육의 미래를 암울할 수밖에 없을 것이다.

　　오늘날 사회를 평생학습사회와 지식기반사회라고 부른다. 과학기술이 발전하고 일터 세계가 변화함에 따라서 개인, 조직, 국가의 생존과 성장에 필요한 지식의 양과 질은 무한히 증가하고 동시에 계속 학습의 필요성이 어느 때보다 중요해지기 때문이다. 이제 학교 교육 과정을 충실히 이수하고 사회에 진출하여 배운 바를 기능적으로 숙련되게 적용하는 직업인이 아니라, 학교 교육 이후에도 자신의 전문 분야에서 요구되는 실천 행위를 성찰하고 개선하는 성찰적 실천가로서 인재가 필요한 시대가 되었다. 출간된 지 무려 30여 년의 시간이 흘렀지만, 이 책에서 논의되는 전문직의 신뢰성 상실 원인, 행위 중 성찰 과정으로서 실천적 기예 이해, 실천적 기예의 핵심 구성 요소, 조직 학습 과정과 제약 조건, 전문가와 고객의 관계, 연구자와 실천가의 관계 등에 관한 논의들은 오늘날 사회가 요청하는 전문성을 이해하고 전문가 교육의 방향과 내용을 설정하는데 많은 영감과 교훈을 제공해줄 것이라 믿어 의심치 않는다.

새로운 저서를 저술하는 것보다 번역 작업이 훨씬 어렵다는 사실을 새삼 느끼면서 혹여 역자의 무능과 무지로 인해서 저자에게 누를 끼치지나 않을지 걱정이 앞선다. 이 책을 번역하기로 결심하고서 최종 완료하기까지 애초에 예정했던 시간을 훌쩍 넘겨버렸다. 그동안 전문성과 전문가 교육에 관심을 두고 있는 학계 동료들이나 제자들이 이 역서의 시급한 출간을 기다려온 사정을 살피지 못하여 송구할 뿐이다. 이 책을 번역하는 과정에서 여러 분들이 도움을 주었다. 학업과 직장 일로 바쁘면서도 흔쾌히 시간을 내어 번역 초고를 숙독하고 윤문해 준 제자, 장민영 선생과 박상오 선생에게 감사드린다. 어려운 출판 사정에 불구하고 흔쾌히 역서 출간을 허락해주신 박영사 안종만 대표님, 꼼꼼하고 세심하게 편집 작업을 해주신 안희준 님께 감사의 말씀을 드린다. 그리고 번역을 시작하고 완료할 때까지 한번도 재촉하지 않고 묵묵히 기다려주신 박영사 이선경 님께도 감사드린다. 이 역서가 부디 전문성을 연구하고 교육하는 성찰적 연구자와 성찰적 교육자에게 큰 도움이 되길 간절히 바란다.

역자 배을규

목차

제 3 부   결론

PART 01

전문가 지식과
행위 중 성찰

Professional Knowledge
and Reflection-in-Action

Chapter 1

전문가 지식:
신뢰의 위기

Professional Knowledge
and Reflection-in-Action

우리 사회에서 전문가는 필수불가결한 존재로 인식되고 있다. 특별한 교육을 받은 전문가들에 의해서 우리 사회의 중요한 일들이 이루어지고 있기 때문이다. 전쟁 수행과 국가 방위, 아동·청소년 교육, 질병 진단과 치료, 범죄자 판결과 처벌, 분쟁 해결, 기업 경영, 건물 설계와 건축 등과 같이 사회적으로 중요한 활동을 전문직 종사자, 즉 전문가들이 전담하고 있다. 우리 사회의 제도화된 기관들도 — 학교, 병원, 정부기관, 법정, 군대 — 전문가의 활동이 이루어지는 영역이다. 이러한 기관들에서 문제를 확인하고 해결하는데 전문가들이 필요하고, 결국 그들이 있음으로 사회 진보가 가능해지고 있다. 전문가들이 이런 역할을 수행하기 때문에, 우리는 전문가들에게 "중요한 사회 문제들에 대한 지식의 배타적 소유권"[1]을 인정해주고 있다. 동시에 그들에게 여러 가지 예외적 권리와 특권들도 인정해주고 있다. 그래서 전문직은 매력과 보상이 큰 경력으로 인식되는 경향이 있다. 또한 이런 연유로 직업 종사자들은 저마다 자신의 직업 분야가 전문직으로 위상

---

1 Everett Hughes, "The Study of Occupations," in Robert K. Merton, Leonard Broom and Leonard S. Cottrell, Jr., eds., *Sociology Today* (New York: Basic Books, 1959).

을 갖추기를 원하고 그렇게 되고자 노력한다. 누군가의 말처럼 이제 직업 활동에 몸담고 있는 사람들은 모두 전문가가 되어가는 현상이 도래하고 있다.[2]

그러나 중요한 사회 문제 해결을 위하여 전문가들에게 의존하는 경향이 강해지고 있지만, 전문가에 대한 신뢰 위기의 징후들은 주변에서 속속 드러나고 있다. 존경받는 전문가들이 자신에게 보장된 자율성을 오용하는 행위뿐만 아니라 – 예를 들면 의사와 변호사가 자신의 이익을 위해서 불법적으로 지위를 이용하는 사례 – 실제 그들의 문제 해결 행위가 실패하는 경우도 허다하다. 나아가서 공공 정책과 관련하여 전문가의 해결책이 예상하지 못한 결과를 초래하거나, 원래 해결하고자 했던 문제들을 악화시키는 사태가 발생하곤 한다. 전문가들이 처방하는 새로운 기술들이 철저히 계획되고 평가된 것이라 할지라도 실제 현장에서 돌이킬 수 없는 부작용을 낳고 있다. 예컨대 전문가들에 의해서 계획되고 관리된 전쟁이 엄청난 국가 재난으로 이어지는 상황을 실제로 목격하고 있다. 다른 한편 국가적으로 중요한 문제들에 대해서 전문가들이 각기 이질적이고 모순되는 정책들을 제안하는 경우도 있다.

이처럼 전문가들의 판단이 실패하고 그로인해 전문가들에 대한 신뢰가 상실하는 사태가 자주 벌어짐에 따라 전문가들에 대한 비난은 더욱 거세지고 있다. 전문가의 활동을 일부 규제해야 한다는 대중들의 주장이 제기되고 있고, 전문가들이 제안한 정책들을 반대하면서 자신의 권익을 보호하려는 공공 단체들이 결성되고 있으며, 전문가들의 무능하고 무책임한 행위로 인한 피해를 보상받기 위한 법적 투쟁도 심심찮게 발생하고 있다. 동시에 의학 대학원과 법학 대학원과 같이 전통과 권위를 인정받아온 전문가 양성 기관에서도 전문가 교육이 부도덕하고, 부적절하며, 억압적인 방식으로 실시된다는 비난이 거세지고 있다.[3]

그러나 전문가 자격 부여 권한, 전문직 공동체의 통제 규정, 전문가 자율성

---

2 H.L. Wilensky, "The Professionalization of Everyone?", *American Journal of Sociology* 70 (September 1964); 137 – 158.

3 예를 들면, Scott Throw, *One L: An Inside Account of Life in the First Year at Harvard Law School* (New York: G. P. Putnam's Sons, 1977).

보장 등 소위 전문가의 고유한 권리와 자유에 대한 의구심의 증폭은 사실 인간에게 중요한 영향을 미치는 사회 문제들에 관한 특수한 지식을 전문가들만이 향유해야 한다는 주장에 대한 뿌리 깊은 불신에서 비롯되고 있다. 이와 같은 전문가에 대한 의심과 불신은 몇 가지 방식으로 가시화되고 있다. 앞서 언급한 전문가의 대중 신뢰성 상실과 함께 전문직에 대한 이념적 공격이 진보 진영으로부터 나타나고 있다. Ivan Illich는 전문가들이 스스로 특수한 전문 지식을 갖고 있고 그들의 전문성은 특별하다고 주장하는데 이는 완전히 잘못된 것이라고 비판한 바 있다.4 Gross와 Osterman은 자신의 이익을 도모하고 사회 지배를 위한 권력을 쟁취하려는 파워엘리트를 지지하고 지원하기 위해서 전문가들이 자신의 전문적 지식을 오용하고 있다고 지적한 바 있다.5 이제 더 이상 전문가들은 특별한 지식의 독점을 주장할 수 없고, 인정도 받을 수 없게 되고 마는 신뢰성의 위기 징후들이 눈앞에 펼쳐지고 있다.

미국예술과학아카데미the American Academy of Arts and Sciences가 발간하는 학술지인 *Daedalus*는 1963년에 "전문가들은 미국인의 삶 곳곳에서 승전고를 울리고 있다"라는 제호로 전문직 특별판을 출간한 바 있다. 당시 Daedalus 특별판 저자들은 전문직의 사회적 재조명, 전문직 서비스 요구 증가, 모든 실천 분야에 전문가 진출 등 다양한 연구 주제로 오늘날 전문직이 승리하고 있다는 증거를 제시하였다.

우리는 국가 재정의 상당 부분을 전문가 양성에 쏟아 붓고 있다.… 과거 100여 년 전 철도산업이 그랬던 것처럼, 이제 "지식산업"이 우리 경제에서 중차대한 역할을 하는 시대가 다가오고 있다. … 1955년에서 1970년까지 15년 동안 대학 교수의 숫자가 두 배로 증가하였고, 기존 전문직 종

---

4 Ivan Illich, *A Celebration of Awareness: A Call for Institutional Revolution* (Garden City, N.Y.: Doubleday, 1970).

5 예를 들면, *The New Professionals*, Gross and Osterman, eds. (New York: Simon and Schuster, 1972)를 보라.

사자에 더하여 새로운 전문직 종사자들이 등장하였으며, 특히 기업 경영의 전문화도 가속화되고 있다. 미국 역사상 이처럼 전문직의 존재가 부각된 적이 없었고, 그들의 서비스에 의존하는 시대도 없었다. 다시 말하면 Thorsten Veblen이 60년 동안 꿈꾸어왔던 전문가 사회가 지금처럼 현실에 가까웠던 적은 없었다.[6]

Daedalus에 투고한 저자들만이 오늘날 전문직을 둘러싼 상황을 이렇게 바라보고 있는 것이 아니다. 기술 전문성에 대한 사회 요구가 점차 증가하고 있고, 이로 인해서 전문직 관련 지식산업이 현실화되고 있다는 사실을 누구나 공감하고 있다. Richard Hofstadter는 오늘날 자급자족하는 "보통 인간"에 대해서 다음과 같이 표현한 바 있다.

자신도 그 정체를 알 수 없는 도구를 사용하면서, 그 도구를 사용하는데 필요한 전문성을 잘 알지도 못한 채 오늘날 보통 인간은 아침 식사 준비를 하고 있다. 그리고 그는 식탁에 앉아서 아침 식사를 하면서 읽고 있는 신문 기사에서 여러 가지 중요하고 논쟁적인 사회 이슈들을 접하고 있다. 하지만 보통 인간은 그런 이슈들에 대해서 스스로 판단할 수 있는 능력이 없다는 사실을 솔직하게 인정하고 있다.[7]

1962년 예일대학교 학위수여식 연설에서 케네디 대통령은 청중들에게 "여러분은 앞으로 복잡하고 집요한 사회 문제와 이슈들을 접하게 될 것인데, 그런 문제와 이슈를 해결하기 위한 대안을 마련하는데 동참하기를 바랍니다"[8]라고 강조하였다. 이제 현대 사회는 전문가 역량을 기반으로 가동되는 "지식기반 사회",[9]

---

6 Kenneth Lynn, Introduction to "The Professions," Fall 1963 issue of Daédalus, Journal of the American Academy of Arts and Sciences, p.649.

7 Richard Hofstadter, *Anti−Intellectualism in American Life*, quoted in Jethro Lieberman, *The Tyranny of Expertse* (New York: Walker and Company, 1970), p.1.

8 John F. Kennedy, quoted in Lieberman, *Tyranny of Expertise* p.5.

9 R. E. Lane, "The Decline of Politics and Ideology in a Knowledgeable Society," *American Sociological Review*, 31, (October, 1966).

"능동적 사회", "후기산업사회"10로 변화하고 있고, 이러한 변화의 동력원으로서 소위 "제2 과학혁명"이 확산되는 것이다.

> 막대한 자원을 연구 분야에 계속 투입하고, 다양한 자연과 사회 문제를 해결하기 위한 노력이 활발하게 이루어진 결과, 예전보다 생산성이 훨씬 높아져 우리의 사회적 삶과 정치적 삶은 보다 풍요로워지게 되었다. 이러한 과정에서 과학적 지식의 역할을 새롭게 이해하고, 서구 사회의 조직 운영에 과학적 지식을 접목하려고 시도하는 제2의 과학혁명이 등장하게 되었다.11

노동인구 중에서 전문가 집단은 1900년 4%에서 1950년 8%로, 1966년에는 13%로 증가하였다.12 Daniel Bell은 1975년에 이르면 전문가와 기술자들이 노동인구 중 15%를 차지할 것이며 2000년 경에는 25%에 이를 것이라고 예견하였다.13 Wilbert Moore는 "전문가는 자신의 분야에서 우월한 지위를 누릴 것이다. 자신의 분야에서 역량을 인정받은 전문가들을 제외하고는 누구도 전문가의 지위에 도전할 수 있는 사람은 없게 될 것이다"라고 주장하였다.14 심지어 전문직을 비판하는 사람들조차도 전문직이 없는 현대 국가는 상상하기 어렵다고 인정하는 실정이다.15

이 와중에 전문직은 급증하는 서비스 요구에 부응하고자 노력하지만 과부하에 시달리고 있다. Daedalus에는 과중한 업무에 시달리는 의사, 의학 연구 및 의료 실천 활동의 확대로 관련 전문직 분야들이 세분화되는 현상에 대한 이야기들

---

10 Amitai Etzioni, *The Active Society* (New York; The Free Press, 1968). Danel Bell, "Notes on the Post–Industrial Society," *The Public Interest*, 6 and 7, (Winter and Spring, 1967).

11 Lane, "Decline of Politics," p.653.

12 Daniel Bell, "Labor in the Post–Industrial Society," *Dissent*, 19, 1 (Winter 1972): 70–80.

13 Ibid.

14 Wilbert Moore, *The Professions* (New York: Russell Sage Foundation, 1970), pp.15–16.

15 Liberman, *Tyranny of Expertse*, p.54.

이 소개되고 있다. 또 동 학술지에는 과학 분야의 전문화 현상을 언급한 글이 게재되었는데, 관료주의 시스템 하에서 과학 분야의 전문화가 지닌 위험에 대해서 경고하고 있다. 또한 변호사들이 자신의 분야에 대한 전문성을 유지하기가 더욱 어려워졌고, 보다 다양한 법률 서비스 제공에 대한 대중들의 기대는 더욱 높아지고 있다고 한다.[16] 더불어 변호사들은 더 많은 자료를 수집하고 처리하며 관리해야 하는 문제도 해결해야 하는 상황이라고 한다.[17] 교육자, 군사전문가, 정치가도 마찬가지 입장이다. Kenneth Lynn의 주장처럼,

> 이 심포지엄에 참여한 사람들은 누구나 전문직이 감당해야 할 요구들이 많아지고 있고 그 성격도 다양하다는 점을 인정할 것이다. 오늘날 목사, 교사, 의사, 과학자들도 마찬가지일 것이며, 이는 주목할 만한 사회적인 현상이라고 생각한다.[18]

이처럼 전문직이 과거와 달리 성공을 거둔 것은 사실인데, 그 성공의 원인은 다음과 같은 사실에서 비롯되었다고 볼 수 있다.

> 전문가들은 자신의 분야에서 공인된 특별한 지식을 보유하고 있으며, 그들의 전문적 행위는 공동체 지향성을 바탕으로 추진되기 때문에 우리가 추구하는 사회에서 전문직은 필수불가결한 부분이 되고 있다. 우리 사회는 이제 전문가에 의존하지 않고는 현상 유지조차 어려운 게 현실이다.[19]

전문가들의 성공은 "지식산업"의 폭발적 확대로 가능하였는데, 다른 한편 전문가들이 지향하는 엄밀성, 성실성, 공동체의식을 미국인의 삶의 목표 달성과 문

---

16 Paul Freund, "The Legal Professions," *Daedalus* (Fall 1963): 696.

17 Ibid. p.697.

18 Lynn, *Daedalus* (Fall 1963): 651.

19 Bernard Barber, "Some Problems in the Sociology of the Professions," *Daedalus* (Fall 1963): 686.

제 해결에 접목하려는 그들의 노력 자체가 지식산업의 결과물이기도 하다. 전문
가들에 대한 찬가가 널리 울려 퍼지고 있는 와중에도 목회 분야와 도시계획 분야
는 다른 사정을 보여준다. James Gustafson는 "성직자의 딜레마"에 대해서 다음
과 같이 표현하고 있다.

> 성직자들은 대대로 그들 고유의 사고방식, 생활 태도, 목회 활동을 유지
> 해 온 전통을 갖고 있다. 그러나 오늘날 성직자들은 그런 전통을 고수해서
> 는 전문적 실천 활동을 원활하게 수행하기가 어려워지고 있다. 그것은 소
> 위 "적합성의 문제the problem of relevance"와 관련이 있기 때문이다.20

같은 맥락에서 William Alonso는 도시계획 분야 전문직에서 나타나는 "지연
된 이해lagging understanding" 현상을 다음과 같이 지적하고 있다.

> 지난 반세기 동안 우리가 살고 있는 도시들은 생각보다 훨씬 더 빨리
> 성장했다. 그래서 도시 변화, 즉 도시 규모의 변화로 인하여 발생할 수 있
> 는 다른 사회 변화를 제대로 이해하지 못하게 되면 도시 문제 해결에 적
> 합한 치료제를 찾기 힘들어지고 심지어 잘못된 치료제를 처방할지도 모르
> 게 되었다.…21

그러나 1963년부터 1981년까지 전문가의 현실 이해 결핍, 전문가 처방의 부
적절성, 전문가 자신의 딜레마 등으로 대중의 불만이 고조됨에 따라 이제 전문직
을 위한 지식산업의 찬가는 더 이상 불리지 않게 되었다. 당시 발생했던 여러 가
지 사건들은 일반인뿐만 아니라 전문가 자신들조차도 전문가 역량을 불신하게 되
었고, 이는 결국 전문직의 합법성을 의문시하게 되는 결과를 초래하였다.

당시 미국은 국가적 재앙이 된 베트남 전쟁에 빠져서 헤어나지 못하고 있었

---

20 James Gustafson, "The Clergy in the United States," *Daedalus* (fall, 1963): 743.
21 William Alonso, "Cities and City Planners," in *Daedalus* (Fall 1963): 838.

는데, 이 베트남 전쟁으로 야기된 또 다른 전쟁을 치르고 있었다. 전쟁을 종식시키고 전쟁으로 인한 분열을 치유하는데 과학, 기술, 공공정책 전문가들이 아무런 역할을 하지 못하고 있었고, 오히려 그들은 전쟁으로 인한 갈등을 연장하고 조장하는데 더 관심을 기울이는 것처럼 보였다. 다시 말해서 전문가들이 이용한 과학, 기술, 공공정책들은 도시 황폐화, 환경 파괴, 에너지 부족과 같은 국가 위기 상황을 초래하는 주범이 되어버린 것이다.

과학, 기술, 공공정책 등으로 국가 위기 상황을 헤쳐나가고자 했던 전문가들의 "전쟁"은 기대했던 성과를 달성하지 못했다. 오히려 그 전쟁은 위기 상황을 더욱 악화되는 결과만을 초래하였다. 사실 국가 위기 사태는 사회, 기술, 경제 제반 분야들과 얽히고설킨 복잡한 성격을 지니고 있었는데, 이 위기 사태를 일거에 해소하고자 시도했던 우주개발 프로그램도 일회성 시도에 그치고 말았다. "기술적 교정technological fix"은 부작용만 낳을 뿐이었다. 전문가들의 해결책은 원래 문제를 더욱 크게 만들고 있었다. 1960년대 초반에 왕성하게 실시되었던 도시재개발 사업은 지역사회를 파괴하였는데, 그 원인은 주택 건설, 범죄 방지, 사회 복지, 교통 등 다양한 분야의 전문가들이 제시한 방안들이 원래 해결하고자 했던 문제를 악화시킨데 있었다.[22] 전문가들이 제시한 해결책은 전혀 효과가 없었고, 오히려 새로운 문제를 발생시켰으며, 전문가들의 문제 규정 또한 불완전하고 취약한 이론들에 근거하고 있었다. 결국 우리 사회의 공적 문제들은 전문가들의 순수한 기술적 처방에 의존할 것이 아니라, 관련된 사람들의 도덕적, 정치적 선택으로 문제를 규정하고 해결하는 방식으로 접근해야 한다는 의견이 대두되기 시작하였다.[23]

평화 인권 운동가들은 세력을 규합하고 단체를 조직하여 권력자의 도구로 전락한 전문가들에 대해서 비판을 가하기 시작했다. 전문가 자신들도 환경 파괴,

22 도시 문제에 관련된 논의는 다음을 참고하라. Donald Schön, *Beyond the Stable State* (New York: Random House, 1971).

23 예를 들면, Peter Marris and Martin Rein, *Dilemmas of Social Reform* (New York: Atherton Press, 1967).

소비자 권익 침해, 의료서비스의 불평등과 고비용, 사회 불평등과 같은 사회 문제들에 대해서 악인의 역할을 하고 있었다는 사실을 스스로 깨닫게 되었다.

결핍은 과잉을 낳는다. 1970년 인구조사 결과는 과거 교사 수요 예측을 잘못했다는 사실을 입증하였다. 1950년 후반에 장래 과학자와 엔지니어들이 부족해질 것이라는 예상은 1960년대 중반이 되면 더 이상 관심의 대상이 되질 못할 정도로 부정확한 예측이 되고 말았다. 가장 확실한 예측으로 기대했던 의사 부족 문제도 1970년대 초반이 되면 의사 숫자의 부족이 아니라 필요한 의사의 부족이라는 문제로 판명 났다.

Medicare와 Medicaid 비리, 워터게이트 스캔들 등 일련의 사건 여파로, 전문직의 이미지는 더욱 실추되었다. 전문가들은 자신의 행동을 자체 검열하고, 엄격한 도덕적 잣대에 의거하여 생활하는 사람이라는 일반 대중의 믿음은 철저하게 훼손되었다. 전문가들도 일반인처럼 그저 자신의 특별한 지위와 권리를 남용하여 사적 이익을 추구하는 사람들로 인식되었다.

이런 모든 사건들로 인하여 사회 문제 치유 프로그램들의 기본 전략과 모델의 타당성에 대한 의구심은 더욱 깊어졌고, 과학자와 전문가들이 다루는 현상들이 보기보다 매우 복잡한 특성을 지닌다는 사실에 대중들은 공감하기 시작했다. 1960년대 중반부터 1970년대 초반까지 발생했던 사회 문제들은 전문가의 신뢰성과 자부심을 훼손시켰는데, 사실 그런 결과는 전문가들을 과신했던 사회 지도층과 일반 대중의 인식 탓도 일정 부분 작용한 것이라고 생각한다.

1963년 Daedalus지에서 울려 퍼진 전문직의 승리 찬가는 이제 어디에서도 들을 수 없게 되었다. 보수가 높고 안정적 지위를 유지하는 전문직 경력을 추구하는 젊은이들이 여전히 많음에도 불구하고, 전문직은 이제 신뢰성과 정당성의 위기라는 현실에 직면하고 있다. 대중들의 분노, 사회로부터 비판, 전문가 자신의 불평 등 전문직에 대한 부정적 분위기 속에서 그동안 전문가들이 독점해온 지식의 배타적 소유권, 사회에 대한 통제 권리는 도전을 받고 있다. 그 이유는 첫째, 전문가들이 더 이상 자신들이 지지하는 가치와 규범에 따라서 살지 않고 있고, 둘째, 그렇기 때문에 그들은 더 이상 효과적인 활동을 수행하지 못하기 때문이다.

전문가들은 사회 복지 증진에 기여하고 있고, 고객의 요구를 우선하고 있으며, 자신의 역량과 도덕성 발휘에 최선을 다하고 있다고 스스로 주장하고 있다. 그러나 대중과 학계에선 전문가들이 자기 이익을 위하여 고객을 희생시키고, 공적인 서비스 제공에 책임을 다하지 않으며, 스스로 감시하는데도 소홀하다고 비판하고 있다.[24] 전문직의 파워가 강력해질수록, 전문가들은 책임을 다해야할 공적 서비스에 대한 관심을 줄이고 있고 오히려 자신들의 이해관계에 더욱 집착하는 정도가 심화되고 있다.[25] 전문직의 고객을 대상으로 한 조사 결과를 보면, 전문가들은 제공하는 서비스에 대해서 과도한 보상을 요구하고, 권력자와 자본가를 위하여 힘없는 사람과 가난한 사람을 차별하며, 공적 책임 의식을 갖기를 거부하는 행태를 보인다고 밝히고 있다.[26] 젊은 전문가들 중 일부는 전문가로서 지켜야할 기본적 가치에 관심을 기울이지 않고 있다. 젊은 변호사는 정의를 수호하려는 의지가 부족하고, 젊은 의사는 의료 서비스의 질 보장과 공정한 제공을 등한시 하고, 젊은 과학자와 엔지니어는 과학기술로 선행을 베풀고 안전에 만전을 기해야 하는데 그렇지 않은 것이 현실이다.[27]

한편 학술지나 일반 잡지에 실린 논문과 기사를 보면 전문가의 비효율적이고 재난적인 실천 행위와 관련된 증거들이 나타나고 있다. 예를 들면, 베트남 전쟁, 피그만 사태, 쓰리마일 섬의 핵 누출사고, 뉴욕시 재정파탄 사태 등이 그런 사례들에 속한다.[28] 전문적인 기술의 효과나 결과를 고려치 않고 사용하는 전문가의

---

24 Osterman and Gross, *New Professionals;* Lieberman, *Tyranny of Expertise;* and *Professionalism and Social Change,* Paul Halmos, ed., *The Sociological Review Monograph* 20 University of Keele, (December 1973).

25 Arlene K. Daniels, "How Free Should Professions Be?" in Eliot Freidson, ed., *The Professions and Their Prospects* (Beverly Hills: Sage Publications, 1971), p.56.

26 Alan Gartner, *The Preparation of Human Service Professionals* (New York: Human Sciences Press, 1976), p.121.

27 Robert Perucci, "In the Service of Man: Radical Movements in the Professions," in Halmos, *Professionalism and Social Change,* pp.179－194.

28 예를 들면, David Halberstam, *The Best and the Brightest* (New York Random House, 1972) and Charles R. Morris, *The Cost of Good Interventions* (New York: W. W. Norton, 1980).

습성을 많은 비판가들이 꼬집고 있다. Charles Reich는 토지개간사업국the Bureau of Reclamation을 "그 폐해를 생각하지 않고, 미국에서 흐르는 강이 있는 한 댐 건설을 멈추지 않을 댐 건설 기계"로 묘사한 바 있다. 그러면서 그는 다음과 같이 단정짓는다.

전문가들은 자신이 최선을 다해서 일을 한다고 믿고 있지만, 그들은 자신이 어떤 일을 하고 있는지에 대해서는 별로 신경을 쓰지 않고 있다.[29]

한편 전문가들 스스로 사회 문제 해결에 도움을 주지 못하고, 새로운 문제 발생을 방지하지 못하며, 고객 서비스 역량도 부족하다는 점을 시인하고 있다. 이런 맥락에서 Warren Burger는 검사들이 기소 준비 작업에 최선을 다하지 않고 있다고 비판하였고, David Rutstein은 현직 의사로서 의료 기술이 발전하는데 비하여 의료 시스템은 부응하지 못한다고 공개적으로 비판한 바 있다.[30]

일각에선 전문직의 탈전문화deprofessionalization 현상을 언급하고 있다. 엔지니어, 과학자, 의사, 통계분석가, 음악가, 교사 등 여러 전문직 분야에서 고용 시장이 위축되고 있고, 그들의 근로 여건과 처우가 열악해지고 있다. 몇몇 식자들은 이런 변화를 전문직의 "관료주의화", "산업화", 혹은 "프롤레타리아화" 현상으로 일컫고 있다.[31] 전문가들은 자체 노조를 결성하면서 과거처럼 자신의 경력을 자율적으로 관리하는 사람이 아니라 관료주의적 조직 내에서 근로자로서 자처하는 경향마저 보이고 있다.

전문직의 신뢰성 위기와 이미지 실추는 전문직 실천 활동의 효과성에 대한 의문, 즉 전문적 지식을 바탕으로 하는 탁월한 서비스 제공이 과연 사회 복지에

---

29 Charles Reich, *The Law of the Planned Society*, quoted in Lieberman, *Tyranny of Expertise*, p.268.

30 David Rutstein, *The Coming Revolution in Medicine* (Cambridge, Mass: MIT Press, 1967).

31 예를 들면, Marie Haug, "Deprofessionalization: An Alternate Hypothesis for the Future," and Martin Oppenheimer, "The Proletarianization of the Professions", in Halmos, *Professionalism and Social Change*.

기여하고 있는지에 대한 의심으로부터 기인한다. 이러한 전문직에 대한 회의주의
는 그동안 전문가들의 이기적 행동, 전문직의 관료주의화, 전문직 실천의 기업
및 정부 이해관계 종속 현상들과도 관련이 깊다. 그러나 무엇보다 가장 중요한
문제는 전문직과 전문가의 지식professional knowledge 문제와 관련이 있다. 과연 전
문가 지식은 해당 전문직이 지향하는 목적과 가치에 합당하다고 볼 수 있을까?
전문가 지식은 해당 전문직을 출현시킨 사회 요구를 해소시킬 만큼 충분하다고
할 수 있을까?

물론 전문가 지식만이 전문직의 신뢰성 위기의 원인이라고 단정할 수 없다.
전문직 이기주의와 계급이익 종속들도 전문직 신뢰성 위기를 초래한 원인들이라
고 몇몇 비판적 논평가들은 주장한다. 때문에 우리 사회가 각 전문직이 보유한
지식이 가져다주는 혜택을 충분하고 공정하게 누리려면 해당 전문직 집단 자체를
정화하고 재편하는 작업이 필요할 것이다.32 하지만 전문직의 특별한 지식이 사
회 요구를 충족시키고 사회 문제를 해결하는데 적합한 것인지에 대한 의문은 여
전히 남아 있다.

그러면 신뢰성 위기에 처한 전문가 자신들은 그들이 보유한 지식의 적합성에
대해서 어떻게 생각하고 있을까? 흥미롭게도 전문가들은 전문직 고유의 지식이
변화하는 실천 상황 특성에 잘 맞지 않다고 본다. 왜냐하면 전문가의 실천 상황
은 복잡성, 불확실성, 불안정성, 독특성, 가치갈등 등 예측하고 규정하기 어려운
변화하는 세계이기 때문이다.

의학, 경영, 공학 등 각 전문직 분야의 선도적 전문가들은 한 목소리로 전통
적인 전문 지식과 스킬로는 실천 상황의 복잡성에 대처하기 힘들다고 강변한다.

---

32 Halmos는 자신의 편저서(Halmos 1973) 서론에서 다음과 같이 주장한다. "현대 사회의 생각은
매우 급진적이고 신랄하게 반전문가적이라 할만하다(p.6)." 반전문적인 비평가들은 "유사 전문
가 혹은 준전문가 집단을 만들고 그들에게 완전한 전문가 지위를 누리는 집단의 권력에 맞설
수 있는 힘을 점차 부여해줌으로써 전문직 자체를 탈전문직화(p.7)"하기를 원하고 있다. 그러나
Halmos는 이어서 "바로 그런 급진적으로 위협적인 캠페인들은 보다 관대하게 제공되고, 보다
형평성있게 분배되며, 효과적이고 그로인해 아마도 전문적인 인간 복지 활동에 대한 정치적 요
구들과 결부되어있다(p.7)"고 주장한다.

예컨대, 오늘날 의사들은 보건의료시스템은 전통적 의료 지식과 스킬로 해결할 수 없는 "얽히고설킨 그물망"이라는 사실을 인식하고 있다. 이처럼 복잡하고 통제불가능한 보건의료시스템에 의사들은 어떻게 적응하고 영향을 미칠 수 있을까라는 문제의식이 일어나기 시작한 것이다.[33] 또한 한 유명한 경영대학원 원장은 점차 부각되고 있는 "복잡성 관리"[34]에 적합한 경영 이론과 방법이 필요하다고 주장한다. 또 다른 유명 공과대학 학장은 오늘날 산업 현장에서 19세기식의 분업 방식은 더 이상 유효할 수 없다고 주장하고 있다. 그는 이제 전문가들은 과거 그들이 교육받지 못한 과업을 완수해야 하는데, "그 과업은 교육으로 해결할 수 없거나, 적어도 현재 교육이 더 이상 그 과업을 해결하는데 적합하지 않다."[35]라고 주장한다.

전문가의 지식이 당면한 실천 요구를 해소할 수 있을지라도, 전문가의 지속적인 실천 활동 개선에는 그리 도움이 안 된다고 본다. 왜냐하면 전문가의 실천 상황은 본질적으로 불안정적인 특성을 지니고 있는데, 이는 앞으로도 계속 그러할 것이기 때문이다. 유능한 엔지니어이자 교육자인 Harvey Brooks는 이제 전문직은 "이전에 경험하지 못했던 적응력"을 갖추어야 할 현실에 처해있다고 지적한다.

> 오늘날 각 전문직 분야에서 전문가들이 안고 있는 딜레마는 그들이 갖추어야 할 전문 지식과 봉사해야 할 사회의 기대 수준의 차이가 너무나도 빠르게 변화하고 있다는 점이다. 이런 변화의 원천은 바로 테크놀로지 변화이다.… 나아가서 습득하고 활용해야 할 테크놀로지가 많다는 것은 문제가 아니다. 테크놀로지 자체에 의해서 생성된 요구와 기대에 우리가 충분히 신속하게 부응할 수 있는 테크놀로지 변화를 이루어낼 수 있는지가 문제이다. 이와 관련하여 특히 의료, 엔지니어링, 경영, 교육 전문직 분야는 그런 변화를 구현하고 관리하는데 최선의 노력을 다해야할 것이다. 이

---

33 Dr. Ephraim Friedman, Dean of the Albert Einstein School of Medicine, 저자와의 개인적 대화 내용 중에서.

34 Dr. William Pownes, 전 슬로안 경영대학원 원장과의 개인적 대화 내용.

35 Dr. Harvey Brooks, 전 하버드대 응용물리학부 학부장과의 개인적 대화 내용.

런 관점에서 적응력adaptability은 그 어느 때보다 전문가들이 갖추어야 할 핵심 능력으로 강력하게 부상하고 있다.36

앞으로 의료 시스템을 재구조화하고 합리화하는 과정에서 의사 역할을 재정립해야 할 것이라 예측된다. 기업 규모 확대와 기업 경영 혁신으로 기업가의 역할도 재정립되어야 할 것이다. 새로운 건축 기술 도입, 새로운 택지 개발 유형, 새로운 정보기반 설계 방법 등의 출현으로 건축가의 역할 역시 새롭게 규정될 것이다. 즉 각 전문직에 요구되는 과업들이 변화함에 따라 활용가능한 지식도 변화할 것이다. 결국 전문직의 과업과 지식은 유동적인 구조와 양태를 갖게 될 수밖에 없다.37

실천의 상황들을 해결되어야 할 문제problems가 아니라, 불확실성, 무질서, 불확정성의 특성을 지닌 문제적인 상황problematic situations으로 인식해야 한다.38 오퍼레이션 리서치 창시자 중의 한 사람인 Russell Ackoff는 최근에 자신의 동료들에게 "오퍼레이션 리서치의 미래는 없다"39고 하면서, 그 이유를

> 경영자들은 각기 별개로 존재하는 문제들이 아니라, 서로 상호작용하면서, 변화하는 문제들의 복잡시스템들로 구성된 역동적 상황에 직면해있다. 나는 그런 상황을 "혼돈의 상태messes"라고 부른다. 우리가 말하는 문제들problems은 혼돈의 상태를 분석으로 추상화시켜놓은 것에 불과하다. 즉 주기표로 원자 존재를 설명하는 것처럼, 혼돈 상태를 문제로 표현하는데 그치고 있다.… 그러므로 경영자들은 문제를 해결하는 것이 아니라 혼돈 상

---

36 Harvey Brooks, "The Dilemmas of Engineering Education," *IEEE Spectrum* (February 1967): 89.

37 Ibid., p.90.

38 이 문구는 John Dewey의 표현에서 빌려온 것이다. Dewey는 그의 저서 *Logic: the Theory of Inquiry*에서, 문제들은 걱정, 성가심, 의심을 통해 지각되는 불확정적이고, 문제적인 상황의 상황들로부터 구성된다는 점을 지적한 바 있다.

39 Russell Ackoff, "The Future of Operational Research is Past," *Journal of Operational Research Society*, 30, 2 (Pergamon Press Ltd., 1979): 93–104.

태를 관리해야 하는 것이다.[40]

오퍼레이션 리서치 전문가들은 자신들의 분야를 일반적이고 특정한 수학적 모델과 알고리즘, 기법 등을 다루는 분야로 규정해왔을 뿐, "오늘날과 같은 역동적인 환경 하에서 경영 문제를 확인하고, 해결하며, 관리하는 능력"[41]으로 자체 분야를 규정한 적이 없었다고 Ackoff는 주장한다. 조직의 문제들은 서로 연결되어있고, 조직의 외부 환경은 요동치고 있으며, 조직 경영자들이 어떤 방식으로 대처하느냐에 따라 달라질 정도로 조직의 미래는 불확실한 상태에 있다. 이런 상태에서 오퍼레이션 리서치 분야는 전통적 분석 기법들에 더해서, "바람직한 미래를 설계하고 창조하는 보다 적극적이고 종합적인 능력"[42]이 요청되고 있다.

실천 상황은 예전에 경험하지 못한 독특한 사태들unique events로 전개된다. 심리학자이자 정신과 의사인 Erik Erikson은 한 사람의 환자를 "하나의 우주a universe of one"[43]로 묘사하고 있다. 그리고 한 저명한 전문의는 "의사가 자신의 진료실에서 목격하는 문제들 중의 85%는 책 속에서 찾아볼 수 없는 사례들이다"[44]라고 주장한 바 있다. 엔지니어들은 독특한 설계 문제들을 경험하고 있고, 표준화된 측정 방법을 적용하기 어려운 구조 및 재료 문제를 분석해야 하는 실천 상황을 경험한다.[45] 이러한 독특한 사례는 일종의 실천적 기예an art of practice를 필

---

40 Ibid., pp.90－100.

41 Ibid., p.94.

42 Ibid., p.100.

43 Erik Erikson, "The Nature of Clinical Evidence," in Daniel Learner, ed., *Evidence and Inference* (Glencoe, Ill.: The Free Press of Glencoe, 1958), p.72.

44 Dr. Ephraim Friedman과의 개인적 대화 내용

45 매사츠세츠 주 보스턴 시의 John Hancock 빌딩 건축은 흥미로운 사례이다. 이 우뚝솟은 아름다운 고층 건물에 설치된 유리 창문들이 흔들리기 시작하자, 유능한 엔지니어들은 그 문제를 자신있게 분석하기 어려운 상황에 처했다. 건물 그 자체로 흔들림 현상을 분석해내기가 너무 복잡한 구조를 갖고 있었다. 그리고 관련 원인을 규명할 실험적 조치들도 지나치게 비용이 비싸거나 위험한 상황이었다. 그래서 풍동실험(wind tunnel)을 위한 모형물을 만들고 실험을 실시했다. 하지만 풍동실험이 그 건물의 실제적인 조건을 그대로 보여주는 것이란 확신을 할 수는 없었다. 결국 모든 창문들을 새롭고, 더 무겁고, 두텁고, 보다 값비싼 판유리로 교체했다. 하지만

요로 하는데, "기예가 항상적이고 알려진 것이라면 가르칠 수 있을지 몰라도, 기예는 항상적이지 않기 때문에 가르치기가 어렵다."[46]

실천가들은 종종 가치, 목적, 이해관계들이 충돌하는 상황에 처한다. 교사는 제한된 예산을 효율적으로 활용하고, 학생들에게 기본을 가르치고, 창의성을 길러주어야 하며, 시민의식과 가치관을 세워주어야 하는 압력에 직면하고 있다. 사회복지사는 인간중심적 접근을 지향하는 전문직 규범과 효율적 업무 수행을 요구하는 관료적 문화 사이에서 갈등을 겪고 있다. 교육감, 기업가, 관료들도 각자 조직 관리를 위하여 서로 다른 이해 집단들의 요구에 대응해야 한다. 연구개발 전문가들은 기술적 수월성, 소비자 안전, 사회 복지 등 전문직 본연의 관심과 조직 차원의 단기성과 창출의 요구 사이에서 고민하는 모습을 흔히 볼 수 있다.

실천 상황이 불확실성, 복잡성, 불안정성, 독특성, 가치갈등과 같은 특성을 지닌다는 점에서 전문직을 다원론적 관점으로 바라보아야 한다는 주장이 제기되고 있다. 점차 전문직의 역할, 전문가의 가치관, 전문적 지식과 기술의 다양성에 주목함에 따라서 전문가 실천에 관한 이질적 견해들은 당연시되고 있다. Leston Havens는 심리치료 분야에서 "다양한 이론들의 난무"로 인해서 실천가들이 혼란스러워 한다는 점을 지적한 바 있고,[47] Nathan Glazer는 건축사와 도시계획자와 함께 사회복지사도 자신의 실천 활동이 지닌 다양성과 유동성의 특성을 인지하기 시작했다고 주장하였다.[48]

이처럼 각 전문직 분야에서 실천 활동에 대한 서로 다른 관점들과 실천 상황의 불확정적이고 가치갈등적인 특성이 존재함에 따라서 전문가는 자신의 행동 방식을 스스로 결정할 수밖에 없을 것이다. 그러나 전문가는 그런 실천 상황 속에서 적합한 관점을 선택하고 행동 방식을 구상하는데 어려움을 겪게 된다.

각 전문직 분야의 리더들은 전문직 신뢰성 위기를 전통적인 실천 행위나 지

가끔 창문이 흔들리는 현상은 지속되고 있다.

46 Harvey Brooks와 개인적 대화 내용

47 Leston Havens, *Approaches to the Mind* (Boston: Little, Brown, Inc., 1973).

48 Nathan Glazer, "The Schools of the Minor Professions," *Minerva*, (1974).

식이 실천 상황에 부합하지 못한다는 점에서 비롯된다고 보고 있다. 그들은 복잡성, 불확실성, 불안정성, 독특성, 가치갈등과 같은 실천 상황의 특성은 전문직의 실천 활동에 더욱 중요하게 고려해야 할 사안이라고 예측하고 있다.

이는 시의적절한 자아비판이긴 하지만, 전문직의 신뢰성 위기를 전문가들이 처한 고충을 해명하는 것만으로는 충분치 못하다. 현대 사회가 단순하고 안정적인 실천 활동에서 복잡하고 불확실한 실천 활동을 요구하는 방향으로 점차 변화한다는 점을 인식하는 것만큼 전문가들이 실천 활동의 복잡성을 이해하고 불확실성을 관리하는 방법을 찾아내야 하는 것도 중요해질 것이다.

전문직의 실천 활동에는 기예art라는 설명하기 어려운 역량이 존재한다. 뛰어난 엔지니어, 교사, 과학자, 건축가, 경영자들은 자신들의 실천 활동에서 종종 기예를 발휘하고 있다. 기예의 실체는 제대로 알려진 적이 없으며, 변화무쌍한 모습으로 그 존재를 드러내고 있다. 단 기예를 쉽게 가르칠 수는 없다하더라도 최소한 일부 특정인들은 기예를 배울 수가 있다는 점은 사실인 듯하다.

전문가들은 문제 해결과 함께 문제 발견도 중요하다고 인식한다. 따라서 문제를 규정하는problem setting 행위도 중요한 전문가 행위로 인정되어야 한다. 뛰어난 의사들은 관습적으로 하는 진단 행위를 넘어서 환자의 특정 문제를 찾아내는 능력을 발휘한다. 뛰어난 엔지니어, 정책분석가, 오퍼레이션 연구자도 "엉망진창인 상태"를 관리가능한 상태로 변환하는 능력을 발휘한다. 뛰어난 행정 관료는 "올바른 문제를 찾아내는" 능력을 필수적으로 갖추고 있다.

요컨대, 전문가 실천 활동에 대한 상이한 관점의 존재를 인식하는 것도 중요하지만, 전문가 각자가 해당 전문직 내의 다양한 관점들 중에서 사려 깊은 선택을 하고 때로는 관점들을 적절하게 조합하는 능력을 갖추는 것도 중요하다는 점을 인식해야 할 것이다.

그러면 전문직 분야의 리더들이 현재 상황을 당혹스럽게 여기는 이유가 무엇일까? 불확정적이고 가치갈등적인 실천 상황에서 효과적으로 대처하는 기예를 갖춘 실천가들이 있다는 사실을 모르지는 않을 것이다. 단지 그런 기예를 기술하거나 설명하는 방법의 부재 때문에 그런 것이라 생각한다. 즉 현재의 전문가 지식 모델로는 그 기예를 설명할 수 없기 때문이다. 미리 규정된 문제에 그저 지식을 적용하는 것으로 복잡성, 불안정성, 불확실성의 실천 상황을 해결할 수 없다. 전문적인 특정 지식을 효과적으로 이용하려면 먼저 복잡하고 불확실한 상황들을 재구조화하는 것이 필요하다. 전문가의 역량을 기존 지식과 기법을 반복되는 문제 사태에 그저 적용하는 능력으로 간주하는 한, 독특한 실천 상황을 기예로 풀어나가는 전문가 행위는 예외적 현상 정도로만 받아들일 것이다. 무엇보다도 문제 해결에만 관심을 두는 전문가 지식 체계에는 문제 규정problem setting 능력은 존재하지 않는다. 또한 실천 활동에 관한 다양한 관점들 중에서 적합한 관점을 선택하는 능력도 기존의 전문성에 포함되지 않았던 것도 사실이다.

1960년대부터 1980년대 초반 사이에 발생했던 여러 가지 사회적 사건들로 인하여 승승장구하는 전문직에서 신뢰상실과 불편한 진실의 전문직으로 추락한 과정을 일반 대중뿐만 아니라 전문가들은 생생하게 목격하였다. 더구나 전문직 리더들이 보여준 혼란스러운 자세와 불편한 행동은 전문직의 위상 추락을 가속화시켰고, 전문가들은 전문직의 핵심 역량인 기예를 설명할 수 없다는 사실에 또 좌절하게 되었다. 불확실성을 이해하고, 기예를 발휘하고, 문제를 규정하며, 대립적인 관점들 중에 선택하는 능력을 전문가들이 표현하고 교육하는 방법을 상상하기란 어려웠던 것이다. 왜냐하면 그런 기예 발휘 과정은 기존의 전문가 지식 모델 차원에서 보면 실체를 파악하기 힘든 신비로운 현상이었기 때문이다.

이제 우리는 그런 중요한 역량들을 설명하고 기술할 수 있는 실천의 인식론을 규명해야 하는 도전에 직면하고 있다.

Chapter 2

기술적 합리성과
행위 중 성찰

Professional Knowledge
and Reflection-in-Action

실천의 인식론 (the dominant epistemology of practice)

오늘날 전문직의 정체성을 이해하고, 전문직의 연구, 교육, 실천의 관계를 사고하는 방식을 형성하는데 강력한 영향을 미쳐왔던 기술적 합리성 모델에 따르면, 전문가 활동은 과학적 이론과 기법을 엄격하게 적용하는 도구적 문제 해결 행위로 설명된다. 물론 모든 직업 분야들이 목적과 수단을 도구적으로 연결시키는데 관심을 갖고 있다고 볼 수 있으나, 특히 전문직 분야들에서는 전문화된 과학적 지식에 근거하여 기술적 문제 해결 방식을 엄격히 실행하고 있다고 볼 수 있다.

기술적 합리성 모델은 사회 내 전문직의 역할을 비판하는 기사 작성과 전문직에 관한 학술 연구 활동에 지대한 영향을 미쳐왔다. 예를 들면, 1930년대 사회적으로 전문직의 역할이 확대되는 과정을 소개한 초기 전문직 연구자 중 한 사람은 다음과 같이 주장하였다.

새로운 전문직이 속속 출현하고 있다. 대규모 조직일수록 전문화를 선호하고 있고, 전문화된 직업은 새로이 등장하는 과학적 지식에 더욱 의존하고 있다.[1]

1970년에 발간된 중요한 전문직 관련 저서에서 Wilbert Moore는 전문직profession과 일반적인 직업avocation을 구분한 Alfred North Whitehead의 글을 인용하고 있다. 일반적인 직업avocation은 "전문직과 대비되는데, 그 이유는 일반적 직업은 관행적인 활동들을 수행하며 그 활동들은 각각 시행착오를 거치면서 수정 변형되고 있기 때문이다."[2] 반면에 전문직은,

특정 문제들에 일반 원리들을 적용하는데 중점을 둔다. 그리고 그 일반 원리들은 더욱 풍부해지고 발전하고 있는 것이 현대 사회의 중요한 특징 중 하나이다.[3]

Moore는 전문직들은 고도로 전문화된 직업들이라고 주장하면서, 다음과 같이 덧붙인다.

특정 직업이 전문화되는데 요구되는 두 가지 조건은 1) 그 분야의 전문가가 자신의 것으로 인정할 수 있는 지식 체계의 존재, 2) 그 분야의 전문가가 습득해야 할 지식 생산 및 적용 방법의 존재이다.[4]

마지막으로, 최근 전문성을 비판하는 Liberman은 전문가의 고유성 주장을

---

1 A. M. Carr—Saunders, *Professions: Their Organization and Place in Society* (Oxford: The Clarendon Press, 1928). Vollmer and Mills, eds., *Professionalization* (Englewood Cliffs, N. J.: Prentice—Hall, 1966), p.3.에서 인용.

2 Wilbert Moore, *The Professions* (New York: Russell Sage Publication, 1970), p.56.

3 Ibid.

4 Ibid., p.141.

"특정 토대 이론에 근거를 두는 특수한 스킬에 대한 집착"으로 비판하고 있다.5

이런 전문성에 의존하는 전형적인 분야들에는 의학, 법학, 경영, 공학 등이 있다. Nathan Glazer는 의학, 법학과 같은 전문직 분야를 "주류major 전문직", 경영과 공학과 같은 분야를 "준주류near-major 전문직"이라 부르고,6 사회복지, 사서, 교육, 목회, 도시계획 분야는 "비주류minor 전문직"으로 구분한다. Glazer는 이러한 비주류 전문직 양성 학교들은 전문직 분야로 보면 보다 우월한 위치에 있는 학문들인 경제학 혹은 정치학 분야의 전문가들에 의존하여 운영되고, 그 교육과정이나 교육활동은 엄밀성과는 거리가 멀다고 주장한다. 그러나 Glazer의 견해에서 가장 주목해야 할 부분은 주류 전문직과 비주류 전문직을 구분하는 준거를 기술적 합리성 모델이라는 인식론에 두고 있다는 점이다. 주류 전문직은 "분명한 목적 — 건강, 승소, 이윤 — 으로 전문가들을 양성하고",7 그들은 안정적인 제도적 환경 속에서 활동한다. 그러므로 주류 전문직은 과학적 지식과 같은 체계적이고, 기초적인 지식을 전문성의 토대로 삼으며,8 그들을 위한 교육과정에는 "과학에 기반을 두는 엄밀한 성격의 기술적인 지식 요소"9가 포함된다. 대조적으로 비주류 전문직은 추구하는 목적의 특성이 유동적이고 모호하고, 실천 활동이 이루어지는 제도적인 맥락이 불안정하여 실천가들이 활동에 어려움을 겪는다. 그 결과 비주류 전문직은 체계적이고, 과학적인 지식 개발이 쉽지 않을 수 있다. 아무튼 Glazer가 생각하기에는 전문직 분야의 과학적 지식 개발은 객관적이고, 명확한 목적에 근거해야 하는데, 그 이유는 전문직의 실천 활동은 어떤 목적 달성을 위한 도구적 성격을 지니고 있기 때문이다. 과학이 선택된 특정 목적 달성에 가장 적합한 수단 발굴을 위해 개발되고 증명된 지식으로 구성된다면, 지향하는 목적이 불분명하거나 불안정한 전문직은 과학과 어떤 관계에 있다고 볼 수 있을 것

---

5 Jethro Lieberman, *Tyranny of Expertise* (New York: Walker and Company), p.55.

6 Nathan Glazer, "Schools of the Minor Professions," *Minerva* (1974); 346.

7 Ibid., p.363.

8 Ibid., p.348.

9 Ibid., p.349.

인지 생각해보아야 한다.

　전문직이 활용하는 지식 체계는 전문화specialized, 확고한 경계firmly bounded, 과학적scientific, 표준화standardized라는 네 가지 특성을 갖고 있다. 기술적 합리성이라는 인식론적 관점에 따르면, 마지막 속성인 지식의 표준화는 특히 중요한데, 지식의 표준화로 전문직 지식과 전문직 실천을 연결시킬 수 있기 때문이다. Wilbert Moore의 표현을 빌리자면,

　　오늘날 전문직이 경험하는 문제가 예전 문제들과는 다른 독특한 성격을 지닌다면, 결국 그 문제에 대한 해결책은 우연적으로 생각해낸 해결책에 불과한 것이 되고, 그렇다면 그 해결책은 전문가 지식과는 전혀 상관없는 것이 된다. 그러나 우리가 여기서 제안하고자 하는 것은 문제와 문제 해결 도구에는 일관성이 있다는 것이며, 그로 인해 문제 해결자를 전문가로 인정할 수 있다는 점이다.… 전문가들이란 바로 구체적인 문제 상황에 일반적 원리, 표준화된 지식을 응용하는 사람들이다.…10

　여기서 "응용application"이란 용어의 사용은 "구체적 문제 해결 능력concrete problem solving"을 가장 낮은 수준의 지식으로 간주하고 "일반적 원리general principles"는 가장 높은 수준의 지식으로 간주하는 지식의 위계를 시사하게 된다. 즉 전문가 지식이 위계성을 지닌다는 관점이 등장하게 된다. 이런 관점에서 Edgar Schein은 전문가 지식이 세 가지 요소로 구성될 수 있다고 말한다.11

　　1. '토대 학문underlying discipline' 혹은 '기초과학basic science' 요소로서 전문직의 실천 활동이 의존하거나 전문직 실천 활동이 개발되는 지식 요소를 말한다.
　　2. '응용과학applied science' 혹은 '엔지니어링engineering' 요소로서 전문직

---

10 Moore, *The Professions*, p.56.

11 Edgar Schein, *Professional Education* (New York: McGraw-Hill, 1973), p.43.

에서 일상적으로 사용되는 문제 진단 절차와 문제 해결 방안이 도출되는 지식 요소를 말한다.

　3. '기능skills'과 '태도attitudinal' 요소로서 전문직의 기초 지식과 응용 지식을 활용하여 고객에게 서비스를 제공하는 관련되는 지식 요소를 말한다.12

　기초과학을 활용할 때 응용과학이 만들어진다. 응용과학은 실제 서비스 제공을 위한 문제 진단 및 해결 기법을 만들어낸다. 이처럼 응용은 파생derivation과 의존dependence의 순서로 진행된다. 응용과학은 기초과학에 "의존한다rest on." 그래서 지식이 근본적이고 일반적일수록 지식 생산자의 지위는 더 높아진다.

　새롭게 부상하는 전문직을 옹호하는 사람들이 자신들의 분야를 완전한 조건을 갖춘 전문직으로 만들고자 할 때, 자신들의 지식이 필수적 특성을 갖는지 그리고 일상적인 실천 문제들에 규칙적으로 적용되고 있는지를 확인한다. 그런 의미에서 William Goode의 "사서: 직업에서 전문직으로"13에 나오는 다음 표현은 참고할 만하다.

　　사서 전문직은 다른 학문들의 도움을 받아 질병 치료를 위한 방대한 지식 체계를 개발한 의료 전문직처럼 과학적 지식 체계를 발전시키는데 실패했다.

　Goode는 사서직이 기반을 두어야할 학문으로서 "의사소통이론, 대중매체 사회학, 대중매체 심리학, 학습심리학"14을 제안한다. 그러나 불행하게도,

　　대부분의 전문가들은 일상적, 실제적, 개략적, 현실적인 규칙과 그저 중요하다고 여겨져 온 지식들을 활용하고 있다.··· 전문가들은 자신에게 필

12　Ibid., p.39.

13　William Goode, "The Librarian: From Occupation to Profession," reprinted in Vollmer and Mills, *Professionalization*, p.39.

14　Ibid.

요한 지식을 선택하고 구성하는 문제를 과학적 원리들에 의해서가 아니라 거의 경험적 근거에 의해서 해결하고 있다.[15]

Ernst Greenwood가 면담했던 한 사회복지 전문가는 "사회복지는 이미 전문직이다"라고 주장하였다. Greenwood는 그런 주장의 근거를 다음과 같이 설명하고 있다.

> 사회복지 분야는 체계적 연구를 거쳐서 구성된 이론들을 기반으로 하고 있다. 전문직의 실천 활동 문제들에 과학적 방법을 지속적으로 적용해보는 과정을 통해서 전문가의 실천 기법에 토대가 될 이론 생산이 가능해진다. 이처럼 과학적 방법을 지속적으로 적용해봄으로써 그 적용과정의 '합리성 rationality'이 확보되고 더욱 강화된다.…[16]

이런 관점을 따라서 사회복지 분야는 "현재 소수의 상위 전문직 분야들에 주어지는 특권, 권위, 독점을 최대한 누리기 위하여 전문직 분야의 위계 서열 상의 순위를 높이고자"[17] 노력하고 있다.

기술적 합리성 모델이 특정 의도의 주장이나 전문가 지식의 강령적 묘사 속에서만 나타난다면, 기술적 합리성이 지배적인 인식론이라는 사실에 동의할 수 없을지도 모른다. 그러나 사실 기술적 합리성은 전문가 생활의 제도적 맥락에 이미 깊숙이 침투해 있다. 연구와 실천의 제도적 관계 속에서, 전문가 교육 과정에도 스며들어가 있다. 많은 실천가, 교육자, 연구자들이 기술적 합리성 모델에 의구심을 가지면서도 그들은 기술적 합리성을 영속화시키는 제도적 부역자이기도 하다.

앞선 제시된 전문직 지식 위계 모델에서 예상할 수 있는 것처럼, 제도적 차원

---

15 Ibid.

16 Ernest Greenwood, "Attributes of a Profession," reprinted in Vollmer and Mills, *Professionalization*, p.11.

17 Ibid., p.19.

에서 보면 연구는 실천과 구분되고 다만 일정 정도 내에서 교환관계를 갖고 서로 연결될 뿐이다. 즉 연구자는 문제를 진단하고 해결하는 기법들을 도출하는데 필요한 기초과학 및 응용과학 지식을 제공하는 사람이다. 반면에 실천가는 연구자에게 문제, 즉 연구 문제를 제공하고 연구 결과의 효용성을 확인하는 사람이다. 따라서 연구자 역할과 실천가 역할은 구분되고, 연구자 역할은 실천가 역할보다 우월하다고 간주된다.

> 모든 분야의 전문직은 발전 과정 속에서 과학적 탐구와 이론적 체계화를 담당하는 연구자—이론가들이 등장한다. 기술 분야의 전문직에서도 이론 지향적인 사람과 실천 지향적인 사람 사이의 경계 구분, 즉 분업화가 나타난다. 의사의 경우도 자신의 정체성을 현장 실천 활동보다는 의학 연구 활동에서 찾고자 하는 모습을 쉽게 찾아볼 수 있다.…18

유사한 맥락에서, Nathan Glazer는 사회학자, 정치학자, 혹은 경제학자가 비주류 전문직minor profession양성 학교에서 활동할 때 해당 전문직 실천가보다 자신들이 우월한 지위에 있다고 표명하는 경우를 언급한 적이 있다. 그리고 공과 대학에서도 공학자들engineering scientists이 공학 전문직이 지향하는 가치와는 다른 가치를 위해서 봉사한다는 명목으로 자신들이 우월한 지위에 있다고 주장하는 경우도 있다.19

전문직 양성 학교의 교육과정에서도 연구와 실천이 위계적으로 구분되는 현상을 찾아볼 수 있다. 말하자면 교육과정 내 지식의 배치 순서는 해당 전문가 지식이 실천 현장에서 "응용되는" 순서와 동일하다. 이 때 그 배치 순서의 규칙은 다음과 같다. 우선 해당 전문직 분야와 관련된 기초과학, 응용과학, 그 다음은 실제 세계의 실천 문제에 적용되는 스킬 순으로 배치된다. 이러한 추세를 따르는

---

18 Ibid., p.12.

19 Harvey, Brooks, "Dilemmas of Engineering Education," *IEEE Spectrum* (February 1967): 89.

전문직 교육 양상에 대한 연구를 통해서, Edgar Schein은 현재 전문직 양성 학교의 지배적인 교육과정 패턴을 다음과 같이 설명하고 있다.

> 전문직 양성 학교의 교육과정은 대부분 [전문가 지식]의 3가지 요소들의 존재 형식과 교육 시점에 따라서 분석될 수 있다. 전문직 양성 학교의 교육과정은 대개 일반적인 기초과학으로 시작해서 응용과학 요소들의 순서로 구성된다. 태도와 스킬과 관련된 요소들은 "실습practicuum" 혹은 "현장실습clinical work" 교과로 명명되고 응용과학 요소들과 동시에 제시되거나, 전문가 교육의 실시 시점에서 후반부에 배치될 수 있다. 이러한 교육과정 배치 순서는 전문가가 경험하게 될 실천 상황을 실제로 체험하기에 용이한지 혹은 실천 상황의 고객들을 만날 가능성이 있는지 여부에 따라서 결정된다.[20]

Schein이 "스킬skill"이란 용어를 사용하는 용도가 매우 흥미롭다. 전문직 양성 교육과정으로 제도화되는 기술적 합리성 모델 관점에서 보면, 실재하는 지식은 기초과학과 응용과학의 이론과 기법으로 존재한다. 그러므로 기초과학과 응용과학이 지식의 위계 서열 상 가장 앞서 배치되는 것이다. 기초과학과 응용과학을 학습한 후에, 실제 문제를 해결하는 이론과 지식을 사용하는 "스킬"을 배우게 된다. 그 이유는 첫째, 응용할 수 있는 지식을 학습할 때까지는 응용의 스킬을 학습할 수 없기 때문이고, 둘째, 스킬은 애매모호하고, 부차적인 종류의 지식이기 때문이다. 요컨대 스킬을 "지식knowledge"이라고 부르기엔 무엇인가 혼란스러운 부분이 존재한다는 것이다.

의학 분야는 이와 관련한 전형적인 사례이다. 금세기 초반 의학 교육에 혁명을 불러일으켰던 Flexner 보고서[21]가 발표된 이후로, 의과 대학 학생들은 첫 2년

---

20 Schein, *Professional Education*, p.44.

21 사회복지 분야는 고유한 기술, 전문가 교육, 전문적 문헌 및 실무 기술이 결여되어있기 때문에 아직은 전문직이 아니라고 주장한 플렉스너(Abraham Flexner) 박사가 1915년에 사회복지사들에게 전달한 영향력 있는 보고서. 이 보고서는 많은 논란에도 불구하고, 사회복지 분야가 변화

을 오직 기초과학 — 화학, 생리학, 병리학 — 을 공부하게 되었다. 이러한 기초과학들이 "나중에 임상 교육의 적절한 토대"[22]가 된다고 생각했기 때문이다. 교육과정을 실행하는 물리적 환경에도 전문가 지식의 요소들 간의 위계 구분이 반영되고 있다.

> 의과 대학 교육과정을 2가지 단계 — 임상 전 단계와 임상 단계 — 로 분리하였다는 사실은 이론과 실천을 구분하고 있다는 점을 반영한다. 또한 그런 구분 방식은 교육의 장소와 의과 대학 시설에도 반영되고 있다. 생화학, 생리학, 병리학과 약리학의 학문들을 강의실과 실험실, 즉 형식화된 학문 교육의 장소에서 배운다는 것이다. 내과, 조산술, 소아과 등과 같은 임상 기술은 실제 의료 시설 및 기관, 병원 임상실, 즉 실제적인 교육의 장소에서 배우게 된다.[23]

그리고 교육의 역할도 동일한 구분 방식에 따르고 있다.

> 의과 대학은 학위 종류별로 Ph.D와 MD를 구분하는 경향이 있다. 전자는 기초과학을 교육하는 사람들을 양성하고 후자는 임상 프로그램을 교육하는 사람들을 양성하는 역할을 한다.[24]

법학 분야는 학문적으로 그 기반이 애매모호할지도 모르나, 1880년대와 1890년대 하버드 대학에 Christopher Columbus Langdell이 도입했던 법학 교육 모델이 현재에도 계승되고 있는데, 그 모델은 표준화된 교육과정으로 통용되었다.

하도록 자극을 주었고, 결국 사회복지 분야는 플렉스너가 언명한 전문주의, 전문직의 기준에 부합하도록 변화되었다. 역자 주.

22 Barry Thorne, "Professional Education in Medicine," in *Education for the Professions of Medicine, Law, Theology, and Social Welfare* (New York: McGraw—Hill, 1973), p.30.

23 Ibid., p.31.

24 Ibid.

1886년 하버드 로스쿨 강연에서, Langdell은 "첫째, 법학은 과학이고, 둘째, 과학으로서 법학에 관련된 모든 내용은 교재로 사용되어야 한다."[25]고 주장하였다. Langdell은 법학 교육은 변호사 사무실보다 학교에서 더 잘 할 수 있다고 주장하였다. 그 이유는 학교가 미국 법률 체계를 아우를 수 있는 광범위하고 과학적인 원리들에 기반해서 교육을 할 수 있는 곳이기 때문이라는 것이다.

> Langdell은 법이 과학이라고 주장한다. 법의 원리들은 소송 사례들의 분석으로부터 도출되고 향후 소송 결과들을 예측하는데 사용될 수 있기에 그렇다는 것이다. Charles William Eliot가 하버드 대학에서 실험실을 도입하여 자연과학을 공부하도록 한 것처럼, Langdell도 소송 사례들을 통하여 법의 원리를 공부해야 한다고 보았다.[26]

유명한 "사례 교수법case method"도 원래는 과학적 원리들을 먼저 가르치고 그 다음에 그 원리들을 적용하는 스킬skills을 배우도록 해야 한다는 믿음에 근거하는 교육 방법이다.

Langdell의 사례 교수법을 경영 교육 방법으로 도입한 하버드 대학에서, 최근 Derek Bok 총장은 사례 교수법을 비판하고 있다. 그는 전문직 교육의 표준적인 교육과정을 신봉하고 기술적 합리성 모델의 인식론을 고수하고 있다.

Bok은 물론 사례 교수법 때문에 교수들이 "실제 기업 활동과 밀접한 관련이 있는 교육을 하고 그들의 교육이 일관성이 있게 이루어질 수 있었다"[27]라고 인정한다. 그러나 동시에 다음과 같이 우려를 표명하고 있다.

> 사례가 학생들에게 이론과 기법을 '적용'하는 방법을 가르치는 탁월한

---

25 Alan Gartner, *Preparation of Human Service Professionals* (New York: Human Sciences Press, 1976), p.80.

26 Ibid., p.93.

27 Derek Bok, "The President's Report," reprinted in The Harvard Magazine, (May–June 1979); 83.

도구이긴 하지만, 처음 접하는 개념들과 분석 방법들을 가르치는 이상적인
방식이 되지는 못한다.[28]

사례에 전적으로 의존하는 교육으로는 학생들에게 "분석적 기법과 개념적 내
용을 습득할" 기회를 제공하기 어렵다. 이런 한계는 "기업 세계가 점점 복잡한
양상을 띠게 되는 상황임"을 감안할 때 중요한 문제이고, 교수진이 "기업 문제들
에 대처하는데 사용되는 일반화된 원리, 이론, 방법을 보다 효과적으로 개발하는
데 필요한 노력"[29]을 방해한다. 이러한 주장은 교육자가 사례 교수법을 교육 활
동의 핵심으로 받아들이는데 잘못된 이해에 근거하고 있다는 점을 지적하려는 의
도에서 비롯된다. 즉, 사례 교수법의 교육자가 실제 세계의 비즈니스 맥락에서
발견되는 무수한 사례들에 대해서 학생들을 의도적으로 안내하면서 분석하는 방
법을 가르치고 효과적인 경영에 중요한 문제 해결 능력을 학생들이 개발해야 한
다는 사실을 간과하고 있다는 점을 지적한 것이다. 물론 사례교수법이 실제 비즈
니스 상황에 적합한 교육 방법이라고 믿는 지지자들 중 일부는 그런 능력이 무엇
인지를 분명하게 정의할 수도 없고 혹은 그런 능력을 일반적 이론에도 연결시킬
수 없다고 주장한다. 그럼에도 불구하고 그들은 사례 교수법이 그 자체 고유한
장점을 지니고 있기에 그저 사용하고 있다는 것이다.[30] 이에 대해 Bok 총장은
반대되는 가정을 하였다. 그는 경영대학 교수들은 "상위의 일반 원리, 이론, 방
법"을 개발할 사명과 그런 일반적 원리와 방법들을 스킬보다 우위에 두는 표준적
교육과정안을 받아들여야 한다고 생각했던 것이다. Bok 총장은 경영대학 교수들
의 잘못된 인식에 근거한 교육관을 비판하기 위하여 기술적 합리성 모델에 기반
을 두는 표준화된 교육과정에 대한 절대적 믿음을 표현하였던 것이다.

---

28 Ibid., p.84.

29 Ibid.

30 3명의 하버드 비즈니스 스쿨 교수들과의 개인적 대화 내용 중.

기술적 합리성의 기원

기술적 합리성 관점에 기반을 두는 전문가 지식 모델을 검증도 하지 않고 자명한 것이라고 믿고 있는 사람들의 태도가 놀라울 따름이다. 오늘날 대학들은 전문가 지식, 즉 과학적 이론과 방법을 도구적으로 활용하여 실천 상황의 문제들을 해결하는데 사용해야 한다고 보는 관점을 갖고 있는데 그 이유가 무엇일까? 19세기 사회 운동이자 철학 교리로 등장한 실증주의가 지난 300여 년 동안 과학과 기술을 발전시켰고 그 결과 인류 복지는 유례없이 증진되었다. 그 실증주의의 유산이 바로 기술적 합리성이다. 기술적 합리성은 실천을 바라보는 실증주의적 인식론이다. 기술적 합리성의 관점은 실증주의가 가장 정점에 이르렀던 19세기 후반과 20세기 초반 대학 내 위상을 굳혀가던 전문직 양성 학교에 제도적으로 침투하기 시작했다.

이런 역사적 상황에 대한 설명은 다른 문헌들에서도 찾아볼 수 있기 때문에, 여기서는 중요한 몇 가지 상황만 소개하도록 하겠다.[31]

종교개혁 시기 이후로, 서구 사회에서 과학 기술이 발전하고 산업화 운동이 확산되어감에 따라 과학적 세계관이 득세하기 시작했다. 즉 인류가 설정한 목표 달성을 위하여 과학을 활용함으로써 인류 진보가 가능하다는 사고가 등장하기 시작한 것이다. 이런 사고, 즉 '기술주의적 프로그램Technological Program'[32]은 처음 Bacon과 Hobbes의 저술에서 분명하게 표현된 바 있고, 18세기 계몽주의 철학자들에게는 정신적 토대였고, 19세기 후반의 사상적 기반이자 관습적인 지혜로서 확고한 위치를 굳히게 되었다. 이 시점에서 인류 진보와 목표 달성에 과학을 활용하는 '전문직professions'은 중요한 매개 역할을 하게 되었다. 특히 산업과 기술

---

31 Richard J. Bernstein, *The Restructuring of Social and Political Theory* (New York: Harcourt Brace Jovanovich, 1976)을 참고하라.

32 Donald Schön은 자신의 저서 *Technology and Change* (New York: Delacorte Press, 1966)에서 이 용어를 처음 사용하였다.

발전에 직접 관련된 엔지니어들은 여타 전문직 분야의 기술적 실천technical prac-tice 활동의 모델이 되었다. 또한 중세 대학 시절부터 존재해 온 전문직인 의학 분야도 인간의 건강 증진을 위한 과학기반 방법이라는 새로운 이미지를 구축하기 시작했다. 심지어 정치도 일종의 사회 공학 방법으로 바라보는 시각이 등장하였다. 결국 전문직 분야들이 확장되고 진화함에 따라서, 전문직은 점점 더 '기술주의적 프로그램'을 실행하는 핵심 주체가 되고 있었다.

서구 사회에서 과학 운동, 산업화, 기술주의적 프로그램이 확산되어감에 따라서 과학과 기술이 승리할 수밖에 없는 이유를 설명하고 종교, 신비주의, 형이상학의 잔재를 추방하려는 철학 내지 정신으로서 실증주의가 등장하였다. 19세기 초 사회학자 August Comte는 실증주의의 세 가지 핵심 원리를 제시하였는데, 이 원리들 속에서 당시 실증주의의 사상적 기조를 읽어볼 수 있다. 첫째, 경험과학은 단순히 지식의 한 가지 형식으로서가 아니라 우리가 살고 있는 세계에 대한 실증적 지식의 원천으로 인식해야 한다. 둘째, 인간 정신으로부터 신비주의, 미신, 여타 사이비 지식들을 걸러내야 한다. 셋째, 인간 사회에 과학적 지식과 기술적 통제를 적용하는, 즉 기술을 "기하학, 기계, 화학뿐만 아니라 정치와 도덕 분야에도 적용하는" 프로그램을 구상해야 한다.[33]

19세기 후반에 이르자, 실증주의는 당대 지배적인 철학 사조가 되었다. 그리고 20세기 초 비엔나 학파 이론들에서 실증주의 인식론은 그 매력적인 명료성을 뽐내게 되었다. 의미있는 명제들은 다음 두 가지 중 하나에 해당되는데, 수학과 논리학에서 나오는 분석적이고 동어반복적 명제들이거나 아니면 세속적인 지식으로서 경험적 명제들이다. 수학과 논리학의 명제들을 진리로 판단하는 근거는 해당 명제를 부정하면 자기모순을 범하게 된다는 사실에 있다. 그리고 세속적 지식의 명제들의 진리 여부는 그 명제들을 모종의 경험적 관찰로 확인할 수 있는가에 의해서 결정된다. 즉 경험적 관찰에 의해서만 오직 세계에 대한 의미있는 진술이 가능하고, 세계에 대한 의견의 불일치는 원칙적으로 관찰가능한 사실들로 해소될

---

33 Jurgen Habermas의 Knowledge and Human Interests (Boston: Beacon Press, 1968), p.77 에서 인용된 Auguste Comte의 실증주의 교리

수 있다는 것이다. 실증주의는 분석적으로나 경험적으로 검증할 수 없는 명제들은 전혀 의미가 없다고 본다. 그런 명제들은 감정적 주장, 시적 표현, 혹은 넌센스에 불과하여 무시되어져야 한다.

실증주의자들은 과학적 지식의 우세를 설명하고 정당화하는 과정에서 관찰에 근거한 주장들이 이론적 성격을 갖추고 있음을 깨달았고 그에 따라서 경험적 지식을 순수한 감각적 경험 요소에서 도출할 필요가 있음을 알게 되었다. 이제 실증주의자들은 자연의 법칙들을 자연에 본질적으로 내재하는 사실이 아니라 관찰된 현상을 설명하기 위한 이론적 구성물로 바라보기 시작했고 결국 그들에게 과학은 일종의 가설연역적 체계로 이해되었다. 즉 과학자들은 관찰한 현상을 설명하기 위해서 가설들, 즉 실험으로 확증, 혹은 부정될 연역적인 가설들을 수립하고 그 가설들로 구성된 보이지 않는 세계에 관한 추상적 모델을 구성한다는 것이다. 결국 과학적 탐구에서 중요한 것은 세계를 설명하는 여러 이론들 중에서 가장 적합한 이론을 찾아낼 수 있는 타당한 실험을 설계하는 것이다.

이러한 실증주의 교리에 비추어 볼 때, 실천practice은 이해할 수 없는 변칙 현상이 된다. 실천적 지식이 존재할 수는 있으나, 그런 지식은 실증주의 지식의 범주에는 포함될 수 없다. 실천적 지식은 세계에 관한 기술적descriptive 지식도, 논리학과 수학의 분석적 지식 범주에도 해당되지 않는다. 그래서 실증주의는 실천적 지식의 문제를 기술주의적 프로그램으로 또 Comte가 시도했던 도덕과 정치에 과학을 적용하는 방법으로 해결하고자 하였다. 즉 실천적 지식을 목적 달성을 위한 수단으로서 지식으로 바라본 것이다. 목적에 대한 합의가 이루어졌다는 전제 하에,34 "나는 어떻게 행동해야 하는가?"의 문제는 합의된 목적을 달성하는데

---

34 물론, 목적에 관한 합의 부재 문제는 실증주의적 실천 인식론을 주창하는 다수의 사람들의 관심을 모았다. 이 문제에 대한 접근 방식은 궁극적 목적 탐색을 위해 그 궁극적 목적에 종속되는 다른 여러 목적들을 탐색하는 방식들에 이르기까지 다양한 방식으로 접근되어졌다. 예를 들면, 복지 경제학자들의 효용성 함수들을 탐구하는 과정에서 목적을 위한 "보편적 해결자"의 모색, Karl Popper에 의해 제안된 "점진적 사회공학" 등의 접근 방식을 들 수 있다. 이러한 접근 방식들의 장점과 결함에 대한 논의를 위해서 다음 문헌을 참고하기 바란다. Charles Frankel, "The Relation of Theory to Practice: Some Standard Views," in *Social Theory and Social*

가장 적합한 수단이 무엇인가라는 순전히 도구적인 문제로 환원된다. 수단들에 대한 의견 불일치는 활용가능한 수단들과 관련된 사실, 정보, 수단들의 달성가능한 성과들, 합의된 목적 차원에서 수단들을 비교하는 방법들에 의해서 해결될 수 있다. 나아가서 도구적인 문제는 실험에 의거하여 해결될 수 있다. 그리고 원인과 결과에 대한 과학적 이해가 축적되어감에 따라 인과관계들이 밝혀지고 그 인과관계들은 도구적 지식으로 포섭된다. 결국 관련된 과학 이론들 중 목적 달성에 가장 적합한 수단으로서 이론을 선택하는 것이 가능하게 된다. 이제 "나는 어떻게 행동해야 하는가?"라는 문제는 과학적 문제가 되고, 과학적 기법을 적용함으로써 가장 적합한 수단을 선택할 수 있게 된다.

19세기 후반에서 20세기 초반에 이르기까지, 엔지니어링 전문직과 의료 전문직 분야는 목적 달성을 위한 수단 선택에서 성과를 보여주었고, 그 결과 이 분야들은 도구적 실천 행위의 전형이 되었다. 엔지니어의 설계와 분석 행위, 의사의 진단과 처방 행위는 과학적, 기술적 실천의 전형으로서 수공 작업의 실기craft와 기예artistry를 대체하게 되었다. 실증주의 실천 인식론에 의거하여 이제 수공 작업의 기술과 기예는 엄밀한 실천적 지식의 범주에 들어설 자리가 없게 되었다.

한편 과학과 테크놀로지가 융성하고 실증주의가 사상적 헤게모니를 장악하기 시작했던 19세기 후반에서 20세기 초반에 이르는 시기에 미국에서는 현재와 같은 대학 구조와 운영 스타일이 자리 잡기 시작했다. 물론 실증주의 이외에 다른 사상적 전통들이 미국 대학 내에 잔존하고는 있었지만 — 실제로 일부 대학에서는 다른 사상적 전통이 지배권을 간신히 유지하는 경우도 있었다 — 미국의 대학들은 독일을 제외하고 어떤 나라들보다 과학적 탐구, 기술주의와 실증주의 정신에 지배당하고 있었다.

남북전쟁 이후에 독일 대학을 졸업한 젊은 학자들이 귀국하여 독일식 전통을 미국 대학에 전파함으로써 대학을 학문을 연구하는 기관으로서 바라보는 시각이 자리 잡기 시작했다. 학문 연구 기관으로서 대학이라는 전통을 세운 최초의 미국

Intervention, Frankel et al., eds. (Cleveland: Case Western Reserve University Press, 1968).

대학은 존스 홉킨스 대학인데, 설립 당시 "아마도 서구 사회에서 교육의 역사를 바꾼 가장 결정적인 단일 사건"[35]이라 일컬어졌다. 이후 존스 홉킨스 대학을 모델로 삼아서 다른 대학들도 속속 개혁 작업을 서둘렀고, 이와 관련하여 Edward Shils는 다음과 같이 주장하기도 하였다.

> 지식, 특히 과학적 지식으로 여론이 기울었다. 경험적 증거를 제시하고 엄밀하게 평가 받고 합리적으로 분석될 때 진정한 지식으로 대우받는다는 일반적 합의가 이루어졌다. 이런 지식은 바로 세속적 지식이며, 그 지식은 신성한 지식의 사명을 이어받고, 신성한 지식을 보완해주고, 신성한 지식이 되기도 하며, 때로는 신성한 지식을 대체하게 된다. 근본적이고 체계적으로 획득된 지식은 인류 구원을 위한 첫 걸음의 역할을 할 것이라 여겨졌다. 이 지식은 자연 자원과 인간 신체를 지배하는 권력에 대한 인간의 영향력을 증진시켜서 인간 삶의 지평을 재편하는 전망을 담고 있다. 즉 그 지식은 사회에 대한 더 나은 이해를 통해서 사회 발전을 가능하게 할 전망을 제공해주었던 것이다.[36]

실증주의 인식론은 대학의 새로운 모델을 제공해주었고, 대학과 전문직 간에 적절한 분업 관계를 규정하는 모종의 규범적 사상으로 자리 잡게 되었다. '미국의 고등교육'이란 저서에서 Thorsten Veblen은 "대학교와 전문직 학교는 그 차이가 있다. 그 차이는 규모의 차이가 아니라 종류의 차이이다."[37]라고 주장하였다. 대학은 보다 고귀한 사명을 갖고 있다. 즉 대학은 "과학과 학문의 삶을 영위하는 사람들을 양성하고, 따라서 대학은 효율적으로 지식을 추구하는 그런 학문들에만

---

35 Edward Shils, "The Order of Learning in the United States from 1865 to 1920: the Ascendancy of the Universities," *Minerva*, XVI, 2 (Summer 1978): 171. 1865년–1920년 미국 교육의 질서: 대학의 확장

36 Ibid., p.173.

37 Thorsten Veblen, *The Higher Learning in America*, reprint of 1918 edition, (New York, Hill and Wang, 1962).

관심을 갖게 된다", 반면에 전문직 학교는 "장차 어떤 직업을 갖게 될지는 모르나, 그 직업 세계를 살아가는 시민으로서 역할에 맞는 지식과 습관을 주입하는데"38 주력해야 한다. 이처럼 대학교와 전문직 학교 간의 관계는 분리separation와 교환exchange의 관계가 된다. 간단히 말하면, 전문직은 자신들의 실천 문제들을 제공하고, 대학은 새로운 과학적 지식을 공급해준다. 어떠한 경우에도 전문직 학교를 나온 기능인들은 대학에 들어가도록 허용되지 않게 되었다. 왜냐하면 그렇게 하면 기능인들은 자신들이 있어야 할 자리가 아닌 잘못된 자리에 있게 되기 때문이다.

> 그럴 경우 그들은 학문을 하는 사람들의 모습을 가장하도록 요구받게 되고, 그로 인해서 학자인 척하고 정교한 일을 하는 척하는데 그들의 기술적인 역량을 소모하는 결과를 초래할 것이다. 그리고 그렇게 해야만 전문직 학교와 그들의 활동에 일종의 과학적, 학문적 특권을 부여받을 수 있다는 헛된 기대를 갖게 만든다.39

1916년 당시 시카고 대학을 겨냥해서 털어놓은 Veblen의 이러한 푸념은 사실 향후 전개되는 상황의 전조를 암시한 것이었다. 전문직의 생존지향적 이해관계는 전문직 학교를 이용하려는 대학 이사회의 이해관계를 더욱 부추겼다. "기반을 잘 갖춘 거의 모든 전문직 분야들이 대학 내에서 그 자리를 마련할 수 있게 되었다."40라고 1963년 Bernard Barber가 Daedalus지에 표현할 때까지 많은 전문직 분야들이 속속 대학 사회로 진입하기 시작했다.

그러나 전문화된 직업 현장은 큰 대가를 치러야만 했다. 대학 내부에 깊숙이 침투된 실증주의 실천 인식론을 수용해야 했기 때문이다. Veblen이 그토록 경고

---

38 Ibid., p.15.

39 Ibid., p.23.

40 Bernard Barber, in "Some Problems in the Sociology of the Professions," *Daedalus* (Fall, 1963): 674.

했던 분업 관계도 수용해야 했다. 전문가와 기술자들의 실천 활동에 적용할 이론
개발은 과학자와 학자들의 몫이 되었다. 반면에 전문직 학교의 역할은 다음과 같
이 제한되었다.

> 전문가의 직무 수행에 근간이 될 일반적이고 체계적인 지식을 학생들에
> 게 전수하는데 있다.[41]

이처럼 지식의 위계를 반영한 분업 관계는 사회적 지위의 위계로 연결되었다.
새로운 이론을 발견하는 사람들은 그 이론을 적용하는 사람보다 그 지위가 높고,
"보다 수준 높은 교육"을 하는 학교들은 "보다 낮은 수준의 교육"을 하는 학교들
보다 더 우월한 것으로 여겨졌다.

그 결과 현재 미국 대학 내 전문직 학교들에 전형적으로 나타나는 실증주의
적 교육과정의 씨앗이 뿌려졌고, 오늘날 연구와 실천의 분리라는 친숙한 관점이
그 뿌리를 내리게 되었다.

기술적 합리성의 한계

20세기 초 전문화된 직업과 전문직 학교가 대학에서 자리를 잡아가고 있었지
만, 사실 2차 세계 대전이 기술주의 프로그램과 실증주의 실천 인식론의 확산에
크게 영향을 미쳤다.

2차 세계 대전 동안, 전례 없이 기술자들이 과학 연구에 의지하는 모습을 보
였다. Vannevar Bush는 최초로 대규모의 국가연구개발센터인 국립연구개발협회
National Research and Development Corporation를 창립하였다. 응용수학을 어뢰 추적과
잠수함 연구에 활용하려는 미국과 영국의 노력으로 오퍼레이션 연구라는 새로운

---

41 Everett Hughes, "Higher Education and the Professions," in *Content and Context: Essays on College Education*, Carl Kaysen, ed. (New York: McGraw−Hill, 1973), p.660.

학문이 등장하였다. 그리고 맨해튼 프로젝트는 과학 기술이 국가 목표 달성에 성공적으로 활용된 상징이 되었다. 이러한 상황은 다음과 같은 교훈을 남겼다. 모종의 사회적 목표가 분명하게 규정되고, 그 목표에 대한 국가적 차원의 합의가 도출되고, 필요한 연구 개발에 무제한적인 자원을 동원할 수 있다면, 목표 달성은 반드시 실현될 수 있다는 것이다. 이로 인하여 연구개발기관이 가장 큰 수혜자가 되었지만, 전문직 실천 활동에 과학 연구를 기반으로 삼아야 한다는 사고가 확산되는 계기가 되었다.

2차 세계 대전 이후 미국 정부는 연구개발 예산을 대폭 늘렸다. 정부 예산의 증가에 따라 연구 기관도 많이 늘어났다. 연구 기관들은 대학과 연계하거나 독립적으로 운영되었다. 당시 연구 기관들은 저마다 새로운 과학 지식을 개발한다는 목적을 내세우면서 설립되었고, 새로운 과학 지식 개발로 국부 창출, 국가 목표 달성, 인간 삶의 질 개선, 사회 문제 해결이 가능하다는 구호 하에 자신의 기관을 적극 홍보하였다. 특히 연구 예산 증가와 그 성과가 극적이고 가시적이었던 분야는 의료 분야이다. 의학 연구 및 의학 교육을 위한 기존 센터들은 대규모로 확장되었고, 새로운 센터들도 증설되었다. 의과 대학, 대학 병원과 함께 의학 연구 센터는 다른 전문직 분야들이 지향하는 연구 기관 설립의 모델이 되었다. 즉 탄탄한 기초과학과 응용과학, 그리고 새로운 연구 성과를 활용하는 전문직으로서 의료 분야는 타 전문직 분야들이 따라야 할 전형이 된 것이다. 결국 다른 전문직 분야들은 의료 분야가 이루었던 성취와 특권을 누리고자 연구 기관과 교육 기관의 연계, 연구와 임상의 위계 구분, 기초연구와 응용연구를 실천 활동과 연결시키는 시스템을 모방하고자 노력하게 되었다.

의료 분야와 공학 분야의 성공과 특권은 그 분야들로 하여금 사회과학 분야의 모델로 삼게 만들었다. 교육, 복지, 행정, 정책 등 분야에서도 의료 분야와 공학 분야 모델을 모방하여 학자들은 연구를 하고, 적용을 하고, 교육을 하는 시스템을 만들어가기 시작했다. 사실 측정 평가, 통제 실험, 응용과학, 실험실과 임상실 등 사회과학 분야 학자가 사용하는 용어들도 의료 분야와 공학 분야 모델에 대한 의존도를 드러내는 증거라고 할 수 있다.

나아가서 1950년대 중반, 소련의 스푸트닉 인공위성 발사는 과학과 테크놀로지에 대한 국가 투자를 가속화시키는 계기가 되었다. 소련의 스푸트닉 발사는 미국에 충격을 주었는데, 과학, 특히 기초과학에 더 많은 지원을 하고 과학의 힘으로 새로운 사회를 건설해야 한다는 인식을 널리 알리는 계기가 되었다. 이로 인해 과학 지식의 개발과 활용에 필요한 전문가 – 과학자와 엔지니어, 의사와 교사 등 – 가 부족한 상황은 매우 심각한 문제로 다가왔다. 이처럼 2차 세계대전 발발과 스푸트닉 발사 사건에 대한 국가적 차원의 대응들이 누적되어 1963년 Daedalus지에 언급된 전문가주의professionalism 승리의 발판이 마련되었던 것이다.

그러나 1963년부터 1982년 동안에, 전문가들 자신은 물론 일반 대중들도 전문직의 문제와 결함을 인식하기 시작했다. 1장에서 지적했듯이, 전문가들은 자신들의 규범에 따라 행동하지 않았고, 사회 목표 달성과 사회 문제 해결을 할 능력을 보여주지 못하게 됨으로써 정당성legitimacy의 위기에 처하게 되었다. 즉 기술적 합리성으로 설명 불가능한 전문직의 실천 현장이 갖는 특성들 – 복잡성, 불확실성, 불안정성, 독특성, 가치갈등 – 이 중요하다는 사실을 깨닫게 된 것이다. 이 문제는 기술적 합리성을 뒷받침하는 실증주의에서도 찾아볼 수 있다.

기술적 합리성의 관점으로 보면, 전문가의 실천 활동은 일종의 문제 '해결'problem solving 과정이다. 즉 기술적 합리성 관점에서 보면, 선택을 하거나 결정하는 문제는 활용 가능한 수단들 중에서 목적 달성에 가장 적합한 수단을 선정하는 행위로 해결된다. 그러나 이처럼 문제 해결에 초점을 맞춘다면, 도출되어야 할 결정, 성취해야 할 목표, 선정 가능한 수단들이 무엇인지를 밝히는 과정인 문제 '규정'problem setting 과정을 간과하게 된다. 실제 실천 활동의 세계에서, 문제들은 실천가들에게 그냥 주어지는 것이 아니다. 실천가가 경험하는 실제 문제는 혼란스럽고, 성가시고, 불확실한 여러 가지 문제 상황들로 나타나고, 실천가는 하나의 문제를 규정하기 위해서 일련의 작업 과정을 거쳐야 한다. 예를 들면, 어떤 형태의 도로를 건설할 것인지를 구상할 때, 전문가들은 지리적, 지형적, 재무적, 경제적, 정치적 이슈들이 혼재된 매우 복잡하고 어려운 상황에 봉착하게 된다. 어찌해서 일단 어떤 도로를 건설한 것인지를 결정하고 난 다음에 그 도로를 건설하기 위한 최선의 방법을 생각하게 될 때가 되면, 전문가들은 활용가능한 여러 건설 기법들 중에서 선택해야 하는 문제에 직면하게 된다. 그러나 예상과 달리 건설한 도로가 지역 주민의 주거 환경을 파괴한다면, 전문가들은 또다시 불확실성의 상황에 직면하게 될 수 있다.

이런 종류의 상황을 전문가들은 자신들의 실천 활동에서 점점 더 중요하게 생각하고 있다. 문제 규정problem setting은 기술적 문제 해결을 위한 필수 조건이지만, 문제 규정 자체는 기술적인 문제가 아니라는 점을 인식하기 시작한 것이다. 문제 규정의 과정은 이러하다. 먼저 문제 상황과 관련된 "현상들things"을 선택하고, 문제 상황의 범위를 제한하며, 그리고 어떤 방향으로 변화시킬 필요가 있는지를 결정해야 한다. 다시 말하면, 문제 규정problem setting은 주의를 기울여야 할 현상들을 명명name하고, 주의를 기울이게 될 현상들을 둘러싼 맥락을 틀지우는 frame 행위를 동시에 수행하는 일련의 과정이 된다.

물론 문제가 규정되었다고 하더라도 실천 상황은 독특하고 불안정한 것이어서 과학의 범주들로부터 벗어나기 쉽다. 기존 이론이나 기법을 적용하여 실천 문제를 해결하고자 한다면, 실천가는 그런 과학의 범주들을 실천 상황의 독특하고 불안정한 그런 특성들에 맞출 수 있어야 한다. 예를 들면, 영양사가 환자의 리신 결핍 현상을 발견하면, 리신이 함유된 영양보충제를 처방해줄 수 있을 것이다. 의사가 환자에게 홍역 증상을 발견한다면, 그 환자의 증상을 진단, 처방, 예측 등 일련의 의료 기법 체계에 맞추어 볼 것이다. 그러나 독특한 사례a unique case는 그런 이론적 처방의 범주들을 벗어난다. 즉 해당 실천 상황이 불안정하기 때문에 그런 과학적 범주를 벗어나기 십상이다. 의사들은 전문 서적에 나오지 않는 사례들에 과학적 범주의 표준화된 기법들을 그대로 적용할 수 없다. 영양사는 원래 예측과 달리 변해버린 상황으로 인해 계획한 영양공급안이 실패하게 된다.

기술적 합리성은 우선 목적에 대한 합의를 필요로 한다. 목적들이 확고하고 명확하다면, 취해야 할 행위에 대한 결정은 도구적인 문제가 된다. 그러나 목적들이 불명확하고 모순적이라면, 아직 해결해야 할 "문제problem"는 존재하지 않는 것이다. 동시에 목적들이 모순되는 상황 하에서 응용 연구들로부터 도출된 기법들로 문제를 해결할 수도 없다. 실현해야 할 목적과 활용 가능한 수단을 발견하고 규명하는 것은 문제 상황을 규정하는 비기술적인non-technical 과정을 통해서 이루어진다고 보는 것이 타당하다.

심리치료, 사회복지, 도시계획 분야에서도 상이한 인식 패러다임들 때문에 전문가들이 실천 문제에 적용해야 할 기법 선택이 어려운 처지에 있다. 문제 규정과 문제 해결을 위한 접근 방식을 어떻게 선택할 것인지에 대해서 해당 분야의 전문가들 사이에 종종 논쟁이 벌어지는 것이다. 이때 전문가들은 자신들의 실천 활동에서 어떤 역할을 할 것인가를 결정함에 있어서 기술적 합리성 모델에 따르지 않는 모종의 탐구 활동을 수행해야만 한다. 전문가들이 자신의 전문성을 발휘할 때 문제 상황에서 벌어지는 현상들을 명명하고 문제 상황을 틀지우는 작업, 즉 문제 규정을 위한 탐구가 필요한 것이다.

이제 불확실성, 독특성, 불안정성, 가치갈등 등의 특성을 보이는 실천 상황 속에서 실증주의 실천 인식론이 왜 골칫거리가 되고, 그런 인식론에 매몰된 전문가들이 딜레마에 직면할 수밖에 없는 이유를 쉽게 이해할 수 있을 것이다. 실증주의 실천 인식론에 의존하는 전문가들은 엄밀한 전문가 지식이라는 기준을 적용하여 일반적인 실천 상황의 특성들 즉 불확실성, 독특성, 불안정성, 가치갈등 현상들을 배제해버리고, 그런 현상들에 대처하는 기예적인artistic 실천 방법들도 엄밀한 전문가 지식으로 인정하지 않기 때문이다.

이러한 "엄밀성 혹은 적합성rigor or relevance"의 딜레마는 실제 실천 장면에서는 민감한 문제가 된다. 전문가의 실천 장면은 다양한 형태로 나타난다. 그 장면들 중에는 연구기반 이론을 효과적으로 활용할 수 있는 소위 확실하고 분명한 실천 장면a high, hard ground이 있고, 연구기반 이론과 방법으로는 대처할 수 없는 혼란스러운 "엉망진창인 상태"messes로서 소위 불확실하고 불분명한 실천 장면a swampy lowland이 있다. 그러나 기술적 관심도는 높을지 모르나 확실하고 분명한 실천 상황의 문제들은 대개 고객이나 전체 사회 입장에서 크게 중요하지 않은 문제들인 반면, 불확실하고 불분명한 실천 상황의 문제들은 오히려 인간 삶에 중대한 영향을 미치는 문제라는 사실이 곤혹스럽게 한다. 그렇다면 실천가는 확실하고 분명한 실천 상황에만 매달려 자신들이 규정한 엄밀성 기준에 따라서 실천 활동을 수행해야만 하는가? 그럴 경우 실천가는 사회적으로 별 의미가 없는 문제들을 해결하는 데만 전념하게 될 것이다. 그렇다면 실천가는 기술적 엄밀성을 과감히 포기하면서 중요하고 도전적인 실천 문제들에 관여하기 위해서 불확실하고 불분명한 실천 상황을 수용해야만 하는가? 이것이 바로 전문직의 실천가들이 직면하게 될 엄밀성과 적합성의 딜레마이다.

의학, 공학, 농학 등 "주류" 전문직 분야 실천가들은 기술적 전문가로서 활동하는 영역이 분명히 존재한다. 그러나 주류 전문직도 비주류 전문직의 실천 활동과 유사한 실천 활동에 관여한다. 신장 투석 의료 기술은 의료 산업에 국가가 투자하려는 의지를 넘어서는 요구를 발생시키기도 한다. 기술적 관점에서만 보면 강력하고 탁월하게 보이는 공학 기술도 환경 보호나 인간 생존에 치명적인 해를 끼칠 수 있는 리스크를 수반할 수 있다. 또한 선진국의 산업화된 대규모 농업은 개발도상국의 농업 경제를 파괴하기도 한다. 이와 같은 실천 상황 속에서 주류 전문직의 실천가는 엄밀성과 적합성 중 어떤 기준을 적용하여 자신의 실천 활동을 전개할 것인가?

전문직 실천가들 중에는 불확실하고 불분명한 실천 상황들을 자발적으로 선택하는 이들이 있다. 그들은 혼돈스럽지만 중요한 실천 문제들에 의도적으로 몰입한다. 또 자신들의 실천 문제에 대한 탐구 방법을 설명해달라는 요청을 받으면 시행착오, 직관, 난관 극복 경험 등으로 대처한다.

한편 전문직 실천가들 중에는 확실하고 분명한 실천 상황을 선택하는 이들도 있다. 그들은 확고한 전문가 역량이라는 이미지에 집착하면서 오직 기술적 엄밀성만을 추구하거나, 자신들이 모르는 세계를 두려워하면서 스스로 협소한 기술적 실천 활동에만 자신들의 활동 영역을 한정 지운다.

상기한 반응들을 "형식적 모델링formal modeling"사례에서 확인할 수 있다. 2차 세계 대전 동안, 잠수함 탐지와 어뢰 추적에 응용수학을 성공적으로 이용함으로써 오퍼레이션 연구 분야는 크게 성장하였다. 2차 세계 대전 이후, 디지털 컴퓨터가 개발됨에 따라서 형식적, 정량적, 컴퓨터기반 모델에 대한 폭넓은 관심이 촉발되었다. 이유는 그런 모델들이 인간적이고 유연한 문제 상황"soft"problem을 기술적이고 객관적인 문제 상황"hard"problem으로 전환하는 기법을 제공해줄 듯이 보였기 때문이다. 따라서 새로운 종류의 기술적 실천가technical practitioner가 등장하게 되었다. 즉 시스템분석가, 경영과학자, 정책분석가들은 각각 재고관리, 경영정

책, 정보관리, 운송계획, 토지활용, 의료제공, 사법제도, 경제관리 등의 분야에 형
식적 모델링 기법을 이용하기 시작했다. 1960년대 후반에 이르면, 모든 실천 문
제를 컴퓨터로 모델링해버리는 지경에 이르렀다. 그러나 오늘날 형식적 모델링을
활용하는 사람들조차도 당시 형식적 모델링 기법에 대한 기대가 지나치게 부풀려
졌다는 점에 대해서는 동의를 하고 있다. 형식적 모델링은 재고관리와 물류와 같이
상대적으로 부담스럽지 않은 분야의 문제들을 해결하는 데는 유용하게 활용되어왔
다. 그러나 형식적 모델링 기법은 경영관리, 주택정책, 사법제도와 같이 상당히 복
잡하고 쉽게 규정되지 않는 문제들에 대해서는 대체로 큰 성과를 거두지 못했다.

　형식적 모델링 전문가들은 이러한 불편한 상황에 대해서 여러 가지 방식으로
대응하였다. 일부 전문가들은 부담스럽지 않은 문제들을 찾아다녔고, 때로는 실
제 세계 문제를 해결하고자 과감히 자신의 전문성을 포기하기도 하였다. 또 다른
전문가들은 형식적 모델링을 복잡한 상황을 이해할 새로운 관점의 원천으로서
"탐색자probes"나 "메타포metaphor"정도로만 활용하였다. 그러나 형식적 모델링의
용도는 이미 그 자체 생명력을 다한 것처럼 보였다. 형식적 모델링은 그 이론과
기법의 효용성에 대해서 끊임없이 의문이 제기되면서 점점 실제 세계의 실천 문제
에는 적합하지 않은 것으로 드러나고 있었다. 확실하고 분명한 실천 상황에 자신의
활동을 한정지우고자 했던 실천가들은 형식적 모델링 기법을 계속 사용하고자 했
지만, 그럴 때마다 발생하는 문제점들에 대해서는 그저 외면하기만 할 뿐이었다.

　많은 실천가들이 엄밀성을 선택할 것인가 아니면 적합성을 선택할 것인가 하
는 실천 상황의 딜레마를 이런 방식으로 대처해왔다. 즉 자신의 전문가 지식에
맞추어서 실천 상황을 판단하는 식으로 말이다. 실천가들은 자신의 전문가 지식
범주에 맞지 않는 데이터는 의도적으로 외면하였다. 경영정보시스템 설계자들은
그들이 수집하는 정보를 통제와 회피 전략 방식으로 처리하는데, 기술적 분석가
들이 "인성"이나 "정치"문제로 인해 분석에 실패할 때와 같은 방식으로 모순되는
데이터들은 소위 "쓰레기"로 취급하는 방식으로 대응했다.42 아니면 활용가능한

---

42 이 단어는 Clifford Geertz의 "Thick Description: Toward an Interpretive Theory of
　　Culture," in Clifford Geertz, *The Interpretation of Cultures* (New York: Basic Books,

기법들의 틀 속에 실천 상황을 끼워 맞추기도 한다. 예컨대, 산업공학자는 실제 생산시스템을 단순화시켜 설계한다. 그렇게 해서 전문가의 조언에 저항하는 고객들은 "문제 유발자" 혹은 "반항아"로 취급해버린다. 이런 전략을 구사하는 실천가는 자신이 알고 있는 표준 모델과 기법을 고수하려고 해서, 실천 상황을 잘못 이해하거나 조작해버리는 식으로 대처하는데 이는 자칫 문제를 야기시킨다. 즉 실천가는 고객을 희생시켜서라도 자신의 전문성을 지키고자 애를 쓰게 되는 것이다.

전문직 연구자들은 몇 가지 측면에서 기술적 전문성의 한계에 의거하여 전문가 지식이 지닌 문제점을 설명하였다. 앞서 언급한 Edgar Schein, Nathan Glazer와 함께 「The Sciences of the Artificial」을 저술한 Hertbert Simon이 그런 연구자들에 포함되는데, 이들의 견해는 전문직 관계자들에게 상당한 반향을 불러 일으켰다. 이 전문직 연구자들은 전문가 지식과 실제 실천 요구 사이에 존재하는 간극을 보여주려고 노력하였다. 물론 그 간극을 설명하는 방식은 서로 다르지만, 이 연구자들 간에는 중요하고 기본적 부분에 대해서는 비슷한 면도 있다.

Schein에 의하면, 기초과학과 응용과학은 "수렴적convergent" 성격을 지니고, 실천 활동은 "발산적divergent" 성격을 지닌다는 점에서 과학과 실천 사이에는 간극이 존재한다고 본다. 그는 일부 전문직 분야는 이미 성공한 바 있는데, 다른 전문직 분야에서도 실천 현상을 인식하는 패러다임에 합의, 실천 세계에 적합한 지식 체계에 대한 합의"[43]가 조만간 이루어지긴 할 것이라 믿고 있다. 그러나 Schein은 전문가의 실천 문제는 여전히 독특하고 예측불가능한 특성을 갖고 있다고 생각한다. 그래서 전문가는 "수렴적 지식 체계를 독특한 실천 상황 조건에 맞는 전문적 서비스로 전환하는 능력을 갖추어야 하는데 그 과정에서 필요한 것이 발산적 사고 스킬"[44]이라고 주장한다. 사실 Schein은 여기서 더 이상 논의를 진전시

1973).에서 인용됨.

43 Schein, *Professional Education*, p.44.

44 Ibid., p.45.

키지 않는다. 내 짐작으로는 그가 발산적 사고 스킬을 이론이나 기법으로 간주해
버린다면, 그 스킬은 전문가 지식 위계상의 또 다른 지식 요소가 되기 때문일 것
이다. 그렇다고 발산적 사고 스킬을 이론도 아니고 기법도 아닌 것으로 여기면서
여전히 지식의 한 가지 종류로 인정한다면, 도대체 그런 지식은 어떻게 설명할
수 있겠는가? 결국 발산적 사고 스킬은 정체를 알 수 없는 존재로 여전히 남게
될 수밖에 없다.

Glazer의 견해는 다음과 같다. 그는 전문직은 그 분야에 따라서 서로 다른 특
징을 지닌다고 보았다. 의료와 법과 같은 전문직 분야는 엄밀한 실천 활동 추구
에 적합한 확실하고 분명한 목적, 안정적인 제도적 맥락, 확고한 전문적 지식 체
계를 갖추고 있다고 보았다. 반면에 신학과 사회복지 전문직 분야는 불명확한 목
적, 유동적인 실천 맥락, 확고하지 못한 전문적 지식 체계를 갖고 있다고 보았다.
요컨대 Schein이 주장하는 "수렴적" 성격의 과학과 "발산적" 성격의 실천 간에
존재하는 간극을 Glazer는 주류 전문직과 비주류 전문직 사이에서 찾는다.

Simon은 실증주의 실천 인식론의 역사적 기원에서 전문가 지식의 문제점을
찾아내고 있다. Simon은 모든 전문직 분야의 실천 활동은 "현재 상황을 보다 바
람직한 상황으로 바꾸는" 과정, 즉 "디자인"[45]에 중점을 두는 것이라고 생각한다.
그러나 이러한 '디자인' 능력을 오늘날 전문직 학교에서는 가르치지 않는다. 그래
도 과거에는 전문직 양성 학교에 "지적으로 유연하고, 직관적이고, 무형식적이며,
즉흥적인 특성을 지닌"[46] 디자인 관련 지식 체계가 존재했지만, 오늘날 대학의
학문 풍토에 영향을 받고 있는 전문직 양성 학교는 자연과학을 가르치는 스타일
의 학교가 되어버렸다. 그리하여,

> 공과 대학은 물리학 대학, 수학 대학으로, 의과 대학은 생물학 대학, 경
> 영 대학은 특수한 학문 분야의 대학으로 전락하고 말았다.[47]

---

45 Herbert Simon, *The Sciences of the Artificial* (Cambridge, Mass: MIT Press, 1972), p.55.
46 Ibid., p.56.
47 Ibid.

결국 오늘날 전문직 양성 학교는 "핵심적인 전문가 역량의 교육에 대한 책무를 거의 포기하게 되었는데",48 그 이유는 그런 교육은 아직도 존재하지 않는 디자인 과학a science of design에 기초해야 하기 때문이다. Simon은 디자인 과학a science of design을 통계학적 의사결정 이론과 경영학에서 개발되어온 최적화 방법들을 모방하고 확장하여 구성할 것을 제안한다. '최적화된' 문제란 다음과 같이 '잘 규정된' 문제를 말한다.

> 특정 식이요법에 사용될 음식들의 목록이 있다고 하자. 명령 변수는 식이요법에 포함되어야 할 각 음식의 분량이 된다. 그리고 환경 변수는 각 음식의 가격과 영양 성분열량, 비타민, 미네랄이 된다. 그리고 이 식이요법의 효용함수는 비용마이너스 부호 표기에 의해서 결정된다. 즉 해당 식이요법에 적용되는 제약 조건들에 의해서 결정된다는 것이다. 매일 2000칼로리 이상을 넘지 않아야 하고, 비타민과 미네랄 성분의 최소 함유량을 준수해야 하며, 루타바가스웨덴순무를 일주일에 일 회 이상 섭취해서는 안된다는 제약 조건들을 준수하면서 식이요법을 실행해야 한다… 결국 식이요법 문제는 각 음식의 최저 가격으로 영양성분 요소들과 부차적인 조건들을 충족시키는 한도 내에서 식이요법에 사용된 음식의 양을 선택하는 것이다.49

이 때 전문가의 실천 활동 목표는 "제약 조건"과 "효용성 함수"로 전환되고, 목표 달성을 위한 수단은 "명령 변수들" 그리고 지켜야 할 규칙은 "환경 변수들"이 된다. 이런 방식으로 일단 문제가 규정이 된다면, 그 다음에 문제 해결은 일상적인 방식으로 처리하면 된다. 그러나 대부분의 실천 상황에서 문제는 잘 규정된 형태로 나타나지 않고, 오히려 엉망진창이고, 혼란스러운 상태로 나타나서 문제 규정은 상당히 어려운 과정이 된다. Simon이 자연과학과 디자인 실천 활동 사이의 간극을 '디자인 과학'으로 해소할 수 있다고 보았지만, 그가 말한 디자인

---

48 Ibid., p.57.
49 Ibid., p.61.

과학은 사실상 실천 상황으로부터 미리 추출된, 잘 규정된 문제에만 적용될 수 있을 뿐이다.

이처럼 Schein, Glazer와 Simon은 기술적 합리성의 한계와 '엄밀성 혹은 적합성'의 실천 딜레마에 대해서 서로 다른 방식으로 접근하고 있다. 물론 접근 방식은 다르지만 추구하는 전략은 공통적이다. 즉 기술적 합리성 모델을 따르면서 전문가 지식의 과학적 기반과 실제 실천 세계의 요구 사이에 존재하는 간극을 해소하고자 하는 것이다. Schein은 수렴적 특성을 갖는 과학과 발산적 특성을 갖는 실천으로 구분하고, 발산적 실천 행위를 정체불명의 소위 "발산적 스킬"로 해명하고자 하였다. Glazer는 수렴성을 그가 찬양하는 주류 전문직 분야의 특성으로 귀속시키고, 그가 무시하는 비주류 전문직 분야의 특성을 발산성으로 규정한다. 한편 Simon은 미리 잘 규정된 도구적 문제들에만 적용되는 디자인 과학을 제안함으로써 기술적 합리성의 한계와 엄밀성 혹은 적합성 딜레마를 해결하고자 하였다.

하지만 이 세 사람이 고수하는 전문가 지식의 모델로서 실증주의적 실천 인식론은 그 발생의 기원이 되었던 과학철학 분야에서도 반박의 대상이 되고 있다. Richard Bernstein은 다음과 같이 주장하고 있다.

> 실증주의자 자신의 기준으로 철저한 비판을 하지 않았던 것은 19세기 실증주의자나 비엔나 학파의 핵심테제만이 아니다. 당대 유행한 분석 대 종합 이분법에 대한 설명과 증명이 모두 폐기되었다. 그 결과 실증주의자들의 자연과학에 대한 이해와 실증주의자들이 공식화한 학문 개념이 전반적으로 과잉 단순화된 것이라는 사실이 밝혀졌다. 후기경험주의 철학과 과학철학사 분야의 논쟁들의 최종 결론이 어떤 것일지라도… 과학, 지식, 의미에 대한 실증주의 차원의 이해 방식은 충분하지 않다는 점에는 이론의 여지가 없는 듯하다.[50]

---

50 Bernstein, *Restructuring*, p.207.

과학철학자들 중 어느 누구도 자신이 실증주의자라고 불리길 원치 않는다. 실기craft, 기예artistry, 신화와 같이 한 때 실증주의가 묻어버려야 한다고 주장했던 고대 시대의 주제들에 대한 관심이 재등장하고 있다. 전문직에 영향을 미치는 딜레마가 과학 그 자체가 아니라 과학에 대한 실증주의적 관점에서 비롯되었다는 것은 분명하다. 실증주의 관점은 과학을 사후 사실after the fact의 연구로부터 도출된 확고한 명제 체계로 이해한다. 하지만 그런 명제 체계들로는 실천 상황에 대처하기에는 부적합하다는 사실을 인식함으로써 엄밀성이냐 적합성이냐 하는 딜레마를 겪을 수밖에 없다. 한편 사실상 과학자들은 불확실한 사태 때문에 고민하고, 불확실한 사태를 탐구하려 시도하고, 불확실한 사태를 해결하려 노력하는 기예를 발휘하는데 그런 과정으로서, 즉 사전 사실before the fact 연구 과정으로서 과학을 실행하고 있다고 볼 수 있다.

그러면 이제 전문가 지식 문제를 거꾸로 뒤집어 생각해보자. 기술적 합리성의 모델이 불완전하다면, 즉 기술적 합리성 모델로는 "발산적인" 실천 상황들에서 요구되는 실천적 역량을 설명하지 못하게 된다면, 그 모델의 한계는 더욱 심각해질 것이다. 자, 그러면 이제부터 불확실하고, 불안정하고, 독특하며, 가치갈등의 실천 상황에서 일부 실천가들이 보여주는 기예적이고, 직관적인 과정에 내재된 실천의 인식론에 대해서 탐색해 볼 필요가 있다.

행위 중 성찰(Reflection-in-Action)

일상 생활에서 즉각적이고 직관적인 행동을 하는 사람들은 보면, 그들은 자신만이 알고 있는 특별한 방식으로 행동한다. 그러나 그런 특별한 방식을 설명해보라고 하면 설명을 할 수 없는 경우가 종종 있다. 설명하려고 애쓸수록 스스로 낭패감을 느끼거나 명백하게도 부적절한 설명을 하는 경우가 많다. 우리가 알고 있는 것은 대개 우리의 행위 패턴들에 내재되어 암묵적인 상태로 존재하고 있다. 다시 말해서, 우리가 알고 있는 것은 행위 '속에in' 존재하고 있다고 말하는 것이 더 적합할 듯하다.

비슷한 맥락에서, 전문가의 직업 생활도 암묵적인 행위 중 앎tacit know-ing-in-action에 의존하고 있다. 모든 유능한 실천가들은 각자 여러 현상들을 ― 특정 질병과 관련된 일련의 증상들, 특정 건축 장소가 지닌 특수한 상태들, 재료나 구조의 불규칙한 특성들 ― 인식할 수 있는데, 그 현상들을 논리적으로 정확하게 혹은 완벽하게 묘사하지 못하는 경우가 종종 있다. 실천가는 매일 실천 행위를 하는 가운데 무수한 질적인 판단을 내리는데 그 판단의 기준을 충분히 설명하지 못하고, 스킬을 보여주지만 그 방법이나 절차를 설명하지도 못하는 경우가 많다. 나아가서 연구에 의해서 검증된 이론이나 기법을 사용할 때조차도, 그 과정에서 암묵적인 사고 작용, 판단 능력, 숙달된 행위에 의존하는 경우가 허다하다.

다른 한편 평범한 사람들이나 전문적인 실천가들 모두 자신들이 하고자 하는 것에 대해서 고민하고, 때로는 그 일을 하는 동안에도 여전히 고민한다. 그러나 뜻밖의 상황을 만나게 되면, 자신의 행위를 되돌아보고 그 행위에 내재된 앎지식에 대해서 생각해보게 된다. 예를 들면, 그들은 다음과 같은 질문들을 스스로 해볼 수 있다. "내가 이 현상을 인식할 때 도대체 어떤 측면들에 주목하고 있는 것인가? 내가 판단을 내리는 기준은 무엇일까? 내가 이 스킬을 활용할 때 어떤 절차들을 적용하고 있는 것일까? 내가 해결하고자 하는 문제의 본질을 나는 어떻게 규정하고 있는 것일까?" 즉 행위 중 앎에 대한 성찰은 현재 당면한 사태에 대한 성찰과 동시에 이루어지는 것이다. 예컨대, 한 개인이 대처해야 할 혼란스럽거나, 성가시거나, 혹은 흥미로운 현상이 있다고 하자. 그는 그 현상을 이해하려고 하면서 동시에 그가 취해왔던 행위에 내재되어있는 앎, 그가 나중에 하게 될 행위에서 표출하고, 비판하고, 재구조화하고, 구현하는 앎에 대해서도 성찰하게 된다.

이와 같은 전반적인 행위 중 성찰reflection-in-action의 과정이야말로 바로 실천가들이 불확실성, 불안정성, 독특성, 가치갈등 상황들에서 때때로 적절하게 대처하도록 해주는 "기예art"를 구성하는 핵심적인 요소가 된다.

*행위 중 앎*Knowing-in-action.   도구적 의사 결정 행위에 지식을 단순히 '적용'하는 것으로 실천 활동을 인식하는 기술적 합리성 모델을 포기한다면, 앎이란 지적인 행위에 내재된 것이란 아이디어는 전혀 이상하지 않을 것이다. 상식

common sense이란 개념과 함께 노하우know-how라는 개념이 존재한다. 노하우는 상식을 확장한 개념이 아니다. 왜냐하면 노하우는 행위 '중in'에 존재하고 있기 때문이다. 즉 줄타기 곡예사의 노하우는 줄을 타고 줄을 건너는 방식에 내포되어 있고, 줄을 타고 줄을 건너는 방식으로 표출된다. 메이저 리그의 투수가 지닌 노하우는 타자의 약점을 공략하고, 자신의 투구 간격을 조절하고, 경기 전체 흐름에 따라 힘을 배분하는 방식에 내재되어 있다. 행위에 앞서서 마음 속에 미리 존재하는 규칙 혹은 계획으로 노하우가 구성된다고 말할 수는 없다. 물론 우리는 행위하기 전에 종종 사고한다. 그러나 선행적인 지적 사고가 아니라 즉각적인 실천 행위 과정 속에서 모종의 앎이 드러내는 것도 사실이다.

Gilbert Ryle의 말처럼,

> 현명한 행동과 아둔한 행동을 구분하는 기준은 그 행동들의 위계가 아니라 그 행동들이 수행되는 절차로 결정된다. 이는 실천적인 행동에 대해서 뿐만 아니라 지성적인 행동에 대해서도 마찬가지이다. "지능을 갖춘 intelligent"이란 의미를 "지성을 갖춘intellectual"이란 의미로 규정할 수 없다. 다른 말로 "방법지knowing how"를 "명제지knowing that" 차원에서 규정하지 못한다. 다시 말하면 "내가 하고 있는 것을 생각한다는 것"을 "내가 해야 할 것을 생각하는 것과 그것을 행하는 것"으로 구분할 수 없다. 내가 무엇인가를 영리하게 하고 있을 때, 그것은 내가 어떤 한 가지 행위를 하는 것이지 두 가지 별도의 행위를 하는 것이 아니다. 나의 행위는 특정한 선행 조건들을 갖고 있는 것이 아니라 행위 그 자체가 하나의 특정한 절차이자 방식을 갖고 있는 것이다.[51]

그리고 최근에 Andrew Harrison도 비슷한 생각을 "누군가 영리하게 행동할 때, 그는 *자신의 마음을 따라 행동하고 있는 것이다*when someone acts intelligently, he

---

[51] Gilbert Ryle, "On Knowing How and Knowing That," in *The Concept of Mind* (London: Hutcheson, 1949), p.32.

acts his mind"[52]라는 구절로 표현한 바 있다.

지난 수십 년 동안 실천 인식론을 연구해온 학자들은 숙련된 행위가 종종 "말로 표현할 수 있는 것 이상을 알고 있다"는 현상을 드러내준다는 사실을 발견하였다. 그 학자들은 이런 종류의 앎을 지칭하는 용어들을 만들어냈고, 관련 사례들을 다양한 실천 영역들에서 찾아냈다.

1938년 초, "일상적 삶 속에서 정신Mind in Everyday Affairs"이란 글에서 Chester Barnard는 "논리적 과정"과 "비논리적 과정"을 구분하였다. 그는 비논리적 과정을 언어로 표현할 수 없고 추론할 수 없으며, 오직 모종의 판단, 결정, 행위로만 알 수 있는 과정이라고 주장하였다.[53] Barnard는 비논리적 과정에 해당되는 사례로서 골프를 치거나 공을 던질 때 거리를 측정하는 과정, 이차방정식 문제를 푸는 과정, 경험 많은 회계사가 "복잡한 대차대조표를 보고 짧은 시간 내에 중요한 정보를 도출하는 과정"[54] 등을 제시하고 있다. (그런 과정들은 무의식적일 수도 있고 아니면 너무 빨리 진행되어서 "그런 과정이 진행되는 두뇌를 가진 사람들은 스스로 그 과정을 분석해낼 수 없다."[55]) Barnard는 그가 기억하는 수학자를 인용하면서 "그는 자신의 마음에 기록되어있는 내용을 표현할 수가 없었다."[56]라고 말한다. Barnard는 우리가 논리적 과정에 집착하고 있기 때문에 성공적인 실천 활동에 보편적으로 존재하고 있는 비논리적 과정들을 이해할 수 없는 것이라고 주장한다.

Michael Polanyi는 얼굴 인식과 도구 사용 사례들을 통하여 "암묵지tacit knowing"라는 개념을 창안하였다. 우리가 어떤 사람의 얼굴을 알고 있다면, 그 사람의 얼굴을 수천, 수백만 명 속에서도 분별해낼 수 있다. 물론 우리가 그 얼굴

---

52 Andrew Harrison, *Making and Thinking* (Indianapolis: Hackett, 1978).

53 Chester Barnard, in *The Functions of the Executive* (Cambridge, Mass: Harvard University Press, 1968, 1938년 초판 발간), p.302.

54 Ibid., p.305.

55 Ibid., p.302.

56 Ibid., p,306.

을 인식하는 방법을 설명할 수 없는 경우가 대부분이지만 말이다. 유사하게, 우리는 특정 사람의 얼굴 형태를 자신만이 알고 있는 표식 몇 가지로 "상당히 모호하게 묘사하는 방식을 제외하고는"[57] 구체적으로 설명하지 않고도 식별해낼 수 있다.

손으로 특정 도구나 기구를 사용하는 방법을 배우는 상황을 떠올려보면, 도구나 기구를 사용할 때 손에서 느껴지는 경험은 "작업 대상에서 포착되는 감각으로"[58] 변형된다. Polanyi의 표현을 빌리면, 손에 느껴지는 감각적 경험에 대한 관심이 대상 자체에 대한 감각적 경험에로 관심이 전환된다는 것이다. 따라서 모종의 스킬을 습득하는 과정에서 중요한 것은 바로 최초에 인지하게 된 감각적 경험이 암묵지로 내재화되는 그 현상이다.

Chris Alexander는 그의 저서 『형태의 종합에 관한 소고』[59]에서, 디자인design 활동과 관련된 앎에 대해서 논의하고 있다. 그는 사람들이 맥락과 잘 맞지 않는 형태form를 인식하여 교정할 수 있는 경우가 종종 있지만, 맥락과 형태의 불일치를 찾아내고 바로잡는 규칙들을 묘사하기가 어렵다고 주장한다. 인류가 보유한 전통적 도구나 기구들traditional artifacts은 최종 형태를 갖출 때까지 조화롭지 못한 오류를 계속해서 찾아내고 고쳐나가는 과정에서 문화적으로 진화된 것이다. 슬로바키아 농부들은 수 세대에 걸쳐서 집에서 만든 염색약으로 만들어낸 뜨개실을 이용하여 아름다운 숄을 제작해왔다. 하지만 화학합성물로서 염색약이 유행하기 시작함에 따라서 "숄이 그 빛을 잃어버렸다"[60]는 푸념을 종종 듣는다. 숄을 제작하는 농부들이 타고난 능력을 가진 것은 아니지만, "그들은 잘못 제작된 숄이 어떤 것인지 그리고 무엇을 잘못했는지를 알아내는 능력을 갖고 있다. … 수 세대에게 걸쳐서 잘못 제작된 숄을 경험하였고 그런 과정에서 작업 오류를 알아

---

57 Michael Polanyi, *The Tacit Dimension* (New York: Doubleday and Co., 1967), p.4.
58 Ibid., p.12.
59 Chris Alexander, Notes Toward a Synthesis of Form (Cambridge, Mass: Harvard University Press, 1968).
60 Ibid., p.53.

낼 수 있었고 그 오류를 더 이상 반복하지 않게 된 것이다."[61] 화학합성물인 아닐린 염색약이 도입되자 문화적 과정으로서 디자인 활동은 붕괴되었다. 왜냐하면 숄을 만드는 사람들이 더 이상 수준 높은 디자인 활동을 수행할 수 없게 되었기 때문이다. 즉 그들은 특정 패턴에만 의존하여 "오류"를 찾으려 하기 때문이다.

　　Alexander의 사례를 토대로, Geoffrey Vickers는 어떤 형태에 관한 감각a sense of form을 완벽하게 설명할 수는 없지만 그런 감각은 기예적인 판단의 기초가 된다고 주장한다. 나아가서 Vickers는 다음과 같이 말한다.

　　　　지금까지 그런 특이한 감각으로 기예적인 판단을 하는 사람들은 예술가들뿐이었다. 하지만 우리와 같은 일반인들도 규칙 그 자체를 설명할 수는 없지만 분명하게 규칙으로부터 벗어나는 일탈 현상을 파악할 수 있고 이해할 수도 있다.[62]

　　결국 Vickers는 우리가 실천적 역량을 발휘하여 어떤 상황에서 판단 행위를 하고, 질적 평가를 하는 것은 바로 그런 암묵적 규칙들에 의거한 것이라고 생각한다.

　　심리언어학자들은 사람들이 음운론과 구문론의 규칙에 따라서 말을 하는데, 우리들 대부분은 그 규칙들을 설명할 수 없다고 말한다.[63] Alfred Schultz와 그의 추종자들은 인사나누기 방식, 회의 마무리하기, 혼잡한 엘리베이터 속에서 서있기 등과 같은 사회적 상호작용 행위에서 나타나는 암묵적이고, 일상적인 노하우에 대해서 분석해낸 바 있다.[64] Birdwhistell은 사람들이 동작을 하고 제스쳐를 하는 과정에서 드러나는 암묵지를 기술하는데 크게 기여를 한 바 있다.[65] 이러한

---

[61] Ibid., p.55.

[62] Geoffrey Vickers, unpublished memorandum, MIT, 1978.

[63] 현대 언어학과 심리언어학은 이 문제에 관련되고 있다. 예를 들면, Chomsky, Hlle, Sinclair의 저작을 살펴보기 바란다.

[64] Alfred Schutz, Collected Papers (The Hague: Nijhoff, 1962).

[65] Ray L. Birdwhistell, Kinesics and Context (Philadelphia: University of Pennsylvania Press,

동작, 제스쳐 연구들을 통해서 사람들은 종종 인식하지 못하고 설명하지 못하는 규칙들에 따라서 행동한다는 사실이 밝혀지고 있다.

이런 연구 사례들에서 앎knowing은 다음과 같은 속성을 보여주고 있다.

- 우리는 행위, 인식, 판단을 즉각적으로 실행하는 방법을 알고 있다. 즉 실행 전에 혹은 실행하는 동안에 생각할 필요도 없는 그런 행위, 인식, 판단들이 있다.
- 우리는 행위 방법을 이미 배웠다는 사실을 종종 알지 못한다.
- 어떤 경우에, 우리는 행위 대상에 관한 감각으로 내재화되는 지식 understandings을 할 때는 알고 있을 수 있다. 하지만 다른 경우에 그런 지식을 지니고 있다는 사실을 알지 못하고 있을 수도 있다. 아무튼 우리는 행위 속에서 드러나는 그런 지식을 대개는 설명할 수가 없다.

내가 말하고 있는 일상적 실천지ordinary practical knowledge로서 행위 '중' 앎 knowing-in-action은 바로 이런 의미를 갖는다.

*행위 중 성찰*Reflecting-in-action   행위 중 앎의 존재를 인정한다면, 우리는 행위하는 것에 관해서 때때로 생각한다는 사실도 인정할 수 있을 것이다. "순간적으로 생각하기", "상황을 살피면서 대응하기", "경험하면서 학습하기" 등과 같은 표현들은 무언가를 하는 행위에 대해서 우리가 사고할 뿐만 아니라 그 행위를 하는 동안에도 우리가 사고할 수 있다는 사실을 시사하고 있다. 이와 관련하여 흥미로운 사례로서 "투구 리듬을 만들어가는finding the groove" 메이저리그 투수들의 경험을 예로 들 수 있다.

메이저리그 투수들 중 극히 소수만이 타고난 신체 능력으로 경기 전체를 이끌어갈 수 있다. 나머지 투수들은 마운드에 올라가서 적응하는 법을

1970).

배워야만 한다. 그렇게 할 수 없는 투수들은 투수로서 그 생명을 이어갈
수 없다.

공에 대한 특별한 느낌을 [스스로 체득해야 한다], 즉 이미 성공했던 방
식을 동일하게 계속 재현해내는 제구에 대한 느낌을 습득해야 한다.

효과적인 투구 리듬을 유지한다는 것은 이기는 습관을 연구하고 경기를
치를 때마다 계속 그 습관을 재현하려는 것과 관련이 있다.66

사실 나는 "투구 리듬을 만든다"는 표현이 어떤 의미인지를 완벽하게 이해하
지 못한다. 그러나 투수들이 특별한 종류의 성찰reflection을 한다는 점만은 분명한
듯하다. "마운드에 적응하는 방법을 배운다"는 말은 어떤 의미일까? 아마도 그것
은 투수로서 타자들에게 투구해 온 방법이 얼마나 효과가 있는지를 알고, 이를
바탕으로 그동안 유지해 온 투구 방법을 변화시켜 나가는 것과 관련이 있을 것이
다. "공에 대한 느낌"을 체득한다고 할 때, 즉 "이전에 성공했던 방식을 계속 재
현하면서 갖게 되는 그런 느낌"을 습득한다는 것은 바로 경기에서 효과적인 투구
를 해 온 그 느낌으로 다시 그 투구를 해낼 수 있음을 알게 되었다는 것을 의미
한다. 그리고 "그런 이길 수 있는 습관을 연구한다"고 하는 것은 경기에서 승리
하도록 해주는 노하우에 관해서 생각하는 것이다. 이처럼 투수들은 자신의 행위
패턴, 경기 상황, 경기 운영의 노하우에 관하여 모종의 성찰을 한다는 사실을 이
야기하고 있는 것으로 볼 수 있다. 그들은 행위에 관해서 성찰reflection on action 하
고, 어떤 경우에는 행위 중 성찰reflection in action을 하고 있는 것이다.
뛰어난 재즈 뮤지션들이 모여서 공연을 하는 모습을 보면, 그들은 자신들의
감각을 이용하여 소리를 듣고 그에 맞추어서 즉흥적 연주를 한다. 자신과 동료의
연주 소리를 들으면서, 연주가 진행되는 방향을 느끼면서 서로 연주를 맞추어 나

---

66 Jonathan Evan Maslow, "Grooving on a Baseball Afternoon," in Mainliner (May 1981):
   34.

간다. 이것이 가능한 것은 음악적 창작을 위한 연주자들 사이의 집단적 노력에 각 연구자들이 익숙해있는 모종의 박자, 화성, 선율로 구성된 스키마가 작동되어 연주되는 작품에 예측가능한 질서가 부여되기 때문이다. 또한 연주자들은 각자 적절한 타이밍에 표현할 수 있는 자신만의 다양한 악상 레퍼토리를 보유하고 있다. 따라서 즉흥 연주는 앞서 언급한 스키마를 토대로 각 연주자가 자신의 여러 악상들을 변형하고, 조합하고, 재조합하는 방식으로 이루어지게 된다. 그리고 연주자가 서로 조응하지 않는 방향으로 연주 상황이 전개된다면, 연주자는 그 상황을 재빨리 이해하고 그에 맞추어서 연주를 실행하게 된다. 즉 연주자들은 함께 만들어가는 음악과 각자의 기여도에 관해서 행위 중 성찰을 하고 있는 것이다. 그 과정에서 연주자들은 연주 방식을 발전시키게 된다. 물론 연주자들은 언어를 매개로 행위 중 성찰을 하는 것이 아니다. 메이저리그 투수들의 "투구 감각"처럼 연주자들도 "음악 감각"을 매개로 성찰하고 있는 것이다.

행위 중 성찰은 대개 예기치 못한 경험으로 일어난다. 직관적, 즉각적 행위가 기대한 결과를 낳으면, 그 행위에 대해서 생각하지 않는다. 하지만 직관적 행위가 의도하지 않은 상황, 즉 즐겁고 보람찬 혹은 원하지 않는 결과를 낳게 되면, 행위 중 성찰reflection-in-action이 일어난다. 앞서 언급한 투수들처럼 "투구 습관", 재즈 뮤지션처럼 연주 감각, 설계자는 의도치 않는 부조화에 대해서 성찰할 수 있다. 성찰은 행위의 결과, 행위 그 자체, 행위에 내재된 직관적 앎 등 그 초점을 바꾸어가면서 진행된다.

이런 성찰 과정이 잘 드러나는 사례를 소개해보겠다.

"If you want to get ahead, get a theory"라는 제목의 논문에서, Inhelder 와 Karmiloff-Smith[67]는 "아이들의 행위 중 발견 과정"[68]이 드러나는 한 가지 실험에 대해서 기술하고 있다. 연구자들은 아이들에게 금속 막대 위에 나무 블록을 쌓되 무너지지 않도록 균형을 맞추라고 지시한다. 나무 블록들 중 일부는 평

---

67 Barbel Inhelder and Annette Karmiloff-Smith, "If you want to get ahead, get a theory," Cognition 3, 3: 195-212.

68 Ibid., p.195.

평한 모양이지만, 그 중에는 외견상 잘 드러나거나 혹은 잘 드러나지 않게 한쪽으로 무게가 치우친 블록들도 있다. 연구자들은 아이들이 주어진 블록들의 특성을 이해하면서 금속 막대 위에 블록을 쌓아나가는 과정과 아이들이 균형을 잘 맞추어서 쌓았을 때 혹은 균형이 맞지 않아 무너졌을 때 스스로 행위를 조절해나가는 과정을 관찰하였다.

　　6, 7세 아이들은 다음과 같이 블록 쌓기 과업을 수행한다.

　　　　모든 블록을 막대의 정중앙에 올려놓으려 시도하였다.[69]

　　나이가 많은 아이는 블록을 정중앙에 쌓으려 함과 동시에 다음과 같은 행동을 보였다.

　　　　균형을 맞추어서 쌓아놓은 블록 위에 서로 모양과 크기가 다른 블록을
　　　　쌓아보라고 지시하자, 아이들은 블록을 막대 양 끝에 쌓지 않고 정중앙 쌓
　　　　인 블록 위에 조심스럽게 쌓아나갔다.[70]

　　이처럼 아이들이 일관되고 보편적인 행동을 하는 것은 그 아이들이 소위 "행위 중 이론theory-in-action"에 의한 것이라고 연구자들은 설명한다. 아이들의 행위 중 이론은 블록 균형 잡기에 적용하는 "기하학적 중심 이론" 혹은 "물체는 중앙에서 균형을 잡는다"라는 식으로 표현될 수 있다.

　　모양이 다른 블록들을 기하학적 중심, 즉 막대 정중앙에 쌓으면 블록들은 무너져 내렸다. 이때 아이들은 그런 실패 경험에 대해서 어떤 반응을 보였을까? 연구자는 "행위―반응action-response"으로 대처한다고 말한다.

　　　　아이들은 동일한 모양의 블록들은 정중앙에 잘 쌓아나갔다. 하지만 다

---

[69] Ibid., p.202.

[70] Ibid., p.203.

른 모양의 블록들은 균형이 맞지 않아 무너져 내리는 것을 보고 매우 당
황하는 모습을 보였다. "어, 무엇이 잘못된 걸까? 좀 전에는 괜찮았는데…" 이 때 아이
들은 다음과 같은 행동을 한다. 블록을 기하학적 중심, 즉 정중앙에 쌓아
본다. 조심스럽게 정중앙 주변으로 움직여가면서 위치를 바꾸어 보기도 한
다. "균형을 맞출 수 없는" 블록들은 그냥 포기해 버린다.[71]

7, 8세 아이들은 아주 다른 방식으로 반응했다. 균형을 잡을 수 없는 블록들
을 막대 중앙을 벗어나는 지점에 쌓기 시작했다. 아이들은 눈으로 확인 가능한
블록들을 갖고 먼저 시도하였다.

> 7, 8세 아이들은 어떻게 해야 할지 몰라서 고민하고 주저하면서도 점차
> 적으로 모양이 확실하지 않은 블록들도 막대 위에 올려서 균형을 잡으려
> 시도했다.… 이 때 아이들은 자주 행위를 중단하는 모습을 보였다.[72]

나중에,

> 아이들은 자신이 갖고 있는 기하학적 중심 이론의 타당성에 대해서 의
> 심을 하기 시작하고, 그런 의심은 아이들로 하여금 균형 지점을 찾아서 블
> 록을 쌓아보는 추가적인 시도를 하도록 만들었다.[73]

그리고,

> 아이들은 블록을 막대 위에 놓기 '전에', 블록을 들어보고 그것의 무게
> 를 가늠하였고 "여기서 조심해야 해, 어떤 블록들은 양쪽이 다 무거운 것이 있고, 다른 것들은
> 한쪽만 무거운 것도 있어", 마음 속으로 균형 지점을 추론하고 블록을 균형 지점

---

71 Ibid.
72 Ibid., p.205.
73 Ibid.

가까이에 놓았다. 아이들은 기하학적 중심에 놓으려는 시도를 하지 않고도
그렇게 할 수 있었던 것이다.[74]

아이들은 기하학적 중심이 아니라 중력의 중심에서 블록을 균형 있게 쌓을
수 있다는 모종의 행위 중 이론a theory-in-action을 이해한 것처럼 보였다.

이와 같은 아이들의 반응 패턴을 Inhelder와 Karmiloff-Smith는 "이론-반
응theory-response"이라고 말한다. 아이들은 일련의 단계를 거치면서 자신만의 대
응 방식을 만들어 간다. 자신의 기존 행위 이론, 즉 기하학적 중심 이론이 부정
되는 사태들을 경험할 때 아이들은 행위를 멈추고 생각을 해본다. 그 다음에 비
정상적인 블록을 기하학적 중심 지점에서 벗어나는 자리에 쌓아보면서 위치를 교
정하는 행위를 여러 번 반복한다. 그 다음에는 기존 행위 이론을 사실상 포기하
고, 손으로 블록의 무게를 가늠하면서 균형을 잡을 수 있는 지점을 추론해본다.
다시 말하면, 아이들은 기하학적 중심에서 중력 중심으로 균형 이론을 변경하고,
동시에 "성공을 지향하는 태도success orientation"에서 "이론을 지향하는 태도theory
orientation"로 행위 전략을 변경해나가고 있는 것이다. 아이들은 블록 쌓기를 시도
할 때마다 경험하는 긍정적 결과와 부정적 결과를 블록 쌓기 행위의 성공 혹은
실패를 나타내는 징후가 아니라 모종의 균형 잡기 이론과 관련된 정보로 인식하
는 것이다.

이런 과정을 관찰하고 기술하면서 연구자들이 모종의 언어를 고안해낸다. 아
이들 스스로 묘사할 수 없는 행위 중 이론theories-in-action 개념을 연구자들은 제
시하고 있다.

아이들의 행위를 들여다보면, 각 행위에 모종의 행위 중 이론a theory-
in-action이 내재되어 있는데 아이들 스스로는 자신의 행위와 그 이유를 명
확하게 개념화할 수 있는 능력을 갖고 있지는 못하다.[75]

---

74 Ibid.
75 Ibid., p.203.

"블록에 대한 느낌"이란 측면에서 아이들이 드러내는 행위 중 앎knowing-in-action을 연구자는 "이론theories"으로 재기술하고 있다. 엄밀히 말하면 연구자는 아이들의 '행위 중 앎knowing-in-action'을 '행위 중 지식knowledge-in-action'으로 바꾸어 표현한 것이다.

연구자들이 이런 식으로 바꾸어 표현한 것은 행위 중 성찰reflection-in-action을 설명하려는 시도에서 불가피한 것으로 생각한다. 왜냐하면 원래 언어로 표현된 적이 없는 앎의 유형a kind of knowing, 앎의 변화a change of knowing를 언어로 기술해야 하기 때문이다. 그래서 연구자는 아이들의 행위를 관찰한 결과를 토대로 그들의 직관적 이해를 언어적으로 기술하고, 다시 그것은 아이들의 행위 중 앎에 대한 연구자의 이론으로 전환된 것이다. 결국 모든 행위 이론들은 의도적이며 이질적 구성물constructions이며 실험에 의해서 검증되어야 할 대상이 된다. 그래서 연구자들은 아이들의 행위를 관찰한 결과를 토대로 아이들의 직관적 이해를 언어적으로 묘사하였고, 그 묘사는 아이들의 행위 중 앎에 관한 연구자의 이론으로 전환된 것이다. 그래서 모든 이론들은 의도적이고, 이질적인 구성물constructions이며, 실험에 의한 검증 대상이 될 수 있다.

아이들이 블록 쌓기를 하면서 모종의 행위 중 이론a theory-in-action을 구성하듯이, 우리도 아이의 이론에 대한 즉각적 가설on-the-spot hypotheses을 수립하고, 우리 자신의 이론을 증명하기 위한 긍정적 및 부정적 반응을 관찰할 기회를 만들어 나가야 한다.[76]

실천 중 성찰하기(Reflecting-in-practice)   블록 쌓기 실험은 행위 중 성찰에 관한 훌륭한 사례이다. 그러나 이 사례는 전문가 실천professional practice의 일상적 이미지와는 거리가 멀다. 행위 중 성찰을 전문가 실천과 관련지우고자 한다면, 먼저 실천a practice이 무엇인지 그리고 앞서 논의했던 행위와 실천은 어떻게 유사하고 상이한지에 대해서 생각해보아야 한다.

---

76 Ibid., p.199.

"실천"은 그 의미가 애매모호한 용어이다. 변호사의 실천practice은 실제 수행하는 일의 종류, 다루어야 하는 고객의 유형, 처리해야 할 사건의 범위 등을 의미한다. 한편 피아니스트의 실천practice은 연주 숙련도를 높이는 반복적 혹은 실험적 행위를 의미한다. 실천은 첫째, 일련의 전문적인 상황들에서 이루어지는 행위performance이고, 둘째, 그런 전문적 행위에 대한 준비를 의미한다. 또한 전문적 실천은 반복의 요소도 포함한다. 왜냐하면 전문적인 실천가는 일반적으로 특정한 유형의 상황들을 자주 만나게 되는 스페셜리스트specialists[77]이기 때문이다. 이는 전문가들이 "케이스case" – 프로젝트, 계좌, 수수료, 거래 – 라는 용어를 사용하는 방식을 보면 알 수 있다. 그런 용어들은 각 전문직에서 하나의 실천을 구성하는 단위를 말하며, 동시에 그 용어들은 가족유사적인 사례들의 유형을 의미하기도 한다. 그래서 의사는 매번 서로 다른 케이스이긴 하지만 "홍역"이라는 케이스들을 만나게 되고, 변호사는 마찬가지로 "명예훼손"이라는 케이스들을 만날 수 있다. 이처럼 실천가는 변형되어 나타나는 여러 가지 케이스들을 경험할 때마다 자신의 실천을 "실천"할 수 있게 된다. 그 과정에서 실천가는 실천과 관련된 기대치, 이미지, 기법 등을 포함하는 지식 레퍼토리를 개발해 나간다. 그는 무엇에 주목해야 하고 어떻게 반응해야 하는지를 익혀 나간다. 실천에 익숙해지면 처음 달라 보이는 케이스들도 나중에는 동일한 유형의 케이스들로 인식할 수 있게 되고 예외적인 상황을 만나더라도 당황하지 않게 된다. 전문직 실천가의 실천 중 앎knowing-in-practice은 점차 암묵적, 즉각적, 자동적 역량으로 축적되고 그로 인해 실천가는 물론 고객도 전문화specialization의 혜택을 누릴 수 있게 된다.

한편 전문가의 전문화는 부정적 결과를 초래할 수도 있다. 특정 전문가가 고도로 전문화specialization된다면 그는 편협한 시각을 갖게 될 수 있다. 특정 전문직 분야가 하위 전문 분야들로 세분화될 경우, 모 전문직 분야가 유지해왔던 실천의

---

77 역자 주. specialist, expert, professional은 각기 다른 의미의 전문가를 지칭한다. professional은 특정 직업과 관련된 전문가를 뜻하고, expert는 특정 직업, 특히 전문직을 제외한 분야들에서 소속 분야의 인정을 받는 전문가를 뜻하며, specialist는 특정 기술의 전문성을 갖춘 사람을 지칭한다.

총체적 경험과 지식들이 해체될 수 있다. 그래서 사람들은 예전의 '일반전문가 general practitioner'상을 갈망하는지도 모르겠다. 심리치료 분야의 초기 실천가는 환자를 개별적인 총체적인 인간으로 바라보는 반면에 세부적으로 전문화된 실천가는 환자의 전 생애 경험보다 환자의 질병 그 자체에만 치중하여 치료하고 있어 비난을 받기도 한다. 또한 실천이 반복되고 일상화되면 실천 중 앎 knowing-in-practice이 암묵적, 즉각적 역량으로 축적되지만 그런 와중에 실천가 자신이 하고 있는 일에 대해서 숙고해 볼 기회를 놓칠 수도 있다. 블록 쌓기 실험 아이들이 그런 모습을 보였는데, 그 아이들처럼 실천가도 스스로 교정할 수 없는 오류의 패턴으로 빠져들 수 있다. 나아가서 종종 자신이 갖고 있는 행위 중 앎 knowing-in-action의 범주들에 맞지 않는 현상들을 선택적으로 무시하는 방식으로 학습이 이루어지면, 실천가는 일의 지루함 혹은 탈진 현상으로 괴로워하고 편협하고 완고한 행동으로 인해 고객에게 좋지 않은 영향을 미칠 수 있다. 실천가에게 소위 "과다학습overlearned"문제가 발생할 수 있다.

성찰reflection은 이런 과다학습 문제를 치유할 수 있는 한 가지 방편이 된다. 성찰은 특정 분야에서 반복되는 경험들로 축적된 암묵적 이해를 노출시켜 비판을 해보게 한다. 그리고 성찰은 향후 경험할지도 모를 불확실하고 독특한 상황들을 새롭게 이해할 수 있는 기회를 제공하고 그런 능력을 길러준다.

실천가들은 자신의 실천 중 앎knowing-in-practice에 대해서 *사후에* 성찰해보기도 한다. 실천가들은 종종 모종의 행위를 하고 난 뒤에 평온한 상태에서, 자신이 수행했던 프로젝트와 극복했던 상황에 대해서 반성하고 그리고 해당 케이스를 처리하는데 적용했던 지식을 음미해본다. 단순한 반성이든 의도적 행위이든 간에 이런 작업은 미래를 대비하기 위하여 해 볼만 한 것이다.

나아가서 실천가는 실천이 진행 중인 와중에도 성찰하기도 한다. 이때 실천가는 행위 중 성찰reflection-in-action을 하는 것이다. '실천 중 앎knowing-in-practice'이 지닌 복잡성 차원에서 행위 중 성찰이란 용어의 의미를 논의해 볼 필요가 있다.

실천가의 행위 중 성찰은 아주 빠른 속도로 진행되지 않을지도 모른다. 왜냐하면 행위 중 성찰은 현재 진행 중인 행위 시간대로서 '행위-현재action-present'에 의해서 제약받기 때문이다. 이때 해당 시간대에서 진행되는 행위는 언제든지 그 상황을 변화시킬 수 있다. 행위-현재는 실천 활동의 속도와 상황 범주에 몇 분, 몇 시간, 며칠, 수 주, 몇 달 동안의 시간으로 확장될 수 있다. 예컨대 법정에서 변호사와 검사의 공방전 상황에서 두 사람의 행위 중 성찰은 수 초 내에서 이루어지기도 한다. 하지만 수년 동안 진행되어온 독점금지법 침해 케이스 상황에서는 행위 중 성찰이 느슨한 형태로 수개월에 걸쳐서 진행될 수도 있다. 오케스트라 지휘자는 전체 연주를 한 단위의 실천으로 생각할 수 있으나, 일 년 동안의 전체 시즌을 하나의 실천 단위로 생각할 수도 있다. 따라서 행위 중 성찰 사례들의 진행 속도와 지속 기간은 해당 실천 상황의 진행 속도와 지속 기간에 따라 달라진다.

실천가가 실천 중에 성찰하고 실천 후에 성찰한다고 할 때, 그가 성찰하는 대상들은 자신 앞에서 전개되는 현상들의 종류와 그런 현상들에 대해서 적용하는 자신의 실천 중 앎 체계들the systems of knowing-in-practice만큼이나 다른 모습들로 나타난다. 실천가는 판단의 근거가 되는 암묵적 규칙들과 이해방식들 혹은 모종의 행위 패턴에 내재된 전략들과 이론들에 대해서 성찰할 수 있다. 또한 특정한 행위로 이끌어 준 상황에 대한 모종의 느낌, 해결하고자 하는 문제를 틀 지운 방식, 혹은 보다 넓은 제도적 맥락 내에서 부과된 역할 등에 대해서 성찰할 수 있다.

이처럼 행위 중 성찰reflection-in-action은 다양한 형태로 전개될 수 있기 때문에, 이러한 행위 중 성찰 능력은 실천가에게 주어진 "발산적"인 실천 상황들에 대처할 수 있는 기예를 발휘하는데 중요한 역할을 하게 된다. 특정 실천 상황에서 벌어지는 어떤 현상을 기존의 실천 중 지식knowledge-in-practice으로 이해하기 어렵게 되면, 실천가는 그 현상에 대한 최초의 이해를 철저하게 비판해보고, 이를 바탕으로 현상을 새롭게 이해하려 하고, 새로운 이해를 현장 실험on-the-spot experiment으로 검증을 해본다. 이런 과정을 통해서 실천가는 실천 현상에 관한 모종의 느낌을 정교화하고 그 실천 현상에 관한 새로운 행위 중 이론을 습득하게 된다.

특정 상황에서 어떤 문제를 해결 가능한 형태로 구조화할 수 없다면, 실천가는 그 문제를 새롭게 규정하는 방식, 즉 실천 상황에 새로운 틀을 만드는 "프레임 실험frame experiment"을 실시하게 된다.

실천 상황 관련자들의 요구들이 서로 조화를 이루지 못하거나 서로 상이하게 나타나면, 실천가는 자신과 타인의 상황에 대한 이해 방식에 대해서 성찰을 시도해볼 수 있다. 즉 실천적 딜레마 상황에서 실천가는 문제를 규정하는 자신의 방식이나 자신의 역할 규정 방식에 관한 성찰에 의하여 딜레마의 원인을 찾으려 노력하는 것이다. 그리고 실천가는 그 상황에 관련된 관계자들의 주요 가치들을 통합하거나 그 중에서 적절한 가치를 선택하는 방법을 찾아내고자 할 것이다.

다음 장에서 더 구체적인 사례들을 논의하겠지만, 여기서는 몇 가지 유형의 행위 중 성찰reflection-in-action 사례들을 간략하게 소개하고자 한다.

모 은행 투자가와 투자 시 리스크를 판단하는 과정에 대한 대화를 나눈 적이 있는데, 그는 투자 리스크를 판단하는 과정은 말로 설명하기가 어렵다고 표현한다. 그는 일상적인 경험 법칙ordinary rules of thumb으로 "투자 리스크는 약 20 - 30% 정도가 된다"라는 식으로 계산한다고 하였다. 경험 법칙의 관점에서 보면, 투자하게 될 회사의 회계 수치들은 모두 건전하게 보일지도 모른다. 그러나 회사 경영진의 설명이 회계 지표들과 맞지 않거나, 회사 경영진의 행동에 이상한 낌새가 보이거나 하면, 그것은 매번 새로운 상황으로 새롭게 생각해야만 할 걱정거리가 되었다고 한다. 그는 예전에 라틴아메리카의 한 투자은행과 거래를 한 경험이 있다고 한다. 그 은행은 자신에게 몇 가지 새로운 사업 제안을 하였고, 그 은행은 장부 상 수치로 보면 경영 지표들이 건전했다고 한다. 하지만 자신은 은행에 무엇인가 잘못된 것이 있다고 느꼈다고 한다. 그런 생각을 밝히자 그 은행은 이미 국제 금융계에서 알려진 자신의 명성에 걸맞지 않는 대우를 하였다고 한다. 도대체 왜 라틴아메리카 은행 사람들은 그 투자가를 그렇게 부적절한 방식으로 대우했을까? 아무튼 그 투자가는 그날 그 은행을 떠나면서 다음과 같이 일갈했다고 한다. "이런 잘못된 상태에서는 더 이상 사업을 추진할 수가 없습니다! 우리는 애초 제시한 조건을 유지할 것이고, 더 이상 새로운 협상은 없습니다!" 몇 달 뒤 그 은행은 라틴아메리카 역사상 최대 규모의 파산 상태에 이르게 되었다. 하지만 당시에 회사 경영 지표 상의 문제는 전혀 없어 보였다.

모 안과 의사는 진료했던 환자들 대부분이 의학 서적에서 찾아보기 어려운 질병을 갖고 있었다고 말한다. 환자들 중 80 - 85% 정도는 그 증상이 통상적인 진단 및 치료 범주들에 포함되지 않는다고 한다. 따라서 유능한 의사는 환자 증상을 이해할 수 있는 새로운 방법을 찾아내고 증상 진단과 치료를 위한 새로운 가설을 수립하고 검증하는 실험을 스스로 고안해낸다. 특별히 여러 가지 증상들이 복합적인 상황에서, 환자는 동시에 두 가지 이상의 질병들로 고통 받는 경우가 있다. 이런 경우에 질병 각각에 대해서 통상적인 사고와 행위 패턴으로 대응할 수 있으나, 별개가 아니라 동시에 질병들을 진단하게 되면 통상적인 대응 방식으로 해결하기 어려운 하나의 독특한 사례가 될 수도 있다.

그 안과 의사는 녹내장 증상과 안구 염증 증상을 동시에 가진 환자를 진료한 경험에 대해서 회상하였다. 환자의 녹내장을 치료하자 염증 증상을 악화시켰고, 염증 증상을 치료하면 녹내장 증상이 악화되었다. 환자가 방문했을 때는 녹내장과 안구 염증 모두 악화되어 치료하기가 매우 어려운 상황이었다.

그래서 안과 의사는 지금까지 했던 모든 치료를 중단하기로 결정하였고, 상태가 어떻게 될지를 지켜보기로 했다. 그 결과 환자의 염증 증상, 즉 기생충 감염 정도는 훨씬 완화되고 있었고, 녹내장 증상은 점차 누그러지고 있었다. 결국 녹내장 증상은 치료하는 과정에서 발생한 하나의 가상 증상으로 판명되었다. 이후로 이 안과 의사는 환자를 "적정適定"[78]하기로 하였다. 즉 질병을 완전히 제거하기보다는 적은 양의 약물을 처방하면서 환자 증상을 완화시키는데 초점을 두고 치료를 하였다. 애초에 질병에 대한 예후는 좋지 않았다. 왜냐하면 염증이 안구 전체에 돌아가면서 발생하였고 시력에 지장을 주는 상처도 남기고 있었기 때문이다. 하지만 이제 당분간 환자는 일터로 돌아가서 일을 할 수 있게 되었다.

소설가 톨스토이는 초기 작품인 『코삭Cossacks』을 쓰고 후기 작품인 『전쟁과 평화War and Peace』를 쓰는 기간 동안에 교육에 대한 관심을 드러내었다. 이 당시 톨스토이는 야스나야 폴라나야에 있던 자신의 땅에 농민 자녀를 위한 학교를 설립하였다. 동시에 유럽을 방문하여 최신 교육 방법을 배워왔고, 「야스나야 폴라나야」라는 교육 저널을 발간하였다. 그가 새로운 소설을 집필하기 위하여 교육

---

78 두 가지 상황에서 하나의 상황에 대한 처방을 다른 상황에 대한 처방으로 조절하면서 최종 결과물을 얻는 행위를 말한다.

활동을 중단할 즈음에 이미 70개 여개 학교를 설립한 상태였고, 비공식적인 교사 훈련 프로그램을 만들었으며, 교육 평가에 관한 뛰어난 논문도 발표하기에 이른다.

톨스토이는 유럽 학교의 교육 방법들을 경멸하였지만, 루소의 교육 방법에는 관심을 기울였다. 또한 톨스토이는 존 듀이 식의 경험 학습learning by doing을 선호하였고, 좋은 수업에는 "방법a method이 아니라 기예an art"가 필요하다는 신념을 갖고 있었다.

톨스토이는 "기초를 가르치기on teaching the rudiments"라는 자신의 에세이에서 읽기 교육teaching of reading의 기예에 대한 자신의 생각을 다음과 같이 밝히고 있다.

> 짧은 시간 내에 책을 읽는 방법, 즉 독서 기예를 가르치기 위해서는 학습자 개인별로 가르쳐야 한다. 그러므로 개인을 위한 고유한 방법이 있어야만 한다. 어떤 사람이 극복하기 어려운 방법을 다른 사람에게 강요해서는 안 된다. 어떤 학습자는 기억력이 좋고, 모음과 자음의 특성을 이해하는 것보다는 음절을 기억하는 것을 더 선호할 수 있다. 또 다른 학습자는 혼자서 조용히 생각하는 걸 좋아하기 때문에 학습자 특성에 맞는 학습 방법을 찾아내도록 도와야 한다. 또 다른 학습자는 타고난 본능으로 문장에 포함된 단어들을 통째로 읽어가는 방식으로 단어들의 조합 법칙을 터득하기도 한다.

> 가장 좋은 교사는 학습자가 이해하지 못할 때 바로 설명해줄 수 있는 사람이다. 그런 설명을 할 수 있는 교사는 최대한 많은 교육 방법에 관한 지식, 새로운 교육 방법을 고안해내는 능력, 그리고 무엇보다도 한 가지 교육 방법만을 맹목적으로 따르지 않고 모든 교육 방법은 특정한 상황에만 적용된다는 믿음, 가장 좋은 교육 방법은 학생들이 경험하는 모든 가능한 어려운 상황에 대해서 최선의 해답을 제공해주는 것, 즉 그저 교육 방법a method이 아니라 일종의 기예이자 재능an art and talent을 가진 사람이다.

> …모든 교사는 학생의 이해력 부족을 학생의 결함이 아니라 자신의 교
> 수법 결함으로 생각해야 한다. 그리고 모든 교사는 새로운 교수법을 창안
> 하는 능력을 스스로 개발하도록 노력해야 한다…[79]

기예를 갖춘 교사는 학생이 읽는 방법을 몰라서 겪게 되는 어려움을 학생의
결함으로서가 아니라 "자신의 교수법"의 결함으로 바라본다. 교사는 학생이 겪고
있는 어려움을 이해할 수 있는 방법을 찾아내야 한다. 그리고 교실 안에서 수시
로 실험적 연구를 할 수 있어야 한다. 모든 학생은 서로 다른 어려움을 겪고 있
을 수 있기에, 교사는 "머리 속에 바로 떠오르는at the tongue's end" 자신만의 지식
체계repertoire of explanations로 충분히 이해할 수 있을 것이라고 가정해서는 안 된
다. 교사는 항상 새로운 교수법을 만들어낼 준비가 되어 있어야 하고 "그런 교수
법을 발견하는 능력을 스스로 개발하도록 노력해야 한다."

지난 2년 동안 MIT 대학 연구자들은 톨스토이의 기예적 교수법과 유사한, 현
장 성찰과 실험 개념에 기반을 둔 교육 프로그램을 개발하여 현직 교사들을 대상
으로 실시한 바 있다. 이 '교사 프로젝트Teacher Project'[80] 연구자는 소규모 단위의
교사 집단을 구성하고 수학, 물리, 음악 교과 영역 수업 활동과 관련된 과제를
제시하고 교사 자신의 직관적 사고를 표현해보도록 요구하였다. 그 결과 몇 가지
중요한 사항들이 발견되었다. 교사들은 자신이 이미 "알고 있다know"라고 생각했
던 것들에 대해서 혼란스럽게 생각하게 되었고, 그런 혼란을 벗어나려는 방법을
찾아내려 노력함으로써 교수 학습 현상을 이전과 다르게 바라보게 되었다.

프로젝트 실시 초기 단계에 발생했던 중요한 사건을 소개하면 다음과 같다.
교사들에게 두 학생이 간단한 게임을 하고 있는 비디오를 보여주고 그 상황에 대
한 평가를 해보도록 요구하였다. 학생들은 책상에 같이 앉아있지만 투명 스크린

---

79 Leo Tolstoy, "On teaching the rudiments," in *Tolstoy on Education*, Loe Wiener, ed.
   (Chicago and London: University of Chicago Press, 1967).

80 '교사 프로젝트'의 운영진은 Jeanne Bamberger, Eleanor Duckworth, Margaret Lampert이다.
   "아이에게 이유를 부여하기(giving the child reason)"라는 사건에 대한 나의 묘사는 운영진
   중 한 사람인 Lampert가 남긴 프로젝트 보고서에서 발췌한 것이다.

으로 서로 분리되어 있는 상태였다. 그들 앞에는 다양한 색깔, 모양, 크기의 블록들이 놓여 있다. 한 학생 앞에는 일정한 패턴에 따라 정렬되어 있는 블록들이 놓여 있고, 다른 학생 앞에는 같은 종류의 블록들이 무질서하게 놓여 있다. 전자 학생은 후자 학생에게 자신 앞에 놓인 정렬된 블록들의 패턴을 설명해야 하는 상황이다. 전자 학생은 수 차례 설명을 시도했으나, 후자 학생은 갈수록 길을 잃어버린 것처럼 혼란스러워 했고, 결국 두 학생은 서로 도움을 줄 수 없는 지경에 이르게 된다.

이 상황에 대하여 교사들은 학생들 사이에 "의사소통의 문제"가 있다고 대답하였다. 교사들은 블록 정렬 패턴을 설명하고 지시하는 학생은 "아주 뛰어난 언어 스킬"을 갖고 있는데, 상대방 학생은 "설명을 듣고 지시를 따를 능력이 없다"고 하였다. 그러나 연구자들은 블록들 중에는 사각의 녹색 블록이 없는데 — 모든 사각 블록은 오렌지색이고 삼각 블록만이 녹색임에도 불구하고 — 전자 학생은 후자 학생에게 "녹색의 사각 블록을 들고"라고 지시한 점을 지적했다. 실제로 교사들이 비디오를 되돌려보고는 놀라게 되었다. 그 작은 실수 하나가 학생들의 블록 정리 활동을 망쳤던 것이다. 전자 학생은 오렌지색의 사각 블록이 포함된 정렬 패턴을 보고 있었지만 잘못된 지시로 후자 학생은 녹색 블록을 집어들었고, 그 결과 그 후 모든 활동이 엉망이 되어버린 것이다. 반면에 그런 상황 속에서도 후자 학생은 전자 학생의 지시와 자신 앞의 블록 패턴을 조화시키려는 과정에서 상당히 재량을 보이는 행위를 하고 있었다.

이제 교사들은 상황을 다른 방식으로 보게 되었다. 교사들은 후자 학생이 왜 그런 행동을 했는지 그 이유를 알 수 있게 되었다. 후자 학생은 더 이상 우둔하게 보이지 않게 되었다. 그 학생은 "전자 학생의 지시대로 했을 뿐"이었다. 한 교사가 말한 것처럼, "우리들은 학생 행동의 이유를 제시할 수 있게 되었다." 즉 지시를 이해하지 못한 학생들이 취한 행동과 실수의 원인을 알게 된 것이다.

프로젝트 후반에 이르러, 학생의 잘못된 행동이 지닌 의미를 찾아내고자 노력하면서 교사들은 자주 "학생 행동의 이유"를 언급하고 있었다.

이러한 사례들에서 볼 수 있듯이 실천가는 실천 상황에서 종종 자신이 일상적으로 기대하는 것과 다른 무엇인가를 경험한다. 앞서 언급한 그 투자가는 처음에 무엇인지 설명할 수는 없지만 어떤 것이 잘못되고 있다고 느꼈다. 안과 의사도 의학 서적에서는 찾아보기 어려운 두 가지 질병의 동시적 발생 사태를 경험하였다. 톨스토이는 학생 각자는 고유한 학습 방법을 갖고 있고, 항상 독특하고 불완전한 존재라고 느끼고 있다. 교사 프로젝트에 참여한 교사들도 학생이 저지른 실수 이면에 내재된 의미를 깨닫는 경험을 한다. 요컨대, 실천가들은 불확실하거나 독특한 실천 상황 속에서 놀라움, 어리둥절함, 혼란 등을 경험한다. 이 때 실천가는 그런 현상에 대해서 성찰을 하면서 자신에게 내재된 사전 지식prior under-standings에 대해서도 성찰을 한다. 동시에 실천가는 현상을 새롭게 이해하고 상황을 변화시키기 위해서 모종의 실험을 실시한다.

실천 상황에서 행위 중 성찰을 하는 사람은 연구자researcher가 된다. 독특한 케이스를 만나면, 기존 이론과 기법 범주에 의존하지 않고 해당 케이스에 적합한 새로운 이론을 창출해낸다. 행위 중 성찰은 일종의 탐구 활동이며, 이 탐구 활동은 사전에 합의된 목표에 따라 필요한 수단을 선택하는 과정이 아니다. 오히려 행위 중 성찰은 목표와 수단을 분리시키지 않고, 문제 상황에 대한 틀을 만들고 그 안에서 목표와 수단을 상호적으로 규정하는 과정이다. 또한 행위와 사고를 분리시키지 않으면서 추후 행위로 전환될 모종의 결정을 자신만의 방법으로 추론해내가는 과정이다. 이러한 탐구 활동에는 모종의 실험 행위가 포함되고, 탐구 활동은 그 자체가 실천 행위가 된다. 따라서 행위와 사고를 구분하는 기술적 합리성의 이분법적 구도에 의해 제약되지 않기 때문에 탐구 활동으로서 행위 중 성찰은 불확실하고 독특한 상황에서조차도 가능해진다.

행위 중 성찰이 예외적 과정으로 여겨질지 몰라도, 그렇게 드물게 일어나는 것은 아니다. 일부 실천가들에게 행위 중 성찰은 자신의 실천 활동에 핵심적 기능을 한다. 그러나 오늘날 전문가주의professionalism와 기술적 전문성technical expertise이 여전히 동일시되고 있기 때문에, 행위 중 성찰은 전문적 지식professional knowing의 합법적 형태로 인정받지 못하고 있다. 심지어 행위 중 성찰을 하는 사람들조차도 행위 중 성찰을 하나의 전문적 지식으로 인정하지 않는 실정이다.

자신을 기술적 전문가technical experts로 생각하는 실천가들은 실천 세계에서 성찰을 불러일으킬만한 어떤 것도 찾아내지 못한다. 그들은 선택적 무관심, 범주화, 상황 통제 등의 기법들 즉 자신이 보유한 실천지knowledge-in-practice를 유지하는데 사용하는 기법들에 매우 익숙해있기 때문이다. 또한 그들에게 불확실성은 일종의 위협이다. 불확실성을 인정하는 것 자체를 자신의 약점을 드러내는 것으로 간주한다. 심지어 행위 중 성찰에 능숙한 실천가들조차도 행위 중 성찰의 방법, 장점, 엄밀성 등을 설명하거나 설득할 수 없어서 매우 난감해 한다.

이런 이유들로 인하여 행위 중 성찰에 대한 연구는 아주 중요한 과제이다. 기술적 문제 해결 행위를 성찰적 탐구 맥락에서 생각하고, 행위 중 성찰이 얼마나 그 자체로 엄밀할 수 있는지를 보여주며, 과학자의 연구 기예와 불확실하고 독특한 실천 상황의 기예를 연결시킬 수 있는 '실천의 인식론'을 만들어낼 수만 있다면 '엄밀성 혹은 적합성 딜레마'문제는 해소될 수 있을 것이다. 그렇게 될 때 전문가의 실천 행위에서 행위 중 성찰은 그 중요성을 인정받고, 실천 행위에서 보다 광범위하고, 심층적이며, 엄밀하게 활용할 수 있을 것이다.

PART 02

전문가의 행위 중
성찰 사례

Professional Contexts for
Reflection-in-Action

제 2 부   전문가의 행위 중 성찰 사례

Professional Contexts for Reflection-in-Action

도입

2부는 다음과 같은 질문들을 중심으로 전문가 실천 사례들을 탐색해보고자 한다.

- 다양한 유형의 실천 사례들 속에서 행위 중 성찰은 어떤 형태로 전개되고 있는가? 사례들에 나타나는 행위 중 성찰 과정의 유사점과 차이점은 무엇인가?
- 행위 중 성찰은 전략, 이론, 문제 프레임, 혹은 역할 프레임 등을 중심으로 이루어진다. 이런 요소들에 대한 성찰 과정들은 어떻게 영향을 주고 받게 되는가? 전문가의 기술적 문제 해결 활동은 이러한 행위 중 성찰의 과정들과 어떤 관계를 갖고 있는가?
- 행위 중 성찰 과정도 엄밀성을 지닐 수 있는가? 행위 중 성찰 과정의 엄밀성과 일상적인 기술적 문제 해결 과정의 엄밀성은 어떤 측면에서 유사하고 상이한가? 행위 중 성찰 능력을 제약하는 조건은 어떤 것들이 있는가? 개인적 차원의 제약 조건과 제도적 차원의 제약 조건은 어떻게 서로 영향을 주고 받는가? 행위 중 성찰의 범위와 깊이는 어디까지 인가?

여기서 소개되는 전문가 실천 사례들을 선택하는 데는 다음 사항들이 고려되었다. 자연과학 분야의 전문직'hard' professions 사례와 사회과학 분야의 전문직 'soft' professions 사례를 골고루 포함시키고자 하였다. 행위 중 성찰의 본보기가 되는 사례와 행위 중 성찰의 한계를 보여주는 사례를 선택하였다. 현장 전문가 실천 사례들과 전문가 교육 활동 사례들도 선정하였는데, 전문가 교육 활동 사례는 전문가 실천의 실제 상황을 보여주는 것은 아니지만 관계자들이 행위 중 성찰을 드러낸다는 점에서 유익하다.

3장과 4장은 각각 건축과 심리치료 분야의 행위 중 성찰 사례를 각각 소개한다. 5장은 두 사례들을 비교 분석한다. 특히 행위 중 성찰 과정이 전개되는 일반적 양태와 행위 중 성찰 과정에 적용되는 엄밀성의 주요 기준을 보여주고자 한다.

6장에서 엔지니어링 분야의 디자인 활동과 과학적 연구 활동의 기예arts에 대해서 탐색하고, 그 가운데 행위 중 성찰의 주제에 대해서 좀 더 심도 있는 논의를 하고자 한다. 또한 기술적 문제 해결 상황에서 사회정치적 여건에 대해서 행위 중 성찰을 하는 엔지니어의 실천 활동에 대해서 기술할 것이다.

7장은 도시계획 분야의 역사적 발전이 해당 분야의 실천 활동에 어떻게 영향을 미쳤는지 그리고 실천가의 실천지knowledge-in-practice가 실천가의 역할 프레임 규정 방식에 따라 어떻게 달라지는지를 보여주고자 한다. 실천가가 상황 프레임이나 역할 프레임을 규정하는 방식보다 행위 전략들 자체에 대해서 성찰하고 있는 사례를 통하여 성찰 범위의 한계점들에 대해서 탐색해보고자 한다.

8장은 경영 분야의 사례에 대해서 다룬다. 경영 분야는 경영과학이 크게 영향을 미쳤고 동시에 경영을 기예art로 간주하는 관점을 가진 사람들에 의해서 크게 영향을 받아왔다. 이 장에서 나는 경영의 기예 그 자체를 일종의 행위 중 성찰으로 간주할 것이다.

9장은 2부 전체의 결론을 제시하는 장으로서 앞서 논의된 전문직 분야들에서 나타나는 행위 중 성찰 과정의 유사점과 차이점을 정리하고 있다. 그리고 행위 중 성찰의 문제점과 한계점에 대한 익숙한 믿음들에 대한 비판적 논의를 해보고자 한다.

디자인: 상황과 성찰적 대화

Professional Contexts for
Reflection-in-Action

디자인 전문직 (The Design Professions)

디자인 전문직군에는 건축처럼 잘 알려진 분야도 있지만, 도시설계도시 공간의 디자인, 지역개발 계획지역사회의 구조와 생태 개발, 도시계획도시의 물리적 구조 계획 수립 등의 분야도 포함된다. 오랫동안 이 분야들은 제각기 변화의 과정을 거쳤고, 분야들 간의 관계도 변화의 과정을 거쳤다. 이 과정에서 과거 母분야였던 건축은 디자인 전문직군 내에서 그 지위가 애매한 위치에 놓이게 되었다.

심지어 엔지니어링 분야 내에도 디자인 전문직군a family of design professions이 존재한다. 제품 디자이너는 산업 제품의 구조와 외관을 디자인한다. 산업공학자 들은 생산 과정의 메카니즘과 배열을 디자인한다. 그리고 선박, 항공기, 댐, 도로 와 같은 큰 규모의 디자인 활동을 수행하는 다른 분야의 공학자들도 있다.

지난 20여 년에 걸쳐서 디자인의 개념은 그 범위가 확장되었다. Chris Alexander의 슬로바키아 농민의 숄 제작 사례처럼, 디자인은 무형식적, 집단적, 세대간 전승 과정으로서 문화적 발전 과정을 거치고 있다. Herbert Simon과 여러 학자들이 주장하는 것처럼, 현재 상황을 보다 바람직한 상황으로 변화시키는 데 관여하는 직업들은 모두 '디자인design'에 관여하고 있다. 나아가서 정책, 제도, 인간 행동 자체도 디자인의 대상으로 바라보는 추세가 두드러지고 있다.

그러나 전문직 분야마다 디자인과 관련된 서로 다른 도구, 환경, 목표, 지식들을 활용하고 있다. 그러나 좀더 깊이 들여다보면 전문직 분야 간의 차이점을 상쇄할 수 있는 일반적인 디자인 프로세스a generic design process가 존재한다.

이 장에서는 내가 그동안 연구할 기회를 가졌던 건축 분야의 디자인에 대해서 논의하려 한다. 건축은 충분히 연구해볼 만한 가치가 있는 분야이다. 왜냐하면 가장 오랫동안 공인된 디자인 전문직 분야이고, 다른 전문직 분야들도 여전히 디자인 활동의 전형으로 삼고 있기 때문이다. 디자인 관련 전문직 분야들의 차이점을 상쇄할 근본적인 프로세스가 존재한다면, 아마도 그것은 건축 분야에서 찾아볼 수 있을 것이다.

그러나 건축 전문직 분야는 예전과 달리 그 경계가 변화되고 있고, "건축"으로 분류되는 실천 활동조차도 여러 가지 변형된 모습으로 수행된다는 사실로 인해서 문제는 복잡해진다. 건축 분야 자체는 도시 계획, 건설 엔지니어링, 조경 설계와 같이 새로운 전문직들의 출현으로 그 영역 자체가 좁아지고 있다. 19세기 후반과 20세기 초반 지배적이었던 보 자르Beaux Arts 전통의 명맥이 끊어진 후에 건축 분야의 실천가들은 서로 다른 여러 경쟁 학파들에 자신의 정체성을 연결시키려는 경향을 보여 왔다.

이런 학파들 중 일부는 이탈리아의 언덕 위 도시 건물이나 고딕 성당과 같이 역사적인 유물들에 의도적인 관심을 기울인다. 다른 학파들은 Le Corbusier, Wright, Kahn, Aalto, Mies van der Rohe와 같은 건축 거장들의 세련된 방법과 혁신을 중시하는데 초점을 맞춘다. 또 현대적인 테크놀로지와 상업적 건축 양식의 도입을 거부하는 학파도 있는 반면에 현대적 미국 문화를 반영한 건축물을 찬미하는 학파도 있다. 일부 학파는 디자인의 단순성과 순수성 혹은 장인다운 재료 활용을 지지하는가 하면 산업적인 건설 기술의 잠재력이나 미국 고유의 문화 자산을 이용하는 학파들도 있다. 나아가서 일부 학파는 전통적 스타일을 고수하는 형식주의에 저항하면서, 디자인을 건물에서 실제 살고 일하는 사람들의 요구와 기호를 고려하는 활동으로서 일종의 사회적 과정a social process으로 취급해야 한다고 주장한다.

이처럼 다양한 학파와 주장은 건축 분야의 학생들에게는 혼란으로 다가올 것이다. 건축 학파들 간의 논쟁을 어떻게 생각해야 할까? 다양한 논쟁들이 존재한다는 사실로 인해서, 우리는 건축 분야를 서로 달리 규정하는 관점, 즉 전문가 지식과 전문가 실천을 서로 다르게 정의하는 관점이 존재한다는 사실을 인정해야 하는 것일까? 아니면 그런 논쟁들은 모든 건축 학파들에 본질적으로 동일한 모종의 디자인 프로세스를 서로 다르게 바라본 결과일 뿐이라고 생각해야 할까?

이제 본격적으로 서로 다른 건축 학파들 간의 차이점들을 아우르고 서로 다른 디자인 전문직 분야들이 공유하는 모종의 공통적 프로세스를 보여주는 디자인 작업designing의 사례를 소개하고자 한다. 나는 '디자인 작업designing'을 '특정 상황에서 주어진 재료들과의 일종의 대화a conversation with the materials of a situation' 과정으로 생각한다는 점을 밝혀두고자 한다.

디자이너는 사물을 만들어내는 사람이다. 때때로 디자이너는 최종 제품을 만드는 사람이다. 종종 디자이너는 다른 사람들이 구현해낼 가상물 — 계획, 프로그램, 이미지 — 의 표상을 만든다. 디자이너는 특정 상황 속에서 작업을 하고, 특정 재료를 이용하며, 특정 도구와 언어를 활용한다. 그런 과정들은 대개 복잡한 형태로 진행된다. 디자인 작업에는 하나의 모델로 표현할 수 없는 여러 변수들 — 가능한 조치, 규칙, 조치와 규칙의 상호관계 등 — 이 개입된다. 이와 같은 복잡성 때문에, 디자이너의 조치들은 원래 의도한 것과 다른 결과를 낳기 십상이다. 이런 상황이 발생하면, 디자이너는 새로운 평가와 이해를 구성하고 새로운 조치를 적용하여 의도치 않는 변화를 설명해보려 시도하게 된다. 즉 디자이너는 주어진 상황에서 터득한 이해와 지식을 바탕으로 상황을 재구성하고, 재구성된 상황과 대화를 하며talks back, 그 결과에 대해서 반응하게 되는 것이다.

훌륭한 디자인 작업은 성찰적인 상황과 대화 과정을 거친다는 사실이다. 즉 상황이 던져주는 답으로 디자이너는 문제 구성, 행위 전략, 현상 모델에 대한 행위 중 성찰을 진행하고, 디자이너는 그 결과를 사후 조치들에 반영해나간다.

성찰적 디자인 작업 (Reflective Designing)

이 장에서는 건축 수업 상황에서 나타나는 성찰적 대화conversation 현상을 탐구하기 위해서 건축 디자인 작업 사례를 소개하고자 한다.

이 사례는 건축 수업의 전형적인 방식으로 디자인 실습실design studio[1]에서 이루어지는 교육, 즉 마스터 디자이너의 지도를 받으면서 학생들이 모종의 디자인 프로젝트를 수행하고 있는 상황을 묘사하고 있다. 실습실의 마스터인 Quist가 실습생 Petra가 수행 중인 프로젝트에 대해서 지도하는 상황이다.[2]

실습실에는 실습 학생 약 20명이 사용할 제도 탁자, 제도 용지, 관련 도서, 그림, 모형 등이 구비되어 있다. 이 실습실에서 학생들은 서로 대화를 나누기도 하면서 프로젝트 작업 수행 시간의 대부분을 보낸다. 그러나 이 시간에는 개인 과제 수행뿐만 아니라 공동 작업도 동시에 이루어지고 있다. 학기 초, 마스터인 Quist는 학생들에게 건축 설계 기준 서류a set of design specifications와 건축 부지 도면a graphic description을 제공하였다.

실습 학생들은 이 문건을 갖고 한 학기 동안 각자 예비적 스케치, 건축 설계도, 건물 모형 등 결과물을 산출하면서 최종적인 건축 설계안을 만들어 간다. 학기 말에 학생들 각자는 완성된 건축 설계안을 마스터와 외부 평가자들에게 발표하는 "평가회"를 실시할 예정이다. 이를 위하여 학생들은 개인별로 자신의 설계

---

1 이 사례 연구는 내가 1970년대 후반에 참여했던 건축 교육에서 비롯되었다. Andrew Mellon 재단이 지원하고, MIT건축 대학의 William Porter 학장과 하버드 디자인 대학원의 대학원장인 Maurice Kilbridge가 주도했던 연구이다. 이 연구를 위하여 미국 대학의 디자인 실습실에서 참여자/관찰 조사가 실시되었고, 이 책에 소개된 내용은 그런 조사 연구의 일부이다. 당시 나의 대학원 지도 학생이었던 Roger Simmonds가 관찰 기록을 정리하였다. Roger Simmonds의 도움에 감사하고, 유익한 대화를 나누었던 William Porter, Julian Beinart, Imre Halasz, Florian Buttlar 모두에게 감사한다. Porter 학장은 특히 나로 하여금 건축학적 사고의 세계로 입문할 수 있도록 도와주었다.

2 Quist와 Petra는 나의 연구를 도와준 Simmonds가 설계 검토 참가자들에게 부여했던 가상적인 이름이다.

안을 Quist에게 주기적으로 검토받는 시간을 갖는다. 여기서 소개되는 관찰 기록은 바로 그 주기적인 검토 작업 중 Quist와 학생 Petra 사이에서 이루어진 상황을 기술한 것이다.

먼저 마스터 Quist가 Petra의 최초 작업 결과에 대해서 성찰을 하고 있다. Quist는 Petra가 몇 주 동안 작업했던 도면을 검토하고 그 과정에서 Petra는 자신이 해결하지 못한 문제들에 대해서 설명한다. 특히 Petra는 그 문제들을 규정한 방법에 대해서 주로 언급하고 있다.

Petra의 말이 끝나자 잠시 후 마스터 Quist는 Petra의 스케치 도면 위에 투명 용지를 올려놓고 그림을 그리기 시작한다. Quist는 그림을 그리면서 동시에 설명을 하고 있다. 예를 들면, Quist는 다음과 같이 말한다.

유치원은 여기 위에 있어야 할 것 같고… 그렇게 하면 통로를 이쪽으로 통과시켜야 하겠지 ─ 그리고 여기 아래를 봐…

그러나 Quist는 이런 말을 하면서, 동시에 도면에서 "여기라는 곳에 유치원을 위치시키고", "통로를 통과시키는" 선을 그어가면서 그림을 그린다. 물론 Quist는 실제 도면 위에 이미 존재하고 있는 것이 아니라, 있어야 할 것을 만들어가면서 설명하고 있는 것이다. 그리기와 말하기는 디자인 작업을 위한 하나의 방법으로 사용되고, 이처럼 동시에 수행되는 그리기와 말하기는 소위 '디자인 언어language of designing'가 된다.

디자인 작업에서 사용되는 언어와 비언어 표현은 서로 긴밀하게 연관된다. Quist의 '그리기'라는 비언어 표현은 그리는 선의 의미를 설명하지 않은 상태에서 무엇을 뜻하는지를 알 수 없는 모호한 표현으로 남는다. Quist의 '말하기'라는 언어 표현도 그림과 연결시키지 않고는 역시 모호한 표현으로 남게 된다. Quist의 말하기는 수수께끼 같은 표현들로 가득하다. "여기", "이것", "저것" 등 이런 말하기 표현들은 Quist가 하는 비언어 표현, 즉 동작들에 의해서 해석이 가능하게 된다. 따라서 현재 관찰 장면을 제대로 해석하기 위해서는 Quist가 사용하는 말하기와 그리기 활동을 동시에 재구성해내야만 한다.

Quist와 Petra가 말로 표현하던 그림으로 표현하던 간에 관계없이, 그들은 특정한 공간 이미지에 대해서 서로 표현을 일치시키려 노력하고 있다. 그렇지만 의미 일치에 도달하면 할수록 두 사람의 대화는 외부자에게는 불완전한 모습으로 비춰진다.

디자인 작업에서 사용하는 비언어의 사용은 일종의 언어 게임language game3이 된다. 즉 Petra에게 요구되는 역량을 Quist가 체현해내는 언어 게임이다. 예를 들면, Quist는 다음과 같이 말한다.

> 자넨, 어떤 원칙a discipline을 갖고 시작해야 해, 그게 자네만의 것일지라도 말이야…

그리고 다시 말하길

> 그 원칙은 부분과 전체를 동시에 보면서 작업을 하고, 그런 방식으로 계속 반복해야 해…

이 말들은 디자인 언어a language of designing라기 보다는 달리 표현하면 '디자인에 관한 언어a language about designing'이다. 이 언어는 마스터 Quist가 Petra에게 예시하고자 하는 디자인 과정의 특징들을 기술하는 수단으로서 디자인 과정에 관한 성찰을 설명하고자 할 때 사용하는 '메타언어'라고 할 수 있다.

관찰 기록에는 이처럼 디자인 언어와 디자인에 관한 언어, 즉 메타언어 사용이 뒤섞여 나타나고 있다.

관찰기록

Quist에 의한 Petra의 디자인 작업 결과물 검토 과정은 약 20분 동안 진행된

---

3 "언어 게임"이란 용어는 Ludwig Wittgenstein의 「철학적 탐구(Philosophical Investigations」라는 저서에 차용한 용어이다.

다. 이 과정은 몇 단계로 구분해 볼 수 있다. 첫 번째 단계에서 Petra는 자신이 그려온 스케치를 보여주고, 스케치를 하는 과정에서 겪었던 문제점들을 표현한다. 이 때 Quist는 Petra가 표현한 문제점들 중 한 가지에 주목한다. Quist는 그 문제를 자신만의 방식으로 재구조화reframe하고, 문제 해결을 위한 방법을 직접 시범으로 보여준다. 그 다음에 보여준 시범에 관해서 짧은 성찰이 이어진다. 이어서 Quist는 Petra에게 추후 수정 작업을 지시하는데, 그 지시에는 Petra가 건축 부지의 상태를 달리 보도록 하는 조언이 포함된다. 마지막 단계에선 검토 내용에 관한 성찰을 정리한다.

Petra의 스케치 발표 Petra: 개략적으로 스케치를 해보는게 쉽지는 않아요. 지형에 맞추어서 건물의 배치 모양을 잡아보려 했는데, 지형이 경사가 져서 잘 맞지가 않아요. [Petra는 지형의 경사진 상태를 다소 과장하고 있다]

제가 이 장소를 선택한 이유는 이 장소가 저쪽 지역과 연결되기 때문이에요. 그래서 체육관은 여기 있어야 할 것 같아요. 그래서 최종적으로 이런 배치도가 나왔어요 [개략적인 배치도를 보여준다]

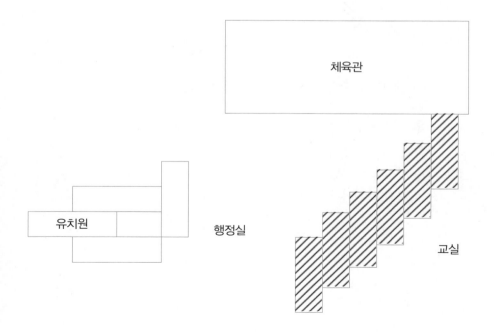

Quist: 또 다른 문제는 없었나?

Petra: 교실은 여섯 개로 했는데, 그렇게 하면 크기가 너무 작아져요. 그래서 교실 모양을 이런 식으로 해서 의미있는significant 모양L자 형태으로 바꿨어요. 1학년 교실은 2학년 교실과, 3학년 교실은 4학년 교실, 5학년 교실은 6학년 교실과 연결시켜서 좀 더 교육적인 형태로 만들어봤어요. 이렇게 하면 학생들이 교실을 집과 같이 느낄 것이고, 외부와 외부 그리고 외부와 내부를 연결하는 부분이 생길 수 있어요. 도서실과 어학실이 연결될 수도 있고…

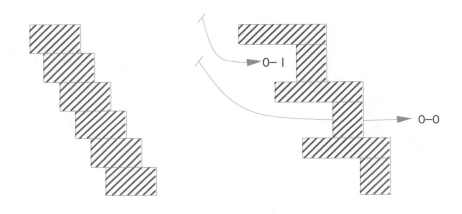

Quist: 이 배치도는 축적을 사용한 것이겠지?

Petra: 예.

Quist: 좋아. 축적을 사용한 배치도라고 하자. 그러면 이 도면에서, 북동방향은 어느 쪽인가?

[Quist는 방위도를 그린다]

[Quist는 자신이 좋아하는 방위도를 제시한다]

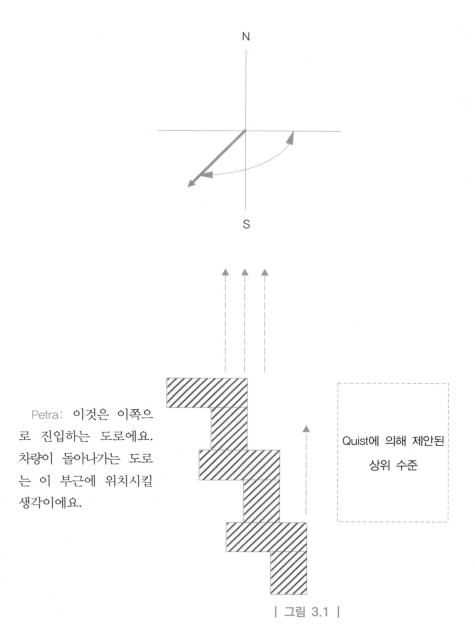

Petra: 이것은 이쪽으로 진입하는 도로에요. 차량이 돌아나가는 도로는 이 부근에 위치시킬 생각이에요.

Quist에 의해 제안된 상위 수준

| 그림 3.1 |

Petra는 건물 모양과 지형 윤곽이 서로 맞아야 한다는 규칙을 따라서 지형 상태에 크게 주의를 기울이고 있다. Petra는 스케치할 때, 건물의 모양을 지형의 경

사면에 "맞추려는butting"실험을 시도했지만 결국 실패하였다. 그래서 이것은 Petra가 봉착한 문제가 된 것이다.

또 Petra는 교실들의 크기와 배치를 결정하려 시도한다. 그 결과 Petra는 충분히 "의미있는significant"모양으로 만들기 위해서 교실 크기와 배치를 최대한 조정해야 한다고 느낀다. 즉, 6개의 작은 교실들을 3개의 보다 큰 L자형 교실들로 재배치하여, "더 의미가 있는 모양"으로 만들고자 한 것이다. 그렇게 하면서 Petra는 학생들이 서로 마주칠 가능성이 높도록 교실들을 근접 배치하였고, 이는 결국 "집과 같은 느낌home base"이 들도록 만들었다. 이러한 "집과 같은 느낌"의 교실 배치는 괜찮은 공간 배치, 즉 아이들을 위한 개인적인 용도의 외부 공간과 학교 생활 흐름을 고려한 내부 공간을 갖춘 배치로 생각된 것이다.

> *Quist의 문제 재구조화.* Quist; 자 그러면 여기서 자네 생각을 따르면 여기서 기하학적인 문제가 발생할거야. 이 문제를 해결해야 할 텐데…
> Petra: 네, 교실 높이를 20피트 정도로 생각하고 있어요…
> Quist; 임의라 할지라도 항상 원칙이 있어야 해. 왜냐하면 현재 건축 현장의 지표면이 고르지 못한 상태라서 말이야. 물론 나중에 그 원칙을 수정할 수도 있어.

Petra는 건축 현장 지표면이 "평탄하지 않은screwy" 상태이기에 건물 모양을 지표면에 맞추어야 하는 문제를 갖고 있다고 Quist는 판단한다. 그러나 Quist는 그 상황에서 일종의 "원칙", 즉 기하학적 원리를 적용할 것을 요구한다. 다음 내용을 보면, Quist가 그 원칙을 어떻게 적용하는지를 알 수 있다.

Quist는 "평탄하지 않은" 지표면과 기하학적 원리를 조정하는 방식을 Petra에게 시현하고 있다. 이때 Quist의 원칙은 항상 "수정 가능"한 것이다. "수정 가능"하다는 말은 원래 원칙을 폐기하고 새 원칙을 채택할 수 있다는 뜻이다. Quist는 그 원칙, 즉 기하학적 원리 적용은 장소에 따라서 변경 가능하다고 본다. 또한 Quist는 자신의 원칙을 의식적으로 포기하는 모습을 보여주면서 원칙의 적용은 주어진 조건에 따라 유연해야 함을 강조한다.

Quist의 시범. Quist; 자 이쪽에서 보면, 여기는 도랑이 되고 저기는 언덕이 되는데, 그러면 여긴 교량이 있어야겠지. 그리고 이렇게 하면 교실들 간에 층이 생길 것이고.

[교실 한쪽 방향을 가리키면서] 교실 한 쪽 끝에서 다른 쪽 끝까지는 완전히 다른 높이 차이가 생길거야. 그 차이는 최대 15피트 정도가 될 텐데. 그렇지? 그러면 각 교실은 5피트 간격의 높이차를 보일텐데, 이 정도면 아이들 키를 고려했을 때 적당하겠지? 이쪽 부분section에 아늑한 모퉁이 공간nooks이 한 개 생기고, 이 모퉁이 공간은 2개 층 사이에 있게 되는 거지.

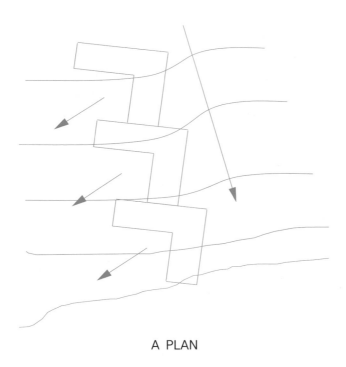

A PLAN

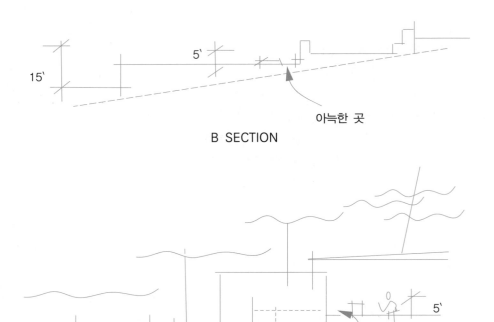

아늑한 곳

B SECTION

아늑한 곳

C SECTION

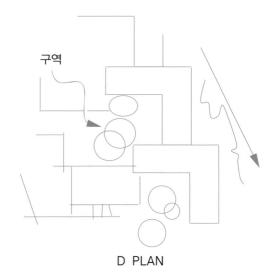

구역

D PLAN

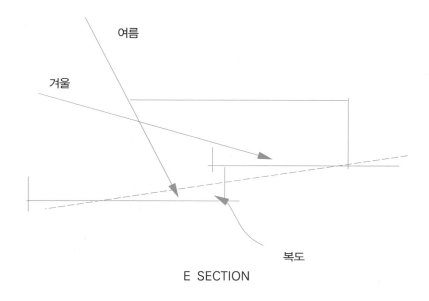

E SECTION

[그림 3.1]을 스케치한 것들은 지금까지 말했던 내용을 보여주고 있다. Quist 는 "평탄하지 못한" 지표 경사면을 3차원 형태로 보여주고, L자형의 교실들을 2 차원적 모양으로 그리면서 설명한다. 스케치 A는 L자형 교실들이 지표 경사면에 배치된 모습이다. 스케치 B는 경사면의 가장 높은 곳에 위치한 교실의 끝과 경사 면의 가장 낮은 곳에 위치한 교실 끝 사이에서 발생되는 "잠재적인 높이차 differentiation potential"를 보여주고 있다. 교실 3개의 높이를 감안하여 전체 교실 높이는 "최대 15 피트"로 결정된다. 스케치 B에서 볼 수 있는 것처럼, 지표 경사 면은 3개 층으로 구분되고, 각 경사면 층에 교실들이 배치된다. 스케치 C는 각 층의 지표면과 아래 층 교실의 지붕 사이에 "간격intervals"을 보여준다. 각 층의 교실 지붕은 그 위층 지표로부터 5피트 위에 위치하고 있다. 5피트는 아이의 최 대 신장을 고려한 것이므로, 아이들은 그 공간 내에서 자유롭게 생활할 수 있다.

Quist는 이러한 '드로잉 실험a drawing experiment'으로 평탄하지 못한 지표면에 L자형 교실을 배치하는 자신의 방법이 적절하다는 사실을 입증하고 있다. 교실들 이 경사면을 따라 3단계로 높이 차이를 두고 배치되면서 각 층에는 "아이들의 최 대 신장"을 감안한 보호 공간이 만들어졌다. Quist가 만들어낸 "모퉁이 공간

nooks"은 만약 각 층 간의 높이 차이가 5피트 보다 작거나 혹은 더 컸더라면 만들어낼 수 없는 공간이었다. "모퉁이 공간"이 될 수 있다고 말한 것은 바로 층간 차이로 인해서 생긴 공간에 특별한 가치를 두어야 한다는 의미이다. 이로 인해서 Quist의 방법이 더욱 적절하다는 사실을 보여준다.

> Quist: 이제 자네는 이쪽, 다음은 이쪽으로 열려지는 경계 구역precinct을 갖게 될 거야. 그러면 물론 벽이 생긴다는 의미일 수 있는데, 그 안쪽에 벽이 될 수도 있고 아니면 아래로 내려가는 계단들이 만들어질 수도 있어. 자, 어떤 것이 되던 간에, 이제 그것을 어떤 방향으로 배치시킬 것인지, 어떤 방향으로 가능한지를 고민해보아야 할 거야. 만일 이쪽 방향으로 정한다면, 복도gallery는 북쪽 방향으로 자리 잡을 것이고, 그 복도는 일종의 정원처럼 안락한 공간이 될 거야.
>
> 유치원은 이쪽 위로 갈 듯한데… 그렇다면 행정실은 이쪽이 될 것이고 유치원은 방금 자네가 생각하는 이쪽 공간이 될거야. 이렇게 하면 유치원은 지표면에 적절히 맞추어질 듯하다고 봐.

"모퉁이 공간"은 "경계 구역precincts"을 만들어내고, 이 경계 구역 처리가 새로운 문제로 대두된다. 스케치 D를 보면 각 층에 벽이 생기는데, 그 벽은 서로 다른 층을 구분하는 역할도 한다. 이제 벽이나 계단은 경계와 관계를 상징하는 표식이 된다. Quist는 복도를 "아늑한 공간soft back area"으로 여기게끔 Petra를 유도한다. 복도를 아늑한 공간으로 만들어 상대적으로 "딱딱한 분위기hard"인 교실들과 조화시키려는 것이다. 그리고 복도가 "일종의 정원" 기능을 할 수 있도록 만든다.

이렇게 L자형 교실, 복도, 유치원, 행정실 등 각 구조를 배치한 건축 디자인 계획은 경사진 지표에 학교 건물이 "다소 어울리는work slightly" 상태로 되게 한다. 이처럼 Quist는 Petra가 안고 있는 문제를 재구조화하는 과정을 시범으로 보여준다. Petra가 경사진 지표면에 건물 배치를 맞추어 나가는데 어려움을 겪고 있을 때, Quist는 균형 잡힌 기하학적 원리로 L자형 교실을 창조해내는 과정을 시범으로 보여주고, 결과적으로 건물 배치가 적절한 모습을 갖추도록 만들었다. 물론 완벽하다고는 말할 수 없으나, 현장 지형 상태에 거의 잘 들어맞는 디자인을 완성하고 있다.

> Quist: 이제 복도층에 대해서 생각해보자. 괜찮네! 근데 현재 지형을 감안하면서 여러 아이디어를 생각해봐. 그러면 좋은 아이디어가 생길거야. 복도가 형식적으로 카페테리아로 기능하도록 만들 필요는 없어. 채광을 생각해서 이쪽으로 배치하면 여름과 겨울에도 햇볕이 잘 들어올 거야.
>
> Petra: 그러면 복도는 누구나 이용할 수 있는 통로가 되겠네요.
>
> Quist: 맞아. 누구나 다닐 수 있는 통로가 되겠지. 하지만, 우리가 통상적으로 생각하는 복도는 아닐거야. 왜냐하면 교실 층간 높이 차이를 감안해야하기 때문이지. 그래서 복도 계단과 출구를 고민해봐야 해.
>
> Petra: 복도를 이쪽 방향에서 돌아가도록 만들어야 하는데 어떻게 처리할지가 고민이에요. 복도가 그럴듯한 공간이 되긴 하겠지만, 여기, 도서관 자리를 지나가도록 하려면 어떻게 해야 할지 모르겠어요.

Quist는 잠재적인 복도 이용자들의 경험을 상상하면서 자신만의 방식으로 복도를 구상한다. 그리고 자신이 제안하는 방법들이 서로 연계되도록 하고는 결과가 괜찮다고 스스로 만족함을 표현한다.

Petra는 통상적인 카페테리아의 모습과 기능을 생각하고 있다. 하지만 스케치 E에서 보여주는 것처럼, Quist는 여름과 겨울에 서로 다른 각도로 햇볕이 들 수 있도록 건물을 북남향에 위치시킴으로써 통상적인 카페테리아 기능에 대한 생각을 버리도록 유도하고 있다. 동시에 강당도 인접 공간의 기능과 연결시켜 강당 배치에 관한 통상적인 사고를 하지 않도록 한다.

중간 성찰. Petra: 저는 그동안 건물 모양에 너무 집착하고 있었던 것 같아요. 지금 말해주신 것들이 더 의미가 있네요.

Quist: 말이라고. 훨씬 더 낫지. 자네가 꼭 생각해야 할 것이 있어[Quist 는 자신이 구상한 복도를 가리킨다] 일종의 수완이라 말이지. 알바 알토 Alvar Aalto처럼 사물에는 일종의 질서가 있다는 점을 유념해야 하고, 그 전체 질서를 유지하는 게 중요해. 아주 작은 변화이지만 그게 중요한 변화가 될 수 있어. 조직적이어야 한다고 항상 똑같은 걸 반복하는 게 능사는 아니야. 지금 우리가 했던 걸 보면 반복적으로 하지 않아도 이렇게 훌륭하고 괜찮은 디자인이 가능하단 말이지. 다만 누군가에게 설명하는데는 일종의 질서 있는 언어가 필요해.

Petra는 복도를 디자인의 한 가지 부분 정도로, 즉 "통상적인 통로" 정도로 생각했는데, 복도는 "사소하지만… 중요한 부분"이 되고 말았다. Quist가 문제를 재구조화하고 재작업하는 과정으로 실천 상황을 재평가하고 있다. Quist는 상황을 여러 가지 차원 ─ 형태form, 크기scale, 언어적 설명 가능성verbal explainability ─ 으로 평가해보고 있는 것이다.

다음 조치들. Quist: 이제 이쪽 중앙 공간에 대해서 생각해보자. 여기로 행정실을 배치시켜야 하는데.
Petra: 글쎄요. 행정실 때문에 체육관으로 접근할 수 없는 문제들을 해결해야 하는데요.
Quist: 그렇지. 전체 구도가 이상하게 되겠네. 그러면 행정실을 저쪽으로 옮기면, 더 나은 위치가 되고, 열린 공간도 만들 수 있겠지.

두 사람은 경사진 지표에 교실을 배치하는 큰 문제를 해결하고 난 뒤에 중앙 공간 문제에 봉착하게 되었다. 중앙 공간 문제에 관해서 두 사람은 여러 가지 요인들을 고려하면서 고민하기 시작했다. 행정실 위치 문제를 다루면서, Quist는 자신이 지금까지 제안했던 모든 것들 ─ 기하학적 원리 수립, 기하학적 원리의 경사면 적용, 복도 설계 ─ 이 전반적으로 일관성을 가져야 한다는 점과 후속 조치는 선행 조치에 의거하여 시도해야 한다는 점을 암시해준다.

Quist: 이렇게 조정하는 작업은 중요해. 계속 그리면서 조율을 해야만 해.

Petra: 그런 시도들은 서로 무관해 보여요.

Quist: 이쪽 길을 봐. 실제 건축 현장에서 이 길은 훨씬 가파른 경사면일거 야. 예를 들어 10도 경사의 도로를 주행한다고 생각해봐. 자네는 이 점을 고려해야 해. 자넨 이걸 생각하지 않고 있어.

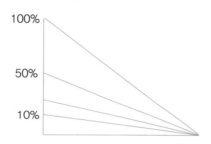

정리. Petra: 네. 이제 중요한 부분에 도달한 듯 하네요. 전 그 중요한 것을 이해하는데 점점 더 가까워지고 있다고 생각해요.

Quist: [말을 자르면서] 그래. 중요한 것은 어떤 기하학적 원리를 수립 하고 그걸 준수해야 한다는 거야. 근데 이 점은 모든 설계자들에게 공통된 문제야. 그런 원리를 수립하고 적용하는 게 중요한 문제야.

Petra: 놀랍네요. 선생님은 형태만 보고도 직관적으로 무엇이 잘못된 것 인지를 찾아내잖아요. 그런데 저는 그렇게 하는게 너무 어렵네요…

Quist: 그럴 거야. 하지만 그것 때문에 자네가 지금 여기있는거야. 난 그 저 건축 현장의 기본 형태만 신경 쓸 뿐이야. 세세한 부분에 너무 집중할 필요는 없어.

Quist: 원리는 바로 이런 거야. 부분과 전체를 동시에 다루고 부분과 전 체를 번갈아 생각해보는 거야. 지금 자네가 마음 속으로 중얼거려본 것처 럼 말이야. 자네는 전체에 관한 생각을 갖고 있는데, 부분들에 대해서는 생각하지 않고 있어. 아무튼 그런 생각은 지워버리고 지금까지 작업을 했 는데, 그것도 좋은 시도였다고 봐. 계속 해봐. 그러다보면 언젠가는 성공 하게 될거야.

여기서 Quist는 "자네만의 원칙을 갖고 시작해야 해. 그 원칙이 자네만의 것일지라도 말이야"라고 했던 주제로 다시 돌아가는데, 이제 그 생각을 더 발전시켜 나가는 중이다. 초기에 가진 기본적 기하학적 원리, 즉 디자인의 원칙은 디자이너를 구속한다. 물론 디자이너는 최초의 원칙을 그대로 계속 유지할 필요는 없고, 때에 따라서는 적절한 수정이 가능하다. 실제로 Quist는 Petra에게 "엄격한hard" 기하학적 원리를 "유연하게 적용하도록soften" 촉구하고 있다. 그리고 때로는 기하학적 원리에서 벗어나서 생각하라고 요구한다. 다만 원칙을 확고하게 정립하고 난 뒤에 그것이 가능하다고 Quist는 강조한다.

또한 Quist는 Petra에게 자신의 직관적 행동이 가능한 이유를 언급하고 있다. 그는 자신의 기본적 디자인 원리를 분명하게 밝히고 있다: "전체whole"와 "부분unit", 거시적인 것과 지엽적인 것에 돌아가면서 관심을 기울여야 한다고 말해준다. 그리고 디자인 작업은 말하기마음 속으로 중얼거림, speaking 메타포를 이용하여 이루어지는데, 그 행위가 디자인 행위의 일부임을 지적해주고 있다.

관찰 기록 분석

Quist의 건축 디자인 수업 과정은 상황과의 성찰적 대화 과정a reflective conversation with the situation의 형태로 진행되고 있다.

Quist가 Petra의 과제를 검토하기 시작할 때, Petra는 이미 문제 상황을 갖고 있었다 :

> 건물 모양을 지표면 상태에 맞추려 노력했는데, 지형이 평탄하지 않아
> 서 잘 되지 않아요.

Quist는 Petra가 문제를 구조화framing하는 방식을 비판한다. 일관된 근거를 갖지 않고 "평탄하지 않은" 지표면에 건물 모양을 억지로 맞추려 한다고 지적한다. 그러면서 Quist는 Petra의 문제를 재구조화한다.

먼저 어떤 원칙을 갖고 시작해야 해. 그 원칙이 자네만의 것일지라도 말이야… 나중에 필요하다면 그 원칙은 언제든지 수정할 수 있는 거야.

Petra는 건축 현장의 고르지 못한 지표면 상태에 자신만의 원칙을 일관성 있게 적용해야 할 것이다. 그 원칙은 말하자면 "이런 경우라면 어떻게 될까?what if?"라는 가정으로 시작해서 그 결과를 예측해보는 절차이다. 만약 예측한 결과가 만족스럽지 못하다면, 언제든지 "원칙을 수정"할 수 있을 것이다.

"자네는 어떤 원칙을 갖고 시작해야 해"로부터 출발해서 "이러한 방식은 지표면 상태에 다소 잘 들어맞아"라는 결론에 이르기까지, Quist는 기하학적 원리를 경사면에 적용했을 때 어떤 결과를 얻게 되는지를 몸소 보여주고 있다. Quist는 스케치, 공간-행동 언어를 활용하여 여러 가지 실험을 실행하면서 건축 현장에 적합한 건물 모양과 배치를 설명하고 있다. 각 실험 조치는 여러 가지 방식으로 표현되고 평가되고 있다. 각 실험 조치의 결과는 다음 조치를 위한 교훈을 제공하고, 또 각 조치는 다시금 표현되고 해결해야 할 새로운 문제를 낳는다. 즉 Quist는 조치, 결과, 교훈, 평가, 추가 조치들로 되풀이 되는 디자인 작업을 시현하고 있다.

작은 규모의 교실 단위들을 L자형 집합 단위로 묶게 되자, "전체 교실 구도가 만족할만한 모습"이 되었고, "1학년 학생과 2학년 학생들이 서로 가까이 있게 되며" 나아가서 "교실 배치가 균형을 이루게 된다." 이런 성과를 거둔 다음에 "이쪽은 고랑, 저쪽은 언덕 그러면 연결되는 다리가 필요하지"라고 하면서 새로운 조치들을 고안해낸다. 연결되는 다리를 만들어내자 이제 "건물의 두 개 층을 연결할 수 있는" 공간이 생겨난다.

Quist의 각 조치는 문제 재구조화라는 전체적 실험global experiment에 기여하는 일종의 부분적 실험local experiment 행위이다. 몇몇 조치는 실패했지만, 성공한 조치는 새로운 결과, 즉 교훈을 제공한다. 그 과정에서 Quist는 자신의 조치로 발생되는 예기치 않는 결과와 교훈에 대해서도 성찰한다. 그 성찰 과정에서 Quist는 '상황이 들려주는 이야기'에 주의를 기울이게 되고, 그 결과 나중에 취하게 될 조치들의 근거가 되는 새로운 지식을 얻게 된다. 복도, 즉 교실들에 연결된 "안락한 공간soft back area"으로서 복도 배치는 "사소하지만… 중요한 것in a minor way…. the major thing"이라는 사실은 Quist에게 매우 의미 있는 지식이 된다. 이러한 복도 배치의 잠재적 효과를 인식하게 됨에 따라, Quist는 "아래 쪽을 내려다 볼 수 있도록 복도를 확장"할 수 있게 된다. 동시에 Quist는 건축 현장의 '전체 공간'을 고려하면서 행정실 배치를 무난하게 추진할 수 있게 된다.

문제 재구조화 과정으로서 전체적 실험은 문제 상황 전반에 걸쳐서 새로운 아이디어를 평가하고 개발해내는 소위 상황과 성찰적 대화a reflective conversation with the situation의 과정이다. 상황과 성찰적 대화 과정에 의하여 문제를 재구조화함으로써 "건축 현장의 지표면 상태와 잘 어울리고works slightly with the contours", 편안한 모퉁이 공간, 전망, 쉼터를 만들어내고, 복도의 잠재력을 구현하는 건물 배치가 가능해졌다. 또한 Petra의 문제를 재구조화해주면서 Petra가 스스로 해결할 수 있는 문제를 도출하고 자신이 선호하는 방식으로 주어진 재료들을 조직화하도록 도와주고 있다.

이 때 디자인 작업 과정에는 다음 세 가지 요소들이 관련된다는 점에 주목해야 한다. 그것들은 첫째, 디자이너가 자신의 조치를 표현하고 평가하는데 사용하는 언어, 둘째, 디자이너가 자신의 조치로 발견하고 준수하는 교훈, 셋째, 디자이너의 변화된 자세가 그것들이다.

*디자인 영역*design domains: Quist는 그리기와 말하기라는 디자인 언어를 혼용하면서 자신의 조치를 실행에 옮긴다. 디자인 언어로 사용되는 용어들은 각기 나름의 역할을 한다. Quist가 "여름에 햇볕이 들도록 배치된 복도카페테리아", "건물의 두 개 층을 연결하는 새로운 층", "아래 방향으로 연결되는 계단들"이라고 말할 때, 그는 공간-행위 차원의 의미를 담고 있는 언어spatial action language를 사용하고 있다. Quist는 마치 행위가 형태를 창조하고 공간을 조직하는 것처럼, 행위를 디자인의 요소로 사용하고 있다. 동시에 Quist는 건물 사용자가 가상적으로 경험하게 될 경로도 예측하면서 디자인을 한다. Quist는 디자인 요소계단, 벽, 행정실들에 명칭을 부여하고, 자신의 조치들로 인한 결과와 교훈을 표현하고, 상황을 재평가하기 위해서 또 다른 용어들을 사용하기도 한다.

디자인 영역은 [그림 3.2]처럼 범주화해볼 수 있다. 각 디자인 영역에는 디자이너가 경험하는 문제점, 조치의 결과, 결과로 인한 교훈 등 관련된 여러 요인, 특징, 관계, 행위, 규칙들이 포함된다. Quist는 이런 영역 요소들을 적절한 용도로 효과적으로 활용하고 있다.

| 그림 3.2 | 디자인 영역의 정의와 사례

영역	정의	사례
프로그램/용도	건물 혹은 건물 구성요소의 기능; 건물 혹은 입지의 용도; 용도 설명	"체육관", "강당", "교실", "아동의 최대 신장으로서 5피트", "가파른 도로가 없는 도시 조성"
입지 선정	특징 요소들, 건물 입지들간의 관계	"토지 표면", "경사면", "언덕", "구렁"
건물 요소	건물 혹은 건물 구성 요소	"체육관", "유치원", "진출로", "벽", "지붕", "계단"
공간 조직	공간의 종류와 공간의 관계	"일반적인 통로", "외부/외부", "배치"
형태	1) 건물 혹은 건물 구성요소의 모양 2) 기하학적 원리 3) 공간 조직의 표시 4) 공간 이동에 대한 경험적인 경로 인식	"건물간의 뚜렷한 경계hard-edged block", "균형 잡힌 기하학적 모양", "이 두 층간의 차이를 표시하기", "여기를 통과하고 내려다 보게 하는 복도"
구조/기술	건물 용도와 관련된 구조, 기술, 프로세스	"교실의 건축 모듈"
규모	건물과 건물 요소들간의 관계에 근거한 크기	"약 20피트씩", "크기에 비해서 너무 작아서 잘 맞지 않는", "적당한 규모"
비용	건축 비용	현재 관찰 기록에는 나타나지 않음
건물 특성	건물의 스타일 및 양식의 표현으로서 건물 종류	"창고", "정비실", "해안가 오두막－이 관찰 기록에는 나타나지 않음)
선례	건물 종류, 스타일 혹은 건축 양식의 참고 사항	"Aalto가 고안해낼 종류의 방식"
표현	다른 영역 요소들을 표현하는 언어와 기호	"구획별로 보기", "1/16 척도 모형"
설명	설계자와 다른 사람들간의 상호작용 맥락	"너가 다른 누군가에게 설명할 말의 순서"

예를 들면, 프로그램/용도 영역에서, "교실", "행정실", "유치원"과 같은 용어들은 그 용도에 따라서 부여된 건물 명칭들이다. "아이의 최대 신장", "도서관 공간을 통과하는 방법"은 건물 사용 경험을 표현하는 것이다.

입지 영역에서, Petra는 "토지의 표면"을 자신의 문제를 표현하는데 사용하고, Quist는 "언덕", "구렁", "경사면"을 기하학적 원리 적용이라는 초기 조치를 구상하는데 사용하고 있다.

공간 조직 영역에서, Petra는 L자형 교실 구성으로 초래되는 "외부/내부" 구획에 대해서 언급하고, Quist는 "복도"를 "누구나 지나갈 수 있는 일반적인 공간"으로 규정 짓는다.

형태 영역은 4가지 요소로 분류할 수 있는데, 각기 다른 의미를 지니지만 서로 관계가 있는 요소들이다. Petra가 말했던 "뚜렷한 경계hard-edged block"처럼 건물의 기하학적 모양을 의미하는 형태 용어가 있다. 또한 "L자형 교실 배치로 균형 잡힌 건물 모양"이라는 말은 전체적인 건물 모양을 의미하는 형태 용어로 사용되고 있다. 복도가 경사면에 위치한 건물 내 층간 차이를 구분해준다는 Quist의 생각은 공간 조직을 시각화해주는 형태 용어이다. 마지막으로 Quist는 건물 사용자가 공간을 이동할 때 경험하게 될 공간들의 특징, 장점, 관계와 같은 공간 경험 경로를 자주 언급하고 있다.

Quist와 Petra는 문제 상황을 이해하고 평가하기 위해서 "집과 같은 분위기home base", "모퉁이 공간nook", "정원garden", 그리고 "안락한 쉼터soft back area"와 같은 정서적 혹은 관계적인 용어들을 사용한다. "정원"이라고해서 문자 그대로 정원을 의미하는게 아니다. 마찬가지로 "안락한 쉼터"도 문자 그대로 안락하다는 의미가 아니다. 다만 "정원"과 "안락한"의 메타포는 경험의 특별한 의미를 전달하는데 사용되고 있는 것이다.

Quist와 Petra가 취한 조치들은 종종 서로 중복되는 결과와 교훈을 낳는다. 건물 내 벽을 세우는 조치는 경사진 지표를 고려하여 건물 배치의 구조적 안정성을 의도한 것인데, 동시에 건물 내 각 층을 구분하는 효과도 갖게 된다. Petra가 "아주 놀라울 정도로 매력적awfully cute"이라고 생각했던 복도는 사람들의 순환 문제를 발생시키고 있다. 또한 애매모호한 용어들의 사용은 혼란을 불러일으킬 수 있지만 그런 용어 사용으로 인해 초래되는 다양한 결과들에 주의를 기울이게 도 한다. "계단", "출구", "벽"과 같은 용어들은 건물의 특정 요소를 지칭하는데, 동시에 "구분하기", "관계지우기"와 같은 의미를 암시해준다. 이처럼 디자인 언어 공동체에 참여하게 되면, 어떤 디자인 영역에 관심을 두어야 할지, 각 영역이 디 자인 상황에 어떤 의미를 갖는지, 각 영역을 어떻게 활용할 것인지를 배울 수 있 게 된다.

[그림 3.2]의 디자인 영역 목록은 디자이너가 디자인 상황에서 우선적으로 고 려하는 사항들을 확인하도록 도와준다. Quist와 Petra의 대화 내용을 들여다보면, Quist는 '공간 조직'영역에 의거하여 체육관, 순환로, 교량, 유치원 등과 같은 건 물 주요 요소들의 위치를 결정한다. '규모', '건물 요소', '프로그램/용도', '형태' 영역들은 여러 번 언급되지만, '선례', '구조/기술', '설명' 영역도 한 번 정도만 언 급되고 있다. '비용'과 '건물 특성' 영역은 관찰 기록에서 나타나지 않는다. 이처 럼 디자인 영역 레퍼토리 상의 각 영역의 상대적인 출현 빈도를 보면 현재 Quist 와 Petra의 건축 수업 상황에서 Quist가 관심을 두는 사항들의 우선순위를 알 수 있게 해준다.

교훈 Implications: Petra가 다음과 같이 말한다.

> 이것은 이쪽으로 진입하는 도로에요. 따라서 여기 어딘가에 순환로가 있어야 될 것이라 생각해요.

그리고 이에 대해서 Quist가 다음과 같이 반응한다.

> 유치원은 이쪽 너머로 위치해야하는데, 그렇게 되면 행정실은 여기로 [와야]할 거야.

Quist와 Petra는 모종의 규칙 체계를 적용하여 건물 배치를 위한 조치를 결정 하고 있다. 두 사람은 접근성행정실 중심의 접근성, 순환성건물들 간 이동의 편의성과 명확성,

용도공간 개방이라는 규칙을 활용하고 있다. 도로 상태나 유치원 위치를 고려하여 행정실과 순환로 배치를 위한 아이디어를 얻고 있는데, 이는 디자이너 자신의 규칙 체계를 활용하여 "만약 ⋯ 이면, ⋯ 이다"라는 논리에 따라 이루어지고 있다.

건물 입지, 프로그램, 기하학적 원리, 경로, 건물 구조 등의 디자인 영역들에서 도출되는 규칙들을 고려하여 디자이너는 조치들을 취하게 된다. 이때 디자이너의 조치들에는 모종의 원칙a discipline이 작동된다. Petra가 "저쪽과 관계가 있기 때문에 이쪽에 건물을 위치시키기로 결정하고⋯ 이쪽에 진입이 가능하게 하려면 체육관을 여기에 위치시켜야 한다"고 할 때 Petra의 원칙이 작동되고 있는 것이다. 그러나 Quist는 그 원칙은 추후에 수정될 수도 있다고 지적해준다. 조치로 인한 교훈이 부적합하다고 판명되면 원칙은 수정되어야 한다는 것이다.

디자이너의 조치들은 항상 서로 연계되어 있기 때문에 항상 파생되는 선택지를 만들어내고, 그런 선택지들이 다양하기 때문에 조치들로 인한 교훈을 미리 예측하기는 매우 힘들다. 예를 들면, 경사면에 교실들을 배치한다고 하면, "이런 저런 가능성들이 발생하게 되므로 경사면을 고려하여 벽과 계단이 아래 방향으로 기울어지도록 해야 할" 문제가 발생한다. 이는 디자이너가 선택하고 결정해야 할 사안이 된다. 이때 디자이너는 선행 조치로 발생된 상황에 관해서 행위 중 성찰을 하게 되고, 또한 새로운 조치들로 발생할 결과에 대해서 생각해보게 된다. Quist의 전문가로서 탁월함은 바로 이런 매우 복잡한 디자인 연결망design webs을 능수능란하게 다루는 능력에서 나온다고 볼 수 있다. 그러나 Quist도 디자인 연결망이 지닌 무제한적 확장성 때문에 관련된 디자인 규칙 체계들을 모두 알 수는 없다. 때로는 그도 "만약 ⋯ 하다면 ⋯ 이럴 것이다"라는 식의 가설을 무시하고 즉각적으로 후속 조치의 교훈을 예측하면서 결정을 내려버리는 경우도 있다. 그러나 디자이너는 행위 중 성찰을 계속하면서 각 조치들의 교훈을 도출하고 적용하려 노력한다. 그 결과 디자이너의 디자인 규칙 체계는 지속적으로 진화하게 된다.

디자이너가 구상하는 조치들에 대한 검증은 자신의 디자인 규칙 체계에 의거하여 이루어지지만, 반드시 그런 것은 아니다. Quist는 경사면에 건축할 교실들을 3단 형태로 쌓기로 했었다. 그래서 "초등학교 학생의 키를 고려한 교실 층간

5피트 정도 격차"를 둠으로써 "교실 건물 전체를 보았을 때 최대 15피트의 잠재적 높이 차이"를 초래하였고, 동시에 앞 스케치에서 본 것처럼 이러한 조치는 학생들을 위한 "안락한 모퉁이 공간"을 만들어낸다는 사실을 찾아냈다. 이는 디자이너가 어떤 규칙 체계를 적용했을 때보다 선호하는 결과를 낳았다는 사실로 자신의 조치를 확증하고 있음을 보여준다. 즉 Quist 자신이 좋아할만한 어떤 결과를 만들어낸다는 사실 그 자체로 자신의 조치를 확증하고 있다. Quist는 다양한 종류의 경사면에 관한 지식과 디자인 영역 중 용도에 관한 지식을 이용하여 조치를 구상하고, 그 조치로 인하여 최종 건물 배치가 "지표 상태에 잘 들어맞다"는 사실을 알게 됨으로써 경사면에 적용 가능한 또 다른 기하학적 원리를 발견해낸다. 이로써 Quist는 건축 현장의 경사진 지표 상태에 맞는 교실 배치 방법을 찾아내는데, 이는 부분적인 조치의 검증, 즉 부분적 실험이 문제 상황의 재구조화라는 전체적 실험에 기여하는 효과를 갖게 된다는 사실을 보여준다.

같은 맥락에서 부분적 조치들은 모퉁이 공간을 만들어냈고 그로 인해서 "경계 구역"이 발생하게 되는데 이는 새로운 문제들을 이해하는 계기가 되었다. 또한 부분적 조치들은 "여름과 겨울에 햇볕이 잘 드는" 안락한 공간으로서 복도 공간을 만들어내게 되어 바람직한 건물 구조를 창출할 수 있었다. 디자이너는 디자인에 관련된 재료들과 대화를 하면서, 자신이 생각하는 특정 조치로 원하는 효과를 거두기를 바라지만 그렇게 되기는 쉽지 않다. 따라서 디자이너는 상황에서 주어진 재료와 지속적 대화를 할 수밖에 없다. 그런 과정에서 디자이너는 예상하지 못했던 문제점들과 잠재적 기회를 인식해내가게 된다. 그리고 새롭고도 예상하지 못한 현상을 이해할 수 있게 됨에 따라서 그 결과에 의해서 자신이 구상했던 조치들을 평가할 수 있게 된다. 결국 디자이너는 자신의 조치들을 세 가지 방식으로 평가하는 셈이 된다. 첫째, 표준적인 디자인 영역 범주별로 각 조치가 초래하는 결과의 효과를 판단하고, 둘째, 이전 조치의 효과를 현재 조치의 효과와 대비하여 확인하며, 셋째, 각 조치로 인해 발생되는 문제점들과 잠재적 기회를 평가하는 것이다.

입장의 변화. Quist는 여러 가지 조치들을 실행하는 과정에서, 각 조치로 인

해서 발생하게 될 상황에 대한 입장을 변화시키고 있다.

Quist는 "발생할 수 있는" 혹은 "발생할지 모르는" 일들에 대해서 말하기도 하고, 때로는 "해야만 하는" 혹은 "반드시 해야 할" 일에 대해서 말하고 있다. 즉 가능성 인식, 자유로운 선택이라는 입장에서 불가피한 선택이라는 입장으로 변화하고 있는 것이다. Quist는 Petra에게 문제 상황을 자유롭게 사고할 것을 촉구하는데, 왜냐하면 그렇게 하지 않으면 당연히 "만약 … 하면 … 할 것이다"라는 가설을 사용할 수 없게 될 것이기 때문이다. 그러나 Quist는 Petra의 조치들이 초래하는 결과를 디자인 규칙 체계에 따라서 생각하고 각 조치를 적용하도록 유도한다. 즉 Quist는 기하학적 원리라는 원칙에 따라서 L자형 교실 배치를 구상해야 한다거나, 경사면의 각도는 건물 입지 활용에 제약조건이 될 것이라는 식의 조언을 하고 있다. Quist는 각 조치들로 인한 교훈들을 도출하면서, "만약 … 하면 … 할 것이다"라는 자유로운 선택의 결과를 "반드시 해야 할 일"이라는 디자인 규칙 체계에 따라서 보여주기를 바라고 있는 것이다.

Quist의 지도 행위는 디자인 상황에서 취해지는 전체적 조치와 부분적 조치의 관계성을 보여주고 있다. 일단 전체적인 차원에서 아이디어가 결정되면, 부분적인 차원의 아이디어 적용이 전체적인 차원의 아이디어를 훼손할 수도 있다. 그래서 디자이너는 전체와 부분을 번갈아가면서 고려하게 되고, 몰입involvement과 분리detachment의 사고 자세를 반복하게 되는 것이다. 즉 Quist는 부분적인 아이디어에 의한 디자인에 몰입하기도 하지만, 전체적인 아이디어에 의한 디자인의 전체적 관계성에 주목하는데도 관심을 집중시키고 있는 것이다.

마지막으로, Quist는 여러 가지 조치들과 그 결과들에 대한 이해를 순환적으로 반복해 나가면서, 특정 전략을 잠정적으로 적용해보려는 입장에서 그 전략에 완전히 몰입하는 입장으로 전환하고 있다. 이러한 입장 변화는 자신의 사고 실험을 스스로 통제하기 위하여 여러 가지 조치들의 관계망을 단순화시키는 디자인의 경제성을 도모할 수 있도록 해준다.

행위 중 성찰의 기본 프로세스

문제를 해결하려 했던 Petra의 시도는 난관에 봉착하고 있었다. 이에 Quist는 Petra가 규정한 문제에 대해서 비판적으로 성찰하고 문제를 재구조화한다. 나아가서 Quist는 평탄하지 못한 건물 부지를 고려하여 새로운 기하학적 원리를 적용해보고 그 결과에 따라서 상황에 대처해나간다. 이 과정에서 Quist의 탐구 활동은 일종의 전체적 실험a global experiment으로 이루어지며, 이는 재구조화된 문제에 관한 행위 중 성찰a reflection-in-action on the restructured problem 과정으로 진행된다.

Quist는 일련의 조치들을 번갈아가면서 시도하고, 자신이 보유한 디자인 지식 레퍼토리repertoire of design domains에 근거하여 그 조치들을 다양한 방식으로 평가하고 있다. Quist는 자유롭게 조치를 선택하면서도 그 조치로 인해 발생하게 될 결과를 고려하고 있고, 지엽적인 문제에 몰입하면서도 그로 인해 파생되는 전체적인 결과를 객관적으로 고려하는 모습을 보여주고 있다. 처음에는 탐색의 자세로 접근하다가 점차 몰입의 자세로 자신의 입장을 변화시키고 있다. 그는 상황의 반향the situation's back-talk으로부터 새로운 아이디어를 발견하고 그것들은 차후 조치의 교훈들로 삼고 있다. 그 결과 문제 재구조화 과정과 재구조화된 문제에 관한 성찰은 문제 상황에 대한 전체적 실험으로서 상황과의 성찰적 대화a reflective conversation with the situation과정이 된다.

서로 다른 건축 언어와 스타일을 채택하는 건축학교일지라도 대개 공통적인 디자인 프로세스를 찾아볼 수 있다. 물론 세부적으로 들여다보면 디자이너에 따라서 우선시하는 디자인 영역 요소들이 다를 수 있다. 어떤 디자이너는 건물 전체 구조의 기하학적 원리보다는 주어진 건축 부지나 건축 재료의 특정 속성이나 기회 요인에 초점을 맞출지도 모른다. 또 다른 디자이너는 건축 분야별로 규정된 규칙에 보다 의존하는 디자인을 추구할 수도 있다. 디자이너는 자신만의 건축 이미지를 적용할 수도 있고, 그런 이미지를 적용할 때 건축 규칙의 활용에 영향을 주는 선례를 참고할 수도 있다. 그럼에도 불구하고 사용 언어, 우선순위, 이미지, 스타일, 선례들이 달라질지라도 Quist처럼 모든 디자이너는 복잡하고 불확실한 상황에서 모종의 질서가 필요하다는 사실을 알고 있다. 그래서 모든 디자이너는 상황과의 대화에 참여한다. 그 과정에서 디자이너는 기본적으로 자신만의 디자인 지식 레퍼토리를 고수하되, 자신의 입장 변화로 발생하는 새롭고 예상치 못한 의미를 찾아내고 그에 따라서 자신의 조치들을 조정해나간다. 탁월한 디자이너는 상황의 반향back-talk을 위한 행위 중 성찰을 하고, 그 과정에서 "만약 … 하면 … 할 것이다"라는 가설을 적용해보고 그 가설 검증의 결과로 인한 교훈을 도출해내고, 점차 부분보다는 전체를 고려하면서 탐색하는 자세에서 몰입하는 자세로 입장을 변화시켜 나간다.

　　Quist의 시범이 완벽하지 않다면 행위 중 성찰 과정이 더 분명하게 드러날 수 있다. Quist의 시범이 완벽하다면 행위에 대한 오류를 발견하고 교정하는 모습을 관찰하기 어렵기 때문이다. 하지만 Quist는 디자이너로서 완전한 몰입 상태에 있어야 보여줄 수 있는 의사결정 행동과 스키마 형성을 시연하고 있다. 이것이 가능한 이유는 소위 "문제의 문제"를 감지하고 파악할 수 있는 능력이 그에게 잘 발달되어 있기 때문이다.

　　그가 평탄하지 않은 지표면에 적용할 원리를 그렇게 신속하게 성공적으로 선택할 수 있었던 것은 아마도 그가 이와 유사한 상황들에 대한 다른 사람들의 접근 방식들을 관찰한 경험이 빈번하고 스스로도 시도해본 적이 자주 있었기 때문일 것이다. 장기판에 놓인 말들의 특정한 배열들을 보고 다음 수를 간파하는 '감feeling'을 터득한 장기 고수처럼, Quist도 현재 디자인 상황을 풀어가는 '감'을 갖추고 있는 것으로 보인다. 그래서 Quist는 문제를 재구조화하면서 생각했던 여러 조치들을 모두 실행해볼 필요는 없었던 것이다. 또 경사진 지표면임에도 불구하고 자신 행위의 일관성을 유지할 수 있었다. 그 결과 Quist의 시범은 신뢰성, 명확성, 간편성을 보여줄 수 있었다. 다만 Quist가 자신의 행위 중 성찰 자체를 성찰하는 모습을 볼 수 없었기 때문에, 지도 학생들이든 나와 같은 관찰자이든 Quist가 보여준 탁월한 실천 행위에 대한 기본 구조를 파악하기가 쉽지 않을 것이다.

Chapter 4

심리치료:
하나의 세계로서 환자

Professional Contexts for
Reflection-in-Action

심리치료 실천 활동의 역사적 배경

20세기 초 정신의학psychiatry 분야는 다른 여타 의학 분야들과 비교하여 정체성이 모호하고 그 위상이 미약한 상태였다. 당시 정신과 의사들은 대부분 정신이상자 치료에 관심을 두고 있었다. 그들은 정상인의 문제에 대해서는 관심이 없었고, 정상인들은 자신들의 고통을 종교의 힘이나 도덕성의 함양으로 해결하고자 하였다. 아직 정신의학 분야는 과학적 지식에 그 기반을 두지 못한 상태였다.

그러나 2차 세계대전이 끝나갈 무렵, 정신의학은 미국 사회에서 강력한 입지를 구축하기 시작했고 정신병원에 한정되지 않고 그 영역을 넓혀서 한 때 종교나 철학에 속했던 영역에까지 그 영향력을 넓혀 나갔다. 사실상 정신의학은 그 자체로 하나의 대중적 사조로 자리잡게 되었다. 그런 현상이 너무나도 확산되어서 Dr. Norman Zinberg가 1960년대 초반 Daelalus지에 정신의학의 대중화 현상이 정신의학에 대한 과도한 기대감을 갖게 만들었고 다른 의학 분야 전문가들로 하여금 의혹의 눈초리를 바라보게끔 만들었다고 불평한 바 있다.[1]

---

1 Norman Zinberg, "Psychiatry－A Professional Dilemma", in *Daedalus* (Fall, 1963).

이러한 변화들은 미국인들이 정신의학의 한 분야, 정신분석에 의존하는 삶이 극적으로 확대된 바에 기인하고 있지만, Leston Havens가 표현한 것처럼, 정신의학 분야 전체는 다양한 주장들이 난무하는 혼돈 상태a babble of many voices에 빠져 있었다. 애초에 정신과의사들은 스스로 의료 분야 전문가로 인식하면서 임상심리학자나 비전문적인 의료인들과 구분해주길 원했다. 그러나 2차 세계대전 종전 후 정신의학 분야는 의료 분야에 점차 자리를 잡아갔으나 정신의학 분야의 여러 학파들이 등장하여 저마다 자신의 권리를 주장하기 시작했다. Havens는 정신의학 분야의 4가지 학파, 객관적 – 기술적, 정신분석, 대인관계, 실존치료 학파를 소개한 바 있다.2 오늘날은 더욱 세분화된 정신의학 분야들, 즉, 집단치료, 가족치료, 조작적 조건화, 로저스식 치료, 게슈탈트 치료, 단기 치료, 교류 분석 등이 나타난 상태이다.

이처럼 정신의학 분야가 다양화, 세분화됨에 따라 여러 가지 반응들이 나타났다. 먼저 정신과의사들은 자신들의 고유하고 특별한 지위를 지키려 애쓰고 있다. 과학으로서 의학medical science에 보다 근접하기를 원한 정신과의사들은 정신약리학을 발전시킴으로써 그들의 지위 보존을 도모하려 시도하였다. 정신의학 전문가 양성 학교의 리더들은 서로 공개적으로 논쟁하고 경쟁하는 모습을 보였다. 일부 학교들은 특정한 치료법에 특화된 교육과정을 운영하는가하면 다른 학교들은 더 많은 학생들을 유입하고자 다양한 치료법을 포괄하는 백화점식 교육과정을 운영하였다.

동시에, 사회적 차원에서 정신의학 실천 현장에서도 중요한 변화들이 나타났다. 정신병원을 "기분 나쁜 장소", "쓰레기 하치장"으로 비하하는 대중적 비판이 만연하였고, 사회학자들은 정신과의사들이 정신병의 사회적 영향력을 과장되게 선전하여 사회 통제와 계층 분류의 수단으로 삼고 있다고 비판하였다. 이러한 사회적 차원의 비판적 분위기는 1964년 정신건강법안 발의에 촉매 역할을 하게 되었고, 그 법안의 통과로 인해서 정신병원의 숫자가 줄어들었고, 정신병 치료를

---

2 Leston Havens, *Approaches to the Mind* (Boston: Little, Brown, Inc. 1973).

전문병원에 국한시키지 않도록 제도적 규제를 완화하는de-institutionalization 법적 근거가 마련되었다. 이와 함께 많은 지역사회의 보건센터들은 예방적 차원의 정신치료 서비스 제공에 더 관심을 기울이기 시작했다. 그러나 1960년대의 대유행에도 불구하고 일부 정신과의사들은 그 분야의 전문직화를 거부하였고, 오히려 자신들을 지역사회 기관에 소속되는 존재로 인식하였다.

1965년부터 1981년까지에 이르기까지, 정신치료의 효과성에 대한 의문 제기는 법적인 문제로 등장하였다. 의회는 관련 실천가들의 치료 행위에 대한 보험료 지불 허용의 조건으로서 치료의 효과성 증거 제출을 요구하였다. 더욱이 정신병원이 탈제도화de-institutionalization됨에 따라 치료 비용에 대한 대중의 관심이 높아졌다. 또한 임상심리 분야가 새로운 유력한 전문 분야로 자리잡아감에 따라서 정신분석 분야는 그 입지가 위축되었다. 이처럼 다양한 분야와 주장이 지속적으로 등장하고, 심리치료에 대한 대중적 거부감이 사라짐에 따라서 정신의학 분야는 더 이상 심각한 질병 치료나 선한 의도의 치료라는 이미지를 넘어서 모든 인간에게 필요한 표준적 실천 분야로 성장하게 되었다.

서로 경쟁하는 대표적 심리치료 학파들은 각자 배타적 권리를 주장하고 있으나, 어떤 학파를 추종할 것인지는 전문성을 갖고자 하는 학생이나 치료를 요구하는 고객에게 맡겨지고 있다. 그럼에도 불구하고 심리치료 실천 활동의 다양함으로 인해서 발생하는 문제에 대해서 대처하는 움직임도 나타났다. Havens는 서로 다른 학파들의 실천가들이 환자 유형에 적합한 치료 기법을 개발 적용하는 상황을 소개한 바 있다. 한편 다른 연구자는 서로 다른 학파의 실천가들 사이에 서로 공유하고 있는 근본적인 탐구 프로세스는 무엇인지를 설명하고자 하였다. 예컨대, 몇몇 실천가는 환자 개개인을 각기 다른 고유한 사례로 인식하고 치료 활동에 임하고 있다는 사실이 확인되었다. Erik Erikson의 표현처럼 실천가는 환자를 "하나의 세계"로 간주하고 대응하고 있었다. 즉 실천가들은 표준화된 형식으로 환자를 치료하기 보다는 각자 서로 다른 전문 용어와 치료 기법을 사용하면서 환자의 특성에 따라 다른 치료 방식을 구사한다는 것이다. 때문에 환자를 고유한 케이스로 취급하는 정신의학 분야의 실천가들은 행위 중 성찰reflection-in-action 연구를 위한 특별한 소재가 될 수 있다고 본다.

이 장 나머지는 정신과 레지던트와 그의 수퍼바이저 간의 상호작용 장면을 기술하고 분석한 결과를 다루고 있다. 특히 이 분야 실천가의 행위 중 성찰이 더 잘 드러나는 장면으로서 일상적인 치료 실천보다는 전문적인 교육 실천 장면에서 전개된 상호작용 과정에 대해서 기술하고 분석하고자 한다. 심리치료 전문가들은 서로 다른 관점을 갖고 있으나, 그들은 모두 자신의 환자가 겪고 있는 고유한 문제를 구조화하고, 그에 따라 환자 행동에 대한 해석을 구성하고 검증하며, 환자를 도울 수 있는 해결 방안을 디자인하려 노력한다. 다음에 소개된 사례는 정신과 레지던트의 수퍼바이저가 자신만의 치료 모델을 갖고 행위하는데, 그 행위는 환자 고유의 상황에 대한 탐구 방식과 연결되고 있다.

지도 세션

이 사례 대상자는 3년차 정신과 레지던트이다. 이 사례에 등장하는 수퍼바이저는 레지던트가 이수한 3년 교육과정 중에 만났던 약 60여 명의 수퍼바이저들 중 한 사람이다. 레지던트는 이 수퍼바이저와 매주 30분씩 만나고 있는데, 이 만남은 7, 8번 정도의 환자 상담 이후에 1번씩 이루어지는 지도 세션이다. 레지던트는 환자와 관계에서 어려움을 겪고 있었고, 환자와 상담 상황을 녹음하고, 녹음된 자료3에 대해서 논의를 하기로 하여 이루어지는 세션이다. 레지던트와 수퍼바이저는 이 대화 기록에 대한 성찰이 학습 기회가 될 것이라 기대하고 있다.

레지던트는 몇 달 동안 치료를 중단했던 한 젊은 여성 환자와 만남을 재개했다는 사실을 수퍼바이저에게 알리면서 대화를 시작한다.

---

3 이 자료는 내가 처음으로 진행했던 1978년 전문직 교육 세미나에 소개된 두 명의 학생 연구자에 의해서 조사된 결과물이다. Bar Stauber와 Mike Corbett라는 학생 연구자들은 여기서 소개된 정신과 레지던트의 도움을 받아서 자료를 수집하고 녹취하였다. 이 자료는 그 학생들이 기말보고서 작성을 위해서 수집된 것이어서 그들에게 내가 일정 정도 빚을 졌다는 사실을 밝혀두고자 한다.

레: 그 여성은 치료를 받아도 자신의 문제가 호전되지 않고 있다고 생각하고 있어요. 저도 계속 문제가 유지되고 있다는 사실에 동의해주었어요. 문제는 그 여성이 당시 4년 여 정도 사귄 남자 친구와 관계에 어려움을 겪고 있고, 관계 개선을 위한 자신의 노력을 남자 친구가 거부한다는 것이었습니다.

이에 수퍼바이저는 다음과 같이 레지던트에게 질문한다.

자네하고 그 여성 사이에 어떤 문제가 있는 건 아닌가? 내 말은 자네와 관계에 어려움이 있는게 아닌가 묻는 거야.

레: 글쎄요. 제가 상담할 때 보여준 통찰력이 그녀에겐 도움이 안된다고 여기는 듯해요. 치료 외적인 문제에도 긍정적인 영향을 주지 못한다고 우리 둘 다 공감하고 있어요. 그녀는 치료에 몰입하는데 어려움이 있었고, 자신의 과거 슬픈 기억을 표현하고 싶어 하지 않고 그런 기억들에 대한 절망감도 표현하고 싶어 하지 않았어요.

수퍼바이저는 그 문제가 여성과 남자 친구의 관계에 관한 것인지를 레지던트에게 물어본다.

레: 예, 그녀는 자신의 남자 친구 관계에 대해서 느꼈던 바를 감추려 합니다. 특히 정서적인 부분을요. 그리고 슬픈 감정을 말입니다.

수퍼바이저는 다음과 같이 정리한다.

그러니까 그 여성은 자신이 어려움을 겪고 있고 자신의 감정을 표현할 수 없다는 사실을 남자 친구 관계 탓으로 돌리고 있군. 그래서 그녀는 곤경에 처한 것이고, 결국 그로 인해서 그녀는 낮은 자아존중감을 갖게 된 거지.

그 다음에 수퍼바이저는 레지던트에게 다음과 같이 질문한다.

그녀가 다른 사람과 관계에서 경험한 바를 동일하게 자네와의 관계에서도 경험한다는 사실은 놀라운 것이 아니라고 그녀에게 말해준 적이 있는가? 그리고 그녀가 어떤 어려움을 겪고 있는지를 잘 들여다 볼 수 있고 그녀와 함께 문제를 해결할 수 있는 자네의 능력을 말해준 적이 있는가?…

이에 대해서 레지던트는 다소 형식적으로 답한다.

예, 그건 제가 하는 일에 포함된 것이지요…

레지던트는 그 환자가 다시 치료를 받게 된 상황과 함께 진료 비용과 진료 시간의 협상 과정에 대해서 설명하고 난 뒤에 현재 초기 단계의 치료 상황을 되돌아 본다.

그녀의 마음 속에서 항상 존재해왔던 것은 무엇인가를 갈구한다는 것이에요. 즉 의지할만 한 사람 혹은 대상을 말이지요. 그리고 그것은 그녀에게 변하지 않은 상태로 있어야 한다는 것입니다. 아마도 필요할 때 언제든지 가질 수 있는 것 말입니다. 그녀와 처음 가진 몇 차례 만남에서 그녀는 자신의 어려움이 원래부터 있었고 현재는 아주 더 어려운 상태라는 느낌을 반복적으로 보여주었어요.

수: 중간에 끼어들며 그녀가 어려움에 처했다고 할 때, 그녀는 그걸 어떤 의미로 생각할까? 자네 생각은 어때?

이 질문에 대하여 레지던트는 하나의 사례를 나름대로 구성해서 답한다. 이 사례에 반응하여 수퍼바이저는 추가적인 질문을 던지면서 탐색을 시도한다.

레: 그녀는 어떤 오해로 남자 친구와 다투었던 상황을 내게 말하는데 어떤

패턴이 있어요. 예를 들면, 그녀와 세 번째 상담에서 남자 친구와 함께 자주 들르는 곳이 있는데 그곳에만 가면 남자 친구가 자신에게 어떤 여자가 전화한 적이 없냐고 물어본다고 해요. 남자 친구가 언급한 여자는 자신도 잘 알고 있는 사람이고 사실 남자 친구와 꽤 가까운 사이라고 해요… 그러면서 그녀는 그 여자가 자신의 남자 친구와 은밀하게 만남을 계속 가졌다고 생각하고 있어요. 사실상 그녀는 그 여자와 남자 친구가 오랫동안 함께 했던 사이라고 알고 있었어요.

수: 끼어들면서. "함께 했던 사이"라는 말은 어떤 의미이지?

레: 그들이 만난다는 것이지요. 그녀는 둘 사이를 의심하고 있어요. 그리고 그녀는 남자 친구가 자신에게 보였던 의심스러운 행동들 때문에 자주 다투었다고 해요. 그녀는 자기 몰래 남자 친구가 그 여자와 자주 만나고 있고 남자 친구는 그런 행동을 멈추지 않고 있다고 생각하고 있어요. 그런데 문제는 그녀가 스스로 수용할 수 있는 것과 그렇지 못한 것을 밖으로 표출하지 않으려 한다는 사실이에요. 그래서 그녀는 남자 친구가 다른 여자와 만나는데 대해서 마음이 상하고 화가 나고 그래서 더욱 의심을 하게 된다는 것이지요. 그런데 남자 친구는 자신의 여자 친구가 다른 남자와 만나는 것은 좋아하지 않는답니다.

수: 환자가 다른 남자를 만나고 있다는 말인가?

레: 그녀는 그런 적이 없어요. 그런데 어느 날 그들은 다른 문제로 밤새도록 다퉜다고 해요. 이야기인즉슨 남자 친구가 그녀를 레스토랑으로 데려갔는데, "그는 내가 바다가재 요리를 싫어하는 걸 알고 있어요" 그런데도 남자 친구는 그녀 대신에 주문한 게 바로 바다가재 요리였다고 해요.

수: 남자 친구가 그녀의 음식을 주문했다는 건 어떤 의미인지? 그녀는 가만히 앉아 있었고 아무런 말도 하지 않다는 것인가?

레: 네. 제가 보기엔 남자 친구가 모든 상황을 통제한다는 것이지요.

수: 그녀에게 어떻게 그런 일이 벌어졌는지를 물어보았나? 가재 요리를 좋아하지 않는데 어떻게 그 요리를 주문하는 걸 그대로 받아들였다는 말인가?

레: 글쎄요. 예전에 그녀는 자신의 남자 친구와 논쟁을 벌이면, 항상 다툼

이 생긴다고 말한 적이 있어요. 그녀는 그런 상황이 매우 고통스럽다
고 했어요. 싫어도 남자 친구가 원하는 대로 하면 싸우지 않게 되는데
반대 의견을 제시하면 항상 다투게 되었다고 해요. 그리고 그런 상황
이 발생하면 그녀는 자신의 의지를 상실하게 되는 느낌을 받게 되고
항상 다툼에서 지게 되었어요.

수: 다툼에서 진다는 말은 어떤 뜻이지?

레: 그녀는 다툼이 끝나면 기분이 좋지 않다고 해요. 남자 친구는 다투는
상황에서 그녀에게 문제가 있다는 식으로 공격한다고 해요… 그러면
그녀는 더욱 편치 못한 느낌을 갖게 되고요. 그녀는 남자 친구와의 관
계를 완전히 심각한 상태로 몰고 가는 상황을 피하고 있어요. 그녀는
남자 친구에게 다시는 연락하지 않겠다고 말한 적이 여러 번 있었고,
남자 친구도 그녀에게 연락하지 말라고 한 적이 여러 번 있었다고 해
요. 하지만 한 달만 지나면 그녀는 후회하게 되고요…

이 때 수퍼바이저는 다음과 같이 물어본다.

자, 왜 이런 일이 벌어지는지 자네가 이해한 바를 말해보게. 자네는 그
갈등이 어떤 것인지를 이해할 수 있겠나?

레지던트는 새로운 얘기들로 반응한다. 하지만 수퍼바이저는 계속해서 자신이
알고자 하는 바에 대해서 설명해주기를 요구한다.

수: 자, 자네가 그녀를 보면서 무엇을 느끼고 있는지를 난 잘 알지 못하겠
어. 자네 생각에는 심리역학적으로 그녀의 문제들을 어떻게 규정할 수
있을까? … 우리는 그녀에 대해서 아직 많이 알지 못하지만, 현재 그
녀에 관한 자료들이 시사하는 바가 무엇이라고 생각하지?

레: 글쎄요. 이 시점에서 몇 가지 확인해야 할 게 있어요.

수: 좋아, 그러면 그 점에 대해서 가설 형태로 생각해보도록 하지.

레: 우선 그녀는 남자 친구와 정서적 관계를 유지하는데 많은 어려움을 겪
고 있다고 봐요.

수: 그건 그녀에게 어떤 영향을 미칠까?

레: 그녀는 자율적으로 결정하고 선택할 수 있는 능력 자체를 두려워 한다고 생각해요. 이 점은 그녀의 정체성 측면에서도 마찬가지라고 봐요. 그녀는 남자 친구와 관계가 가까워질수록 자신의 자아감을 상실하고 있어요. 그녀는 타인이 자신을 규정하도록 만들어요.

수: 그녀는 왜 그렇게 하는 걸까? 자네는 그녀가 자아에 근본적인 문제가 있다고 생각해? 아니면 다른 문제일까?

레: 글쎄요. 그녀는 무엇인가에 깊이 몰입하지 않을 때는 자신의 자아를 규정할 수 있는 충분한 능력을 갖고 있어요… 그런데 누군가와 아주 긴밀한 관계를 갖고 의존하게 되면, 이 점은 그녀가 상당히 원하는 바 이기도 하지만, 결국 경계가 무너지고 있어요…

이제 수퍼바이저는 자신의 가설을 제시한다.

수: 자네 말이 옳을지도 몰라… 나보다 자네가 그녀를 더 잘 알고 있잖아. 그런데 내 생각엔 그녀가 자신의 주장을 제시하는데 문제가 있는 걸로 보여. 그녀는 자신의 입장을 표현하지 못한다는 말이지. 그녀는 스스로 편지 한 장 부칠 수조차 없을 거야. 그녀는 지나치게 의존적이야, 자네가 "왜 그렇게 하는 건가요?… 왜 본인이 좋아하지도 않으면서 결국 가재 요리를 마지못해 먹어요?"라고 말할 때, 그녀는 "제가 무얼 할 수 있을까요?"라고 반응하고 있잖아. 그리고 그녀가 남자 친구와 "논쟁이 심해지면, 저는 죄책감을 느껴요"라고 말한다는 것은 그녀가 느끼는 어떤 죄책감으로 남자 친구의 비난을 현실로 받아들인다는 의미 이지.

수퍼바이저는 레지던트에게 그녀를 치료할 때 자신의 가설을 적용해보기를 권한다.

나 같으면 그녀가 그런 상황에 이르게 된 과정에 대해서 곰곰이 생각해 볼 기회를 갖도록 만들거야. 예컨대, "보세요. 당신은 스스로를 주장할 수

있고 당신이 원하는 것을 얻을 수도 있어요[레지던트는 그녀가 자신이 다
니는 학교와 일터에서는 그렇게 해왔다는 점을 언급하면서 수퍼바이저의
가설을 뒷받침해준다] 하지만 이런 특별한 상황에서 당신은 뭔가에 의해
방해받고 있는 것처럼 보여요"라고 말이지. 내가 보기에는 그녀가 공격적
으로 자기 주장을 밝히는 것을 두려워하는 이유는 아마도 자신이 소외될
것에 대한 걱정 때문이라고 봐… 다시 말하면 그녀는 버려질 것이라는 생
각 말이지… 그래서 그녀는 어떻게 해도 스스로를 돌볼 수가 없게 된거야.

이때 레지던트는 화제를 바꾸어 그녀의 과거사에 대해서 집중적으로 말하기
시작한다. 즉 알콜 중독자인 그녀의 아버지와 관계, 아버지를 버렸던 어머니에
대한 분노, 현재 남자 친구와의 관계와 아버지와의 관계가 유사하다는 그녀의 인
식, "의존적이고, 별로 행복하지 못했던 결혼 생활"에 대해서 말한다.

> 레: 이 얘기는 다른 주제인데, 그녀는 마치 죽은 사람처럼 살아가는 느낌
>   을 갖고 있어요. 그녀는 특별한 무엇인가를 얻기 위해서 치열하게 살
>   지도 않고 자신의 삶을 무기력하게 느끼고 있어요. 그녀는 무엇인가를
>   얻기 위해서 누군가와 함께 노력할 수 있는 기회가 주어져야 한다고
>   생각해요. 그게 갈등 상황일지라도 말이지요.
> 수: 음… 나는 생각이 좀 다른데… 그녀는 자신이 마치 죽은 사람처럼 느
>   낄지도 모르지. 하지만 난 환자가 실제로 그렇게 생각하고 있는지 아
>   직 잘 모르겠는데…

수퍼바이저는 레지던트가 환자의 과거사에 대해서 거론하는데 동참하지 않고,
또 다른 새로운 가설을 제공하려 하지도 않는다. 대신에, 수퍼바이저는 남자친구
관계아마 그녀의 "감흥없던" 결혼 생활과 비교하면서에 대한 현재 상황으로 화제를 돌린다.
그리고 수퍼바이저는 자신만의 새로운 해석을 제시한다.

> 그녀는 친절한 남자에게 관심을 가지지 않아. 그녀가 관심을 두는 남자
> 는 다소간 야성적인 사람이라고 봐.

수퍼바이저의 이런 의견은 레지던트가 자신이 "지나치게 친절한 사람"이어서 그녀가 치료를 피하려 한 것일 수 있다는 생각을 갖게 만든다. 그래서 그녀가 다시 치료를 받기를 원했을 때, 레지던트는 수퍼바이저가 말해 준 것처럼, "환자가 좋아하고 원하는 야성적인 사람이 되기 위해서" 치료비를 더 내라고 요구하는 좀 더 "남성다운" 모습을 보인다.

　자네는 원래 모습을 유지할 수도 있고 아니면 계속 고민해볼 수 있고 좋지 않은 결과를 경험할 수도 있어. 하지만 그런 과정에서 나 같으면 관계를 호전시키는 이런 저런 징후를 알아내려 할거야. 그런데 분명하게 말하는데 자네 자신에게 "그녀가 만족하지 못하는 이유가 죄책감 때문이라고 생각해야 하는가"라고 자문해봐야해.

그 다음에 수퍼바이저는 원래 자신의 최초 생각으로 돌아간다.

수: 그녀는 줄곧 좌절감에 빠져있어. 왜 그렇게 되었는지 그 이유에 대해서 생각해보아야 해. 혹시 좌절감 자체를 사랑하게 된 것은 아닌지… 아니면 자신 앞에 장애물을 세우고는 자신만을 위한 것을 얻는데 죄책감을 갖고 있지는 않은지 말이야. 그녀와 남자 친구는 서로 믿지 못하는 사이인지는 잘 모르겠어. 하지만 내가 보기에는 그녀는 분명히…

레: 저는 두 사람이 어느 정도는 잘 지내고 있다고 생각해요.
수: 나도 그렇게 생각해.
레: 제 말은 그녀가 죄책감을 갖게 될 때면, 항상 벌을 받기를 스스로 원한다고 봐요.
수: 그렇지.
레: 뿐만 아니라 즐거움도 원치 않아요.

수퍼바이저는 새로운 방향으로 탐색해보도록 유도한다.

수: 그녀는 왜 벌을 자청한다고 생각해? 그녀가 갖고 있는 공격적 성향의 분노 때문일까? 아니면 그녀의 성적 욕구 때문일까? 이제 자네는 그녀가 갖고 있는 문제의 원인으로 제시한 것들이 남자 친구와 성생활과 관련이 있는 것은 아닌지 생각해 보아야 할거야.

레: 때로는 물론 그런 것들이 영향을 주고 있어요.

수: 그래.

레: 때로는 그녀와 남자 친구에게 영향을 주고 있어요.

수: 그녀가 벌을 받는다면, 그걸 즐기는 거고, 그녀가 즐긴다면 벌을 받아야겠네. 이런 현상은 그녀가 사실상 죄책감을 갖고 있기 때문이라고 봐.

레: 음.

수: 이제 결론을 내려야 하는데… 그녀는 무의식적으로 스스로를 만족시키는 자신의 능력을 왜곡시키고 있고, 그 점에 있어서 그녀가 어려움에 봉착해 있어.

레지던트는 또 다른 생각을 내놓는다.

저는 그녀의 죄책감이 자신의 어머니와 동일시에 기인할지도 모른다고 생각해요. 그녀는 아버지를 버린 어머니에 대해서 분노하고 있어요. 그녀의 어머니가 그런 부분에 영향을 미친 것인지도 모르겠어요.

그러나 수퍼바이저는 증거가 없이 논리적 비약을 하는 것에 대해서 주의를 준다.

글쎄. 잘 모르겠는데… 너무 성급하게 그 모든 것들을 관련 지우지는 말아.

그러면서 수퍼바이저는 그녀의 과거사를 돌아볼 것을 권유한다.

수: 이쯤에서 그녀의 과거사를 돌아보는 게 상황의 맥락을 이해하는데 도움이 될 수 있을 거야.

레지던트가 그녀의 죄책감에 관해서 자신의 생각을 밝히는 과정에서, 수퍼바이저는 다음과 같이 반대 생각을 제시한다.

이제 우리는 그녀가 느끼고 있는 좌절감과 어떻게 스스로 그런 좌절감을 갖게 되었는지를 이해할 수 있다고 봐.

그러면서 수퍼바이저는 레지던트와 환자의 관계에 대해서 생각해보도록 유도한다.

레: "그게 이론에 근거한 것인가요?"라고 그녀가 말한 적이 있어요.
수: 글쎄. 음… 그녀는 자신의 남자 친구를 대하는 것처럼, 자네와 거리를 두는 방법을 찾으려 할거야.

심리치료의 실천지 (Therapeutic Knowledge-in-Practice)

Erik Erikson은 심리치료 전문가의 실천 행위를 환자의 불만을 경청하고, 그 불만의 원인을 탐색하고, 환자 관련 자료를 구성하고, 검증하고, 해석하는 활동으로 규정한 바 있다. 따라서 심리치료와 관련된 문제들은 환자 자료 해석의 신뢰도와 깊은 관련이 있다:

정신과 임상의는 환자가 보여주는 언어적, 사회적 표현 그리고 환자가 사용하는 비언어적인 도구들을 갖고 자신의 이해와 사고의 신뢰성을 어떤 방식으로 확보할 수 있을까?[4]

---

4 Erik Erikson, "임상적 증거의 성격", Daniel Lerner, ed., *Evidence and Inference* (Glencoe, Ill: The Free Press of Glencoe, 1958), p.74.

Erikson은 이 문제를 객관화된 지식보다는 "훈련된 주관성disciplined subjectivity"5
으로 이해해야 한다고 주장한다. '훈련된 주관성'은 환자가 자신의 모든 것을 표
현하고 분석가는 자신의 선입견을 배제하고 환자의 메시지를 경청하면서 그 내적
인 의미를 찾아내는 일종의 상호적인 책임의식에서 발현된다. 모든 환자 자료를
이 분야의 기존 전문 지식으로 분류하고 해석해낼 수는 없다. 왜냐하면 환자는
"각자 고유한 삶의 경험 측면에서 이해하고 해석해야 할 여러 가지 의미를 갖고
살아가는 총체적인 존재a series of one"6이기 때문이다. 따라서 분석가는 "자신의
선입견을 유보하고, 환자가 들려주는 어떤 이야기라도 편견 없이 경청하고 검
증"7해야만 한다.

그 과정에서 드러나게 되는 여러 가지 해석들은 우선 그것들이 논리적으로
적절한지를 검증하고 환자 치료 과정에서 유용한지를 검증해야만 한다. 이와 관
련하여 Erikson은 다음과 같이 주장한다.

> 의사는 자신의 실험적 시도들이 스스로 타당하다고 느끼고, 환자도 타
> 당하다고 느끼는 모종의 종합적 해석에 연결될 수 있을 때까지는 자신이
> 재구성한 해석을 검증할 길이 없다.8

그리고 그럴 경우에,

> 의사는 환자로 하여금 자신의 감정과 심상을 보다 분명한 방식으로 표
> 현하도록 도와주고 또한 의사 자신이 느낀 바를 소통해야만 하는 의무감
> 을 가져야 한다.9

---

5 Ibid., p.75.
6 Ibid., p.76.
7 Ibid., p.89.
8 Ibid., p.83.
9 Ibid., p.87.

물론 의사 자신의 해석에 대해서 항상 환자의 "즉각적인 동의immediate assent"를 얻어낼 수는 없다. 오히려,

> 해석의 옳고 그름은 환자와 의사간의 소통이 "지속되고", 그 결과 새로운 사실을 발견하고 환자가 자신에 대한 책임을 더 크게 느낄 때 판단할 수 있게 될 것이다.[10]

Erikson은 의사 자신의 해석을 검증하는 탐구 과정에서 전이transference 현상을 주목해야 한다고 본다. 환자들은 "현재에서 과거를 되풀이하는 경향"이 있고 그로 인해서 치료 장면에 자신의 다른 삶의 상황에 관한 메시지를 전이시키게 된다.[11] 이러한 경향은 환자가 관계적 치료 과정에 협조하는 것은 방해할 수 있다. 그러나 분석가의사의 해석 행위는 환자가 자유롭게 협력하도록 만들 수 있는데, 그것은 환자의 말을 경청하면서 환자의 잘못된 전이를 간파해낼 때 가능하다. 중요한 것은 전이 현상을 통해서 환자가 치료 장면에 행동의 의미, 무의식적 동기, 전략들을 가져온다는 것이고 그런 의미, 동기, 전략은 노출되어야 하고 검토되어야 할 것들이라는 사실이다. 이는 현재에서 과거를 되풀이하는 환자의 경향성을 치료하기 위한 작업에서 이용되어야 한다.

우리가 검토했던 대화 내용을 보면, 수퍼바이저는 Erikson이 묘사한 심리치료 실천 기술을 그대로 시현하고 있다. 레지던트가 환자 치료 상황을 재구성하는 과정을 경청하면서, 수퍼바이저는 자신의 해석을 구성하고 검증하고 있다. 수퍼바이저는 레지던트가 들려주는 이야기를 통해서 환자를 만나고 있기 때문에, 분석가로서 특별한 경청 방법이나 환자와의 상호적 책무성을 구현하지는 못하고 있다. 그러나 수퍼바이저는 레지던트가 그런 것들을 해낼 수 있는 방법을 조언하고 있는데, 그 중에서도 전이 현상을 이용하는 방법을 조언해준 것이다.

이 지도 세션을 시작할 때, 레지던트는 자신의 환자가 남자 친구 관계에서 어

---

10 Ibid., p.79.

11 Ibid., p.80.

려움을 겪고 있어서 "치료 방향을 잡지 못하고 있다"고 하였다. 이에 대해서 수 퍼바이저는 다음과 같이 질문을 한 바 있다.

그녀가 자네와 어떤 식으로 어려움을 겪고 있다는 말인가? 내 말은, 그 녀가 남자 친구 관계에서 겪는 어려움과 같은 방식이라는 말인가?

수퍼바이저는 이처럼 질문에 살짝 변화를 주면서 문제를 재구조화한다. "남자 친구 관계의 어려움"과 "자네레지던트와 관계의 어려움" 사이를 연결 지음으로써 환자의 치료 외적인 삶을 들여다 볼 수 있는 전이 현상에 대한 탐색에 집중하게 끔 이끈다. 즉 수퍼바이저가 재구성한 질문은 그 자체로 탐색 방법이 된다. 재구 성된 질문은 후속 질문이나 추론을 유발시키고 안내하는 역할을 하는 것이다.

수퍼바이저는 환자와 남자 친구 관계 문제의 의미를 레지던트 경험 차원에서 탐색해보기 시작한다. 수퍼바이저는 환자의 의미를 도출하기 위해 자료를 탐색하 고 이러한 작업은 상당히 효과적인 것으로 드러난다. 그러나 수퍼바이저는 레지 던트가 전달해주는 환자 이야기를 수동적으로 듣고 있지 않다. 그는 레지던트가 전달하는 이야기를 보다 적극적으로 탐구한다. 환자와 남자 친구가 다툰 얘기를 듣고 수퍼바이저는 레지던트에게 다음과 같이 묻는다. "'함께 했다?'는 말은 어떤 의미인가?, '그녀가 다른 남자와 만나고 있는가?', '남자 친구가 그녀를 위해서 음 식을 주문한다'는 말은 어떤 의미인가?", "그녀가 남자 친구와 다툼에서 졌다는 말은 어떤 뜻인가?"이런 질문들은 환자가 처한 어려움을 이해하는데 도움이 될 이야기들에 대한 수퍼바이저 나름의 상상에서 비롯된 것들이다. 환자를 대신해서 남자 친구가 음식을 주문한 사건은 환자의 수동성과 의존성을 드러내준다. 또한 "어떻게 그렇게 되었지?"라는 질문은 레지던트에게 환자가 처한 딜레마 상황을 표현하도록 만든다. 즉 그녀는 남자 친구의 요구에 순응하던지 아니면 저항하던 지 관계없이 항상 지고 있다고 느끼는 딜레마에 빠져있다는 사실을 확인해준 것 이다. 나아가서 수퍼바이저가 "남자 친구와 다툼에서 지고 있다는 것은 어떤 의 미이지?"라고 질문을 하자 레지던트는 환자가 그런 다툼 후에 느끼는 좋지 않은 감정, 버림을 받을지 모른다는 불안감, 스스로를 부족하다고 느끼는 감정 등을 표현하게 된다.

이런 질문들을 하는 것을 보면 수퍼바이저가 심리치료 실천과 관련된 전문적 지식으로서 의미체계와 심리역학패턴 레퍼토리를 보유하고 있음을 알 수 있다. 레지던트에게는 수퍼바이저의 질문들 그 자체는 별 의미를 갖지 못한다. 수퍼바이저는 자신의 전문 지식을 이용하여 해석이 가능한 수준에 이를 때까지 환자의 이야기를 계속해서 추궁해나간다. 해석이 가능한 수준에 이를 때 수퍼바이저는 탐색을 멈추고 갑자기 화제를 바꾸면서 해석에 대한 설명을 모색한다.

그러면, 왜 그렇게 된 것인지에 대해서 자네 생각을 말해보게. 그런 갈등이 의미하는 바가 무엇일까?

이런 식의 질문으로 수퍼바이저는 설명을 요구할 뿐만 아니라 설명이 필요한 영역을 지시해준다. 따라서 환자와 남자 친구 관계의 다툼에 관한 이야기는 환자 스스로 해결할 수 없는 갈등과 그 갈등의 근원이 되는 딜레마 상황을 드러내 주게 된다.

레지던트가 환자의 이전 삶에 관한 더 많은 이야기를 할 때마다 수퍼바이저는 그 이야기를 더 진전시켜나가도록 유도한다.

자네 말이지. 난 자네가 그녀를 보면서 느끼는 바에 대해서 잘 모르겠네. 그녀가 안고 있는 문제를 자네만의 방식으로 규정해볼 수 있겠나? 심리역학 차원에서 말이지.

레지던트는 모종의 설명, 즉 "특별히 남자 관계에" 정서적으로 대응하는데 환자가 느끼는 어려움에 대한 설명을 시도한다. 그런데 수퍼바이저는 이를 무시해 버린다. 그리고는 수퍼바이저는 자신의 설명을 제시한다.

그 문제에 대한 내 생각은 그녀가 자신의 공격적 성향에 매우 혼란스러워 한다는 점이야. 그 때문에 그녀는 자신의 의사를 표현하지 못하는 거야.

이렇게 대안적인 답변을 제시하면서, 수퍼바이저는 이야기 자료에서 해석을 이끌어내는 독특한 방법을 시범으로 보여준다.

> 하지만 그녀는 스스로 편지조차 쓸 수 없을 거야. 그녀는 점점 더 의존적이 되고 있어. 자네가 "글쎄요. 당신은 왜 그런 방식으로 행동해요. 당신이 싫으면 바다가재를 먹지 않으면 되잖아요."라고 말하니, 그녀는 "그럼 내가 무얼 할 수 있을까요","그 문제가 논쟁이 되면 난 죄책감을 느껴요" 라고 말한다는데. 그녀는 죄책감을 느끼는데, 죄책감 중 일부는 남자 친구가 그녀에게 가하는 모든 비판들을 실질적인 사실로 받아들이게 만들고 있어.

현재 대화는 연쇄 추론a chain of inferences의 형태로 전개되어가고 있다. 환자가 남자 친구에게 대신해서 편지를 보내도록 하고 음식을 주문하도록 맡겨버리는 사실에서 환자는 자신의 의사를 표현할 수 없다는 점을 확인한다. 그녀는 점점 더 의존하게 되고, 그런 의존성 때문에 남자 친구와 다툼에서 죄책감을 느끼도록 만든다. 레지던트가 말했던 "관계에서 어려움을 느낀다"라는 표현은 이제 "죄책감을 느낀다"로 바뀌었다. 이제 수퍼바이저는 환자의 의존성을 결핍감과 죄책감에 연결시키고, 이러한 결핍감과 죄책감은 남자 친구로부터 받는 모든 비판을 현실로 수용하는 경향으로 연결시키고 있다. 이처럼 짧은 설명으로 수퍼바이저가 환자 이야기에 대한 레지던트의 견해에 나타나는 분산된 증거를 모아서 정보를 수집해내가고 있음을 확인할 수 있다. 반면에 레지던트는 환자 자료에 근거를 두지 않고 질문이나 검증의 방법을 제대로 활용하지 못하면서 그저 "자아 경계의 혼란", "죽은 사람이라는 느낌", "아버지 가출에 대한 책임감" 등 논리적으로 비약된 해석을 하고 있다. 이와 같은 레지던트의 논리적 비약에 대해서 수퍼바이저는 "나는 아직 잘 모르겠는데… 좀 더 지켜보자"라고 답하면서 대처한다.

수퍼바이저는 환자 상태에 대한 해석을 점진적으로 구성해나가는데 그 결과 "그녀에게 친절한 남자는 흥미가 없어"라는 해석이 도출된다. 그리고 이 견해는 "그녀에게 관심있는 남자는 어느 정도 나쁜 남자이어야 하고", 그래서 "그녀는 계속 스스로 좌절하게 되었어"라는 해석으로 이어지게 된다. 그러나 이때 그녀의 지속적인 자기 좌절에 대해서도 설명이 필요하게 되는데, 이에 대해서 수퍼바이저는 다음과 같은 두 가지 대안적 설명을 제시하고 있다.

> 자, 그녀가 계속 좌절감을 겪고 있다면, 자네는 그녀가 스스로 좌절감에 빠져있기를 원한 것은 아닌지… 혹은 자신의 힘으로 무언가를 얻고자 하는데 죄책감을 가져서 스스로 장애물을 쌓는 것은 아닌지 생각해보아야 해.

레지던트는 이 두 가지 대안적 설명 모두 해당될 수 있다고 응답한다. 수퍼바이저도 동의한다. "만약 그녀가 죄책감을 갖고 있다면, 그녀는 자신에게 벌을 주기를 원하고 있어." 죄책감은 그녀로 하여금 자신을 만족시킬만한 벌을 원하도록 만들었다는 것이다. 하지만 그 벌은 무엇에 대한 것인가? 여기서 또다시 두 가지 가능성이 제시된다. "공격적이면서 격정적인 생각들" 혹은 "성적 열망"이 그것들이다. 이런 가능성들 중에서 어떤 것이 타당한 것인지를 결정하기 위해서 수퍼바이저는 한 가지 검증 실험을 실행하고 있다. 수퍼바이저는 그녀 자신에게 벌을 초래하는 남자 친구와 다툼이 환자의 성생활에 영향을 미치고 있는지를 물어본다. 그 두 사람이 그런 상황을 초래하고 있다는 사실에 근거하여 수퍼바이저는 그녀 자신이 가하는 벌이 성적 갈망에 연유한다는 점을 추론하고 있다. 그리고 수퍼바이저는 또 하나의 새로운 가설을 제시한다:

> 그녀가 벌을 받으면, 그녀는 이 상황을 즐긴다. 혹은 그녀가 즐긴다면 벌을 받을 필요가 있다. 나는 이런 상황을 그녀가 사실상 무엇인가에 대해서 죄책감을 느끼고 있고, 사실상 자신을 만족시킬 수 있는 능력을 스스로 계속 왜곡시켜온데서 연유한다고 봐. 그게 바로 그녀가 처해 있는 어려움이라고 생각해.

반복적으로 언급되는 "사실상"이라는 말은 이제 여유를 가질만한 상태에 이르렀음을 암시한다. 수퍼바이저는 마치 최초 질문에 대한 해답을 찾았다는데 만족하게 된 것처럼 보인다. 수퍼바이저는 환자가 남자 친구와 관계에 어려움을 겪고 있는 이유를 해명할 수 있는 모종의 해석을 만들어낸 것이다. 그리고 수퍼바이저는 그 해석으로 환자가 치료 중에 겪고 있는 어려움을 설명해주려 하고 있다. 이를 위하여 수퍼바이저는 레지던트에게 환자에게 필요한 사람, 환자가 원하는 사람이 어떤 모습인지 그리고 그런 사람이 되는 방법에 대해서 숙고해보도록 유도한다:

> 자네는 그 환자가 좋아하는 나쁜 사람 그리고 그 환자가 자네에게 기대하는 그런 나쁜 남자가 된다는 것에 대한 검토를 시작하게 될 거야. 그것은 자네가 스스로 가끔 자신을 돌아보게 만들 수 있거나, 자네 자신이 알고자 노력한 것이 별로 도움이 되지 않는다는 이유로 고민하고 불만족하는 상황이 초래될 수도 있을 거야. 나는 어쨌든 그런 사실들을 통해서 환자 문제의 증거들을 찾아내고자 할 거야. 그런데 자네는 "이것이 그녀가 스스로 죄책감을 느끼기 때문에 만족할 수 없게 된 상태를 완전히 설명해주는 것일까?"라고 자문해보아야 해.

그 환자가 어려움에 처하게 된 상태를 설명하는 이런 해석은 모종의 개입 전략이 필요함을 시사한다. 레지던트는 환자의 전이 현상에 자신이 관련되어지는 상황을 이해해야 한다. 그리고 그런 이해 과정에서 환자에게 휘말리기보다는 환자에게 선제적으로 다음과 같이 설명해주어야 할 것이다. 수퍼바이저의 다음 주장을 살펴보자.

> 수: 환자가 남자 친구와의 관계에서 경험하는 바를 자네와의 관계에서도 경험하고 있다는 점, 그리고 이때 자네는 그녀가 어려움에 처하게 된 과정을 이해하고 그녀와 함께 그 문제를 해결하려 시도할 수 있는 입장에 있다는 점…

수퍼바이저는 레지던트가 환자 스스로 덧씌운 좌절의 굴레를 벗어나는데 환자가 관심을 갖도록 만들어야 한다고 주장한다.

수: 나 같으면 환자 스스로 자신이 왜 그런 상태에 있는지에 대해서 생각
해보도록 시도할거야. "자 봐요. 당신은 자신의 의견을 마음껏 주장할
수도 있고 원하는 바를 쟁취할 수도 있어요. 다만 당신은 이렇게 하는
데 무엇인가에 의해서 방해를 받는 것처럼 보여요."

이런 개입 전략들로 수퍼바이저는 자신이 구성한 해석들의 추론 고리와 그런
해석들이 효과적인지를 검증하고 있다. 이런 방식을 이용하여 수퍼바이저와 레지
던트는 환자도 모종의 탐구 활동에 참여시킬 수 있다. 그 과정에서 새로운 해석
이 환자에게 설득력을 갖게 된다면 확증이 되는 것이다. 나아가서 가설 검증 활
동 자체도 또 다른 치료 행위가 될 수 있다. 의사와 함께 환자가 "자신이 어려움
에 처하게 된 과정을 검토하고 해결하려 시도함으로써", 그 환자의 치료 외적인
삶에 존재하는 어려움과 그 특성들이 치료 과정에서 어떻게 재창조되고 있는지를
이해할 수 있게 되기 때문이다.

수퍼바이저는 개입 전략을 제시했음에도 불구하고 자신의 해석을 절대적으로
고수하지는 않는다. 레지던트가 환자의 죄책감에 대해서 설명하려고 할 때, 수퍼
바이저는 다음과 같이 주의를 준다. "글쎄, 우리는 아직 잘 모른다고 봐야 해. 그
모든 걸 알아냈다고 하기에는 이르다고 봐." 대신에 추론의 출발점으로 다시 돌
아가야 한다고 충고한다:

수: 우리는 이 여자가 겪고 있는 좌절감의 의미를 이해할 수 있는지를 생
각해봐야 해. 또 그녀가 스스로 계속 좌절감을 느끼는 방식에 대해서
도 이해하려 노력해야 해…

환자가 좌절의 굴레에 빠진 이유를 구성하고 그 타당성을 검증하려 할 때, 수
퍼바이저는 이 작업을 지속적으로 이루어지는 열린 탐구 과정으로 여기고 있다.
즉 레지던트로 하여금 환자와 상담 시 자신이 해야 할 일을 항상 '잠정적' 해결책
정도로 생각하도록 만들고 있다. 즉 환자의 문제 상황을 항상 역동적으로 바라보
기를 원한 것이다.

수퍼바이저는 레지던트와 대화 과정에서 환자 대화 자료에 관한 일종의 성찰

적 대화reflective conversation를 시연하고 있다. 환자의 전이 현상으로 환자 문제를 재구조화한다. 그리고 환자가 처한 문제는 레지던트의 치료 과정에서 발생한 문제와 관련지어 설명한다. 환자 문제를 해결할 조치를 강구하기 위하여 환자의 삶의 경험과 레지던트의 환자 치료 경험을 연결시킨다. 환자와 레지던트 경험 이야기 자료들을 축적하고 탐구하고 개발하는 과정에서 수퍼바이저는 최종적인 해석을 도출하려 노력하고 있다. 이 일련의 과정은 단계별로 진행되고 있다. 일반적인 관찰 결과로 시작하여 점점 환자 경험의 핵심 테마들을 도출하고 그 핵심 테마들의 연결고리를 찾아내어 모종의 연쇄적인 추론 고리를 형성해나간다. 즉 환자가 겪고 있는 딜레마와 환자의 내적 갈등과 관련된 관찰 내용을 연결시키면서 환자 문제를 구성해나가는데, 이 과정에서 수퍼바이저는 일련의 질문들을 만들어내고 있다. 각 질문은 대안적 가설을 생성시키고 이 대안적 가설은 하나의 실험으로 이어진다. 이 과정에서 수퍼바이저는 자신만의 답을 갖고 있지만 환자의 경험 자료를 이용하여 해석적 종합을 시도하고 결국 환자가 치료 과정에서 보여준 자기 좌절감의 실체를 확인해나간다. 또한 수퍼바이저는 환자 문제를 두 가지 상태로 설명하고, 그 설명을 검증하는 모종의 해결책을 레지던트에게 제안한다. 즉 환자가 겪고 있는 지속적인 좌절감을 진지하게 검토하도록 노력해야 하고, 환자의 치료 외적인 삶으로부터 통찰력을 얻기 위해서 환자의 전이 현상을 스스로 드러내도록 유도해내야 한다고 충고하고 있다.

이러한 수퍼바이저의 시연에 대해서 레지던트는 어떻게 대응했는지 살펴보자. 레지던트는 자신이 원하는 것을 수퍼바이저는 말해주지 않았다고 불평하였다. 그는 자신이 알고 싶은 것을 물어보지도 못했다고 말하였다. 결국 그는 수퍼바이저가 효과적인 롤 모델이 될 수 있는지를 의심하기 시작한다. 레지던트는 현재 자신이 알게 된 것 이상을 알고 싶었는데 그렇지 못했다는 것이다. 심지어 수퍼바이저가 레지던트 자신을 부정적으로 평가하는 것은 아닌가 의심을 한다. 급기야 레지던트는 수퍼바이저의 정신치료 접근법과는 다른 접근법을 주장하기 시작한다. "그는 정신분석학적 방식을 고수하는 반면에 저는 의식적 현상에 더 초점을 맞추는 편이에요." 물론 레지던트는 수퍼바이저의 정신분석학적 탐구 방식에도 관심을 보이긴 하지만, 정확하게 표현하면 수퍼바이저의 정신분석학적 탐구 방식에 경쟁의식을 드러내고 있다.

이 지도 세션에 관한 녹음 자료와 레지턴트와 개인 인터뷰 결과를 보면, 레지던트는 수퍼바이저의 실천지a knowing-in-practice를 인정하고 있지만, 그런 실천지를 배우려는 레지던트의 시도들은 성공하지 못하고 있다. 레지던트는 수퍼바이저의 탐구 활동 이면에 있는 이해 체계the system of understanding를 놓치고 있는 것이다. 수퍼바이저가 해석에 필요한 이야기를 예시하고 불필요한 것들은 제외하고 특정한 부분들에만 집중하는 모습을 보이는데, 이는 수퍼바이저가 보유한 자신만의 레퍼토리로서 다양한 이야기 유형, 해석적 설명 방식, 심리역학적 지식 패턴에 의해서 안내되고 있는 것이다. 수퍼바이저는 이러한 레퍼토리를 이용하고 있지만 겉으로 드러내놓고 표현하지는 않는다. 레지던트가 주의를 기울여야 할 특정 부분들이나 해석에 필요한 이야기를 직접적으로 말해주지 않는 것이다. 동시에 수퍼바이저는 "우리는 아직 충분히 잘 모르고 있어. 더 지켜보아야만 해"라고 하는 이유를 레지던트에게 설명해주지 않는다. 하나의 탐구 단계에서 다음 탐구 단계로 이동하는데 관련된 자신의 생각이나 느낌을 드러내지도 않는다. 다시 말하면 수퍼바이저는 행위 중 성찰을 하고는 있으나 자신의 행위 중 성찰에 대해서 성찰하는 모습을 겉으로 드러내지 않고 있는 것이다. 레지던트는 수퍼바이저가 자신의 실천지knowing-in-practice를 겉으로 드러내려는 의도를 갖고 있는지 혹은 드러낼 수 있는 능력이 있는지에 대해서 알 수 없는 상태이다. 레지던트는 실천지를 보여달라는 요청을 한 적도 없고 수퍼바이저도 실천지를 보여주지 않았다. 이에 대해서 레지던트는 다소 아쉬운 감정을 드러내면서 다음과 같이 말한다.

　　나는 수퍼바이저에게 무엇을 배워야할지 잘 모르겠어요. 제게 필요한 것을 수퍼바이저는 보여주지 않았고, 그저 그렇게 상황이 흘러가고 있을 뿐이었어요.

수퍼바이저는 자신의 시범으로 레지던트가 무엇인가를 배우고 있는지를 확인하려 하지 않고 있다. 그가 레지던트를 가르치는 방식은 치료 과정 상의 행위 중 성찰 방법에 대해서 시범을 보이고 권고하는 형태에 그치고 있다. 더불어 그것은 일종의 '봉인과 지배mystery and mastery'의 교수 방식이기도 하다.12 수퍼바이저는 환자의 자료를 해석하는데 숙달된 능력his mastery of material을 보여주지만, 그런 능력의 원천을 여전히 미스터리한 상태로 감추고 있다.

이에 대응하여 레지던트는 나름대로 자신만의 학습 방식을 보여주고 있다. 그것은 바로 봉인과 수동성mystery and passivity의 방식이다. 레지던트는 불만감과 좌절감을 억누르면서도 수퍼바이저의 지도를 따르고 있다. 그 과정에서 레지던트는 치료 과정에서 이루어지는 조치들의 근원이 여전히 불분명하다는 것을 알면서도 그런 조치들을 따라가고 있다. 즉 레지던트는 수퍼바이저의 시범적 행위가 어디에서 연유되는지에 대해서 의문을 갖지도 않고 본인이 배우고 싶은 것을 요구하지도 않고 있다.

수퍼바이저와 레지던트. 두 사람이 그들 자신의 상호작용 과정을 공동 성찰의 대상으로 삼지 않고 있다는 점은 매우 놀랍다. 인터뷰 과정에서 레지던트는 이러한 사실을 확인해주었다. 그리고 레지던트는 특히 통제와 협력이라는 관점에서 수퍼바이저와 자신의 관계가 환자와 의사의 관계와 닮아있다고 언급하였다. 자신의 환자와 마찬가지로 레지던트도 자신을 도와주는 사람과 어려움을 겪고 있는 것이다. 레지던트는 더 많은 도움을 원하지만 그런 요구 때문에 스스로에게 화가 나 있는 상태이다. 그러나 그런 문제들은 지도 세션에서 표면화되지 않고 있다. 만약 지도 세션에서 이런 문제들이 다루어졌다면, 수퍼바이저는 성찰의 범위를 보다 확장하려 노력했을 것이다. 그렇게 했더라면 수퍼바이저는 자신의 행위 중 성찰 과정에 대해서도 성찰하려 노력했을지도 모른다. 그러면 레지던트는 수퍼바이저가 보여주는 행위들의 그 미스터리한 근원들에 대해서 접근할 기회를 얻게 되었을 것이다.

---

12 이 용어는 David Bakan에 의해 처음 소개되었고, Chris Argyris와 Donald A. Schon(1974)의 *Theory in Practice*에서 보다 의미있는 개념으로 발전하였다.

Chapter 5

행위 중 성찰의 구조

Professional Contexts for
Reflection-in-Action

도입

　3장과 4장에서 서로 다른 두 가지 유형의 전문직 실천 사례에 대해서 살펴보았다. 건축과 심리치료 분야는 그 차이점이 매우 두드려져서 얼핏 보면 유사성을 찾기가 쉽지 않다. 무엇보다 건축과 심리치료 분야는 그 추구하는 목적들이 서로 거의 관계가 없다. 건축 분야는 그 목적이 주어진 장소에 적합한 건물을 디자인 하는 것이고, 심리치료 분야는 정신 질환을 치료하거나 일상 생활 속에 겪는 문제들에 대처하도록 돕는데 그 목적을 둔다. 건축 분야는 스케치패드, 설계도, 축적모형 등 매체를 이용하는 반면에 심리치료 분야는 대화를 매체로 이용한다. 건축가는 스튜디오에서 작업을 하고, 심리치료 의사는 병실이나 진료실에서 작업을 한다. 그리고 두 전문직은 서로 다른 전문 지식 체계에 의거하여 각자 실천 행위를 수행한다.

　그러나 두 분야는 서로 유사한 면도 존재한다. 물론 이런 유사성은 내가 선택하고 탐구하는 방법과 어느 정도 관련이 있는데, 또한 실천 행위 그 자체와도 어느 정도 관련이 있다.

두 전문직 실천 사례에서 실천가들은 각자 자신의 실천 문제를 하나의 고유한 케이스로 다룬다. 그러나 두 분야의 실천가들은 관련 선행 경험이 전혀 없었던 것처럼 행동하지는 않는다. 다만 실천가들은 주어진 상황의 특이한 조건들에 관심을 기울인다. Quist는 건축 현장이 평탄하지 못한 경사면이라는 조건에 관심을 기울이고, 수퍼바이저는 좌절감을 갖고 있는 환자의 특별한 상황적 조건에 관심을 기울인다. 두 사람 모두 모종의 표준적인 해결책을 바로 도출해낼 수 있는 단서를 찾아낼 수 있는 것처럼 행동하지도 않는다. 두 사람은 각자 자신의 문제 상황이 지닌 독특한 특성들을 이해하려 애쓴다. 그리고 점진적인 발견의 과정을 통해서 모종의 개입책an intervention을 디자인해나가고 있는 것이다.

두 사례 모두 실천 문제가 미리 주어져 있지 않다. 학생이 문제를 제시하지만 오히려 교사는 그 문제를 거부하고 비판한다. 학생은 난관에 봉착하고 대처할 방법을 찾지 못한다. 이때 교사는 학생의 난관이 문제를 구조화하는 방식에 있다고 보고, 자신의 관점에서 문제 상황을 새롭게 이해하려 시도한다. 그 문제 상황은 복잡하고 불확실하다. 그래서 그 상황에서 문제를 규명하는 과정에서 또 다른 문제가 발생하고 있다.

두 사례는 모두 이와 같은 유사성을 갖고 있고, 그런 유사성은 행위 중 성찰을 위한 조건으로 작용한다. 각 실천가는 자신의 케이스를 고유한 사례로 대하기 때문에 그 케이스는 표준적인 이론이나 기법으로 대처할 수 없다. 교사는 학생과 함께 하는 짧은 시간 내에 상황에 대한 이해를 완성해야만 하고, 상황의 문제를 이해한 후에는 그 문제를 재구조화해내야만 한다.

건축과 심리치료 분야는 각각 실천에 대한 여러 가지 대립적인 견해들이 존재한다는 점에서도 두 사례는 유사성을 갖고 있다. 즉, 실천 문제를 해결하는 최선의 방법, 해결할만한 가치가 있는 문제의 선택, 문제 해결 과정에서 실천가가 수행해야 할 역할 등에 대한 견해들이 서로 다르다는 것이다. 그래서 나는 이처럼 여러 대립적인 관점을 지닌 실천 학파들이 구사하는 디자인 및 치료 방법들에 내포된 전문가 탐구 활동professional inquiry의 기본 구조를 밝혀보고자 한다. 이를 위하여 앞선 두 실천 사례들에서 나타나는 실천가의 행위 중 성찰practitioners' re-flection-in-action 과정에 주목하고자 한다.

두 실천 사례에서 실천가들은 기예를 발휘하는 행위an artistic performance를 보여주고 있다. Quist와 수퍼바이저와 같은 전문 실천가는 그들의 학생들과 달리 단순하고 즉흥적 방식으로 복잡한 상황에 대처하고 있다. 방대한 정보를 관리하는 능력, 발견과 추론을 추진하는 능력, 탐구의 흐름을 훼손하지 않으면서 여러 가지 사태를 동시에 이해하는 방법을 구사하는 능력에서 실천가의 기예가 드러나고 있다.

지금부터 논의할 주제는 바로 이런 실천가의 기예이다. 나는 실천가의 기예art가 행위 중 성찰reflection-in-action 형태로 나타난다고 생각한다. 두 사례들이 서로 다르지만, Quist와 수퍼바이저는 동일한 기본 구조를 지닌 과정을 실천 활동에서 보여준다. 그 과정은 바로 고유하고 불확실한 상황과 성찰적 대화a reflective conversation with a unique and uncertain situation이다.

상황과 성찰적 대화 과정은 이 책에서 소개된 사례에서 잘 드러나고 있다.

사례들 속에서 학생들은 각자 모종의 문제를 규정하고 해결하려 시도한다. 하지만 학생들은 그 문제를 해결할 수 없었다. 건축 학도인 Petra는 경사진 건축 현장에 적합한 건물 모양을 디자인해낼 수 없었다. 심리치료 학도인 레지던트도 환자와 남자 친구 관계를 분석하는 것만으로는 실타래처럼 복잡하게 엉킨 환자의 문제 상황을 해결할 수 없었다. 이에 대하여 교사 역할을 하는 실천가는 학생들의 문제 규정 과정을 표면화시켜 비평하는 방식으로 대응한다. 실천가는 이 작업을 암묵적으로 진행한다. 즉 실천가는 학생이 규정한 문제를 자신만의 방식으로 재구조화하고 그 과정을 보여줌으로써 학생 스스로 자신의 문제를 비판적으로 인식하도록 도와주고 있다. 그 결과 Petra는 평탄하지 못한 상태의 지표면에서 건축 디자인은 기존 방식으로는 불가능하다는 사실을 인식하게 된다. 레지던트도 환자와 남자 친구 관계를 환자와 자신과의 관계라는 관점으로 보지 않으면 환자의 문제를 이해할 수 없다는 사실을 알게 된다.

실천가는 학생의 문제를 재구조화하고 그 과정을 보여줌으로써 학생이 스스로 상황에 대처할 수 있는 방법을 가르쳐 주고 있다. Petra는 어떤 원칙, 즉 기하학적 원리를 적용하도록 지도받고 그 결과 L자형 교실배치를 만들도록 한다. 레지던트는 환자의 현재 치료 상황을 넘어서 환자의 외적 상황을 고려함으로써 환자의 생애 경험을 치료에 반영하도록 지도받는다. 나아가서 실천가는 학생의 실천 상황에 직접 들어가서 상황의 일부가 되는 모습을 몸소 보여주고 있다. Quist는 자신의 원칙을 현장 상황에 맞추어 적용하는 방식을 보여주고, 수퍼바이저는 환자와 치료가의 관계를 환자의 치료 외적인 삶의 세계에서 이해하는 모습을 보여주고 있다.

이어서 실천가는 재구조화된 문제로 인한 결과와 그 결과에 의한 교훈을 파악하는 실험을 시연해 보인다. 이 실험은 실천 상황의 문제에 대한 전체적 실험으로 진행된다. Quist의 전체적 실험은 "자네는 어떤 원칙을 가져야 해"라는 조언으로 시작하여 "건축 현장의 지표면 상태와 어느 정도 어울린다works slightly with the contours"라는 결론으로 마무리된다. 수퍼바이저의 전체적 실험은 "그 환자가 어떻게 곤란한 상황에 처하게 되었지…?"로 시작해서 "이 환자는 죄책감을 느끼고 있어… 그게 바로 그녀가 어려움에 처하게 된 이유야"라는 결론을 맺는다.

나아가서 상황의 재구조화가 가져올 결과를 보여주기 위해서, 실천가는 상황을 문제 틀frame에 맞추려 시도한다. 이 작업은 조치, 결과, 교훈, 이해, 후속 조치로 이어지는 일련의 연결망 형태로 진행된다. 그 연결망 내에서 개별 조치는 이해해야할 현상, 해결돼야 할 문제, 이용 가능한 기회를 낳는다. 결국 이 작업으로 Quist는 모퉁이 공간을 만들어낼 수 있었고, 수퍼바이저는 "어떤 처벌"이란 질문에 대한 답을 찾는 절차를 발견하게 된다. 이 작업들은 앞서 말했던 문제 해결 과정에 대한 전체적 실험 내에 포섭되는 부분적 실험들local experiments이 된다.

그러나 실천가의 각 조치는 상황에 새로운 의미를 부여할 수 있는 의도하지 않은 변화를 초래하기도 한다. 각 조치로 인해서 상황은 새로운 무엇인가를 말해주고, 실천가는 이를 경청하고 이해하면서 상황을 다시 재구조화하게 된다. 결국 Quist가 취한 조치는 "사소하지만… 중요한 것"이라는 의미를 지닌 복도를 만들어냈고 그로 인해 향후 자신의 디자인 작업의 기준이 될만한 새로운 아이디어를 얻게 되었고, 수퍼바이저도 환자 이야기 속에서 "지속되는 좌절감"이라는 패턴을 찾아내고 그 결과 추후 탐구 활동을 안내하게 될 재구조화된 문제를 얻게 된다.

이러한 성찰적 대화reflective conversation 과정은 다음과 같이 진행된다. 즉 실천가는 재구조화된 문제를 해결하고자 노력하게 되고, 이는 새로운 행위 중 성찰

reflection-in-action을 요구하게 되며, 그런 성찰은 새로운 아이디어 발견을 가능하게 하였다. 이 성찰적 대화 과정 속에서 소위 평가appreciation, 행위action, 재평가reappreciation 단계가 순환적으로 반복된다. 즉 고유하고 불확실한 상황을 평가하고, 그 결과 고유하고 불확실한 상황을 변화시키려는 행위로 이어지며, 그 행위의 결과를 재평가하는 형태로 계속해서 반복된다는 것이다.

이것이 행위 중 성찰 과정의 개략적인 구도이다. 이와 관련하여 몇 가지 질문들이 제시될 수 있다.

1. 실천가는 문제 상황을 재구조화하는 과정에서 모종의 실험을 실시한다. 이때 그 실험을 어떻게 평가할 수 있을 것인가? 실천가는 자신의 문제 해결 성과를 객관적 효과성 기준에 의해서 판단하려 한다. 그러나 이때 실천가는 문제 규정 과정, 즉 실험의 적절성은 어떻게 판단할 것인가?
2. 실천가는 현재 상황의 고유한 특성을 고려한다고 한다. 이때 이전 실천 활동에서 축적된 경험은 어떻게 활용되는가? 자신에게 익숙한 이론과 기법을 그대로 적용할 수 없다면, 그 익숙한 이론과 기법을 새로운 문제 규정, 새로운 이론과 행위 전략을 고안하는데 어떻게 반영될 수 있는가?
3. 행위 중 성찰reflection-in-action은 일종의 실험 작업a kind of experimenting이다. 그러나 실천 상황은 통제된 실험을 허용하지 않는다. 실천가는 통제된 실험의 실제적인 한계를 어떻게 극복하고 보완하는가? 현장 실험on-the-spot experiment의 엄밀성rigor은 가능한가? 그런 엄밀성이란 어떤 의미인가?
4. 기술적 차원의 문제 해결 활동은 일반적 탐구 행위의 특징들, 즉 객관성, 통제, 거리두기 등을 추구한다. 그러나 이 특징들에 의거하여 Quist와 수퍼바이저의 실천 활동 과정을 설명하는데는 한계가 있다. 사례 속에서 Quist와 수퍼바이저의 탐구 자세는 그들의 행위 중 성찰 과정의 질을 결정하고 있다. 그들의 탐구 자세는 어떤 모습인가?

이러한 질문들은 일종의 실천 인식론an epistemology of practice으로서 행위 중 성찰을 보다 정교하게 묘사할 수 있도록 해준다. 사람들은 특정한 탐구 활동 구조에 의거하여 그런 질문들에 답해보려 할지도 모른다. 그러나 나는 그런 탐구 활동 구조가 존재하는지 아니면 그런 탐구 활동 구조를 발견할 수 있는지 잘 모르겠다. 그렇다면 행위 중 성찰을 하는 경험 많고 숙련된 실천가들의 실제적인 실천 활동에 대한 성찰로 앞선 질문들에 대한 해답을 찾는 시도를 해볼 수 있지 않을까? 따라서 여기서는 Quist의 디자인 작업과 수퍼바이저의 해석적 탐구 활동을 통해서 그 질문들에 대한 해답을 찾아보려 한다.

문제 규정 실험의 평가 (Evaluating Experiements in Problem Setting)

Quist와 수퍼바이저는 다음과 같은 질문에 의거하여 학생들의 문제들을 재구조화하고 있다.

> 나는 문제가 해결될 수 있도록 규정했는가?
> 내가 이 문제를 해결했을 때 그 결과에 대해서 만족하게 될까?
> 나는 상황을 일관성 있게 이해했는가?
> 내가 문제를 재구조화한 방식은 나의 기본 가치와 이론들에 일치하고 있는가?
> 나는 탐구 과정이 중단되지 않도록 진행시켰는가?

사실 실천가는 실천 상황에서 문제 재구조화를 위한 과정의 적합성과 타당성을 검토하는 실험을 실행하는데 그런 실험의 효과를 판단하기 어려울지라도 실험 작업을 멈추지는 않는다. 실제 실천 활동에서 그런 실험 작업을 하지 않는다면, 아마도 Quist와 수퍼바이저는 학생들과 마찬가지 처지에 놓일 수밖에 없을 것이다. 그래서 Quist와 수퍼바이저는 일단 문제 해결책을 찾아낼 수 있다고 믿고 실천 상황 속에서 문제를 재구조화하는 노력을 지속하는 것이다. Quist는 건축 현장의 경사진 지표면에 잘 들어맞는 모종의 기하학적 원리를 적용한다. 그는 자기 나름대로 적합성의 기준을 설정하면서 그렇게 진행하고 있다. 수퍼바이저는 탐구 전략과 개입 전략의 도출에 도움이 되는 전이현상 차원에서 환자 문제를 재구조화하고 있다. 처음 문제를 재구조화하는 시점에서는 그 문제의 해결책을 알 수도 없을뿐더러 그 문제가 해결 가능한지조차도 알 수 없다. 그러나 실천가가 문제 상황에 부여하는 틀 ─ 예, 기하학적 원리 ─ 그 자체는 탐구 과정에 도움이 되고 있다.

한편 실천가는 자신이 규정한 문제를 해결하려 노력하는 과정에서 문제 상황을 이해하게 되고 문제 상황을 변화시켜 나간다. 즉 Quist의 문제 해결을 위한 여러 가지 조치들은 경사진 지표면에 자신이 생각한 새로운 기하학적 원리가 적합한지를 검증하였고, 그런 과정에서 평탄하지 못한 지표면에 L자형 교실 배치를 구상하게 되고 그 결과 새로운 모양의 건축 디자인을 고안해내게 된 것이다. 환자를 직접 만나지 못하는 수퍼바이저는 레지던트의 보고를 통해서 환자의 치료 상황을 이해한다. 그리고 레지던트와 대화를 통해서 환자에 관한 새로운 이야기를 도출해내고 검토하면서, 수퍼바이저는 상황에 대한 자신의 이해의 타당성을 검증하고 자신의 상황에 대한 이해를 바꿀 수 있는 새로운 현상을 찾아내고 있다.

실천가의 조치는 어느 정도 의도하지 않은 결과를 낳기도 한다. Quist는 교실을 경사진 지표면에 그려나가는 과정에서 교실 간의 천장 높이가 5피트로 하게 되었다. 그리고 이렇게 함으로써 복도는 "이쪽 아래로 내려다볼 수 있도록 확장될 수 있다"는 사실도 발견하게 된다. 수퍼바이저의 질문은 환자와 남자 친구의 다툼에 관련된 새로운 이야기를 이끌어낸다. 이처럼 새로운 이야기의 발견과 같은 의도하지 않은 변화를 수용할지 아니면 대응할지를 결정하면서 실천가는 자신의 문제 규정 실험의 타당성을 평가하게 된다. Quist는 아이들의 키를 고려하여 교실 천장 높이를 최대 5피트 정도로 하였고, 그 결과 모퉁이 공간이 창출이 된다. 이처럼 복도를 좀더 넓히는 조치는 "괜찮은" 결정이 되었고, 그로 인해서 딱딱한 느낌의 교실들은 "안락한 공간"을 갖게 된다. 수퍼바이저는 환자와 남자 친구 이야기를 통하여 환자의 수동적 자세와 의존적 태도의 근원적 징후를 발견하였고, 그런 수동성과 의존성의 징후들은 추가 질문들을 만들어내는 원천이 된다.

실천가는 문제 재구조화 작업을 검증하는 과정에서 자신이 만들고 찾아낸 의도치 않는 변화를 적극 활용한다. Quist는 모퉁이 공간, 괜찮은 전망, 딱딱하지 않는 교실 배치 등의 의도치 않은 변화를 디자인 활동에 활용한다. 수퍼바이저는 환자의 이야기에서 드러난 자신감 부족, 독립심 결여, 극복 부재 등에 주목하고, 그런 환자의 특성들에 의거하여 환자를 이해하는 방향을 설정하고 있다. 이처럼 실천가는 자신이 보유하고 있는 이해 체계appreciative system에 근거하여 문제 재구조화 실험을 평가한다.

의도하지 않은 행위의 결과로부터 상황의 반향을 알아낼 수 있다. 상황이 알려주는 것에 대해서 성찰함으로써, 실천가는 상황의 의미를 찾아내고 그것은 문제의 새로운 구조화를 가능하게 한다. 그러므로 실천가의 문제 규정 실험 효과는 성찰적 대화의 수준과 방향으로 평가될 수 있다. 더불어 문제 규정 실험의 효과성은 실천가의 추후 탐구 활동이 일관성 있고 정합성 있게 진행되는가 여부에 의해서도 평가될 것이다.

Quist는 부분적 실험들local experiments을 서로 연결 지으면서 실행해보는데, 그런 실험들로 적용해보는 조치들이 낳는 결과와 그 교훈들을 중시한다. 예컨대 Quist는 경사진 지표면에 L자형으로 교실을 배치하게 될 때, 그로 인해서 "경계 구역precincts"이라는 공간이 만들어진다는 사실을 알게 된다. 또한 새로운 형태의 디자인이 경사진 지표면에 잘 들어맞는다는 사실을 알게 되고, 디자인 상 복도가 건물 배치에서 가장 핵심 요소라는 사실을 알게 된다. 이 아이디어는 건물의 전반적인 기하학적 모양에 잘 어울리도록 만든다. 그런 아이디어에서 벗어났기 때문에 Quist는 Petra의 행정실 배치 구도를 좋지 않게 평가한 것이다.

수퍼바이저는 환자의 딜레마 상황을 확인하면서 자신의 기본 가치와 이론에 기반을 두고 해석을 하고 있다. 그는 레지던트가 들려주는 환자 이야기에 의거하여 부분적으로 해석들을 도출해내고 있다. 그런 해석들은 "내적 갈등inner conflict"과 "죄책감guilt"이란 심리분석학적 테마들을 적용하여 도출된다. 그리고 수퍼바이저는 부분적인 해석들을 종합하여 최종적인 해석을 내렸고, 그 최종적 해석은 자신이 선택했던 심리분석학적 이론들에도 어긋나지 않게 되었다.

실천가가 문제 상황을 재구조화하는 과정에서 실행하는 실험들에 대한 평가는 실천가의 문제 해결 능력뿐만 아니라, 의도하지 않은 결과에 대한 이해 수준, 상황과의 대화 과정에서 정합적인 이론적 지식과 납득할만한 자신만의 아이디어를 만들어내는 능력으로 이루어진다. 또한 실천가는 실험의 평가를 자신의 문제 재구조화 작업, 즉 그런 탐구 활동을 긍정적인 방향으로 지속시킬 수 있는 능력으로도 할 것이다. 그리고 Quist는 자신의 지도 세션을 디자인 작업에서 파생되는 새로운 문제들 ― 중간 공간의 면적, 좌표 설정, 나무 위치 등 ― 을 제시하면서 마무리하고 있다. 수퍼바이저도 성급하게 결론을 내리기보다는 "이 여성이 자기 좌절감을 갖는 이유가 무엇일까…"라고 레지던트에게 문제를 제기하면서 탐구 작업을 마무리하고 있다. 결국 문제 상황의 성공적인 재구조화 활동은 성찰적 대화의 지속으로 연결되는 것이다.

실천 상황과 과거 경험의 관계(bringing past experience to bear on a unique situation)

Quist는 Petra의 상황 속에서 자신에게 평소 익숙한 현상들을 발견해내고 그것들을 "평행상태", "경사면", "벽"과 같은 범주들로 분류한다. 수퍼바이저도 환자의 상황 속에서 "자기 주장", "의존성", "죄책감"과 관련된 현상들을 파악하여 범주화시킨다. 그러나 사실 실천가는 상황 속에서 발견한 현상들을 범주화시킬 때 익숙한 범주로 분류하지 않고, 고유한 실체a unique entity들로 간주하고 고유한 방식으로 표현한다.

수퍼바이저가 환자 문제를 자신만의 방식으로 표현하려 한 시도는 환자 경험의 고유성을 탐구하려는 의지를 내보인 것이다. 수퍼바이저는 아마도 예전에 좌절감이나 죄책감을 갖는 환자들을 본 적이 있을 것이다. 하지만 그는 볼거리나 천연두로 확진하는 것처럼, 그 여성 환자를 죄책감의 통상적 사례로 바라보지는 않는다. 오히려 그는 환자가 죄책감을 갖게 된 특이한 과정과 환자 자신에 대한 불만족에 죄책감이 미치는 영향에 주목한다. 죄책감과 좌절감의 아이디어는 환자 경험 속에서 특징적인 모습을 발견하기 위한 지침의 역할을 하고 있다.

Quist는 지표면이 고르지 못한 건축 현장을 자주 경험했을 것이다. 그런 독특한 건축 현장은 표준화된 디자인 작업으로 대처할 수 없다. 그래서 그는 학생에게 고유한 특성을 지닌 건축 현장에 특정한 원칙을 적용하고 이전에 사용하지 않은 방법으로 문제 상황을 규정하도록 하면서, 스스로 일관된 방식으로 탐구 행위를 지속시키는 모습을 보였다.

수퍼바이저와 Quist는 모두 문제 상황의 고유한 특성들에 초점을 맞추면서 문제 재구조화 실험을 실행하였다. 그러나 이 과정을 말로 설명하기는 매우 어렵다. 과연 실천가는 고유한 특성을 지닌 문제 상황에 대해서 자신이 보유한 지식을 어떻게 활용하고 있을까?

실천가는 과거 경험에 근거하여 모종의 규칙을 상기해내고 그것을 실천 활동에 그대로 적용하지 않는다. 왜냐하면 과거 익숙한 경험 사례로서 현재 상황을 인식하게 되면, 현재 상황이 지닌 고유한 특성들을 간과하게 될 것이기 때문이다. 물론 자신의 기존 지식에 의거하지 않고서 주어진 상황을 해석할 수는 없다. Quist와 수퍼바이저가 자신들의 많은 경험과 지식을 활용하고 있음은 분명하지만, 그렇다고 상황에 대한 해석을 즉각적으로 창출해내는 과정은 서로 다른 차원의 문제이다.

내가 여기서 제시하고자 하는 바는 다음과 같다. 실천가는 예시, 이미지, 이해, 행위 등으로 구성된 일종의 지식 레퍼토리repertoire를 축적해놓고 있다. 실천가로서 Quist의 레퍼토리는 여러 가지 디자인 영역들 전반에 걸쳐 망라되어 있다. 그 레퍼토리에는 자신이 경험했던 다양한 건축 현장들, 건물들, 디자인 문제들, 해결책들이 담겨져 있다. 수퍼바이저의 레퍼토리도 자신이 경험했던 다양한 환자들, 환자들로부터 들었던 이야기들, 그 이야기들에서 나타나는 심리역학적 패턴, 시도해 보았던 해결책들, 그 해결책들에 대한 환자의 반응 등을 담고 있다. 이와 같은 실천가의 지식 레퍼토리는 상황에 대한 이해와 행위와 관련된 경험 전체를 담고 있다.

실천가는 고유한 모종의 상황을 이해할 때, 그 상황을 자신의 레퍼토리 내에 이미 존재하고 있는 어떤 상황으로 인식한다see...as....[1] 이런 현장this site을 저런

---

1 이와 관련하여 Wittgenstein의 "…로 인식하기(seeing－as)"(철학적 소고[Philosophical Investigation]을 참고하라) 개념을 떠올려보기 바란다. "물체를 상자로 인식하기", "오리/토끼

현장that site으로 인식한다는 것은 '이런 현장'을 모종의 익숙한 범주나 규칙 내로 포괄시키는 것이 아니다. 오히려 어떤 기준에 의하여 유사하거나 상이하다고 말할 수 없는 상태에서, 모종의 고유한 상황을 익숙한 상황과 유사하면서 동시에 상이한 상황으로 인식한다는 것을 말한다. 실천가에게 평소 익숙한 상황은 하나의 선행 요인 혹은 메타포, 즉 Thomas Kuhn의 표현을 빌리자면, 익숙하지 않은 상황에 대한 범례an exemplar로 활용된다.2 과학적 문제 해결 과정에서 범례의 가능에 대한 Kuhn의 설명을 인용해보자:

> 사람들은 어떤 문제와 대면하게 되면, 그 문제를 자신이 이전에 경험했던 범례적인 문제들 중 어떤 한 가지 혹은 몇 가지 문제들과 유사한 것으로 인식하고자 애쓴다… 유사성의 지각이 기본적인 인식 준거가 되는데, 이는 동일시를 가능하게 할 무수한 준거들 중에서 심리적으로나 논리적으로 가장 앞선 준거가 된다… 적절한 조건 하에서… 현재 문제에 대해서 과거의 해답에 의존하지 않는 방식으로 데이터를 유사성의 체계로 처리하는 모종의 수단이 존재하고 있는 것이다.3

사람들이 *이런* 상황을 *저런* 상황으로 인식할 수 있는 것과 마찬가지로 저런 상황에처럼 이런 상황에서도 행위할 수 있다. 한 초보 물리학도가 진자 운동 문제를 평소 익숙한 경사면 실험 문제로 인식할 수 있게 되면, 그 물리학도는 문제를 새롭게 규정한 셈이 되고 그로 인해 문제를 해결할 수 있게 된다. 이 때 물리학도는 예전의 것들과 유사하면서도 동시에 상이한 절차들을 활용할 것이다. 즉 그가 새로운 문제를 이전 문제의 변형으로 인식하는 것처럼, 그의 새로운 문제 해결 행동도 이전 문제 해결 행동의 변형으로 간주된다. 그는 처음부터 문제들의

사진을 하나의 토끼로 인식하기"와 같은 경우를 제시하면서, Wittgenstein은 "인식하기"가 즉각적이면서도 동시에 애매모호한 일종의 지각 및 사고 과정임을 지적한다.

2 Thomas Kuhn(1977), "Second Thoughts on Paradigms," in *The Essential Tension*(Chicago and London: University of Chicago Press, 1977).

3 Ibid., p.307.

유사성과 상이성을 상세하게 설명할 수articulate 없는 것처럼, 문제 해결 절차들의 유사성과 상이성도 설명할 수 없다. 그래서 '으로 인식하기seeing-as'와 '으로 행동하기doing-as'의 전반적인 프로세스는 의식적으로 해명conscious articulation할 필요가 없이 암묵적으로는 실행될 수 있는 것이다.

탐구자로서 실천가는 문제 혹은 상황의 유사성과 상이성에 대해서 성찰한다. 이러한 성찰 작업은 두 가지 상황들을 의식적으로 비교함으로써 진행하거나 혹은 '이런 상황'을 암묵적으로 다른 상황에 근거하여 이해하는 방식으로 전개될 수 있다. Quist는 Petra에게 "평탄하지 못한screwy" 현장 상태에 주의를 기울이도록 하고 자신만의 특정 원칙a discipline을 적용해서 디자인하되 그 원칙은 언제든지 변경될 수 있다고 조언하였다. 이 때 Quist는 Petra의 상황을 자신이 경험한 다른 상황들과 비교하면서 이전에 사용한 전략들을 변형하여 적용해보는 방식으로 성찰 작업을 진행하고 있다. 그리고 수퍼바이저는 환자와 남자 친구 관계 상황을 레지던트와 환자 관계 상황에 비추어서 성찰하고 있는데, 이는 Quist의 성찰 방식과 유사한 것이다. Quist와 수퍼바이저의 상황에 대한 최종적 해석은 예전 경험들과 유사성과 상이성을 성찰하고 정교화시킨 결과라고 할 수 있다.

이런 최종적 해석을 성찰 작업의 출발 시점에 이미 주어진 것이라고 생각해서는 안 된다. 말하자면 Quist가 처음부터 건축 현장의 평탄하지 못한 상태와 모종의 원리 적용의 효과를 알고 있었다고 할 수 없다는 것이다. 그것은 소위 즉각적인 역사적 수정주의 관점instant historical revisionism[4] 차원에서 이해되어야 할 것이다. Quist의 해석에는 현재 상황과 이전 경험의 유사성과 상이성 지각이 내재되어 있는데, 이는 최종 해석보다 논리적, 심리적으로 앞서 이루어진 것이다.

실천가는 익숙하지 않은 상황을 익숙한 상황으로 인식할 수 있고, 익숙한 상황에서 행위했던 대로 익숙하지 않은 상황에서 행위할 수 있는 능력을 갖고 있다. 이는 실천가가 고유하고 독특한 실천 상황에 과거 경험을 연결지을 수 있기 때문에 가능하다. 실천가가 '…으로 인식하기seeing-as'와 '…으로 행위하기doing-as'

---

4 역자 주. Quist가 자신의 경험과 지식에 근거하여 당시 상황을 판단하여 직관적으로 생각해낸 것을 '역사적 수정주의'라 표현한 듯하다.

능력을 보유하고 있기 때문에 기존 법칙이나 규칙들을 적용할 수 있는 상황에 대한 감각을 발휘할 수 있는 것이다.

실천가의 기예artistry는 익숙하지 않은 상황들에 활용 가능한 지식 레퍼토리를 얼마나 다양하고 폭넓게 보유하고 있는가에 의해서 좌우된다. 실천가는 익숙하지 않은 상황들을 자신의 지식 레퍼토리 요소들에 의거하여 인식할 수 있기 때문에, 익숙하지 않은 상황들의 고유한 특성들을 이해할 수 있고 그 상황들을 표준적인 범주들로 환원시킬 필요도 없는 것이다.

나아가서 새로운 행위 중 성찰을 경험할 때마다 실천가의 지식 레퍼토리는 풍부해진다. Petra의 경험은 차후 만나게 될 새로운 상황을 위한 범례an exemplar로 이용될 것이다. 어떤 독특하고 고유한 사례에서 경험하는 행위 중 성찰은 '일반적'인 원리들이 아니라 범례적인 지식 레퍼토리가 됨으로써 다른 사례들에 '일반화'될 수 있다. 그리고 행위 중 성찰 경험들에 의하여 축적된 범례적인 지식 레퍼토리는 실천가의 추후 실천 사례들 속에서 지식 레퍼토리를 새롭게 변형시키는 데 활용될 수 있다.

현장 실험의 엄밀성 (rigor in on-the-spot experiment)

실천가에게 '으로 인식하기 seeing-as'능력만으로 충분한 것은 아니다. 새로운 상황을 자신의 지식 레퍼토리에 의거하여 인식할 때, 실천가는 그 상황을 바라보는 새로운 방식을 발견하고 상황 속에서 필요한 새로운 행위 가능성을 포착하게 된다. 그러나 그렇게 획득된 새로운 관점이 적절하고 효과적인지 여부를 실천 행위 중에 확인하는 능력도 필요하다. 때문에 행위 중 성찰reflection-in-action은 항상 실험을 수반하게 된다.

Quist와 수퍼바이저는 문제 상황을 재구조화하는 과정에서 실험으로서 상황과의 성찰적 대화를 실시한다. 실천가는 자신이 보유하고 있는 다양한 범례, 이미지, 해석 등의 지식 레퍼토리를 활용하여 주어지는 고유한 실천 상황을 구조화하는 방법을 '으로 인식하기'를 통하여 도출해낸다. 그런 과정을 거쳐서 상황의 구조를 만들어낸다. 나아가서 실천가는 상황을 재구조화하는 과정에서의 실험을 몇 가지 준거에 의거하여 스스로 평가한다. 그 평가 준거들은 다음과 같다. 재구조화한 문제의 해결 가능 여부, 창출해낸 아이디어와 결과물을 상황 속에서 구현할 수 있는지 여부, 실천가의 기본 가치 및 이론과 부합되는지 여부, 탐구 활동을 계속 진전시켜나갈 수 있는 여부 등의 준거로 실험을 평가한다. 문제 재구조화 내지는 문제 규정 실험들 내에는 여러 가지 종류의 부분적 실험들이 존재하게 된다.

그러나 어떤 의미에서 이런 작업들이 진정한 실험들이라고 할 수 있을까?

이런 질문을 제기하는 이유는 기술적 합리성이라는 전문가 지식 모델이 추구하는 실험들은 다른 의미를 갖기 때문이다. 여기서는 실천가의 실험과 과학적 연구자의 실험의 의미를 구분해보고자 한다. 우선 과학적 연구자의 실험의 의미를 먼저 논의해보자. 과학적 연구자에게 실험은 특정 가설을 확증하거나 반박하기 위한 활동이다. 연구자의 실험 논리를 개략적으로 설명하면 다음과 같다.

어떤 혼란스러운 현상, Q가 있다고 하자. 연구자는 Q라는 현상을 설명하기를 원한다. Q 현상을 설명하기 위하여 몇 가지 가설을 수립하고 가설 검증을 통하여 참이라는 사실이 입증되면 그 가설은 수용된다. 예를 들면 모기가 온혈 동물들을 찾는 방법에 관한 연구 문제를 생각해보자.[5] 연구자는 세 가지 가설들을 도출해낸다. 모기가 냄새, 온도, 습도로 대상을 식별한다는데 착안하여 세 가지 가설을 수립한다. 먼저 습도와 관련한 가설로 "그 대상이 습하고 또 모기가 습도에 의해서 유인된다면" 그 결과 "모기는 그 대상에 유인된다 다른 조건들이 동등하다면"을 수립할 수 있다. 그러면 연구자는 수립된 가설들의 참과 거짓 여부를 어떻게 결정하게 되는가? 이 질문과 관련하여 John Stuat Mill의 가설 검증 실험 방법의 논리가 매우 유용하다고 본다. Mill은 세 가지 종류의 실험 방법에 대해서 소개한 바 있다.

- 일치법the method of agreement은 A혹은 B, C 현상이 존재할 때, Q 현상도

---

5 이 예시는 J.C. Jones, "Feeding Behavior of Mosquitoes," *Scientific American 238* (June 1978): 138 – 140에서 가져왔다.

존재한다는 것이다. 예를 들면 대상이 특정한 습도 수준을 초월한다면 그러면 모기들이 그 대상에 유인된다.

- 차이법the method of difference은 A혹은 B, C 현상이 부재할 때, Q 현상도 부재한다는 것이다. 예를 들면, 대상이 습하지 않다면, 그러면 모기들도 그 대상에 유인되지 않는다.
- 공변법the method of concomitant variations은 A혹은 B, C 현상의 변화와 함께 Q 현상의 변화가 수반된다는 것이다. 예를 들면, 대상의 습도가 변화할 때, 모기의 유인 정도도 변화한다.

몇가지 변형된 차이법the method of difference은 실험 과정에서 타당한 추론을 하는데 중요한 의미를 갖는다. A 현상과 Q 현상이 공존할 때, 또 다른 공존 요소이자 Q 현상의 원인으로 작용하는 요소인 C라는 현상이 있을 수 있기 때문이다. 예를 들면, 모기들이 사람의 손 습도 수준에 따라 유인되는 정도가 달라지는데 이 때 특정 냄새가 작용하게 되면 손 습도의 효과와 특정 냄새의 효과를 어떻게 구분할 수 있을까? 실험자는 경쟁 가설을 수립하고 변수들의 존재, 부재, 변형을 선택적으로 통제하는 실험 상황을 만들어낼 수 있다. 예컨대, 연구자들은 냄새, 온도, 습도의 수준을 개별적으로 조성하고 변형할 수 있는 가공물을 고안해낼 수 있다. 즉 연구자는 냄새가 없는 상태에서 온도와 습도를 조합한 결과 모기들이 유인될 것인지를 확인할 수 있다. 반면에 적정 수준의 온도와 습도가 없는 상태에서 사람 피부의 독특한 냄새가 모기들을 유인할 수 있는지도 확인할 수 있을 것이다.

이와 같은 실험 가설 검증 방법은 일종의 제거의 과정a process of elimination에 따라 이루어진다. 연구자는 경쟁 가설들을 각각 그 지지 조건 충족 여부를 따져서 하나씩 제거해 나가는 방식으로 가설 검증을 진행할 수 있다. Karl Popper가 언급한 것처럼, 경주마가 레이스에서 우승하기 위해서 경쟁하는 말들을 하나씩 제쳐 나가는 것처럼 연구자도 경쟁 가설들을 하나씩 기각시켜 나가는 형태로 일종의 가설 경쟁을 실시한다. 반증 과정을 거쳐 살아남은 가설은 수용 가능한 가설, 즉 '진리'가 된다. 그러나 Popper는 반증을 거쳐 생존한 가설일지라도 언제든지 그 가설을 기각할 수 있는 증거가 제시되면 반박될 수 있기 때문에 생존한 가설도 항상 잠정적으로만 수용된다고 주장한다. 왜냐하면 반증을 이겨낸 가설보다 더 효과적으로 반증을 이겨낼 가설이 발견될 수 있기 때문이다. 예를 들면, 습도와 온도는 적절하지만 모기가 유인되지 않도록 하는 요인들이 존재할 수 있기 때문이다.

또 다른 경쟁 가설 검증 논리로서 Mill의 일치차이병용법the joint method of agreement and difference이 있다. 이 방법은 앞서 언급한 일치법과 차이법을 동시에 적용하는 것이다. 즉 연구자는 경쟁 가설들에 포함된 변수들에 선택적으로 변화를 주면서 가설 검증을 시도할 수 있다. 예를 들면 온도와 냄새는 일정 상태로 유지하고 습도의 수준을 변화시키면서 가설들을 검증한다. 이때 습도 수준에 따라 모기가 유인되면 습도는 모기 유인의 원인이라고 증명된다. 그리고 연구자는 실험 환경 상의 오염 변수들로부터 실험 상황을 통제할 수 있어야 한다. 예를 들면 사람 냄새가 실험 기구에 스며들지 않도록 하는 것이다. 한편 오염 변수를 통제하여 실험 상황을 중립적으로 조성하는 조치들은 연구를 위한 실험실의 중요한 기능이다. 그러나 실험실에서 실험이 불가능하거나 바람직하지 못하다면, 연구자는 관심 대상인 현상을 자연 상태에서 관찰하여 기록한 결과에 의존할 수도 있다. 이런 기록 자료에 대해서는 관련 변수들 사이에 자연 발생적인 상관관계를 통계적으로 분석하는 공변법the method of concomitant variations을 적용할 수 있다. 이 방법은 연구자에게 통상적인 실험실의 실험을 대체하는 방법을 제공하게 된다.

통제 실험 방법과 관련하여 연구자가 지켜야 할 조건이 있다. 즉 실험 연구자는 통제, 객관성, 거리두기의 규칙을 준수해야 한다. 실험 과정을 통제함으로써 실험 방법의 객관성을 유지해야 하고 다른 연구자들도 동일한 방법을 사용하면 동일한 결과를 획득할 수 있도록 해야 한다. 또 연구자는 자신의 가치와 편견이 연구 대상에 영향을 미치지 못하게끔 실험 현상으로부터 거리를 둘 수 있도록 해야 한다.

일상적인 전문가 실천 장면에서 통제 실험의 규칙들은 제한적으로만 적용될 수 있다. 대개 주변 환경 변화로 인해서 환경 상의 오염 변수들을 방지할 수가 없다. 전문가의 실천 상황은 자주, 빠르게 변화하고 심지어 실험 중에도 변화가 발생한다. 더구나 실천 상황의 실험 변수들은 서로 복잡하게 얽혀 있기 때문에 그 변수들을 개별적으로 분리해서 처리하기가 매우 어렵다. 나아가서 실천 상황은 불투명하고 불확실한 상태에 있기 때문에 관련 변수들을 정확하게 포착하기도 쉽지 않다. 그리고 실험 행위 그 자체가 종종 위험한 시도가 될 수도 있다.

기술적 합리성 관점은 연구research와 실천practice의 분리를 강조한다. 과학적 이론은 통제 실험에 의해서 창조되고, 그런 실험은 실천 상황에서 정확하게 실행될 수 없다. 따라서 기초과학 및 응용과학의 개발은 연구자researchers의 몫이 되고, 과학 이론을 활용하여 실천 활동의 도구적 목표를 달성하는 것은 실천가 practitioners의 몫이 된다는 것이 기술적 합리성 관점이다.

이와 같은 기술적 합리성의 관점에 의하면 행위 중 성찰reflection-in-action은 진정한 실험이라 할 수 없다. 그런데 Quist와 수퍼바이저가 실시한다는 실험은 어떤 의미인가? 그들이 사용하는 실험 추론의 논리는 무엇인가? 도대체 그들의 실험 작업은 어떤 측면에서 엄밀하다는 것인가?

실험의 의미에 대해서 다시 생각해보자. 가설 검증 실험은 서로 다른 논리와 서로 다른 성공 실패의 기준을 갖고 있는 여러 가지 실험 중의 하나라고 생각한다. 사실 실천 상황에서 실험과 연구 상황에서 실험은 서로 수준이 다른 것이다.

일반적으로 실험은 모종의 행위가 초래하는 결과를 확인하기 위한 행위이다. 그래서 가장 근본적인 실험 문제는 "만일 어떤 행위를 하면 어떤 결과를 낳게 되는가?what if?"가 된다.

예언이나 예측을 수반하지 않고 어떤 행위의 결과를 확인하려는 실험을 소위 '탐색적 실험exploratory experiment'이라 부르고자 한다. 이 실험은 유아가 주변 세상을 탐색하는 행위, 여러 가지 색깔의 물감들을 섞어서 그 결과를 보고자 하는 미술가의 행위, 새로 이사 온 동네를 돌아다니는 행위, 신기한 물질의 화학적 반응을 탐색하는 과학자의 행위 등과 유사하다. 탐색적 실험은 과학 저널에 나타나지 않은 종류의 활동으로서, 과학자들은 그런 실험의 결과를 과학적인 것으로 취급하지 않는다. 탐색적 실험은 어떤 현상에 대한 느낌a feel을 갖도록 해주는 일종의 탐구 활동이자 유희 활동이다. 다만 주어진 상황에서 무엇인가를 발견할 수 있을 때 그 실험은 성공한 것으로 여겨진다.

한편 어떤 현상이 발생하는지를 확인하기 위하여 모종의 조치를 하는 경우들이 있다. 즉 의도된 변화를 낳기 위하여 행위를 한다는 것이다. 구조물을 안전하게 유지하기 위해서 구조물의 대각 모서리를 이어주는 판자에 못을 박는 목수의 행위가 이에 해당된다. 장기를 둘 때 여왕을 방어하기 위해 졸을 전진시키는 행위도 그에 해당된다. 부모가 우는 아기를 달래기 위해서 동전을 주는 행위도 마찬가지이다. 나는 이런 행위들을 소위 '조치 검증 실험move-testing experiments'이라고 부르고자 한다. 이런 의미에서 마음속으로 어떤 목적을 생각하고 실행하는 의도적인 행위는 실험이 된다. 가장 단순한 의미에서, 의도하지 않는 결과란 절대로 존재할 수 없는 상태에서 어떤 행동이 의도한 결과를 낳거나 혹은 의도한 결과를 낳지 못하는 경우에, 이때 의도한 결과를 낳은 조치는 '확증되고affirmed', 의도한 결과를 낳지 못한 조치는 '부정된다negated'. 보다 복잡한 상황으로서, 모종의 조치들moves이 의도하는 것 이상의 결과를 낳게 되는 경우이다. 예컨대 모종의 조치로 의도치 않게 매우 훌륭한 결과를 낳을 수 있고, 의도한 결과를 달성했지만 아주 나쁜 결과들도 발생할 수 있다. 이 때 그 조치에 대한 검증은 '의도한 결과를 획득하고 있는가?', '획득한 결과에 만족하는가?'라는 두 질문을 동시에 고려해서 이루어져야 한다. 장기 놀이에서, 우연히 어떤 수를 두었지만 상대방을 패배시키게 되면 그 조치는 훌륭한 것이 된다. 그러나 그 수를 둔 결과가 기대한 것이 아니라고 해서 수를 물리지는 못하는 것이 아닌가? 다른 한편, 우는 아이에게 동전을 주는 행위는 아이를 울지 않게 할 수도 있지만, 아이에게 울면 돈을 벌 수 있다는 것을 가르쳐줄 수도 있다. 그러면 이 조치로 인한 결과는 좋지 못한 것이 될 것이다. 이러한 경우들을 고려해볼 때, 조치 검증 실험의 논리는 다음과 같이 설명될 수 있다. 전체적인 결과를 고려했을 때 모종의 행위에 만족할 수 있게 되는가? 그렇다면 그 조치는 확증되고, 그렇지 못하다면 그 조치는 부정된다.

세 번째 종류의 실험으로 '가설 검증hypothesis testing'이 있다. 이에 대해서는 앞서 소개한 바 있다. 가설 검증 실험은 경쟁 가설들에 대해서 각 가설의 의도에 따른 실험 결과가 차별적인 효과를 보여줄 때, 그 가설은 성공적인 것으로 간주될 수 있다. 예컨대 하나의 특정한 가설에 대해서 실험의 의도된 결과가 관찰된 바와 일치할 때, 그리고 대안적인 가설들로부터 도출된 예측들이 관찰된 바와 불일치할 때, 첫 번째 가설은 확증된confirmed 것이고 다른 가설들은 비확증된

disconfirmed 것이다. Popper식으로 표현하면, 첫 번째 가설은 반박에 대해서 보다 더 효과적인 가설로서 저항력을 보여준 것이다.

실천 활동에서 실험 가설은 실천가가 취하는 조치들의 패턴 속에 내재된 상태로 있게 된다. 마치 블록 균형 맞추기 놀이 실험들에서 보여진 기하학적 중심 이론과 중력 중심 이론처럼 말이다. 행위 중 성찰 과정 속에서 현장 실험 on-the-spot experimenting의 가설 검증 '논리'는 본질적으로 연구 과정에서 가설 검증 논리와 기본적으로 동일하다. 목수가 '구조물을 안정적인 것으로 만드는 것은 무엇일까?'라고 스스로 질문을 던지고 – 이런 저런 도구를 사용해보면서 – 안정적인 구조물을 만들기 위한 방법을 찾기 위한 실험을 시작한다면, 그 목수는 연구를 하는 과학자와 동일한 작업을 하는 것이 된다. 목수는 가설들을 제시하고, 실천 맥락의 제약 조건들을 고려하면서 가설들의 차별적인 결과를 확인한다. 해당 가설이 예견된 결과를 초래하지 못하면 그 가설은 기각하게 된다. 다시 말하면 목수의 실험 추론의 논리는 연구자의 것과 동일한 것이라 할 수 있다.

그렇다면 연구의 실험과 실천의 실험은 서로 어떤 차별화된 특징을 갖는가?

실천과 연구는 몇 가지 측면에서 서로 다르다. 우선 실천은 무엇인가를 변화시키려는 목적을 갖는데 반해 연구는 무엇인가를 이해하려는 목적을 갖는다. 실천가는 현재 상황을 자신이 선호하는 상태로 변화시키는데 관심을 갖는다. 실천가도 물론 상황을 이해하는데 관심을 갖지만, 그 관심은 상황을 변화시키고자 하는데 도움이 되어야만 한다.

또한 실천가가 주어진 상황의 고유성을 인식하고, 그 상황과 관련된 현상에 주의를 기울이고, 현상에 대한 직관적 이해를 표면화시키는 방식으로 행위 중 성찰을 실행하는데, 이때 실천가는 탐색적 실험, 조치 검증 실험, 가설 검증 실험을 동시에 실행하는 것이다. 왜냐하면 이러한 검증 실험들은 모두 동일한 행위들에 의해서 완수되기 때문이다. 이것이 바로 실천 맥락 하의 실험이 연구 맥락 하의 실험과 다른 점이다.

이런 관점에서 Quist와 수퍼바이저의 행위 중 성찰 과정에 대해서 생각해보자.

Quist가 경사면에 기하학적 원리를 적용하고자 할 때, 그 원리에 맞추어서 상황을 변형하는 여러 가지 조치들을 실험한다. 이런 조치 검증 실험으로 Quist는 자신이 규정한 문제를 해결하고, 그 결과 원하는 바를 달성한데 대해 만족하게 된다.

수퍼바이저는 레지던트의 보고를 통해서 상황을 경험하고 있다. 그 상황에서 문제를 규정할 때, 수퍼바이저는 두 가지 경험들 – 치료 상황에서 환자의 경험과 치료 외적 상황에서 환자의 경험 – 을 연결시키려 노력하고 문제 해결 과정에서 그 경험들을 서로 연계시키는 실험을 한다.

Quist와 수퍼바이저의 조치들은 그들의 실험에 의해서 확증되고 있다.

실천가들의 조치들은 상황에 대한 탐색적 실험이 되기도 한다. 그들의 실험적 조치들은 상황의 반향situation's back-talk을 초래하고, 상황의 반향은 문제에 대한 애초 인식 수준을 넘어서는 이해를 가능하게 해준다. Quist는 현재 디자인 작업의 핵심으로서 복도 모양에 관한 탐색적 실험으로 완전히 새로운 아이디어를 얻고 있다. 수퍼바이저도 일련의 탐색적 실험을 해보면서, 즉 여러 가지 실험적 조치들을 취하면서 남자 친구와 환자의 갈등 이야기들 가운데 환자의 수동적, 의존적 태도를 찾아내고 상황의 반향에 의거하여 자신만의 해석을 정리해나가는 과정을 거치고 있다. Quist와 수퍼바이저 경우 둘다 그들의 탐색적 실험은 상황과의 대화conversation with the situation와 그로 인한 상황의 반향situation's back-talk의 과정으로 진행되고 있다.

또한 Quist와 수퍼바이저 둘다 문제를 재구조화하는 과정에서 모종의 가설을 수립하는 모습을 보여준다. 문제를 재구조화하는 과정에서 주어진 상황에 대한 모종의 가설을 수립하고 있다. Quist는 학생이 문제를 재구조화하는 방식을 표면화시켜 부정하고, 자신의 새로운 문제 재구조화 방식을 제시하고 그것을 하나의 가설로 삼고 검증하는 작업을 실시한다.

Quist는 평탄하지 못한 지표면 상태에 자신의 기하학적 원리가 부합하는가라는 가설을 설정하고 있다. 수퍼바이저는 환자 전이 현상이 환자와 남자 친구의 갈등 관계뿐만 아니라 현재 치료 상황의 갈등 상태도 설명하는가라는 가설을 설정한다.

실천가들이 실시하는 이러한 가설들의 검증 실험은 연구자들의 통제 실험 방법과는 분명한 차이점들이 존재한다.

실천가는 자신의 가설이 참임을 입증하려 애쓴다. 마치 자신의 가설을 진리인 것처럼 여기고 검증한다는 것이다.6 즉 실천가는 "X는 … 라는 경우가 있다고 하자", 이때 실천가는 X라는 명제가 참이 되도록 상황을 만들어간다. Quist는 경사진 지표 상태에 맞는 자신의 기하학 원리를 만들어낸다. 그 원리에 맞추어 경사진 지표 상태를 이해하고 해석한다. 수퍼바이저는 환자의 전이 현상에 관련된 환자 이야기에 자신의 탐구 활동을 집중한다. 그리고 환자 전이 현상 차원에서 설명에 도움이 되는 테마들을 도출하려는 의도를 갖고 환자 이야기를 분석한다. 즉 실천가의 가설 검증 실험은 주어진 현상을 검증하기 위한 가설에 부합되는 조치들moves을 만들어가면서 진행된다.

실천가는 '객관성'과 '거리두기'라는 통제 실험의 원칙을 지키지 못한다. 통제 실험 상황에서, 탐구자는 조사 중인 상황에 대한 자신의 편견과 이해관계를 배제해야 한다. 특히 인간 존재를 대상으로 하는 실험은 "호손 효과"라는 결과를 피할 수 있어야 한다.7 실험실에서 연구는 실험자들이 실험 현상을 조작할 수 있다앞서 모기들을 인위적 대상에 유인하도록 조작하는 연구자들처럼. 물론 실험실 연구자들은 인위적인 실험 상황에서도 자연발생적 현상을 탐구하기도 한다. 그러나 이때도 연구자들은 인위적 상황을 조작하면서도 자연적으로 발생하는 현상은 그대로 놓아둘 것이다. 게다가 연구자들은 자신의 가설에 부합되도록 실험 상황에 영향을 미치는 행위를 금지하는 실험 방법의 규칙을 지키려 노력한다. 그렇게 하는 가운데 연구자는 자신의 실험 가설이 기각되기를 기대한다.

Quist와 수퍼바이저에게 주어진 상황, 즉 고유한 상황은 그 자체로 탐구 영역이 된다. 실천가로서 탐구자들은 고유한 상황에 영향력을 행사하면서, 동시에 그들은 조사 대상에 총체적으로 영향력을 행사한다. 그리고 그들은 자신의 가설을

---

6 「경험과 성찰(Experience and Reflection/Philadelphia:University of Pennsylvania Press, 1959)」란 책에서 저자 E.A. Singer는 과학적 명제는 "명령법(in the imperative mood)"의 형태로 이해되어야만 한다는 논제를 제안하였다.

7 Elton Mayo, The Human Problems of an Industrial Civilization (New York: MacMillan, 1933)을 보라.

기각하는 방향이 아니라 확증하는 방향으로 영향력을 행사한다.

그럼에도 불구하고, 실천가는 탐구자로서 주어진 상황을 완전히 조작하지 못한다. 실천 상황 자체가 탐구자의 조작 시도에 저항할 수도 있고, 조작 과정에서 의도하지 않는 결과가 발생할 수 있기 때문이다. Quist처럼 경사진 지표 상태 문제를 해결하고자 적용하려 했던 기하학 원리가 적합하지 않다는 사실을 발견할 수 있다. 그래서 Quist는 또 다른 기하학 원리를 적용하려 시도하였다. 즉 Quist는 "다소slightly 어울리는"이라는 적절성의 기준the criterion of fit을 나름대로 설정하여 활용했던 것이다. 현실에서는 수퍼바이저가 환자 삶의 패턴 속에서 치료 상황에 전이되는 현상과 관련된 증거를 찾아내지 못할 수도 있다. 물론 수퍼바이저는 그런 증거를 찾아내도록 상황을 규정하기 위해서 최선을 다하고는 있다. 여기서 강조하고 싶은 점은 실천가의 가설 검증 실험들이 전적으로 자기충족적이지는 않다는 사실이다.

실천가들의 가설 검증 실험은 일종의 상황과의 게임a game with the situation이다. 실천가들은 자신들의 가설에 상황을 일치시키려 노력하지만 그렇게 되지 않을 수 있는 가능성을 항상 열어두고 있다. 그러므로 그들의 가설 검증 활동은 자기충족적 예언 행위도 아니고 통제 실험 방법의 중립적 가설 검증 행위도 아니다. 실천 상황은 마음대로 형태를 만들 수 있는 점토도 아니고, 탐구자가 항상 거리를 둘 수 있는 독립적이고 고립된 조사 대상도 아니다.

이러한 성격을 갖는 상황에 대해서 탐구자는 '거래적transactional'8 관계로 대응한다. 실천가는 상황을 구성하면서도, 상황과 대화를 하면서 자신의 모델과 지식을 구성하기도 한다. 즉 그가 알고자 하는 현상 그 자체가 자신의 일부가 되는 것이다. 다시 말하면, 실천가는 자신이 이해하고자 노력하는 상황 속에in the situation 존재한다.

실천가의 가설 검증 실험은 그 자체가 상황을 바람직한 방향으로 변화시키려

---

8 인식자와 인식대상의 관계를 "거래적인 것"으로 보는 생각은 John Dewey에게서 빌려 온 것이다. F. Bentely와 John Dewey, *Knowing the Known*(Boston: Beacon Press, 1949)를 참고하라.

는 일종의 조치이자, 상황을 탐색하는데 사용한 조사 활동이 된다. 실천가는 상황을 변화시키려 함으로써 상황을 이해한다. 또한 그로 인한 변화들을 실험 방법의 결함 현상이 아니라 실험 방법의 성공 현상으로 간주한다.

이 점은 실천가가 실험을 중단해야 할 시점과 깊은 관련성이 있다.

통제 실험의 경우, Popper의 주장을 따른다면 실험자는 실험을 끝없이 계속해야할지도 모른다. 왜냐하면 실험자들은 반증되지 않는 새로운 가설들을 계속 만들어낼 수 있기 때문이다. 그러나 Quist와 수퍼바이저의 실천 상황에서 – 실험 행위가 하나의 조치이자 탐침이 되고, 상황을 이해하는 것보다 상황을 변화시키려는 것이 우선시 될 때 – 가설 검증 실험은 어느 정도 판단appreciations에 의해서 영향을 받는다. 실천가의 가설 검증 실험은 문제나 기회가 될 만한 것들이 발견될 때만 작동한다. 그리고 그 실험은 대체로 만족스러운 변화를 만들어 내거나, 상황에 새로운 의미를 부여하고 탐색하도록 하고, 상황의 문제의 성격을 바꾸는 새로운 특징들을 발견해냈을 때 종결된다. 이렇게 함으로써 실천가는 자신에게 가능한 대안 가설들을 모두 고려하지 않아도 가설 검증 실험을 종료시킬 수 있는 것이다.

Quist는 경사진 지표에 거의 잘 들어맞는work slightly 기하학 원리를 고안해낸다. 이때 그는 다른 기하학 원리들도 시도해볼 수 있었다. 하지만 왜 거기서 멈추었을까? 그 이유는 자신의 기하학 원리로 만족스러운 변화를 만들어낼 수 있었고, 의도하지 않았지만 자신이 선호하는 성과를 거두었고, 총체적으로 새로운 아이디어를 창조해내는 의도하지 않은 인공물을 만들어냈기 때문이다.

수퍼바이저는 환자의 좌절감을 설명할 수 있는 다른 해석적 통합을 만들어낼 수도 있다. 환자가 자학하는 경향은 분노와 성욕 이외 요인들로도 생성될 수 있다. 그런데 수퍼바이저는 왜 그런 대안적 가설들을 수립하고 검증하려고 하지 않았을까? 왜냐하면 수퍼바이저는 환자에 대한 여러 가지 이야기들을 전해 듣고 그 이야기들을 연결해서 설명할 수 있는 모종의 해석적 통합an interpretive synthesis을 이루어내기 때문이다. 그 해석적 통합은 실천가로 하여금 당면 상황을 이해할 수 있게 해주고, 실천가가 가진 일반적 이론에도 일치하고, 실천가가 실제 해결책으로 전환하여 검증해볼 수도 있는 것이기 때문이다.

실천가와 달리 연구자는 일반적으로 실험에 의한 발견 결과에 만족하지 않고, 실험의 발견 결과를 활용하여 자신의 연구 방향을 재설정하고 보다 폭넓은 연구 활동을 지속해나간다. 그러나 실천가로서 실험자는 자신의 생각을 확증하거나 상황에 대한 새로운 판단을 내리는 한도 내에서 경쟁 가설들을 검증하려 한다. 그러므로 실천 상황에서 가설 검증 실험은 연구 상황의 그것과 다르다. 실천 상황에서 통제 실험의 제약 조건은 실천가의 탐구에 큰 방해 요인이 되지 못한다.

다른 한편, 실천 맥락은 연구 맥락에서 존재하지 않는 요구들을 가설 검증 활동에 부과한다. 예컨대, 실천 맥락에서 가설은 실천가의 모종의 조치move로 구체화되어야만 한다. Quist는 디자인 실천 맥락에 즉각적으로 구체화할 수 없는 가설에는 관심을 보이지 않는다. 수퍼바이저는 치료 실천 맥락에서 검증할 수 있고 탐구될 수 있는 가설에만 관심을 보인다.

실천 상황에서 실험은 자체적인 엄밀성의 규칙을 따른다. 행위 중 성찰을 하는 탐구자는 세 가지 종류의 실험 – 탐색exploration, 조치 검증move testing, 가설 검증hypothesis testing – 의 제약 조건과 효과들을 고려하면서 상황과의 게임을 전개해나간다. 모든 실천가는 상황을 변화시키는데 최우선적인 관심을 갖고 있다. 그러나 상황이 변화에 저항할 수 있는 가능성을 무시한다면 나중에 그는 자기 충족적 예언에 빠질 수밖에 없다. 그래서 실천가는 실천 상황을 자신의 관점에 일치시키려는 노력이 실패할 경우에 대비하여 열린 마음의 자세로 실험을 수행할 수 있어야 한다. 실천가는 자신의 가설이 불완전하다는 사실과, 가설이 불완전한 이유를 상황의 저항에 대한 성찰로 파악하려 애써야 한다. 또한 자신의 문제 규정이 불완전할 수 있다는 사실과, 왜 불완전한가에 대해서도 상황의 저항에 대한 성찰로 알아내려 해야 한다. 실천가는 실험 도중에 자신의 조치를 변화시키면서 상황과의 게임을 원하는 방향으로 이끌어나갈 수 있다. 이 때 행위 중 성찰의 실행 여부와 실험 방법의 선택은 이전 조치들에 의한 변화 결과를 고려하면서 결정하게 된다. 즉, 조치들로 인한 변화가 자신의 기대와 부합하는 경우와 그렇지 않은 경우 그리고 변화가 자신이 의도한 범위 내에 있거나 아니면 그렇지 않은 경우를 가정하여 행위 중 성찰 실행 여부와 실험 방법 선택을 결정할 수 있다. 다음 도식을 이용하여 설명해보도록 하자.

실천가 의도와 성과consequences	성과consequences의 바람직성desirability
1. 의도하지 않은 성과surprise	바람직하지 못한
2. 의도하지 않은 성과surprise	바람직한 혹은 중립적인
3. 의도한 성과no surprise	바람직한 혹은 중립적인
4. 의도된 성과no surprise	바람직하지 못한

첫 번째, 의도하지 않고 바람직하지 못한 성과를 낳는 경우는 행위 중 성찰이 필요한 전형적인 경우이다. 어떤 조치가 의도한 결과result를 낳지 못하고, 그로 인한 성과consequences는 바람직하지 못한 것으로 판명된다. 그러면 그 조치는 거부되고 관련 이론은 반박된다. 이때 탐구자는 거부된 조치에 대해서 그 조치와 관련된 이론에 대해서 성찰을 하는 것으로 대응할 것이다.

이런 과정의 한 가지 예시로서, Petra가 보고했던 교실 배치 실험에 대해서 살펴보자.

저는 처음에 이런 모습의 교실을 6개를 제시했는데, 교실 각각의 크기가 너무 작아서 적절하지 않은 것처럼 보여요.

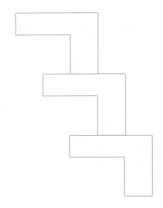

그래서 저는 6개 교실을 다른 방식으로 배치L자형해봤어요. 첫 번째와 두 번째 교실을 연결시키고, 세 번째와 네 번째, 그리고 다섯 번째와 여섯 번째를 L자형으로 연결시키면, 교실 구성이 교육적으로 의미를 가질 거라고 생각했어요. 말하자면 마치 집처럼 느낄 수 있는 공간을 확보할 수 있게 되지요.

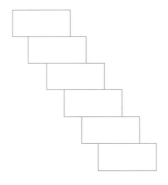

여기서 우리는 Petra가 두 가지 실험들을 실행한 것을 알 수 있다. 우선 Petra는 다음과 같은 암묵적인 행위 이론을 적용한 것으로 보인다.

교실 배치를 만족스럽게 하려면 이렇게 해야 한다.

그러나 Petra는 이 이론에 따른 교실 배치가 만족스럽지 못하다는 점을 알게 된다. 그리고 그런 불만족스런 결과를 교실들이 각각 "크기가 너무 작아서 적절하지 못해"라는 이론과 결부시키고 있다. 즉 Petra는 다음과 같이 말한다.

> 이 정도 크기로 교실을 만들면 만족스러울 것이라고 예상했어요. 그런데 그게 틀렸다는 점을 알았어요.

그래서 Petra는 새로운 배치를 생각해낸다. 마침내 그런 배치가 그렇게 예상했던 것처럼 "훨씬 더 의미있는" 것임을 알게 된다. 그녀는 또 그런 배치가 원래 의도한 것은 아니지만 기대하지 않았던 성과를 낳는 이점이 있다는 것을 알게 된다. 즉 새로운 교실 배치로 인해서 학년간 교실들이 연결되고 그로 인해서 "집"과 같은 느낌이 드는 공간을 창조된 것이다.

Petra의 두 실험들은 일종의 연쇄적 학습 과정learning sequence으로 서로 연결되고 있다. Petra의 첫 번째 조치 실험은 원래 의도했던 결과를 얻는데 실패하였고, 전반적으로 만족스럽지 못한 상황을 초래하였다. 이에 Petra는 잘못된 예상교실 크기 이론을 초래했던 이론을 직접 언급하는 방식으로 대응하고 있다. 즉 자신이 예상했던 이론을 비판하고 재구성하고, 그렇게 재구성된 새로운 이론의 선택은 교실들을 L자형으로 배치하는 구조를 제안하게끔 만든다. 그 결과 자신이 의도한 결과를 얻어내는데, 결국 Petra가 제안한 새로운 이론은 반박되지 않는다. 그리고 의도했던 결과와 함께 Petra가 바람직한 것으로 여기는 다른 의도하지 않았던 성과도 거둔다. 결국 실험으로 검증하고자 했던 새로운 조치는 적절한 것으로 확인된다.

모종의 조치가 의도한 것을 이루지 못하고 전반적으로 바람직하지 못한 성과를 낳게 될 때, 탐구자는 그 조치에 함축된 이론을 표면화시키고, 비판하고, 재구성하고, 그리고 재구성된 이론에 부합하는 조치를 구안하여 그 이론을 검증한다. 탐구자가 모종의 조치를 부정하게 되면 연쇄적 학습 과정learning sequence이 일어난다. 그 과정은 새로운 이론이 새로운 조치를 만들어내고 그 조치가 적절한 것으로 확인됨으로써 종결된다.

'확증confirmation, 공동 확증'의 논리 관점에서 보면, 실험의 결과들은 불투명하다.

즉 다른 행위 이론들이나 모델들도 초기 조치의 실패와 후속 조치의 성공을 미리 설명해줄 수도 있기 때문이다. 그러나 실천 맥락에서, 우선순위는 '변화에 대한 관심the interest in change'과 '확증의 논리the logic of affirmation'에 있다. 사실 실천 맥락의 실험 활동에서 그 엄밀성의 경계를 만드는 것은 바로 개별 확증the logic of affirmation의 논리이다.

   '확증confirmation, 공동 확증의 논리'보다 '확증affirmation, 개별 확증과 탐색exploration의 논리'가 우선시되어야 한다는 생각은 앞선 도식의 다른 실험 성과들을 고려해볼 때도 자명해진다. 두 번째 경우에, 탐구자의 의도와는 다른 결과를 낳지만, 전반적으로 볼 때 그로 인한 성과는 바람직한 것이 되었다. 이 때 관련 이론은 반박되지만 관련 조치는 확증된다affirmed. 예컨대 Petra는 원래 복도gallery를 그저 학생들이 지나쳐가는 통로 정도로만 디자인했을지 모른다. 그러나 그 복도는 학생들이 지나치는 통로로서는 별로 좋지 못하지만, 그럼에도 불구하고 특정한 기능을 한 것으로 판단한다. 이런 경우에 Petra는 자신의 조치에 관한 이론에 대해서 성찰할 필요가 없다. 그저 확증affirmation의 논리에 따라 그 조치는 성과가 좋은 것으로 판단했기 때문이다. 물론 Petra는 복도가 왜 예상한 대로 작동되지 않았는지에 대해서 궁금할 수 있다. 그러나 이동 경로의 순환성circulation 문제가 발생할 가능성이 있는 차후 사례들에 대한 준비로서 현재 사례를 고려하지 않는다면 굳이 그 상황에 대해서 성찰할 필요는 없다.

   세 번째 경우에, 조치move는 그 의도된 결과를 낳고 그 결과로 인한 성과는 대체로 바람직한 것으로 간주된다. 이 때 탐구자가 그 과정을 굳이 이해하려고 하지 않는다면 행위 중 성찰은 전혀 필요하지 않다.

   네 번째 경우에, 조치는 의도했던 결과를 낳지만 더불어 의도하지 않은 변화를 유발하고 그것은 대체로 불만족스러운 것으로 확인된다. Petra는 학생들이 운동장에 바로 진입할 수 있도록 체육관을 위치시켰다. 그러나 그런 배치는 공간을 협소하게 만들고 건물의 전체적인 모양을 훼손할 것이라는 사실을 알게 된다. Petra는 자신의 조치에 관련된 이론에 대해서 성찰을 하고, 그 성찰은 이론의 진리 여부보다는 이론의 적합성 여부에 초점을 맞추게 된다. 이때 Petra는 자신의 조치로 인한 결과를 고려하지 못한 점을 깨닫고 관련 요소들을 고려한 새로운 이론들을 찾아서 실험해보려 한다. 즉 Petra는 자신의 연쇄적 학습 과정에서 공간의 접근성과 함께 공간의 개방성, 그리고 건물의 전체적 모양에 관한 새로운 이론들을 고려하고 있다.

실천가는 실험 조치들로 인한 변화의 특성에 따라서 행위 중 성찰의 필요와 방향을 결정한다. 실천가는 세 가지 종류의 현장 실험on-the-spot experiment, 즉 탐색, 조치 검증, 가설 검증의 실험을 실시한다. 실천가 실험의 엄밀성은 해당 실험 조치의 확증affirmation, 개별 확증 혹은 탐색exploration 논리로 확보된다.

가상 세계 (Virtual Worlds)

Quist와 수퍼바이저에게 주어진 실천 장면은 실제 상황은 아니다. 말하자면 Quist가 실제로 건설 현장을 직접 걸어 다닌 것은 아니다. 수퍼바이저도 직접 환자와 대면하여 대화를 나누고 있지 않다. 두 사람 다 일종의 가상 세계에서 행위하고 있는데, 그 가상 세계는 각자 자신의 실제 실천 세계를 표상한 것이라 할 수 있다.

이 점은 실험의 엄밀성 확보라는 문제와 관련하여 매우 중요하게 고려되어야 할 사안이다. 실천가는 자신의 가상 세계에서, 실제 실천 세계에서 행해지는 가설 검증 실험의 몇 가지 제약 조건을 제어할 수 있다. 그러므로 가상 세계를 구성하고 조작하는 실천가의 능력은 기예를 발휘하여 수행하는 능력과 엄밀성을 갖춘 실험을 수행하는 능력의 중요한 요소가 된다.

Quist와 Petra에게, 도면 위의 그래픽 세계는 행위 중 성찰을 위한 매개체가 된다. 두 사람은 자신의 조치들을 공간-행위 언어spatial-action language로 그려내고 말할 수 있고, 그렇게 함으로써 건설 현장의 건물 형태를 미리 상상해볼 수 있는 흔적들을 만들어낸다. 도면 작업drawing은 미리 체험할 수 없는 건축물들의 특징과 관계를 드러내주기 때문에, 그런 특징과 관계하여 실천가들은 조치들을 실험해볼 수 있게 된다. Petra는 도면 작업을 통해서 자신이 디자인한 건물 형태가 경사진 지표면과 잘 맞지 않고, 교실들은 크기가 너무 작아서 문제가 있다는 사실을 발견할 수 있었다. Quist는 자신의 도면 작업으로 생겨난 지붕 높이 차이가 모퉁이 공간nooks을 만들어내고, 자신이 제안한 기하학적 원리가 현재 지표 상태와 잘 들어맞는다는 사실을 발견하게 된다. 또한 Quist는 자신이 구상한 복도가 "반복적이지만 반복적이지 않도록 하는 것이 있다"는 사실을 깨닫도록 만든다.

실제 세계에서 실험을 방해하거나 제약하는 조건들은 도면 작업의 가상 세계에서는 그리 문제가 되지 않는다. 도면 작업 행위는 신속하고 즉각적으로 이루어질 수 있다. 도면 작업으로 남겨진 흔적들은 조건이나 상황의 영향을 받지 않는다. 그래서 디자이너는 그 흔적들을 편안하게 검토해 볼 수 있게 된다. 가상 세계에서 디자이너는 자신의 도면 작업의 속도를 조절할 수 있고, 때로는 도면 작업 속도를 늦추어서 행위 중 성찰을 시도할 수도 있다. 나아가서 실제 세계에서 시간이 오래 걸리는 작업들은 ─ 경사진 지표면 고르기, 주변 조경 만들기 ─ 도면 작업 과정에서 생생한 현장 활동으로 즉각적으로 재생해낼 수 있다.

가상 세계에서 디자이너는 자신의 조치들을 되돌려 실행해볼 수 있다. 디자이너는 그 조치를 시도도 해보고, 관찰도 하고, 다른 용지를 사용해서 다시 시도해볼 수도 있다. 그 결과 디자이너는 자신의 오류를 시정하고 예측하지 못한 결과를 고려하여 새로운 조치를 고안하고 적용하는 소위 연쇄 학습 과정learning sequences을 실행할 수 있게 된다. Petra는 여러 가지 시도를 해보면서 교실 크기 및 모양과 행정실 배치에 대해서 탐색할 수 있었다. 그래서 Quist는 Petra에게 설계 도면 격자의 적절한 치수를 결정하고 "중앙 지역 처리" 및 "나무 조경"방법을 알아내기 위해 "그리고 또 그리는" 작업을 해볼 것을 권유하고 있다. 실제 세계에서 큰 비용을 치러야 하는 조치들을 도면 작업의 가상 세계the world of drawing에서는 위험 부담 없이 시도해볼 수가 있다.

가상 세계에서는 실험을 방해 혹은 교란하는 환경 상의 변수들을 제거할 수 있다. 도면 작업의 세계에서는 작업 중단, 장비 고장, 침수 등과 같은 일들이 발생하지 않는다.

실제 세계에서 실타래처럼 얽힌 변수들은 도면 작업의 세계에서는 서로 분리시킬 수 있다. 특정한 건축법들에 의거하지 않고도 건물의 전반적 모양을 탐색해볼 수 있다. 또한 건물에 사용될 자재를 고려하지 않고도 건물 모양에 대해서 생각해볼 수 있다.

그러나 실험을 위한 일종의 환경으로서 도면 작업 세계의 이점을 살리기 위해서는 디자이너에게 특별한 역량과 지식이 필요하다. 즉 디자이너는 그래픽 도구, 언어, 기호 등 다양한 규칙tradition을 배워야만 한다. 예를 들면, Quist는 특정한 현상의 탐색에 가장 적합한 그래픽 시스템을 선택할 수 있는 도구 레퍼토리를 보유하고 있다. 스케치 작업으로 전체적인 건물 모양을 탐색하고, 겹쳐 그리기로 삼차원 효과를 확인하고, 척도를 이용하여 건축물의 크기를 가늠하고, 모형을 만들어 건물들간의 관계, 건물의 용적, 일조 상태를 검토해볼 수 있다. 디자이너는 처리해야 할 문제들의 우선 순위를 고려하여 디자인 관련 도구를 선택적으로 활용할 수 있어야 한다.

또한 Quist는 디자인 언어들을 사용하는 방법을 알고 있다. 동심원 선들을 그려서 건축 현장의 등고선을 표현할 때, 마치 전문 서적에서나 찾아볼 수 있는 단어들과 그 의미를 사용하여 경사진 지표면의 상태를 이해시키고 있다. 그렇게 함으로써 Quist는 실제 건물 이용자들처럼 가상의 이동 경로를 탐색하고, 건축 현장의 건물을 둘러보듯이 디자인 도면 위에서 이리 저리 이동할 수 있는 것이다.

그러나 가상 세계는 실제 세계에도 적용될 수 있는 한도 내에서만 실험을 위한 환경이 될 수 있다. 그리고 실제 세계에로 적용 가능한가는 가상 세계가 실제 세계를 정확하게 복사해낼 수 있는 정도에 의해서 결정될 것이다. 건축가는 가상 세계와 실제 세계를 번갈아가면서 경험하는 과정을 통해서 실제 세계를 정확하게 재연하는 능력을 구현하고 개발하는 방법을 배운다. 그리고 그는 그래픽 도구가 갖는 표현력의 한계를 인식하는 능력도 배운다. 즉 도면 작업만으로 토양 상태, 풍향, 자재 및 노동 비용, 장비 고장, 환경 변화를 이해하고 표현할 수 없다. 또한 도면 작업은 실험 환경으로서 디자이너의 다양한 실험을 교란하거나 방해할지 모르는 실제 세계의 특징들을 제거할 수 있도록 해준다. 그러나 디자이너는 실험 결과를 해석하려 할 때 제거된 요인들을 기억하고 고려할 수 있어야 한다.

수퍼바이저는 레지던트와 상호작용을 통해서 의사와 환자의 경험 세계를 대변하는 일종의 가상적 대화 세계를 구성하고 있다. 스토리텔링으로 의사와 환자의 경험 세계를 표상하고 구성한다.

질문과 행위를 선택적으로 반복하면서, 수퍼바이저는 해석적 탐구의 대상이되는 경험 상황을 만들어낸다. Quist처럼, 수퍼바이저도 주어진 상황의 일부 특성들은 통제한다. 우선 하나의 이야기를 청취하고 그것을 다른 이야기와 관련지으면서 이야기들의 의미와 관계를 해석하고 그것을 치료를 위한 하나의 자료로삼는다. 발생 시점은 달라도 서로 다른 일시적 사건들이라도 간과하지 않고 서로관련지으면서 환자의 의존성과 죄책감 같은 현상을 탐색하고 있다. 물론 일부 이야기는 무시되거나 간단하게 처리하지만, 다른 이야기들은 그 내용을 확장하고정교화시키고 있다. 수퍼바이저는 자신이 중요하게 생각하는 몇 가지 특징들에초점을 맞추면서 이야기 흐름에 벗어나는 주변 요인들은 분리해내고 있다. 그리고 자신의 질문이나 관심을 제한하여 실험 자료로 활용될 데이터의 범위를 나름설정해놓고 있다. 주어진 데이터는 이런저런 방식으로 해석하려 노력하면서 자신의 조치들을 실험하는 자신만의 연쇄적 학습 과정을 디자인하고 있기도 하다.

수퍼바이저의 심리치료 사례는 이중적인 의미에서 가상적virtual이다. 레지던트가 수퍼바이저에게 전해주는 이야기는 환자와 의사간의 상호작용 상황을 알려주고, 나아가서 그 상호작용 상황에 의해서 환자의 치료 외적인 삶을 알려주는 이야기로 재구성되고 있다. 수퍼바이저가 "자, 자네와 관계 속에서 환자가 어떤 일들이 벌어지는지를 알 수 있고 자네는 그런 측면에서 문제를 해결할 수 있어"라고 말할 때 바로 이중적 의미의 가상 세계로서 실천 세계가 전개되는 것이다. 이사례에서 환자 치료를 위한 단서였던 전이 현상transference의 영향력은 환자와 타인의 관계를 표상하는 세계와 깊은 관련이 있다. 즉 환자와 타인의 관계를 가상세계로 충분히 표상해낼 수만 있다면, 성찰이 불가능한 일상 현상들을 느긋하게이해할 수 있게 될 것이기 때문이다. 이처럼 전이 현상을 환자와 공동으로 탐구한다면, 환자가 불편해하거나 소외될 수 있는 조치들을 실험으로 다루어볼 수 있게 된다.

의사가 가상 세계를 이용하여 환자의 전이 현상을 처리할 수 있는 능력은 전이의 징후들을 정확하게 읽어낼 수 있는 능력에 의해서 좌우될 것이다. 의사는환자의 치료 외적 삶을 경청하는데 능숙해야만 한다. 사례 속의 수퍼바이저는 다음과 같이 말한다.

하지만 환자는 자네와 거리를 두는 방법을 찾을 거야. 마치 자신의 남
자 친구에게 했던 것처럼 말이지.

나아가서, 의사는 자신과 환자의 관계를 탐구의 세계로 전환할 수 있고, 그
세계에서 의사와 환자의 감정과 사고는 행위의 출발점보다 문제 발견의 원천으로
활용될 수 있다. 의사는 전이 현상의 징후를 포착하고, 환자의 경험에 대해서 성
찰하고, 환자의 신뢰를 획득하는 능력을 갖추어야 한다. 또한 의사는 환자의 처
지에 공감하고, 상호책임의 규칙을 수립하고 존중하며, 환자가 스스로 노출한 사고
와 감정을 통찰할 수 있도록 도와주는 능력을 갖추어야 한다. 이런 능력을 바탕으
로 의사는 환자의 치료 상황을 하나의 가상 세계로 구성하고 관리해야하며, 이는
일종의 탐구 방법a method of inquiry이자 개입 전략a strategy of intervention이 된다.

그러나 가상 세계는 상황을 정확하게 대변하기에는 한계를 지닌다. 환자가 치
료를 계속 받기를 원하는 상황을 레지던트는 자신이 "환자가 필요로 하는 나쁜
놈"이 되어주기를 바라는 환자의 반응이라고 추측할 수 있지만 실제로 그런 것인
지는 정확하게 알 수가 없다. 또 치료 과정에서 환자 스스로 위축되는 모습이 환
자의 외적 삶에서 지속되는 자기 위축 현상과 유사하다고 성급하게 결론지을 수
도 없다. 오직 환자 경험을 더 많이 확인하는 과정, 즉 치료 과정에서 환자 자신
을 스스로 드러내는 불편한 상황이 더 자주 연출될 때 의사는 자신의 추론을 검
증할 수가 있는 것이다.

환자의 전이 현상transference과 건축가의 스케치 패드는 바로 전문직의 실천가
들이 의존하는 다양한 가상 세계들의 예시가 될 것이다. 나아가서 조각가는 자신
이 만든 축소 모형에 대한 느낌으로 향후 조각해낼 어떤 인물의 특징을 추론하는
방법을 배운다. 엔지니어는 축적물, 풍동 기구, 컴퓨터 시뮬레이션을 활용하여 문
제 상황을 규정하고 이해하고 해석할 수 있다. 오케스트라 지휘자는 리허설을 통
해서 연주의 속도, 연주의 흐름, 연주자의 조화 등을 실험하게 된다. 역할 놀이
role play는 참가자들이 어떤 대인 관계 상황이 지닌 특징들을 발견하고, 참가자들
의 대인 관계 상황에 대한 직관적 반응들에 대해서 행위 중 성찰하는 방법을 배
우게 해준다. 음악이나 연극 상황에서 즉흥적 행위는 실제 세계와 가상 세계의

경계를 모호하게 만들어서 실제 퍼포먼스로 연결될 수 있도록 해준다.

요컨대 가상 세계는 실천가의 행위 중 성찰 과정에서 장애가 되는 요인들을 연기시키고 통제하는 일종의 실험 환경을 제공한다. 가상 세계는 "실천"에 대한 실천의 세계를 대신하게 된다. 그리고 가상 세계를 구성하고, 관리하고, 활용하는 실천 행위는 행위 중 성찰 능력, 즉 기예artistry를 길러줄 것이다.

실천가의 탐구 자세 (Stance Toward Inquiry)

실천가의 탐구 자세는 다루게 될 실재reality에 대한 태도를 말한다. 기술적 합리성technical rationality 관점에 의하면, 실천가의 가치와 관점에 의해서 영향을 받지 않는 객관적으로 인식 가능한 세계가 존재한다. 실천가가 그런 세계에 대한 객관적 지식을 획득하기 위해서는 자신과 탐구 대상 사이에 명확한 경계 구분이 필요하다. 즉 자신이 다루는 대상에 대한 기술적 통제를 할 수 있기 위해서 실천가는 대상과 거리를 두면서 관찰하는 자세를 취해야 한다. Bacon의 주장처럼, 자연에 복종함으로써 자연을 지배한다는 것이다. 즉 실천가에 필요한 탐구 자세는 바로 구경꾼/조작자spectator/manipulator로서 자세이다.

실천가는 고유하고 불확실한 상황에 대한 성찰적 대화 과정에서 행위자/경험자agent/experient9의 역할을 한다. 상황과의 상호작용을 통해서 상황을 구성하고 스스로 상황의 일부가 되기도 한다. 그러므로 실천가가 구성하는 상황의 의미는 상황에 대한 자신만의 경험을 반영한다. 그러나 실천가 자신의 의도와 분명히 다른 상황 그 자체의 삶도 존재하기 때문에 실천가의 시도가 저지되기도 하고 상황의 새로운 의미가 드러나기도 한다.

이와 같은 역설적인 이유들로부터 현장 실험의 규칙과 가상 세계의 활용과 마찬가지로 행위 중 성찰에 필요한 실천가의 탐구 자세의 몇 가지 특징이 도출된다.

---

9 이 용어는 Geoffrey Vickers의 미발간 문건(MIT, 1978)에서 인용한 것임.

탐구자는 상황과 상호작용을 하면서 수동적으로 대처하기보다는 적극적으로 대응하는 과정 속에서 일종의 자신만의 질서an order of own를 부과하여야 한다. 그래서 수퍼바이저는 환자와 교착 상태에 빠진 원인이 레지던트 자신에게 있음을 일깨워주고, 환자에 대한 탐구와 개입의 수단을 전이 현상에서 찾도록 시도하고 있다. 또 Quist도 Petra로 하여금 주어진 건축 현장에 적용가능한 일관된 원칙이 존재하지 않지만 디자이너가 스스로 찾아내야 한다는 점을 일깨워주려 노력하고 있다. 하지만 탐구자가 원칙을 갖는 것도 중요하지만, 탐구자는 그 원칙을 적용하는데도 일관성을 유지해야만 한다. Quist가 도면 작업으로 지도하고 수퍼바이저가 레지던트의 스토리들을 탐색할 때, 그들은 자신들이 선택한 문제 상황의 구조들이 지닌 시사점들을 일관성을 갖고 규명하는데 몰입하고 있는 것이다.

탐구자는 자신의 의도대로 상황을 구성하려 노력함과 동시에 상황의 반향back-talk에도 귀를 기울여야 한다. 탐구자는 새롭고 혼란스럽고 불확실한 사태를 기꺼이 수용할 수 있어야 한다. 그래서 탐구자는 일종의 이중적 관점double vision10을 가져야만 한다. 자신이 선택한 관점에 따라서 행위하지만, 나중에 필요하면 그 관점을 언제든지 버릴 수 있다는 점을 알아야 한다. 왜냐하면 상황과의 상호작용을 새롭게 이해하기 위해서는 그 관점을 버려야만 할지도 모르기 때문이다. 이런 작업은 탐구 과정이 진행됨에 따라서 실행하기가 점점 어려워질 수 있다. 탐구자는 자신의 선택에 더욱 몰입되어가고 그로 인해서 사태를 되돌리기가 더욱 힘들어지기 때문이다. 불확실성이 커지면 커질수록 자신의 관점을 실재로 인식하려는 유혹은 더 커지기 마련이다. 그러나 탐구자가 이중적 관점을 유지하게 되면 자신의 선택에 대한 몰입이 아무리 심화되더라도 일관성을 갖고 다른 여러 아이디어와 구성물에 대해서 폭넓고 깊이 있게 고려할 가능성이 높아진다.

유능한 실천가는 유동적 상황에서 활용할 수 있는 비교적 안정적인 능력 요소들을 보유하고 있다. 그런 요소들은 바로 모종의 포괄적 이론an overarching theory, 이해 체계an appreciative system, 행위 중 성찰 자세a stance of reflection-in-action이다.

---

10 Michael Polanyi의 Personal Knowledge(Chicago: University of Chicago Press, 1958)을 참고하라.

그 가운데 행위 중 성찰 자세는 일부 실천가에게는 탐구의 윤리로 간주되기도 한다.

기술적 합리성과 행위 중 성찰의 비교(Technical Rationality and Reflection-in-Action Compared)

Quist의 디자인 과정과 수퍼바이저의 심리치료 탐구 과정에서 나타나는 패턴과 원칙의 유사성을 기술하면서, 고유하고 불확실한 상황 속의 실천적 기예artistry를 설명해주는 행위 중 성찰의 인식론을 설명하였다. 전문가의 앎professional knowing의 과정에 대한 이런 관점에 의하면, 기술적 문제 해결 행위는 실천가의 상황과의 성찰적 대화 과정에서 아주 미미한 위치를 가질 뿐이다. 즉 기술적 합리성 관점은 실천 상황의 인식론으로서는 거의 설득력이 없다.

실증주의적 실천 인식론은 세 가지 종류의 이분법에 의존한다. 첫 번째 이분법은 목적ends과 수단means의 분리이다. 도구적 문제 해결 과정은 주어진 목적을 달성하는데 수단이 어느 정도 효과가 있는가로 판단하는 기술적 절차이다. 두 번째 이분법은 연구research와 실천practice의 분리이다. 연구는 통제 실험에 의해서 객관적 및 일반적 이론과 기법을 도출하는데 목적이 있고, 실천은 연구로 도출된 이론과 기법을 문제 상황에 적용하는데 목적이 있다고 본다. 마지막 이분법은 앎knowing과 행함doing의 분리이다. 행위는 단지 기술적 의사결정의 실행이자 검증으로 인식된다.

Quist와 수퍼바이저가 보여준 성찰적 대화에는 그런 이분법들이 적용되지 않는다. Quist와 수퍼바이저에게 실천은 그 자체가 일종의 연구이다. 그들의 문제 상황에서 목적과 수단은 상호의존적으로 구성된다. 그리고 그들의 탐구 행위는 앎과 행함이 분리될 수 없는 상황과의 상호작용 행위이다.

Quist와 수퍼바이저와 같은 탐구자들은 문제 상황의 실재를 스스로 구성해야만 한다. 이때 탐구자들은 우선 문제 상황의 특징들, 상황에 적용할 원칙order, 상황을 변화시킬 방향들을 결정한다. 이 과정에서 탐구자들은 달성할 목적들과 사용할 수단들을 규명한다. 이어서 상황에 대한 행위는 의사결정과 통합되어 실행되고, 문제 해결 행위는 보다 넓은 의미에서 문제 규정 과정의 일부가 된다. 예를 들면, Quist는 경사진 지표면에 자신만의 경험 법칙rules of thumb을 적용하는데, 그 법칙의 적용은 건축 현장에 모종의 기하학 원리를 적용하려는 보다 넓은 의미의 실험 과정의 일부가 된다. 요컨대 Quist의 문제 구조화 실험은 해결될 문제를 규정, 즉 문제를 재구조화하고 그 결과에 대한 검증 과정으로서 하나의 총체적 행위로 진행된다.

Quist와 수퍼바이저는 자신의 학생들이 당면한 상황에 대해서 직관적으로 이해하는 방식을 성찰하고 그 과정에서 새로운 문제와 모델을 도출해낸다. 이 때 그들은 연구 기반 이론들을 적용하는 것이 아니라 친숙한 사례와 지식을 포괄하는 자신들만의 레퍼토리들을 이용한다. '으로 바라보기seeing as'와 '처럼 행동하기 doing as'의 과정을 통해서 Quist와 수퍼바이저는 새로운 상황 모델들을 구성하고 검증해나간다. 그리고 스케치 패드와 스토리텔링과 같은 가상 세계의 현장 실험 on-the-spot experiments은 실제 과학적 연구자들의 실험과 달리 변화 조치와 탐색 행위로서 만족스러운 조치를 찾아내고 상황 재구조화의 원인을 찾아내는 한정적인 기능을 한다.

기술적 합리성에 의거한 인식론의 핵심 가치들인 통제, 거리두기, 객관성은 성찰적 대화 과정에서 새로운 의미를 가진다. 성찰적 대화 과정에서 탐구자는 가상 세계라는 한계 내에서 가설 검증 실험을 위하여 변수들을 통제하려고 한다. 그러나 그의 가설은 변화가능한 상황에 관한 가설이고, 그는 가설 검증 과정에서 상황 속으로 개입하여 들어간다. 그는 객관적인 지식을 산출하려 노력하지만 그 '객관적' 지식은 반증될 수도 있다. 또한 탐구자는 만족스러운 변화를 달성하지 못하거나 다른 원칙을 적용하는 변화를 시도해야 한다는 사실을 발견할 수 있다. 그러나 탐구자의 지식은 특정 이해 체계appreciateive system와 포괄적 이론overarching theory에 대한 집착으로 제한되어지는 개인적personal 특징을 갖는 그런 지식이다. 그런 집착을 공유하는 탐구 공동체의 구성원들에게만 적용되는 그런 지식이다.[11]

---

11 Michael Polanyi, *Personal Knowledge* (Chicago: University of Chicago Press, 1958).

지금까지 Quist와 수퍼바이저의 상황과의 성찰적 대화 과정에서 보여진 실천지knowing-in-practice에 대한 또 다른 사례들을 다음 장들에서 논의하고자 한다. 특히 다른 분야의 실천가들의 맥락과 영역－특수적 지식에 따라서 행위 중 성찰이 달라지는 방식과 행위 중 성찰을 제약하는 요인들에 대해서 탐색해보고자 한다.

Chapter 6

과학기반 전문직의
성찰적 실천

Professional Contexts for
Reflection-in-Action

과학기반 전문직 (What Are the Science-Based Professions?)

의학, 농학, 공학은 과학적 지식에 기반을 두는 전형적인 전문직 분야들이다. 한편 Glazer는 치의학, 검안학, 기상학, 간호학, 경영학, 임학 등은,

> 과학에 직접 기반을 두거나 아니면 해당 분야의 교육과정에 과학적으로
> 엄밀한 성격을 지닌 기술적 지식의 상위 요소가 포함되는 전문직 분야들
> 이다.[1]

기술적 합리성 관점에 의하면, 이런 전문직 분야의 실천가들은 기능적인 문제 해결자로 간주된다. 의사들은 질병 생리학에 근거를 두는 진단 및 치료 기법들을 사용한다. 농학자들은 연구로 도출된 이론들과 기법들을 사용하여 농업 생산성,

---

[1] Nathan Glazer, "Schools of the Minor Profession(비주류 전문직을 위한 학교)," *Minerva*, (1974): 348.

토양 침식, 식물병, 병충해 문제를 해결한다. 산업공학자들은 통계 분석 및 최적화 이론과 기법을 이용하여 품질과 생산성의 문제를 해결한다. 건설 및 건축공학자들은 토양 조건과 건축 구조에 관한 연구 결과를 이용하여 건축물의 기반 조성 방식을 결정한다.

기술적 합리성 관점에 의거한 문제 해결 행위는 주어진 제약 조건들을 관리하고 수립된 목표를 달성하는데 사용가능한 기법들을 조작하는 활동으로 간주된다. Simon이 말한 것처럼, 일련의 실행 가능한 행위 전략들과 기법들은 그 활용 결과가 측정 가능한 객관적 수단이며, 따라서 그 전략들과 기법들은 비용과 효과 차원에서 서로 비교가 가능하다. 특정 분야의 실천 활동이 그와 같은 기능적인 문제 해결 모델을 채택하게 되면, 그 분야의 실천 활동, 즉 직업은 점차 전문직의 지위를 획득하게 된다. 그리고 해당 직업의 기법들이 기초 및 응용 연구 이론에 그 근거를 갖게 되면, 그 직업은 과학 기반 전문직의 위상을 갖게 된다.

과학 기반 전문직에 종사하는 실천가의 탐구는 제한된 범위 내에서 이루어진다. 즉 과학 기반 전문직 실천가는 다음과 같은 질문만을 하게 될 것이다. 나는 이미 알고 있는 문제들 중에서 적합한 문제를 찾아냈는가? 나는 이미 알고 있는 기법들 중에서 적합한 문제 해결 기법을 선택했는가? 이처럼 기술적 합리성 모델에 의거한 과학 기반 전문직 실천가들은 당면 상황의 징후들을 이미 알고 있는 문제들과 기법들에 연결지우는 방식으로 대처한다. 그러나 의료 진단에 관한 최근 연구들은 그런 연결지우기가 매우 복잡한 것이 될 수 있음을 보여준 바 있다. 유능한 임상의가 특정 질병을 진단하고 설명하는 과정에는 무수한 사실, 추론 규칙, 발견적 논리들이 관련될 수 있다.[2] 이와 같은 복잡성과 다양성을 의사의 실천 행위에 고려하지 않는다면, 의사의 실천 행위는 단순히 환자의 증상들을 이미 알려진 질병 이론과 치료 기법에 연결시키는 활동으로 간주될 것이다.

기술적 합리성 모델에서 실제적인 실천 모델로 인식의 관점을 전환하게 되면,

---

2 William Schwartz와 Stephen Pauker 등, "Toward the Simulation of Clinical Cognition: Taking a Present Illness by Computer," *The American Journal of Medicine*, 60 (June 1976): 991–996.

엔지니어, 농학자, 의사들이 실제로 수행하는 행위를 기능적인 문제 해결 방식만으로 설명하기에는 부족해진다. 그들은 기능적인 문제들도 해결하지만, 그 이외에 다른 문제들도 다루고 있기 때문이다.

실천가들은 이전에 알려지지 않은 새롭고 독특한 문제들에 직면하게 되면 그들은 이미 알려진 문제와 이론의 연결짓기 방식이 아니라 성찰적 대화와 유사한 구조를 갖고 있고 본질적으로 기예 발휘가 필요한 일종의 디자인 행위의 방식으로 대처한다. 그리고 과학 기반 실천가들은 자신의 실천 활동을 보다 넓은 맥락에서 고려하고, 자신에게 주어진 문제 상황을 관리 가능한 형태로 전환시켜 나간다. 실천가는 기능적인 문제 해결 범주에 속하는 현상일지라도 먼저 행위 중 성찰에 회부한다. 그리고 실천가는 자신의 실천 활동에 관련되면 자신의 전문직 범위를 넘어서더라도 보다 넓은 범위의 상황으로 넓혀서 행위 중 성찰을 실행한다.

엔지니어링 디자인의 기예 (The Art of Engineering Design)

기능적 문제 해결과 행위 중 성찰의 관계를 생각하는데 있어서 엔지니어링 분야는 매우 흥미로운 분야이다. 2차 세계 대전 이후에 엔지니어링을 응용과학으로 자리매김하려는 시도가 있었고, 그런 시도의 한계점들이 추후에 발견되었다.

엔지니어링 분야는 2차 세계 대전 이후 물리학의 사회적 기여, 스푸트닉 사건의 여파로 승리의 찬가가 울려퍼지고 있었고, 엔지니어링 지지자들은 심지어 공학교육과정을 응용물리 중심의 교육과정으로 전환하였다. 그러나 1960년대 후반에 이르자 지도적 위치에 있던 엔니지어링 교육자와 실천가들은 다른 생각을 갖기 시작했다. 하버드대 공대 학장인 Harvey Brooks는 과학에만 의존하는 엔지니어링 이미지가 갖는 약점을 지적하였다. 그는 1967년 "공학교육의 딜레마"[3]라

---

3 Harvey Brooks, "Dilemmas of Engineering Education," in *IEEE Spectrum* (February 1967).

는 논문을 발표하여, 엔지니어링 분야의 실천가들은 급속히 변화하는 지식과 급속히 변화하는 사회 요구 사이의 간극을 좁혀야 하는 상황에 처해있다고 주장하였다. 나아가서 Brooks는 엔지니어링 분야가 급속한 지식 변화와 사회 요구 사이에서 생존하기 위해서는 소위 엔지니어링 분야에 고유한 기예an art of engineering가 요청된다고 주장하였다. 그러나 당시 공과 대학의 과학화 추세는 엔지니어링 분야를 기예가 필요한 분야가 아니라 학문의 분야로 인식하도록 만들었다.

1953년부터 1967년까지 과학에 대한 엄청난 대중적 지지를 바탕으로 공과 대학은 실제적으로 유용한 것을 만들어내는 "디자인 역량design capability"보다 "새로운 가능성"을 지향하는 학문적 성격의 엔지니어링에 더 많은 관심을 기울였다. 이러한 추세로 인하여 공과 대학 교수진에서는 과학 및 학문 지향적인 전문가가 가장 막강한 권력을 지니게 되었다. 그러나 이런 사람들은 "사회 봉사에 헌신하는" 전문가라는 가치와 요구에 부합되지 않는 자세를 보였다. Brooks는 "전문가를 양성하는 대학에 종사하는 학문지향적인 학자들이 갖는 지적인 자세가 전문직을 대표하는 여타 실천 지향적 교수들과 생각이 다를 때" 심각한 문제가 발생한다고 지적하였다. 막강한 권위와 지위를 지닌 과학자로서 교수들을 엔지니어링 분야의 실천가들은 더 이상 역할모델로 삼을 수 없었다. 공과 대학은 "전문가 교육을 위한 과학과 기예의 관계"를 재설정해야 하는 과제에 직면하게 되었다. 그러나 1967년에 이르면 실천지향적인 엔지니어링 디자인 강좌는 사실상 대학 내에서 사라졌고, 과학과 기예의 관계 설정이라는 문제는 더 이상 논의조차 되지 않게 되었다.

과학과 기예의 관계 설정 문제를 논의의 장으로 이끌고자 했던 Brooks는 엔지니어링 디자인을 위한 기예의 존재 자체가 교육적인 딜레마를 불러일으킨다는 사실을 인식하고 있었다. 말하자면 엔지니어링 디자인을 위한 기예가 필요불가결하고 아직은 그 실체가 알려져 있지 않다면, 과연 그 기예를 가르치는 방법은 무엇일까라는 문제가 제기되는 것이다.

나는 엔지니어링 디자인은 모종의 상황에 관련된 재료와의 성찰적 대화 과정, 즉 앞서 논의하였던 건축과 심리치료 분야에서 본 것과 유사한 그런 유형의 과정으로 이해될 수 있다고 본다. 엔지니어링 디자인 과정을 응용과학 연구에서 도출된 일반 규칙이나 이론을 단순히 적용하는 행위라고 단정해서는 안된다고 본다.

우선 비교적 단순한 엔지니어링 디자인 사례로서 기계공학 분야의 실습 수업을 생각해보도록 하자. 몇 년 전 공과 대학 수업 시간 중 한 가지 실험을 수행하였던 교수와 학생들을 만난 적이 있다. 이 수업은 학생들이 교수 지도 하에 실제 산업 세계에서 발생하는 문제들을 조사하고 해결하는 능력을 기르는데 목적이 있었다. 학생들은 모 총기 제조업자가 제출한 문제 해결 프로젝트를 다루고 있었다. 당시 총기 제조업자가 제시한 문제는 대략 다음과 같은 것이었다.

우리는 150년의 오랜 역사를 가진 청동으로 장식된 소총을 제조하는 공정을 보유하고 있다. 이 공정은 아르헨티나에서 수입된 소뼈를 용기 속에서 넣고, 가열된 금속을 냉각시키는 방식으로 진행된다. 이런 공정의 이론적 근거는 잘 모르겠지만 아무튼 지금까지 그 공정은 성공적인 결과를 낳았다. 그런데 최근에 소뼈 공급이 중단될 처지에 놓이게 되었다. 따라서 우리는 당신들이 지금처럼 청동 색깔을 정확하고 일관되게 재생할 수 있는 대체 공정을 개발해주기를 원한다.

이 프로젝트를 수행하는 학생들은 관련 경험이 전혀 없는 상태였다. 총기 제조사에 근무하는 엔지니어들은 학생들의 프로젝트에 전적으로 개입할 수는 없었으나, 학생들에게 금속 표면의 화학적 성질 조사를 제안하였다. 이런 제안은 학생들에게 미지의 분야에 해답이 있을지도 모른다는 암시를 주었다. 그래서 학생들은 그렇게 해보기로 결정하였다.

학생들은 "변수들이 너무 많다"는 사실을 깨달았다. 학생들은 먼저 가열 온도와 가열 시간에 초점을 맞추기로 결정하고, 금속 표면 산화막의 열역학적 상태를 조사하였다. 그러나 이 조사는 아주 긴 시간이 필요하였다. 학생들은 점점 성과에 대한 부담이 가중됨에 따라, "여러 가지 변수들을 동시에 조작하고 자신들의 직감을 활용하기" 시작했다. 그 결과 학생들은 금속을 풍로 속에서 7분 정도 가열하고 물에다 냉각시키면 동일한 색이 재생될 수 있다는 사실을 발견하였다. 그러나 이 결과는 학생들에게 새로운 의문을 남겼다. 어떻게 이전 방식과 새로운 방식이 모두 성공할 수 있었을까?

　학생들 중 한 명은 "성공의 이유가 소뼈의 독특한 성질 때문이 아닐 수도 있어!"라고 말하였다. 공장에서 작업자들이 밀폐된 용기 속에서 소뼈와 함께 금속을 가열한다. 물에 냉각시킨 결과 금속이 용존 산소에 노출된다. 이 과정에서 학생들은 다음과 같은 추론을 도출한다. 소뼈는 금속 표면에서 산소를 제거하는 "매개 요소"로 작동하였고, 금속 표면의 산소 결핍은 색깔 변화에 중요한 영향을 미친다는 것이다. 그러나 학기 말에 이르러서도 학생들은 여전히 자신들의 실습작업 중에 시도한 것들에 대한 어떤 확실한 결론도 얻을 수 없었다. 오히려 그들이 시도한 새로운 공정 작업에 오류가 있었음이 밝혀졌다. 즉 작업을 했던 총기들의 노리쇠 모두가 동일한 색깔을 갖지 못했기 때문이다.

　두 번째 학기에 총기 제조사의 엔지니어들 중 한 사람이 실습 중인 학생들을 방문하여 다음과 같이 질문을 하였다. "자네들은 지금까지 무엇을 하고 있었지?" 엔지니어의 이 질문으로 학생들은 용존산소 측정기구를 구입해서 사용해보아야겠다는 생각을 갖게 되었다. 그리고 학생들은 용존산소가 핵심 변수라는 사실을 확신하고 있었다. 학생들 중 한 명이 말한 것처럼, "지금까지 우리 자신의 아이디어에 믿음을 갖지 못했어. 모든 다른 변수가 동등하게 중요한 것처럼 보일 때, 우리가 할 일은 가장 쉬운 것, 즉 우리가 믿는 것을 먼저 시도해보아야 했던 거야."

　학생들은 아직 몇 가지 통제되지 않은 변수들을 남겨 놓고 있었지만, 이제 자신들의 아이디어를 검증할 프로토타입 구성을 시도하기에 충분할 만큼 문제를 잘 이해했다고 생각하게 되었다. 학생들은 금속을 가열한 풍로를 직접 설계하기로 결정하였다. 그리고 풍로는 연속적이고 자동화 작업이 가능한 형태로 만들어야 한다고 생각하였다. 이때 그들은 새로운 문제들에 봉착하였다. 가장 어려운 문제는 풍로 표면에 열이 발산되는 현상이었다. 그래서 일괄처리 방식의 머플러형 풍로를 사용하기로 결정하였다. 내가 학생들에게 제품 프로토타입을 디자인하려고 하는지 아니면 추가 실험을 위한 매체를 디자인하려는 것인지라고 물었을 때, 프로젝트에 참여한 학생들 중 한 명은 "저는 그들이 원하는 것을 제공해주려고 해요!"라고 말했다. 그리고 지도 교수는 그 학생은 스스로 다음과 같이 생각했었던 것이라고 설명해주었다. "전체 상황이 달라질 수 있을지도 모르는데 왜 하나의 실험 틀 내에서 계속해서 잘못된 결과를 낳는 작업을 지속해야 하는가?"

그러나 머플러형 풍로를 사용하여 학생들은 초기 문제들 중 일부를 해결할 수 있었다. 풍로 표면에 열이 발산되는 현상이 사라졌고, 초기 실험에서 발생했던 금속 표면의 방울 맺힘 현상들도 사라졌다. 그러나 또 다른 문제가 발생했는데 금속의 한 쪽 면에만 원하는 견고한 표면과 원하는 색깔이 나타난 것이다.

이제 학생들이 해결해야 할 과제는 양쪽 면 모두 원하는 결과를 얻어내는 것이었다. 학생들은 "금속을 수직으로 내리면서 가열하면 문제가 해결될지도 모른다"라고 생각하였다. 그리고 학생들은 수직형 풍로를 디자인하기 시작했다.

전체 과정을 되돌아보면, 학생들은 이전 공정이 효과적이었던 이유를 설명하는 문제로 출발하였다. 이 때문에 학생들은 금속 표면의 화학적 성질에 관한 모종의 이론을 이해하려 시도하였고, 그로 인해서 학생들의 실험이 모호한 결과를 낳게 된다. 동시에 제조 공정 문제의 조속한 해결을 요구받음에 따라서 학생들은 새로운 공정 방식을 구상하였는데, 이전 공정 방식보다 새로운 공정 방식을 설명하는데 더 큰 어려움이 있음을 알게 된다. 이 과정을 다시 기술하면, 학생들은 문제를 새롭게 이해하려고 노력하는 과정에서 "용존산소" 가설을 수립하였고, 이제 더 이상 소뼈만을 의식하지 않아도 되는 공정을 만들어냈고 그 효과를 설명할 수 있는 방안도 확보하게 되었다. 그러나 제품의 품질에 대해서는 장담할 수 없었다. 제품 품질의 신뢰도를 개선할 실험을 어떤 조건 하에서 실행해야 할 것인지를 고민하기 시작했고, 그 결과 "아주 다른" 풍로를 고안할 수 있게 되었다. 그러나 고안한 풍로는 또 다른 문제를 낳았고 결국 다른 형태의 풍로를 사용하기로 결정하였다.

이상과 같은 전체적인 탐구 과정은 상황에 관련된 재료들과 성찰적 대화 과정으로 이해될 수 있다. 이 성찰적 대화 과정은 [그림 6.1]과 같이 진단, 실험, 파일럿, 제품 디자인 단계들로 전개되고 있다.

| 그림 6.1 | 성찰적 대화 과정으로서 엔지니어링 디자인 단계

설명 및 교정이 필요한 현상	탐구 활동
전통적 공정	산화막에 대한 열역학적 조사. 구식 공정 결과를 재생해보는 실험
신식 공정과 구식 공정 모두 효과적인 이유는?	용존산소 실험
금속 표면 기포 발생과 같은 통제되지 않는 변수들	효율적 풍로 설계와 관련된 새로운 실험
금속 표면의 방물 맺힘 현상. 한 쪽 면에만 원하는 색깔	수정된 풍로 디자인. 수직 풍로

이 과정에서 각 단계별로 학생들은 자신들의 지식 범주에 맞지 않는 문제들에 직면하였으나, 문제 현상들을 설명할 수 있는 다양한 종류의 이론적 감각들금속 표면의 화학적 성질, 열역학 등에 관한 감각을 보유하고 있었다. 그런 이론적 감각을 이용하여 실험을 실시하였는데 몇몇 경우에 난감한 결과를 초래하였고 그런 결과에 대해서 성찰을 하게 되었다. 성찰은 새로운 실험을 시도하도록 만들었고 실험 결과는 바람직하지 않거나 바람직한 현상을 낳았고 이에 대해서 추가적인 성찰과 실험으로 이어지도록 했다. Quist의 경우와 달리, 엔지니어링 전공 학생들은 연구 기반 이론과 기법을 자유롭게 이용할 능력을 갖고 있었다. 그러나 연구 기반 이론과 기법의 적용은 Quist의 디자인 작업처럼 상황과의 성찰적 대화 과정에 내재된 채로 진행되었다.

과학적 탐구의 기예 (The Art of Scientific Investigation)

실제 엔지니어링 디자인의 실천 활동은 앞서 소개된 학생들의 활동처럼 정교하지 못한 방식으로 이루어지는 것이 아니다. 이 사실을 보여주기 위하여 지금부터 기술 발명과 과학 탐구가 서로 연결된 트랜지스터 개발 사례를 살펴보도록 하겠다. 이 사례에서도 역시 특정한 가설이나 기술을 검증하기 위한 목적으로 실시되는 실험들이 예상하지 못한 현상들을 초래하고 그 결과 새로운 가설, 목표, 문제가 발생되고 있다. 이 사례에서 실험은 가능한 기술적 조치를 탐색하고, 과학적 가설을 검증하며, 이해하기 어려운 현상을 설명하는데 사용된다. 이때 "과학 science"은 전문적인 학술지에서나 찾아볼 수 있는 사후 지식을 말하는 것이 아니라, "과학적 탐구의 기예"라고 표현될 수 있는 외견상 무질서한 연구 과정의 형식을 의미한다.4

1940년대 중반 Bell 연구소에서 트랜지스터가 개발되었다. 그 당시 과학자들은 흥미롭지만 설명하기 어려운 특성을 지닌 소위 반도체라는 물질을 이미 알고 있었다.5 라디오 산업 시대 초기에 반도체 증폭기가 널리 알려져 있었으나, 당시는 진공관이 상용화되어 있었다. 그러나 과학자들은 반도체 증폭기가 진공관보다 그 성능이 더 우수하다는 믿음을 갖고 있었다.

> 진공관은 전류를 전환시키는데, 그리드 도입으로 전류 증폭 기능이 가능하게 되었다. 마찬가지로 반도체도 전류를 전환시키는데 그리드를 도입하면 증폭 기능이 가능해질 것이다.6

일부 과학자들은 반도체 다이오드에 그리드 삽입을 제안하였다. 그러나 그렇게 하면 증폭 범위가 제한되어 제대로 작동되지 않는다는 사실을 알게 되었다.

그런 논란이 진행되는 동안 한 가지 이론이 점점 주목을 받게 되었다. 그 이론이 반도체의 기능 일부를 설명할 수 있으리라는 기대 때문이었다. 그 이론은

---

4 W.I.B. Beveridge, *The Art of Scientific Investigation* (New York: Random House, 1957).

5 Richard Nelson, "The Link Between Science and Invention: The Case of the Transistor," in *The Rate and Direction of Inventive Activity Economic and Social Factors*, Universities – National Bureau Conference Series, No. 13 (Princeton: Princeton University Press, 1962).

6 Ibid., p.557.

바로 1931년 A. H. Wilson이 발표했던 반도체 양자역학 모델이다. Wilson은 반도체를 전류 캐리어로서 전자와 정공hole을 포함한 결정체로 이해하였다. Wilson은 전류를 전달하는 기능을 하는 정공과 전자의 개수는 반도체 결정체의 온도와 순도에 따라서 달라진다는 사실을 발견하였다. 도핑된 게르마늄 결정체n형 반도체는 정공보다 전자를 더 많이 갖고 그 결과 전자는 '다수' 캐리어가 되고 정공은 '소수' 캐리어가 된다. p형 결정체에서는 정공이 '다수' 캐리어가 된다. 결국 p형 결정체와 n형 결정체를 교차시키면 한쪽 방향으로 더 많은 전류를 흐르게 할 수 있는데, 왜냐하면 n형 쪽은 음성 전하 캐리어이고 p형 쪽은 양성 전하 캐리어의 성질을 가져서 p−n 접합으로 정류기를 조절할 수 있으리라 생각했다.

Wilson의 모델은 p형 및 n형 반도체의 기능을 이해하는데 토대를 제공해주었지만 몇 가지 중요한 사항을 간과하고 있었다. 2차 대전 후 Bell 연구소의 Shockley는 반도체의 전자 개수 조절이 가능한 전자장 증폭기 제작 아이디어를 제안하였다. 그러나 이 아이디어로 제작된 기기들은 예상치 못한 결과와 미미한 효과를 낳는데 그쳤다.

이 문제에 대하여 Bardeen은 전자장 내 전자들이 표면에 잡혀있기 때문에 전자장의 영향이 미칠 수 없기 때문이라고 설명하였다. 과학자들은 이 가설을 검증하고, 표면에 포섭된 상태를 해제하는 방법을 찾기 위한 일련의 실험을 실시하였다. Nelson의 말을 인용하면,

> 이 실험들로 전자장에 의한 증폭 효과를 관찰할 수 있게 되었다. 그런데 더 중요한 발견은 한 실험에서 게르마늄 결정체에 두 전류체의 접촉점을 근접시키면 증폭 효과가 발생한다는 사실이었다.[그림 6.2] 이 발견이 어떤 중요한 결과를 기대하고 구상되었는지는 중요하지 않다. 다만 실험 과정에서 A 배터리와 B 배터리를 연결시켜보니 전류 흐름이 증가한다는 사실을 발견한 것이 더 중요하다. 이 실험으로 반도체 트랜지스터 효과를 확인하는 첫 번째 증거를 확보하게 되었다.

| 그림 6.2 | **점접촉 트랜지스터**[7]

전자장의 증폭 효과를 관찰하기 위해 디자인된 실험들은 나중에 "점접촉 트랜지스터"라는 원리에 의거하여 작동되는 증폭기를 고안하도록 해주었다. 나중에 Shockley는 A회로에 연결된 B회로에 전류 흐름이 증가되는 현상은 왼쪽 윗편에서 오른쪽 위쪽 접촉점으로 흐르는 전자 "정공"때문이라고 설명하였다. 핵심 개념은 바로 n형 게르마늄 결정체에 존재하는 정공들, 즉 결정체 내에 존재하는 소수 캐리어들의 흐름이라는 것이다. 그러나 점접촉 트랜지스터의 원리는 아직 객관적으로 충분히 설명되지 못하고 있었다. 이러한 논란에도 불구하고 증폭 효과를 구현하려던 실험들은 원래 의도한 것과 다른 방식으로 증폭기를 디자인할 수도 있다는 성과를 얻게 되었다. 이렇게 새로운 방식으로 디자인된 증폭기는 소수 캐리어의 흐름을 설명할 수 있게 되었다.

Shockley는 반도체 전류 흐름에 소수 캐리어의 역할에 관한 이론 개발에 착수하였다. 나중에 Shockley는 이론에 의거하여 "접합형 트랜지스터"라는 기기를 설계할 수 있게 되었다.[그림 6.3]

---

7 Ibid., p.562.

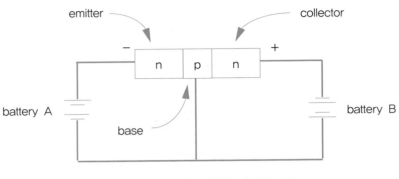

| 그림 6.3 | 접합형 트랜지스터

　접합형 트랜지스터는 n, p, n각각 이미터, 베이스, 콜렉터 터미널으로 구성된 게르마늄 결정체 혹은 실리콘 결정체로 만들어진다. Shockley는 전압이 A회로에 증가할 때 이미터와 콜렉터간에 전자 흐름이 증가하고, 전자들은 중앙의 p영역을 관통해 흐르게 된다는 사실을 입증하였다. 그리고 그는 2가지 배터리 바이어스 방식을 적절히 활용하면 트랜지스터의 증폭 효과를 유발하는데, 그 이유는 A회로를 가로지르는 전압 변화가 B회로에 더 큰 전압 변화를 가져오기 때문이라고 설명했다. 이와 같은 접합형 트랜지스터 디자인이 가능했던 것은 바로 소수 캐리어의 역할이 발견되고 점접촉 트랜지스터가 개발되었기 때문이다.

　Bell 연구소에서 이루어진 반도체 탐구 활동의 구조는 [그림 6.4]와 같이 표현할 수 있다. 두 가지 조치들이 성찰에 의하여 매개되는 방식으로 탐구 활동이 이루어졌다. 우선, 이론에 대한 성찰이 이루어지고 그 결과 실험이 실시된다. 다음으로 예상하지 못한 실험 결과에 대하여 성찰이 이루어지고, 그 결과 새로운 이론이 구성되거나 새로운 아이디어가 발견된다. 또 하나 주목할 점은 새로운 이론이 구성되고 새로운 아이디어가 발명되는 과정에서 실험이 가설 확증 혹은 가설 반증, 조치들의 확인 혹은 부정, 현상 탐구의 기능을 한다는 사실이다. 디자인 과정에서 새로운 가설이 발견되고 그 가설 검증을 위한 실험이 실시되며 그 결과 새로운 아이디어 발명이 이루어지는 과정이 반복된다. 표면 상태 실험이 접합형 트랜지스터 발명을 직접 가능하게 한 것은 아니지만, 그 실험이 있기 전에 "접합점과 소수 캐리어가 증폭기 작동에 미치는 영향을 분명하게 인식하지 못했다"[8]던 이유를 밝히는데는 기여하였다.

| 그림 6.4 | 트랜지스터 개발 단계

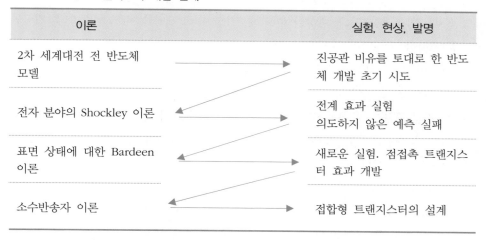

이론	실험, 현상, 발명
2차 세계대전 전 반도체 모델	진공관 비유를 토대로 한 반도체 개발 초기 시도
전자 분야의 Shockley 이론	전계 효과 실험 의도하지 않은 예측 실패
표면 상태에 대한 Bardeen 이론	새로운 실험. 점접촉 트랜지스터 효과 개발
소수반송자 이론	접합형 트랜지스터의 설계

트랜지스터 개발 과정을 보면, 때로는 가설을 검증하기 위한 실험들이 디자인되고, 때로는 문제를 해결하는데 기존 이론들이 사용되었다. 이처럼 새로운 가설을 검증하고 새로운 문제를 구성하는 활동들은 바로 상황과의 성찰적 대화 과정의 구성 요소들이다.

'으로 인식하기(seeing-as)' 과정에 관한 성찰(Reflection on Seeing-As)

총기 도색 공정 사례와 트랜지스터 개발 사례에서 "창의성" 혹은 "직관력"이 나타나는 중요한 단계를 발견할 수 있다. 총기 도색 문제 사례에서 기계공학도들

---

8 Ibid., p.567.

은 새로운 방식의 가열/냉각 프로세스와 금속 도색 과정에서 용존산소의 역할에 관한 새로운 가설을 고안해냈다. 트랜지스터 개발 사례에서 새로운 이론들이 제 안되고 새로운 기기들이 디자인되었다. 이 과정에서 실천가의 창의성 내지 직관 력은 중요한 기능을 하고 있다. 나아가서 예상하지 못한 난감한 현상들에 직면하 였을 때, 탐구자들은 그 현상들에 대한 '기술descriptions'을 시도하였고 그 기술은 추후 조사를 안내하는 지침으로 활용되었다.

그러면 그런 기술은 어떻게 가능하게 되었을까? 현상에 대한 기술은 앞 장에 서 언급된 '으로 인식하기seeing-as'과정에 대한 성찰의 결과들이라 할 수 있다. "어떤 것과 관련하여 유사하다"라고 말할 수 있기 전에 그 유사성에 대한 지각과 그 지각 결과에 대한 성찰은 엔지니어링 디자인과 과학적 탐구를 위한 기예에 매 우 중요한 요소이다.

Thomas Kuhn은 물리학 이론들의 발전사 속에서 이러한 과정을 찾아내고 있 다. Kuhn은 물리학도가 책에도 나오지 않는 문제들을 해결하는 방식에서도 그런 과정을 발견하였다. 물리학도들은 "자신에게 주어진 문제를 예전에 이미 경험한 것처럼 인식하는 방법을 배우는데", 마찬가지로 과학자들도 "상징적 일반화로서 기존 이론에는 최소한도로 의지하고, 주어진 문제를 해결하는 방법을 다른 문제 해결 방법에 의거하여 모델링한다."9 이와 관련하여 Kuhn이 제시한 사례를 여기 서 인용해보고자 한다.

Galileo는 경사면에서 굴러 내리는 공은 맞은 편의 경사면에서 동일한 수직 높이까지 공을 되돌릴 만큼의 속도를 얻는다는 것을 알아냈다. 그리고 그는 그 과정에서 경사면 공 운동 실험을 점 질량point-mass을 가지는 진자와 유사한 것으 로 인식하는 방법을 배우게 되었다. 나아가서 이를 바탕으로 Huyghens는 진자 운동의 중심을 찾는 문제를 갈릴레오처럼 진자 운동을 점－진자로 인식함으로써 해결할 수 있었다. 즉 갈릴레오의 진자 운동에서 그 움직임은 점－진자들로 구성

---

9 Thomas Kuhn, "Second Thoughts on Paradigms," *The Essential Tension* (Chicago and London: University of Chicago Press, 1977), p.305.

되는데 각 지점에서 진자 운동은 점－진자의 결합이 순간적으로 끊어지는 것으로 상상하였던 것이다. 그러나 결합이 끊어지는 점－진자는 자유롭게 좌우로 움직이게 되지만, 양편으로 최고 위치에 이르게 되면 진자의 무게 중심에 의해서 낙하한 만큼의 높이까지만 올라가게 된다고 보았던 것이다. 마지막으로 Daniel Bernoulli는 수조 구멍에서 새어나오는 물의 흐름을 Huyghens의 진자 운동과 유시하게 인식하는 방법을 배웠다. 수조 내 물 입자의 무게중심의 하강 정도를 예상하면서 아주 짧은 시간 간격 마다 물을 분사한다. 그 상황에서 흘러내리는 물 입자들이 하강 시 마지막 지점에서 얻게 되는 속도로 가장 높이 올라간다고 상상해본다. 그러면 물 입자의 무게 중심의 상승 정도는 분사되는 물의 무게 중심의 하강 정도와 동일하게 된다. 이와 같은 Bernoulli의 생각은 그동안 오랫동안 탐구 대상이 되어왔던 물 유출 속도 계산 방법을 발견하는 성과를 낳았다.10

"과학에서 비유의 역할"이란 논문에서, Robert Oppenheimer는 파동 이론의 진화 과정을 설명하면서 이와 비슷한 이야기를 하고 있다. Oppenheimer는 물리학자들이 현존하는 액체 파동 이론들에 의거하여 파동 이론들을 모델링하였고, 다른 물리학자들은 음향학에 의거하여 전자파장 이론을 모델링하였다고 설명한다.11

이런 과정들을 Kuhn은 소위 "범례들에 의거하여 사고하기thinking from exemplars"라고 명명한다. 일단 새로운 문제가 예전에 이미 해결된 문제와 유사한 것으로 인식되면, "그 결과 서로 연관지워보려는 모종의 형식주의와 방법론이 생겨난다."12 이는 인식된 유사성에 대한 성찰에 의해서 가능하다. 유사하다고 인식된 두 가지 현상들이 서로 다른 경험의 영역들에 속할지라도 그 현상들에 대한 '으로 인식하기seeing-as'과정은 소위 "생성적 메타포generative metaphor"13로 작동한

---

10 Ibid.

11 Robert Oppenheimer, "Analogy in Science," *American Psychologist*, *11*, 3 (1956): 127–135.

12 Kuhn, "Second Thoughts," p.306.

다. 다음 사례가 보여주는 것처럼 생성적 메타포로서 '으로 인식하기'과정은 발명 행위와 디자인 행위에서 매우 중요한 역할을 할 수 있다.

몇 년 전, 인조모로 만들어진 페인트 솔의 성능을 개선하는 방법을 연구하는 연구자들이 있었다.[14] 이전 자연모로 만들어진 페인트 솔과 비교하여 새로운 페인트 솔은 페인트 칠을 하면 페인트가 고르게 묻지 않는 문제를 갖고 있었다. 이 문제로 고민하던 연구자들은 여러 가지 개선책을 고안하고 실험하였다. 그 과정에서 자연모는 털끝이 갈라지는 반면에 인조모는 그렇지 않다는 점을 발견하고 인조모의 털끝을 갈라서 다시 실험해보았다. 그리고 털끝의 직경을 다르게 하는 실험도 해보았다. 그 결과는 모두 부정적인 것으로 판명되었다.

실험을 하는 도중에 연구자들 중 한 사람이 "페인트 솔은 일종의 펌프와 같아!"라고 주장하였다. 그 연구자는 표면 위에 닿는 페인트 솔들의 공간 사이로 페인트가 스며들어간다는 점을 지적하였던 것이다. 즉 페인트는 페인트 솔 끝에서 형성되는 소위 "통로들channels" 사이로 흘러 들어가는데, 이 때 그 통로들은 솔이 구부러짐으로써 메꾸어질 수 있다는 것이다. 따라서 페인트 칠을 하는 사람들이 페인트가 잘 스며들게 하려고 솔이 표면에 닿을 때 문질러 주는 행동을 하는 것은 바로 그런 이유 때문이라는 것이다.

연구자들은 자연모 페인트 솔과 인조모 페인트 솔을 펌프로 생각하고 실험을 실시했다. 그 결과 연구자들은 자연모를 표면에 문지르면 '완곡선'의 형태로 페인트 칠이 되는 반면에 인조모는 거의 각진 형태로 되는 차이를 발견하였다. 이 차이로 인해서 인조모 페인트 솔이 표면에 고르지 못한 칠 상태를 유발한다고 생각하게 되었다. 그러면 과연 어떻게 하면 인조모 페인트 솔을 표면에서 고르게 칠을 할 수 있도록 만들 것인가?

---

13 Donald Schon, "Generative Metaphors in the Setting of Social Policy Problems," in *Metaphor and Thought*, Andrew Ortony, ed., (Cambridge: Cambridge University Press, 1979).

14 원래 나의 저서 Displacement of Concepts에서 묘사했던 페인트솔 사례는 처음에 Arthur D. Little사에 재직할 때 경험한 것이다.

이러한 사고 과정은 연구자들에게 다양한 발명적 시도들을 하게 만들었다. 즉 페인트 칠 밀도를 높이기 위해서 여러 가지 솔을 사용해본다거나 표면에서 솔 끝이 뭉치도록 해본다거나 하는 시도들을 하게 만들었다. 이런 여러 가지 발명적 시도들 중 일부는 실제 실천 현장에 적용되었고, 그 결과 부드럽고 촘촘한 솔이 효과적이라는 사실을 확인할 수 있었다.

펌프로서 페인트 솔은 바로 생성적 메타포에 해당된다. 생성적 메타포를 구성하고 활용하는 과정을 설명하면 다음과 같다. 페인트 칠 작업을 평소 익숙한 방식으로 이해해왔던 연구자들은 페인트 칠 작업에 대한 대안적 기술로서 서로 다르지만 이미 익히 알고 있던 펌프질 행위로 인식하게 되었다. 그리고 페인트 칠 작업을 재기술하는 과정에서 연구자들은 현상에 대한 인식과 펌프질에 대한 기술 방식을 변화시켰다. 이처럼 메타포 구성 및 활용 과정에서 이루어지는 새로운 추론 기술은 이미 원래 탐구 대상에 내포되어 있다고 볼 수 있다. 그렇기 때문에 펌프질에 대해 알고 있는 모든 사실을 페인트 칠 작업에 대한 기술에서 구체화될 가능성이 생기는 것이다. 연구자들은 원래 A 현상과 B 현상을 완전히 서로 다른 것으로 인식, 명명, 이해하고 있었는데도 불구하고 A 현상을 B 현상으로 인식하기 시작했다. 그것은 바로 A 현상과 B 현상에 대한 인식을 재구조화한 결과 나타난 메타포 때문에 가능하였다.

모든 메타포가 생성적generative인 기능을 하는 것은 아니다. 페인트 솔 연구자들이 문제 상황을 설명할 때 페인트 칠 작업을 "표면 덮기masking a surface"라고 표현한 바 있었다. 이 메타포는 페인트 솔 특성에 대한 인식을 생성시키지 못했고, 문제 상황에 대한 새로운 시각을 유발하지도 못했다. 하지만 펌프와 같은 페인트 솔은 연구자들에게 성공적인 '생성적' 메타포로 작용했으며, 페인트 칠 작업에 대한 새로운 인식, 설명, 대안을 생성시켰다.

연구자들이 미리 어떤 것과 유사하다고 말할 수 없었어도 페인트 칠 작업을 펌프질과 유사한 것으로 생각할 수 있었다는 사실은 매우 중요하다. 처음에 연구자들은 페인트 칠 작업 실행을 타인들이 보도록 하거나 펌프질 행위 특성을 수반하는 "짜내기" 혹은 "밀어내기" 같은 용어를 사용하는 정도로만 유사성에 대한 불완전한 인식을 표현할 수 있었을 뿐이다. 나중에 불완전한 유사성 인식을 정교화하려는 노력을 한 결과 유사성에 대한 설명을 완벽하게 할 수 있었다. 유사성에 대한 분명한 설명은 추후에 "pumpoids"라는 일반적 이론을 구성하는 요소가 되었고, 연구자들은 수건과 걸레, 페인트 솔과 펌프를 단일한 기술적 지식 범주의 사례들로 고려할 수 있게 되었다.

연구자들이 생성적 메타포를 만드는 과정에서 처음부터 페인트 솔과 펌프 사이에 모종의 유사성을 인지했다고 말하는 것은 옳지 않다. 왜냐하면 생성적 메타포 구성은 발달적 과정으로 이루어지기 때문이다. 말하자면 생성적 메타포 구성은 일종의 라이프 사이클을 갖는다. 라이프 사이클의 초기 단계에서 어떤 근거가 없어도 A 현상과 B 현상의 유사성을 느낄 수 있다. 그 다음에 자신이 인식하는 대상에 대해서 성찰함으로써 A 현상과 B 현상의 유사성을 예비적인 분석 수준에서 탐지하고, A 현상과 B 현상을 동시에 재구조화하면서 인식하는 과정에서 관련 요소들의 관계를 이해할 수 있게 된다. 다음으로 새롭게 이해된 A 현상과 B 현상을 관련 사례로 간주할 수 있는 특정한 일반 모델을 구성하게 된다. 즉 인식된 유사성에 대한 성찰의 결과가 바로 이 일반 모델로 나타난 것이다. 그래서 이 과정의 출발점으로 되돌아가서 복기하는 작업은 일종의 역사적 수정주의historical revisionism에 참여하는 행위가 될 것이다.

따라서 과학 연구처럼 기술 개발에 대한 탐구자들도 때때로 익숙한 현상에 근거하여 새로운 현상을 모델링함으로써 독특한 문제를 해결하는 방법이나 난감한 현상을 이해하는 방법을 밝혀낼 수 있다. 유사한 것으로 인식된 대상들이 지닌 최초의 개념적 근접성이나 거리감에 의거하여, 익숙한 대상은 익숙하지 않은 대상을 위한 범례exemplar 혹은 생성적 메타포로 기여할 수 있다. 개념적 근접성이든 아니면 개념적 거리감이든 간에 탐구자들은 마주하는 새로운 대상과 유사성을 갖는 대상에 대해서 성찰함으로써 새로운 대상을 새롭게 이해할 수 있게 되는 것이다. Kuhn의 과학사 사례와 페인트 솔 이야기에서 나타난 '으로 인식하기 seeing-as'과정에 대한 성찰은 엔지니어링 학생들의 용존산소 가설 수립과 Bardeen 의 표면상태 전자트랩 이론의 발견에서도 존재한다. 그런 해석을 하는데 필요한 데이터를 갖고 있지는 않다. 그러나 '으로 인식하기'과정에 대한 성찰이란 아이디어는 자칫 "직관력"이나 "창의성"이란 용어로 그저 신비화시키고 희석시켜 버리는 모종의 과정에 대한 탐구 방향을 제시해준다. 다시 말하면, 그 모종의 과정은 엔지니어링 디자인과 과학적 탐구의 기예로서 상황과의 성찰적 대화로 설명할 수 있다.

과학 기반 실천 활동의 맥락 (The Context of Science-Based Practice)

행위 중 성찰이 과학 기반 실천 활동에서 나타나는 탐구 활동에 어떤 중요한 역할을 하는지 살펴보고자 한다. 특히 통제 불가능한 사회적 맥락과 실천 활동의 상호작용 과정 차원에서 논의해보고자 한다.

엔지니어들이 도로를 건설할 때 그들은 정치적 논리와 거주민 저항에 직면하게 된다. 도로가 건설되는 지역의 경제적, 사회적, 정치적 문제와 마주하게 되는 것이다. 건설할 도로를 설계하고, 실제로 건설하는 과정에서, 엔지니어는 예산의 한계, 노조의 반응, 도급업자의 책략 등과 같은 부차적 문제도 마주하게 된다. 이런 복잡한 문제들을 전문가로서 엔지니어는 자신의 고유한 활동 범위를 넘어서까지 처리해야 할지도 모른다. 이 때 엔지니어는 자신의 전문적 활동 범위를 좁혀놓고, 그 범위를 벗어나는 상황적 요소들은 필요악으로 간주해버릴 수 있다. 아니면 자신의 전문적 활동 범위를 넓혀서 복잡하고 불안정하고 불확실한 문제에 대한 개방적 태도를 견지하고 외부 상황 요소들의 개입을 전문가가 합법적으로 관심을 기울여야 할 대상으로 수용할 수도 있다.

일반적으로 과학 기반 실천가들이 "엄밀성rigor 혹은 적합성relevance"의 딜레마 사태를 가장 직접적으로 대면하게 되는 경우는 바로 문제 발생 장면과 문제 해결 과정에서이다. 실천가의 문제 장면과 해결 과정을 기술적 합리성 관점으로 이해하고 대처하기란 거의 불가능하다고 보아야 한다. 디자이너, 사회복지사, 행정가 등의 "비주류minor" 전문직처럼, 엔지니어도 일상적인 실천 문제 장면과 문제 해결 상황들과 마주한다. 그러나 엔지니어는 비주류 전문직과 달리 과학 기반 실천가로서 보유하는 지식 레퍼토리를 활용하여 그들이 당면한 복잡한 문제 상황에 대처해나간다.

나는 운이 좋게도 이러한 유형에 속하는 한 엔지니어를 만날 수 있었다. 그는 결코 엔지니어링 전문직 분야를 대표하는 사람이라고 할 수 없다. 그가 선택하고 집중하는 실천 문제, 그가 개발해온 실천 스타일은 다른 동료 엔지니어와도 달랐다. 그러나 바로 이런 이유 때문에, 그의 실천 활동은 비상한 관심을 끌기에 충분했다. 왜냐하면 과학 기반 실천 분야에서 그 사람의 개별적이고 독특한 문제 해결과 행위 중 성찰 경험은 자신의 전문가로서 경력 신장에 밀접하게 관련이 되어있기 때문이다.

Dean Wilson이란 이 엔지니어는 자신의 도제 훈련을 방어시스템 연구 실험실에서 받았다. 그는 레이다를 연구하는 사람이었는데, 레이다에 컴퓨터를 적용하는 초기 연구에도 참여한 바 있었다. 그는 1950년대에 미시간 대학교 산업공학과의 교수가 되었고, 방위 산업에 적용되는 시스템 공학의 방법론들이 민간 영역에도 활용될 수 있다는 믿음을 가진 사람들 중의 한 명이었다. 그의 기업가적 접근 방식은 다른 엔지니어들로부터 거부되었지만 자신의 신념을 버리지 않았다. 1960년대 초반 도서관, 병원 등의 지역사회 기관 운영에 시스템 분석 기법을 적용하는 연구 조직을 몇몇 학생들과 함께 구성하기도 하였다. 그 후 1960년대 중반, 콜롬비아 칼리 시에 소재하는 델바예 대학의 록펠러 교수가 되었다.

초기 연구자 시절에 Wilson은 향후 자신의 실천 활동에 영향을 미치게 될 중요한 아이디어들을 경험하였다. 하나는 프로세스－플로우 모델링process-flow modeling, 다른 하나는 톱니바퀴 실험Cogwheel Experiment이다.

시스템 엔지니어로서 Wilson은 자재 처리 및 의사결정 과정에 관한 기존의 투입－산출 모델들을 알고 있었다. 기존 모델은 투입된 요소가 비용, 손실, 효과 측면에서 평가될 수 있는 단계들을 거친다고 설명한다. 이처럼 비용, 손실, 효과라는 변수들을 고려하여 모종의 최적의 프로세스 모델을 만들어낼 수 있다고 전제하는 것이 기존 모델 창안자들의 논리이다. 그러나 Wilson은 기존 모델들과 달리 아주 높은 수준의 일반성을 갖는 '프로세스－플로우'라는 아이디어를 제안하였다. Wilson은 Kenneth Boulding이 세계에 존재하는 모든 사물 및 현상은 모종의 프로세스로 이해될 수 있다고 했던 강의를 생생하게 기억하고 있었다. 그리고 그 프로세스－플로우 모델과 관련된 이론들과 기법들을 개발해냈다.

방어시스템 연구 실험실에 근무할 때, Wilson은 톱니바퀴 실험에 대해서 배운 적이 있었다. 이 실험은 RAND사 시스템연구 실험실에서 개발된 것으로 적의 공중 공격에 대한 방어능력을 갖추도록 병사들을 훈련하려는 목적으로 실시되었다. 3-40명의 병사들이 공중 공격 방어를 위한 가상훈련에 참가하는데 병사마다 각각 200시간 정도 소요된다. 가상훈련 과정에서 병사들은 적기를 발견하고 파괴하는 활동을 하게 된다. 분당 평균 300대 정도 비행기들이 레이다 화면에 심볼로 나타난다. 예전에 여러 가지 다양한 방법으로 훈련을 시켰지만 그 결과는 만족스럽지 못했었다. 하지만 톱니바퀴 실험 훈련으로 미국 항공 교통량의 세 배에 달하는 수준에서도 효과적인 방어능력을 실험 대상자들이 갖게 해주었다. 이 실험 과정에서 실험 대상자들은 팀별로 활동했지만, 어떤 표준화된 절차의 구속을 받지 않았고, 필요한 새로운 방법을 자유롭게 구상하도록 허용되었다. 각 팀은 자체 활동에 대해서 빈번하고, 공개적이고, 신속한 피드백을 받았다. 또한 팀원들은 실험 훈련 중 교육장의 중앙 화면을 통하여 전체 집단의 활동 상태를 확인할 수 있었다. 이런 조건 하에서 각 팀은 저마다 보다 단순한 방법들예를 들면 복잡한 통신 장비 대신에 누구나 쉽게 볼 수 있는 수신호을 고안하기도 했다. 팀원들은 보다 적은 양의 정보를 사용하여 훈련 상황을 이해하는 방법을 배웠고, 실험이 끝날 때쯤 처음에 필요하다고 생각했던 정보 중 50%는 버려졌다는 사실을 발견하게 되었다. Wilson은 한 실험 참가자가 말했던 '어떤 문제도 톱니바퀴 실험으로 해결 가능하다'는 소감을 평소 즐겨 인용하였다.

Wilson은 프로세스-플로우 모델링과 톱니바퀴 실험으로 문제 상황을 재구조화하는 역량을 콜롬비아에서 이루어진 초기 연구 사례에서 보여주고 있다.

Wilson은 칼리 시에 소재하는 한 대학 병원으로부터 문제 해결 요청을 받았다. 병원 측은 환자에게 약물을 투여하는 과정에서 오류 발생률이 높다는 사실을 발견하였고 그 책임이 간호사들에게 있다고 여겼으며 해결방안으로 현재 대학원에 재학하는 간호사들의 학업을 중단시켜야 한다고 결론을 내리고 있었다. Wilson은 의사의 진단부터 약물 투여에 이르는 전체 과정을 "플로우 프로세스"로 그려보는 것으로 탐구 활동을 시작하였다. 그는 미국 전체 병원에서는 평균 5% 정도에 불과한 오류 비율이 해당 병원에서는 무려 33%에 달하는 사실을 발견하였다. 이진 탐색 방법the method of binary search: 전체 프로세스의 중간 지점에서 오류 비율을 측정하고, 다음에 나머지 부분들의 중간 지점들에서 각각 오류 비율을 측정하는 방법을 적용하여 분석한 결과, 프로세스 전반에 걸쳐 오류들이 골고루 분포하고 있다는 사실을 발견하였다.

　　Wilson은 이 분석 결과를 병원에 근무하는 의사들, 간호사들, 직원들과의 모임에서 발표하였고, 오류 비율을 낮출 방안에 대한 의견을 요청하였다. 그리고 환자 약물 투여 과정의 각 단계별로 주별 오류 비율을 보여주는 차트를 병원 복도에 게시하여 병원 관계자들이 볼 수 있도록 하였다. 3개월 동안 병원 관계자들은 오류 비율을 낮추는 방법을 찾아내고 적용한 결과 마침내 전국 평균 비율 아래로 낮출 수 있게 되었다. 이 과정에서 Wilson은 문제 상황을 플로우 프로세스로 구조화하였고 톱니바퀴 실험 조건들을 조성하여 해결할 수 있었다. 톱니바퀴 실험 조건 하에서, 의사와 간호사, 직원들 ― 전통적인 문제 해결 방식으로 보면 문제 상황의 사회적 맥락의 부분 요소였던 ― 은 문제 해결자로서 활동했을 뿐만 아니라 스스로 제안한 문제 해결 방안의 실행자로서 활동하였다. 특정 전문가의 해결 방안에 의존할 필요가 전혀 없었던 것이다.

　　Wilson은 칼리 시에서 나머지 자신의 연구 활동 시기를 영양실조 문제라는 보다 더 중요하고 복잡한 문제를 해결하는데 전념하였고 이 과정에서 병원 사례와 비슷한 접근 방식을 적용하였다.

　　당시 콜롬비아에는 6세 이하 아동의 영양실조 현상이 널리 퍼져있었다. 칼리 시의 Cauca Valley 지역에서는 콰시오르코어와 마라스무스영양실조 관련 질병15의 증상인 복부 팽창, 가늘어지는 팔, 담색 머리카락을 지닌 아동들을 쉽게 발견할 수 있었다. Wilson은 영양실조에 대해서 학습하기 시작했고, 그 과정에서 많은 사람들이 이 문제에 대해서 연구해왔다는 사실을 알게되었다. 하지만 연구자들은 문제의 심각성에 대해서 공감하고 있으나 현재 영양실조 현상에 대한 견해가 합의되지 않다는 사실도 발견하였다. 다시 말하면, 각 분야의 전문가들은 서로 모순

---

15 단백질과 음식물 결핍으로 몸이 말라가는 질병

되는 관점으로 영양실조 문제에 접근하고 있었던 것이다.

Herbert Simon의 "다이어트 문제"해결 방법처럼, 몇몇 영양학자들은 현재 구입 가능한 음식물들을 감안한 적절한 식이요법을 선택·적용함으로써 영양실조 현상을 완화시키려 노력하였다. 그러나 콜롬비아 국민들에게 제공되는 영양소를 전체 인구 수로 나누어보니, 콜롬비아 국민들은 최소 단백질/열량 요구를 하회하는 수준의 영양소를 섭취하고 있다는 사실을 확인하였다. 이렇게 영양소 결핍이 전국적인 현상이라면 영양실조 문제는 섭취 가능한 음식물의 최적 조합 이외의 방안으로 해결할 문제임에 틀림없었다.

콜롬비아에 농업 연구소를 세웠던 농학자들은 영양실조 문제를 농업 생산성 문제로 인식하고 있었다. 그들은 경작 가능한 토지를 넓히고, 옥수수, 쌀, 콩과 같은 곡물의 개량 종자를 도입하여 농작물 생산을 늘리는 방안을 제안하였다. 그러나 공공 보건의사들에 의해 실시된 실험 결과에 의하면 영양실조 아동들에게 단백질과 칼로리를 더 많이 섭취시켰을 때도 아동들은 여전히 영양실조 상태에 머물러 있었다. 이 아동들은 장내 기생충들로 인한 설사병 때문에 섭취하는 영양소를 계속 잃고 있었던 것이다. 그래서 공공 보건의사들은 수질 개선, 하수시설 개선, 가정 내 위생교육 실시를 해결책으로 제안하였다.

일부 경제학자들은 다르게 생각하였다. 열악한 위생 환경, 단백질 섭취 부족 문제는 모두 하나의 원인, 즉 빈곤에서 기인한다고 보았다. 영양실조 문제를 해결하기 위해서는 가난한 가정의 소득 증대가 우선되어야 한다는 것이다. 따라서 경제학자들은 교육훈련 실시, 지역경제 활성화, 고용기회 제공 등을 해결책으로 제안하였다. 영양실조의 근원이 국가경제의 저성장에서 비롯되기에 경제 발전을 위한 효과적인 정책 수립으로 문제를 해결해야 한다는 것이다.

또 다른 사람들은 Cauca Valley 지역의 비옥한 저지대는 부유한 농장주들의 대규모 플랜테이션으로 수출용 사탕수수와 가축을 기르는데 치중하고, 반면에 척박한 산악 지대의 가난한 농부들은 생활을 근근이 이어갈 수 있는 농사를 짓고 있는 사실에 주목하였다. 이는 콜롬비아 농업 현황을 대변하는 것으로 국가 차원의 부와 토지 재분배가 절실하다는 주장을 뒷받침하였다. 콜롬비아 농업생산물의 80%를 전체 인구의 약 5%만이 독점하고, 가장 비옥한 토지에서 생산되는 농작물은 대부분 수출되는 상태에서 영양실조 현상은 정치경제학적인 문제가 된다는 것이다. 특히 이런 견해를 가진 사람들 중 일부는 전통적 방식의 정치적 해결책은 별 효과가 없으며, 쿠바의 카스트로가 했던 방식의 혁명만이 영양실조 문제를 해결할 수 있다고 보았다.

역사적 관점의 연구자들은 국민들의 단백질 결핍 문제를 최근에 발생한 현상으로 보았다. 20년 전만 하더라도 콜롬비아 전체 농업 생산량은 전체 국민을 부양하는데 충분했고 비교적 균형있게 분배되고 있었다. 그러나 약 20년 만에 인구 증가율이 농업 생산량을 초월하게 되었고, 특히 1950년대 세계보건기구의 말라리아 퇴치 운동으로 공공보건 정책이 성공함에 따라 인구조절에 실패하였고 그것이 영양실조의 원인이 되었다는 것이다.

이와 같이 자신이 보고 싶은 것만 보는 소위 '라쇼몽Rashomon'식 접근방법으로 각 분야의 전문가들은 자신의 전문성, 이데올로기, 이해관계로 문제 상황을 규정지었던 것이다.

시스템 엔지니어로서 Wilson은 아동의 영양결핍 상태를 모종의 플로우 프로세스의 산물로 보고, 거시적 시스템 차원에서 서로 다른 관련 요인들을 종합하여 서로 다른 관점을 조화시키려는 목적 하에 모종의 플로우 프로세스를 제시하였다. Wilson은 현장에서 시작되어 아동 신체로 이어지는 영양소 흐름 시스템을 상정하였다. 프로세스 각 단계별로 발생하는 영양소 손실을 측정하는 방법을 제안하였고, 각 단계의 "영양소 결핍"병원의 투약 행정 프로세스의 각 단계별 오류비율 측정 방법을 이용하여을 확인하여 잠정적 해결책들이 영양실조 현상을 완화시킬 수 있는 최적의 시점을 알고자 하였다.

이러한 "영양소 플로우 모델"의 단순 도식을 제시하면 [그림 6.5]와 같다.

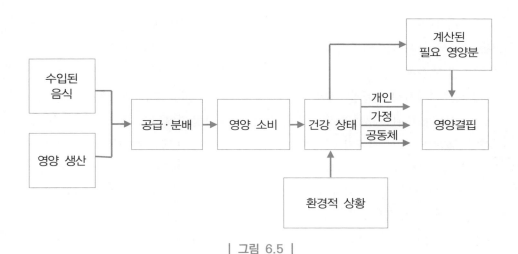

| 그림 6.5 |

Wilson은 이 모델을 이용하여, 지역사회, 마을, 가정별 영양 결핍 상태를 측정하고자 하였다. 그는 우선 지역사회 수준에서 "영양 결핍 플로우 프로세스 모델을 개발하고, 영양 결핍 상태 해소를 위한 잠정적인 해결책들을 제시하며, 2-3년 정도의 짧은 기간 내에 최소 비용으로 실천 가능한 최적의 해결책"16을 찾아내고자 하였다. 그는 콜롬비아와 북미 출신 학생 및 동료들이 포함된 프로젝트 팀을 결성하였고, Cauca Valley 지역의 6개 지역사회들로부터 자신이 제시한 영양소 흐름 모델을 개발하고 검증하는데 필요한 지원을 받았다. 그러나 방법론적인 문제들이 심각한 것으로 드러났다. 영양실조 측정 방법의 선택, 영양결핍 계산의 문제, 그리고 식량 공급 및 단위 가정의 정의 등과 같은 기본적인 아이디어들의 분석 문제 등 심각한 문제점들이 발생하였다. 예를 들면, 일부 마을에서는 아동들이 부모들이 일을 하는 동안에 가정이 아닌 돌봄 센터에서 대부분 식사를 해결하고 있었다. 따라서 가정 수준에서 영양 공급 정도를 조사하기가 어려웠고, 대다수 가정은 관찰자의 기대에 맞추어 영양 공급 정도를 왜곡하여 보고하기도 했다.

---

16 Dean Wilson, 미간행 프로젝트 보고서, 1977.

이러한 광범위한 방법론적 문제점들로 인하여 하나의 모델 안에 모든 변수들을 포함시키는 것은 바람직하지 못하다는 사실을 깨닫게 되었다. 동시에 그런 모델을 실제 활용하는데도 어려움이 있다는 점을 분명히 인식하게 되었다. 지역사회 수준의 해결책 실행을 책임질 사람을 결정하는 것도 고민 거리였고, 만약 외부 전문가가 해결책을 실행하는 책임을 진다면 사실 지역사회 문제의 원인 제공자인 외부인들에게 지나치게 의존하게 될 것이라는 우려도 고민거리로 나타났다. 실제로 해결책 실행 단계에서 외부인들이 관여하여 실패한 사례들도 속속 드러났다. 무엇보다도 모든 지역사회에 일반화시켜 적용할 수 있는 신뢰로운 해결책들은 존재할 수 없다는 점이 분명해지고 있었다. 따라서 Wilson은 자신이 제안한 영양 공급 플로우 프로세스 모델을 일반적인 문제 해결 수단이 아니라 하나의 분석 틀로만 이용하여 지역사회 주민들이 스스로 영양실조 문제를 규명하고 해결하는데 사용하는 것이 좋겠다고 생각하게 되었다.

Wilson과 연구진은 부에노스 아이레스의 작은 마을에서 실시했던 교육 프로젝트에 참여했을 때 이 아이디어를 적용해 볼 기회를 얻게 되었다. 그 마을은 칼리에서 자동차로 두 시간 정도 걸리는 산악 지대에 위치하고 있었다. 이 마을에서 줄곧 성장했던 한 외과의사가 Wilson의 연구진 중 한 사람이었다. 마을 외곽에 위치한 Hogar라는 기숙학교를 갖춘 농장에서 그 외과의사는 농부 자녀들과 함께 생활하고 있었다. Hogar는 농촌 아동들을 위한 중등교육 시설로서 콜롬비아 전역에 세워진 약 200여 개 학교 중의 하나였다. 이 학교가 없다면 농촌 아동들은 초등교육 이상을 받을 기회가 전혀 없는 상태였다. 이 마을의 아동들 중 약 100여 명은 농장에서 일을 하면서 가족 생계를 돕고 있었고 Hogar에서 중등학교 수준의 과목을 배우고 있었다. 이 Hogar에서 Wilson은 자신의 아이디어를 실행할 기회를 가졌다. Wilson은 부에노스 아이레스의 이 작은 마을에 살고 있는 농부 자녀들에게 시스템 공학을 가르쳤다.

Wilson과 전직 평화봉사단원인 Kip Ekroad은 Hogar에서 농부 자녀들과 농장 직원들과 많은 시간을 보내면서 서로 친숙하게 되었다. 그리고 그들은 정규 수업이 없는 수요일 오후에는 학생들과 만남의 기회를 가졌다.

어떻게 하면 영양공급 모델을 적용해볼 수 있을까 고민하던 중에 Wilson은 서로 다른 식이요법들의 효과를 검증하는데 실험실 쥐를 이용하면 아동들의 흥미를 불러일으킬 수 있을 것이라고 생각하게 되었다. 실험실 쥐를 가둔 우리를 매트릭스 형태로 조립하여 쥐들의 영양 섭취 정도를 조절하였는데 쥐의 크기와 행동에 큰 변화가 나타나고 있음을 확인할 수 있었다. 이 실험은 실험 참가자들의 흥미를 끌기에 충분했고, 결국 Hogar 마을에 직접 적용해보기로 하였다.

첫 번째 수요일에 직원들은 쥐 9마리를 갖고 와서 학생들에게 "우리는 이 쥐들을 키우기를 원한다. 그렇게 하자면 쥐들에게 먹이를 주어야겠지. 어떤 방식으로 먹이를 주면 좋겠나?"라고 물었다.

학생들은 서로 다른 생각 때문에 최적의 식이요법을 찾아내지 못했다. 학생들이 제안한 식이요법은 3가지였다. 각각 yuca와 platano단백질을 함유하지 않은 지역 음식, Hogar 학생들이 먹는 음식, 표준적인 실험용 음식을 제공하는 방법이다. Wilson과 Ekroad는 학생들에게 "자, 3마리씩 3개 집단으로 구분해서 각 집단에게 서로 다른 종류의 음식을 주도록 하자. 그리고 어떤 결과를 낳는지 살펴보도록 하자"라고 제안하였다.

학생들은 실험을 실시했다. 각 집단별로 해당 음식을 제공하고 매주 일회 무게를 측정하였다. 학생들은 매우 열성적으로 참여했으며, 일주일 후 놀라운 결과가 나타났다. Hogar식의 음식과 표준적 실험용 음식을 제공받은 쥐의 무게는 현저히 증가했고, 반면에 yuca와 platano 음식을 제공받은 쥐는 무게가 감소하였다. 4주 후 yuca와 platano 음식을 제공받았던 쥐들을 관찰한 학생들은 "쥐들이 거의 죽을 것 같아요"라고 걱정스런 표현을 했고 이에 학생들은 모여서 논의를 하기 시작했다. 결국 해당 쥐들에 대한 영양 공급 방식을 변경하기로 결정하였고 변화의 결과를 측정하기로 했다. 그 후 해당 쥐들의 몸무게는 다시 증가하는 모습을 보이기 시작했다.

이러한 초기 실험 결과를 바탕으로 학생들은 좀 더 복잡한 방식의 실험들을 실시할 수 있게 되었고(그 중 한 실험은 비타민을 다르게 제공하는 것이었다), 이어서 사람의 영양실조 현상을 탐구하는 실험을 시작하였다.

학생들에게 7세 혹은 8세 아동으로 구성된 한 집단의 사진을 보여주었다. 그리고 학생들에게 사진 속 아동들의 상태에 대해서 표현하도록 요구하였다.

학생들은 체구가 유난히 작은 아동들에 주목하였고, 그 이외에 몇 가지 특징들을 언급하였다. 즉 "체구가 작은 아이들은 슬퍼 보여요", "아이들 근육이 거의 없네요"라고 말했다. 이 때 직원들은 영양실조라는 용어를 사용하지 않았고, 학생들에게 사진 속 아이들이 먹은 것이 무엇인지에 대해서도 묻지 않았다. 다만 이전 쥐 실험의 학습 효과에 의거한 반응을 기대하였으나, 그런 반응들은 나타나지 많았다.

실험에 참여한 Hogar학생들은 한 달에 한 번 정도 집에 방문할 수 있었다. 그 학생들에게 자신의 가족 구성원들의 정보, 즉 성명, 연령, 가족 관계 정보 등과 함께 형제자매의 몸무게를 측정해오라고 요구하였다. 수집된 정보를 바탕으로 직원들은 데이터 분석을 실시하였고, 그 과정에서 영양실조 사례들을 발견할 수 있었다. 그러나 학생들은 그 데이터에 대해서 자신의 의견을 제시할 수 없었는데, 그 이유는 아직 그런 분석을 할 정도로 충분한 개념적 이해가 부족한 상태였기 때문이다.

연령별로 몸무게 데이터를 산포도 형태로 표시한 결과표를 보여주고, 학생들에게 자신의 형제자매의 영양 상태를 설명해보라고 요구하였다. 여전히 학생들은 영양실조 상태를 설명할 수 없었고, 이에 학생들에게 다음 단계로 알아야 할 것이 무엇인지 생각해보도록 요청하였다. 학생들은 가족들이 섭취하는 음식을 알아보아야 한다고 반응하였다. 그러면 어떻게 그 음식을 알아볼 수 있는지 방법에 대해서 물어보았다. 그러자 학생들은 "엄마에게 물어봐요", "먹는 음식 양을 재어봐야 해요"라고 답변하였다. 학생들은 영양 상태 진단을 위한 두 가지 방법을 스스로 찾아낸 것이다.

그 학생들 중 한 명인 Aida는 실험에 대한 자신의 소감을 다음과 같이 밝혔다.

저는 platano와 yuca가 생각한 만큼 그렇게 좋은 음식은 아니라는 점을 확실히 알게 되었어요. 그 음식에는 사람들의 성장에 필요한 요소들이 들어있지 않아요. 이 실험 덕택에 저는 영양 섭취 방식에 대해서 진지하게 생각할 수 있게 되었어요. 좋은 영양 섭취 방식은 어떤 것인지, 좋은 영양분은 무엇으로 구성되는지를 깨닫게 해주었기 때문에요.

수업 시간 중에 5살 이하 아이들의 영양 상태와 몸무게를 측정하는 방법을 배웠어요. 그리고 실험 쥐처럼, 아이들의 나이와 몸무게로 영양실조인지 아닌지를 판단할 수 있다는 사실도 배웠어요… 제 동생들의 몸무게를 측정해보기 전에 학교 근처 집에 사는 몇몇 여자 아이들을 대상으로 연습해봤어요.

저는 동생들의 몸무게를 측정하였고, 때문에 나쁜 영양 상태를 보여주는 많은 양의 데이터를 가지고 올 수 있었어요.

이런 교육 시스템은 저에게 좋아요. 왜냐하면 이 방식은 실제적이기 때문이에요. 사람들은 직접 *실행해보는 것*은 잊어버리지 않기 때문에요. 말로 듣는 것은 쉽게 잊어버려요.

사람들은 자신의 문제를 스스로 분석해야하고, 문제를 극복하기 위한 자신만의 방식을 찾아내야 하며, 다른 사람들이 대신해줄 수 없다는 사실을 배웠어요.

이 방식은 우리나라 국민들의 영양실조 문제에 우리가 어떻게 대처해야 할지를 알게 해주었다고 생각해요.

학생들은 집에서 어떤 "문제"를 발견했는지를 질문을 받았을 때 혼란스러웠다. 왜냐하면 어떤 문제도 찾아낼 수 없었기 때문이다. 즉 자신의 주변에서 일상적으로 본 것을 "문제"로 표현하는 것을 어색하게 여기고 있었던 것이다. 하지만 그들은 점차 자신의 형제자매의 식습관에 관심을 갖게 되었고, 이로 인해서 고단백질 음식 - 예를 들면, 콩 - 을 재배하고 소비하는 문제에 관심을 갖기 시작했다. 나아가서 몇 달 뒤에는 농업 생산성 문제에도 점차 관심을 갖기 시작했다. Hogar 농장에서 농업 생산성을 증대시킬 방법에 대해서 토의하고, 실험을 실시하여 의견 불일치를 해소하려고 시도하였다.

그 실험은 옥수수 경작지 세 군데를 구분하여 각각 천연비료, 인공비료, 혹은 전혀 비료를 사용하지 않았을 때 그 결과를 비교 검증하는 것이었다. 한 학생은 이 실험을 "쥐 실험과 동일한 것"이라고 말하였다. 이 말의 의미를 이해하지 못한 방문자에게 그 학생은 "자 보세요. 이건 쥐에게 주는 음식과 똑같아요. 여기서는 쥐 대신에 작물에 음식을 줄뿐이에요!"라고 말했다.

그러나 학생들이 발견했던 것은 아주 큰 옥수수들이 실험 경작지가 아니라 다른 지역에서 자라고 있다는 사실이었다. 그 지역은 빗물에 의해 흙이 자주 씻겨 내려가는 곳이었다. 이 현상을 발견한 학생들은 이제 비료 사용이 아니라 토양 침식에 관심을 갖게 되었다. 토양 침식 문제는 Cauca Valley 지역의 언덕에서 경작을 하는 농부들의 오래된 문제이기도 했다. Wilson과 Ekroad는 학생들에게 토양 침식 및 관리에 대한 교육을 실시했고, 교육을 받은 학생들은 몇 가지 실험을 실시하였다. 토양 침식 정도를 측정하는 문제에 직면했을 때 학생들 중 한 명이 간단하지만 멋진 도구를 발명하였다. 속이 빈 원통을 언덕 아래 지역의 땅 밑에 파묻었다. 원통에 쌓인 흙의 높이로 토양 침식 정도를 측정할 수 있게 되었다.

한편 Hogar 학생들의 아버지들도 차츰 자녀들이 받고 있는 교육에 호기심을 갖기 시작했다. 몸은 말랐지만 품위를 갖춘 이 남자들은 당나귀를 타고 이 마을 저 마을 돌아다니면서 생계를 꾸리고 있었는데, 그들에게 학교는 당연히 관심의 대상이 아니었다. 그러나 그들은 자신의 자녀들이 하고 있는 일을 지켜보았고 그들끼리 서로 의견을 주고받았다. 결국 그들 중 일부는 자녀들처럼 농장에 정착하여 콩을 경작하기로 결심하였고, 일부는 관개 시설과 침식 관리에 대한 실험을 실시하게 되었다.

Aida와 학생들이 얻은 교훈은 다른 곳에도 영향을 미쳤다. 부에노스 아이레스의 시장이 상급 지방 정부로부터 재정 교부금을 받게 되자 그것을 도로 포장에 사용하기로 결정하였다. 그러자 학생들은 시장의 방침에 저항하기로 뜻을 모았다. 시장에게 마을 사람들 중 아무도 자동차를 갖고 있지 않은데 도로 건설이 왜 필요한지, 마을 식수는 심하게 오염된 상태인데 왜 수질 개선에 사용하지 않는지에 대해서 공개적 질의를 하게 되었다. 학생들의 이런 도발에 당황했던 시장은 결국 학생들이 제안한 수질 개선에 교부금을 사용하기로 결정하였다. 그러나 이 사건은 당시 Hogar 지역을 후원하던 그 지역의 커피농장주들에게 탐탁치않은 반응을 일으켰다. 그들은 Hogar 지역 아이들을 '좋은 일꾼'으로 여겼고, 그래서 아이들이 기존 질서에 도전하지 않아야 한다고 생각하였다. 그래서 농장주들은 Hogar에 대한 지원을 중단해버렸는데, 그럼에도 불구하고 Hogar는 다른 후원자들의 도움 덕택에 주민의 생존을 위협받을 처지에 이르지는 않았다.

Wilson과 Ekroad는 부에노스 아이레스 프로젝트를 통하여 하나의 실천 활동 방식a mode of practice를 개발한 것이다. 쥐를 대상으로 한 초기 실험은 차후 그들의 실천 활동을 위한 범례an exemplar가 되었다. 학생들의 관심을 집중시키고 인간 영양 섭취 모델을 개발하기 위한 구체적이고, 극적인 환경을 제공하였다. 그런 환경 하에서 학생들이 여러 변수들간의 관계 − 예를 들면, 식습관, 연령, 몸무게의 관계 − 를 발견하도록 안내하였다. 학생들이 방법론에 대한 교육을 받고, 실험 방법을 스스로 경험할 기회를 갖게 해주었다. 동시에 학생들이 스스로 수립한 가설을 검증할 실험을 설계하도록 도와주었고, 학생들이 언덕 아래 지역에서 큰 옥수수가 자란다는 사실을 발견하도록 지도하였다. 이런 모든 활동 속에서 Wilson과 Ekroad는 학생들의 행동에 항상 반응할 준비가 되어있었다.

Aida가 말한 것처럼, 학생들이 학습한 것은 주도적으로 문제를 해결하고, 외부 권위자의 사고와 행동에 대해서 먼저 의문을 가져보며, 실험 결과 발생하는 학생들 사이의 의견 불일치를 해소하는 능력이었다. 그러나 실제로 학생들은 그 이상의 것들을 학습하고 있었을지 모른다. 일부 학생들은 비료 실험을 쥐 실험의 다른 형태로 이해할 수 있게 되었고, 다른 학생들은 언덕 아래에서 작물이 잘 자라는 현상을 관찰하고 토양 침식 현상에 관심을 갖게 될 수 있었다. 이 학생들은 익숙하지 않은 것들을 익숙한 것들에 의거하여 모델링하고 자신들의 행동으로 발생한 예기치 못한 변화들을 보고 문제를 재구성하는 방법을 배우고 있는 것처럼 보인다.

Wilson의 영양실조 현상에 대한 연구 과정에서도 유사한 상황이 나타나고 있다. 그는 전문 분야별로 서로 다른 관점에 의거하여 접근하는 영양실조 현상에 대해서 관련된 변수들을 모두 조직화하여 일종의 영양 공급 플로우 프로세스 모델을 만들어냈다. 그는 이 모델에 의거하여 특정 지역사회 주민의 영양 실조 문제를 진단하고 치유하고자 하였다. 그러나 그 모델을 구성하는데 방법론적 어려움들이 존재하고 모델을 실제 적용하는데 여러 가지 딜레마 상황을 경험하면서, 해결책에 대한 구상을 재구조화하게 되었다. 영양 공급 플로우 프로세스 모델을 이용하여 영양 실조 문제를 진단하고 해결책을 설계하는 것은 외부 전문가가 아니라 지역사회 주민들이어야 한다는 점을 깨달았다. 그리고 영양실조 문제 해결 만큼이나 지역사회 주민들의 학습 활동이 중요하다는 사실도 알게 되었다. 결국 전문적인 실천 활동에 사회적 맥락의 중요한 구성 요소인 지역사회 주민들이 문제 해결의 주체problem-solving agents가 되었던 것이다. 영양실조 문제에 대한 톱니 바퀴 실험의 환경을 Hogar 농장에 조성해나가면서 Wilson은 새롭게 등장하는 문제를 규정하고 성찰해야 했던 것이다. 그 문제는 바로 공동 탐구자co-inquirers로서 활용하고자 했던 지역사회 구성원들을 참여시키고 안내하는 것이었다. 결국 시스템 엔지니어로서 실천 행위가 교사로서 실천 행위와 통합된 것이다.

한편, 부에노스 아이레스 프로젝트의 효과를 현재로서는 분명하게 평가하기 힘들다. 프로젝트 차원에서 콩 생산 및 소비와 관련하여 여러 가지 실험들이 실시되었으나, 실험 대상 지역의 영양실조 수준에 두드러진 변화가 나타나지는 않았다. 사실 이 프로젝트가 향후에 지역 주민들의 영양실조 현상을 완화하는데 얼마나 영향력이 있을지 확신할 수 없다. 왜냐하면 Hogar 아동들의 다수는 학교 졸업 후에 인근 도시로 나갈 것이 분명하기 때문이다. 그럼에도 불구하고 프로젝트는 많은 사람들의 주목을 받았다. Hogar를 지원한 콜롬비아의 한 기관은 이 실험에 관심을 가졌고 다른 곳에서 유사한 실험을 실시하기도 했다. 또한 전문가들은 영양실조 현상에 대해서 Hogar 학생들이 고안하고 적용했던 실험방법이 갖는 교육적 의미와 의의에 대해서 주목하기도 했다.

엔지니어로서 Wilson이 보여주었던 부에노스 아이레스 프로젝트 접근 방식은 상당히 인상적이었고, 이 장의 주제에 매우 적합한 사례로 판단된다. 엔지니어들의 디자인 활동과 과학자의 탐구 활동에 적용되는 행위 중 성찰 과정이 Wilson의 기술적 분석과 사회적 개입의 실천 활동에도 나타나고 있다. 과학자들과 엔지니어들이 익숙한 문제에 의거하여 익숙하지 않은 문제를 모델링하고, 문제들 사이의 불명확한 유사성들에 대해서 성찰하여 새로운 이론을 도출해내는 것처럼, Wilson도 독특하고 복잡한 사회기술적 문제 상황들을 이해하는데 필요한 효과적인 범례들exemplars을 개발해냈다. 물론 Wilson은 기능적인 문제 해결 행위를 자신의 실천 활동에서 배제하지 않았다. 그러나 그런 기능적인 문제 해결은 상황에 적절한 방식으로, 자신만의 고유한 방식으로 행위 중 성찰에 연결하여 실행해나갔던 것이다.

Chapter 7

도시 계획: 행위 중 성찰의 한계

Professional Contexts for
Reflection-in-Action

도시 계획 실천 맥락의 변화 (The Evolving Context of Planning Practice)

Glazer의 비주류 전문직 분야들 중에서 도시계획은 창립 멤버라 할 만큼 역사가 오래된 분야이다. 도시 계획 실천 활동의 제도적 맥락은 안정적이지 못한 특성을 지니고 있고, 그로 인하여 도시계획 전문직에 대한 서로 다른 관점들이 존재해왔다. 즉 도시계획 실천가의 역할과 전문지식을 서로 다르게 묘사하는 관점들이 존재한다는 것이다. 예를 들면, 현재 도시계획 실천가들은 디자이너, 정책 결정자, 비평가, 이해관계자, 규제자, 관리자, 평가자, 중개자 등 다양한 역할을 수행하고 있다. 다른 전문직 분야처럼 각 역할을 수행하는 사람은 저마다 특정 가치, 전략, 기법, 정보 등을 추구한다. 그러나 도시계획 전문직 분야에서, 이러한 역할 이미지는 비교적 짧은 기간에 의미 있는 변화 과정을 거쳐 나타난 것이라고 볼 수 있다. 20세기 초에 등장하였던 도시계획 전문직 분야는 부분적으로는 실천가들 스스로 조성한 실천 환경 상의 변화들로 인하여 도시계획 이론과 실천을 위한 서로 다른 아이디어들을 창출해내면서 성장하였다. 결국 도시계획 실천가 역할의 변화 역사는 도시계획 전문직과 도시계획 전문직의 상황 사이의 광범위한 대화 과정의 산물로 이해될 수 있을 것이다.

20세기 초 도시계획 운동의 발전으로 이 분야 실천가들은 존재를 인정받고, 영향력을 행사하고, 전문가로서 지위를 획득하였다. 당시 미국 전역에서 도시계획 마스터플랜을 수립하고 지역도시개발위원회를 설치하고 있었는데, 이는 영국에서 도시개발을 지지하는 연대모임 결성과 동시에 이루어지고 있었다.[1] 2차 대전 후 전시 체제 하의 군사 및 경제 계획 활동의 영향으로 중앙집중식 도시계획 활동이 유행하였고, 그런 중앙집중식 계획 활동은 종합적이고 기본적인 도시계획부터 도시재건, 도시교통, 보건서비스, 공공교육, 정신건강, 사법제도 등에 이르기까지 확산되었다.

이처럼 모든 분야들에서 중앙집중식 계획가들은 관련 정치 세력들이 연대하여 제정한 법률로 창출되고 정당화된 제도를 기반삼아 활동하였다. 그들은 자신들이 수립한 계획을 실행하는 기관들과 혜택을 누리게 될 고객들과의 관계에서 자신들이 계획한 시스템의 중심 역할을 자처하였다. 그들의 소위 실천지 knowledge-in-practice는 실천 목적 및 목표 수립, 바람직한 미래 구상, 실천 기준 조건 명시, 대안적 행위 전략 제시, 실천 제약 조건 확인, 실천 시스템 도식화, 행위 결과 예측 등에 관련된 것이었다. 나중에 계획가들은 도시계획의 실현 가능성 평가와 도시계획 홍보의 정치적 문제들에도 관심을 기울이게 되었다.

1960년대 중반까지 중앙집중식 계획 활동은 이런 방식으로 전개되었다. 여기에는 두 가지 중요한 가정들이 전제되었다.

1. 도시계획의 목적과 목표의 수립에 있어서 공공 이익에 관한 합의가 가능하다.
2. 중앙집중식 계획 활동을 위한 지식 체계가 존재한다.

당시에 그 가정들은 진리로 여겨졌고, 도시계획 전문가들의 실천 활동을 위한

---

1 도시 계획 전문직 역사는 Mel Scott의 저서 '1890년대 이후 미국의 도시 계획'(Berkeley, Cal.: University of California Press, 1969)에서 참고할 수 있다.

준거점이 되었다. 그러나 1960년대 중반 경에 이르러 그 가정들은 문제를 노출한다.

대다수 대중들과 계획가들은 계획의 실행 과정과 실행 결과로 인하여 치명적인 부작용, 예상치 못한 부산물, 반직관적인 상황이 발생하고 있음을 점차적으로 인식하게 되었다. 문제를 해결하고자 설계된 계획들은 문제를 해결하지 못하고 심지어 해결하고자 했던 문제들보다 더 심각한 문제를 초래하기도 하였다. 계획가들이 가장 관심을 기울였던 현상들 중 일부 – 빈곤, 범죄, 도시 혼잡 및 쇠퇴 – 는 그들의 해결책이 전혀 영향을 줄 수 없을 정도였다. 가장 신뢰할만한 예측예를 들면 진학률 조차도 잘못된 것으로 판명되었다. 사회 현상을 설명하는 공식화되고 계량화된 모델을 구성하려는 시도들은 관련 변수들의 복잡한 특성들 때문에 실패하고 있었다. 사회 실험을 실시하려는 시도들도 실험 환경에 존재하는 예상할 수 없고 통제할 수 없는 변수들로 인하여 신뢰를 받지 못했다. 그리고 자신의 의도와는 상관없이, 때로는 자신의 가치관을 버리고 다른 이해관계자의 이익에 따르는 계획가들도 있었다. 사회 비평가와 정치적 압력 단체들은 도시계획가의 해결책들이 원래 의도와는 다른 의미와 결과를 초래한다는 사실을 예증하려 노력하였다. 계획 활동의 범위와 복잡성이 확대됨에 따라, 계획가들은 자신들이 사용하는 기법과 모델로는 분석, 진단, 예측 등을 충분히 해낼 수 없다는 점을 깨달았다. 도시계획 "문제들"은 사실적 정보facts에만 의존해서는 해결할 수 없을 정도로 이해관계자들 간의 서로 다른 가치, 이익, 신념 갈등이 내포된 딜레마 상황처럼 보였다.

1960년대 중반에 이르면, 일반 대중의 이익과 관련된 사안들에 대한 투명한 합의는 점차 사라져 갔다. 정부 차원의 중앙집중식 계획 활동이 초래한 치명적 결과들로 인하여 불공정, 도덕적 해이, 업무 태만 이슈를 다루는 특수한 이해 집단들이 형성되기 시작하였다. 마침내 1970년대 후반에 이르면, 일반 대중의 이익 추구를 위한 국가 차원의 합의란 전혀 가능하지 않다는 사실이 명백해졌다. 오히려 특수 이해 집단들은 더욱 늘어만 갔다. 소수인종, 여성인권, 환경보존, 소비자권익, 작업 안전 및 보건, 장애인권익, 지역사회보전, 특수교육 및 기초교육 운동, 학교환경개선, 에너지보존, 인구조절, 임신중절반대 및 옹호, 도덕/종교원리주의,

총기보유지지 및 반대, 범죄예방, 교도소 및 정신병원 민영화 등 다양한 분야의 이해 집단들이 등장하였다. 이 집단들은 자신들의 이익 추구를 위하여 합법 단체로 조직화하고, 일반 대중을 대상으로 하는 토론을 주도하고, 정치적 행동을 취하였다.

그런 이해 집단들은 서로 다른 입장 때문에 직접적이고 노골적인 갈등을 빚기도 했다. 한 집단의 활동이 성공하면 다른 집단의 이익을 침해하는 결과를 낳거나, 집단 간의 이익 추구가 희소 자원 쟁탈을 위한 경쟁으로 격화되어 갈등은 더욱 심화되었다.

1960년대 전반에 걸쳐서 새로운 집단으로서 사회적 차원의 계획가social planner 집단이 태동하는데, 이들은 사회적 약자를 억압하는 기존 제도와 집단을 비판하기 시작했다. Herbert Gans, Jane Jacobs, Francis Piven, Mark Fried 등은 도시 재생 운동을 주도했던 사람들로서, 겉으로는 일반 대중의 이익을 위한다고 하면서 빈곤층 및 소수인종의 주거지를 파괴하는 대기업과 부동산개발업자의 이익에 봉사하는 계획가들의 행태를 고발하였다.[2] 즉 그런 사회 비판가들과 대중 친화적인 계획가들은 일반 대중, 기득권 집단, 언론 매체, 법원, 입법부 등이 관계하는 소위 사회적 장social field에서 자신들의 영향력을 행사하고자 하였다. 이들은 다음과 같은 이슈들 — 사회적 약자의 이익 대변, 사회적 약자의 임파워먼트, 중앙집중식 계획가의 전문가 이미지 분쇄, 계획가와 기득권 집단의 제휴 관계 폭로, 정부와 기업의 사회적 약자 수탈 방법, 사회적 약자를 위한 정책 및 프로그램 개발, 기득권 집단 실천 활동의 감시와 통제, 사회적 약자의 권리와 이익 보호, 국회의원, 규제자, 행정기관과 연계 등 — 에 관련된 실천지knowledge-in-practice를 보유하고 있었다.

이러한 사회 비판가, 사회적 약자 지지자, 조직운동가들이 자신들의 아이디어를 널리 알려 나감에 따라서 기득권 집단의 활동을 규제하거나 특수 이익 집단을 위한 프로그램을 실행하는 법률 제정 과정에 영향력을 행사할 수 있게 되었다.

---

2 Herbert Gans의 Urban Villagers (New York: The Free Press, 1965)를 참고하라.

이처럼 입법 활동에 영향력 행사가 가능해진 결과, 도시계획의 사회적 맥락은 상이한 이해관계를 지닌 집단들이 서로 경쟁하고 갈등하는 사회적 장이 되고 있었다. 그리고 도시계획의 사회적 맥락으로서 사회적 장의 출현은 기업, 학교, 병원, 대학, 부동산개발업체 등과 같은 기관들의 행위를 감독하고 통제하는 법적 규제 시스템 구축으로 이어졌다. 법원은 모호한 사건들의 판결자, 법률의 해석자, 법률 위반의 제재자, 때로는 시스템의 감독자 혹은 관리자로서 역할을 수행하게 되었다.

이익 집단들 사이에 상호작용이 이루어지는 사회적 장 안에서, 계획가들은 더 이상 중앙집중식의 계획 모델을 따르지 않는다. 그들은 점점 다양해지는 이익 집단들과 규제 시스템들과의 관계 속에서 실천 활동을 수행하고, 여러 가지 종류의 새로운 역할 혹은 수정된 역할을 만들어냈다. 즉 그들은 규제 절차 적용 당사자를 위한 대변인, 전략가, 기술적 조언자로서로서 역할을 수행하거나, 개발업자의 환경영향 보고서나 정부기관의 고용차별금지 계획안을 검토하는 파수꾼의 역할을 수행할 수도 있다. 한편 그들은 규제자와 피규제자 사이에서 상호간의 모임을 주선하고, 입장을 이해시키고, 공동의 이익을 규명하며, 수용가능한 타협안을 도출하는 중재자로서 역할을 수행할 수도 있다.

한 때 중앙집중식 계획가의 역할을 수행하던 계획가는 이제 변호사 역할과 유사한 중재자의 기능을 수행함에 따라서 새로운 지식을 갖추기를 요구받고 있고, 그런 지식은 다음과 같은 이슈들과 관련이 있다. 이해관계자 상황과 관심의 이해, 협상·중재·탐구 목표의 수립, 성공적인 협상 활동, 생산적 탐구를 위한 여건 조성, 중재안의 설계 및 효과 평가, 중재적 역할의 신뢰성과 정당성 확보 등이 그것들이다.

다음 절에서 도시계획 실천 사례를 소개하고자 한다. 이 사례는 중재적 역할을 수행하는 도시계획 실천가가 위에 열거된 이슈들에 대처하도록 해주는 실천 중 앎knowing-in-pracitce을 어떤 방식으로 발전시키는지를 보여준다. 그러나 나는 이 사례를 통하여 전문가 지식professional knowledge의 보다 일반적인 특징들을 탐색하려고 한다.3

전문가 역할은 대체로 실천가의 행동을 제한한다. 그러나 이런 제한 속에서도 실천가는 자신의 역할을 규정하는 자신만의 방식을 개발한다. 또한 자신의 역할 틀을 해당 전문직 분야의 지식 레퍼토리로부터 가져오던 아니면 그냥 스스로 형성하던지 간에 상관없이 그의 전문적 지식은 일종의 시스템의 성격을 지닌다. 실천가가 선택하는 문제, 채택하는 전략, 사용하는 대인간 행위 이론은 자신의 역할을 규정하는 방식과 밀접한 관련이 있다. 다음 사례에서, 그런 실천 중 앎의 시스템을 소개하고자 한다.

나아가서 이러한 전문적 지식 시스템은 자기강화적 특성을 갖는다. 자신이 구성한 역할 틀의 종류와 그가 발전시킨 대인간 행위 이론의 종류에 따라서 실천가의 행위 중 성찰의 범위와 깊이는 제한될 것이다. 이처럼 행위 중 성찰의 한계가 설정되고 유지되는 방식을 다음 사례에서 보여줄 것이다.

어느 도시계획가의 실천 중 앎의 모습 (Some of What One Planner Knows)

이 실천 사례 속의 도시계획가는 자신이 봉사하는 도시의 발전에 관심을 갖고 있다. 그러나 그가 종합적인 도시계획이나 구체적인 개발계획을 갖고 있는 것은 아니다. 그는 단지 지역개발위원회에 제출할 개발업자들의 제안서를 검토하고, 개발업자와 지역개발위원회 사이에서 중재하는 것을 자신의 역할로 규정한다. 그는 개발업자에게 자문하고 협상하면서 개발의 방향과 수준에 영향을 미치고자 한다. 즉 그는 개발계획을 수립하는 계획가의 전통적인 역할보다는 상기한 역할을 수행함으로써 대리적으로 계획을 수립하고 있다.

계획가가 자신의 역할을 규정하는 자신만의 방식을 실행하고, 그 역할과 관련된 딜레마에 대처하면서 자신의 이미지를 조성하는 과정에서, 그는 개발업자들을

---

3 여기에서 제시된 사례 연구는, 당시 MIT의 '도시연구및계획'학과의 대학원생이었던 William Ronco가 수집했던 비디오테이프와 인터뷰 자료를 근거로 한 것이다. 이 자료를 제공하는데 협조하고 그 자료 분석의 초기 원고 작성에 도움을 준 Dr. Ronco에게 고마운 마음을 전한다. 그러나 이 글에서 제시된 자료는 원자료와는 상당히 상이하고, 그로 인한 책임은 전적으로 나에게 있음을 미리 알려둔다.

지속적으로 조언하고 협상하고 동시에 이해관계자들의 신뢰를 유지해나가는 일종의 균형적 행위로서 자신의 실천 활동을 추진하는 방법을 체현하고 있었다.

다음 내용은 도시계획가의 사무실에서 진행된 회의들 중 한 장면을 촬영하여 전사한 기록들 중 일부이다. 이 장면에서 개발업자는 자신의 삼촌과 함께 소유하고 있는 아파트 건물을 리모델링하고자 마련한 도면과 계획을 보여주고 있다. 도시개발조례에 의거하여 지역개발위원회가 개발 계획의 승인 여부를 결정하는 권한을 갖는데, 개발업자가 개발 계획안을 제출하기 전에 도시계획 전문가의 검토를 받아야 할 의무가 있다.

이 장면의 시작 부분에서 실천가는 소매를 걷어붙인 상태로 자신의 노트를 응시하고 있고, 개발업자와 건축가와 대화를 나눌 때는 회의용 탁자 앞으로 깊숙이 몸을 내밀고 있다.

> 계획가: 제가 먼저 말씀드리지요. 2주 전에 언급한 사안부터 말 할께요. 우선 제출하는 개발안이 도시개발조례 규정에 부합하는지를 확인하셔야 한다고 했지요. 건물 구조 자체는 전혀 문제가 없다고 봐요. 그런데 도시개발조례에 따르면 면밀히 검토해야 할 사안이 더 있어요. 건축 장소와 관련해서 건축감리사와 함께 좀 더 상의해보셔야 할 겁니다.
>
> 건축사: 맞아요.
>
> 계획가: … 그건 당신이 항상 하는 일이 아닌가요…

계획가는 회의의 목적을 개발안이 "도시개발조례 규정에 부합하는지"를 검토하는 것으로 규정한다. 그리고 개발안의 문제를 두 가지로 구분하는데, 하나는 건물 구조이고, 다른 하나는 건축 장소이다. 그리고 나서 계획가는 건축 장소와 관련된 개발안에 대해서 조언을 시작한다. 그 전에 개발업자가 도시개발조례 규정을 숙지하고 있는지를 먼저 확인한다.

> 계획가: … 그런데, Tom, 도시개발조례를 본 적이 있나요? 개발업자는 건축사를 바라본다.

건축사: 음. 대강 훑어보았어요.

계획가: 건축 부지를 한 번 봅시다.

개발업자: 저희들이 도면을 확대해봤어요. 보기 쉽게…

건축사: 원래는 작았는데, 그러면 자세히 보기 힘들어요…

계획가는 자신의 검토 목록 중 첫 번째로 건축 부지 크기 문제에 대해서 언급한다.

계획가: 좋아요. 자, 새로 개정된 조례 중에 신축 아파트에 관한 조항에 의하면, 건축 부지 규모는 20,000 평방 피트가 되어야 해요. 그런데 개발안을 보면, 건축 부지가 14,341 평방 피트에요. 당신도 알고 있는 것처럼, 건축 부지를 늘리기도 불가능해 보이네요.

개발업자: 흠.

계획가: 자, 당신은 현재 이 건물에 몇 가구를 더 추가하려는 거지요. 그러면 변화가 필요하겠네요. 왜냐하면 현재 건축 부지가 그렇게 넓지도 않은 상태에서 아파트 형태를 바꾸려하니까요. 그렇게 아파트 구조를 바꾸려면 당국의 허가가 필요할 겁니다. 그건 해결 가능하다고 봐요. 그런데 제가 보기에는 다른 건 괜찮은데 건축 부지에 뭔가 변화가 필요해요.

개발업자는 자신의 개발안에 여전히 확신을 갖고 있는데, 정말로 자신이 조례를 위반하고 있는지를 되묻는다.

개발업자: 전 모르겠네요. 좀 더 크게 늘릴 수 있는 부분이 있다고 생각해요. 여기 이 부분을 크게 확장하면 조례 조건을 충족시키지 않을까요…

계획가는 개발업자가 건축 부지에 변화를 주어서 조례 조건을 충족시킬 수 있는 방법에 대해서 설명해준다.

계획가: 물론 건물 바닥 면적에는 전혀 문제가 없어요.

개발업자: 그래요.

계획가: 그리고 가구 단위별 면적에도 문제가 없어요. 이건 당신이 지역개
발위원회에 가서 부각시켜야 할 사항 중 하나입니다. 20,000 평방
피트 부지를 확보하지 못했더라도 개발 제한 조항에는 위배되지
않아요. 왜냐하면 기존 건물을 개발하는 것이니까요.

계획가는 개발업자의 반응은 무시하고 자신의 생각을 계속 말한다.

계획가: 새 조례는 개방 공간 조건을 제시하고 있어요. 그 조건은 당신이
이전에 했던 개발 사업에 적용되던 조건과는 약간 달라요. 먼저
조경 공간이 필요해요. 건축 부지에 들어서는 건물 바닥 면적의
10%가 되어야 해요 총 부지 면적의 10%가 아니라… 건물 면적의
25%를 활용가능한 개방 공간으로 확보하지 못한다면요. 자, 조례
에 대해서 좀 더 자세히 살펴봅시다. 조경 공간이 어떤 의미일까
요? 활용가능하다는 말은 어떤 의미일까요?

개발업자: 음.

계획가: 여기가 조경 공간으로 적당할 수 있겠네요. 아니면 이쪽 부지 방
면으로…

이어서 개발업자는 "사용가능한 개방 공간"이라는 용어에 해당될 것을 점검한다.

개발업자: 조례에서 '사용가능한' 이라고 할 때, 그것은 한 때 포장되어진
주차 공간을 의미하는 걸까요?

건축사: 아니에요…

개발업자: 아닐거에요. 그 이상을 의미한다고 봐요.

계획가: 그래요. 포장되지 않은 공간도 포함해서요.

건축사: 포장되지 않은 공간까지…

개발업자: 포장되지 않은 공간…

계획가: 포장되지 않은 공간.

이처럼 "포장되지 않은 공간"이라는 말로 문제를 확인하고, 건축사는 문제를 해결할 수 있는 방법을 제시한다.

> 건축사: 출입문을 없애버리지요 그러면 당신은 그 문제를 아주 쉽게 해결할 수 있을 겁니다.

그러나 개발업자는 이 아이디어에 관심을 보이지 않는다. 개발업자는 다른 사안에 관심을 돌리는데, 그로 인해서 개발업자는 계획가가 세심하게 준비해온 조례 위반 가능 사항의 목록을 검토한다.

> 개발업자: 지난번 회의 후에 현재 건물의 공동 소유자인 나의 삼촌과 논의를 해봤어요. 그 때 삼촌이 한 말이 일리가 있다고 생각했어요. 건물에 입주한 가게를 퇴거시키고 아파트 가구를 더 늘리는게 어떻겠냐고… 꼭 11가구만 지을 필요는 없지 않냐고… 그렇게 하면 건축 구조는 그대로 두면서 무엇인가 다른 것들도 할 수 있기 때문이지요. 저는 그런 아이디어에 대해서 답변을 하지 않았어요.

건축 부지 크기에 변화가 필요하다는 것이 유일한 문제라면, 그 부지에 짓는 건물 내 아파트 개수를 늘리는 방안이 가능한 것일까? 계획가는 다음과 같이 반응하고 있다.

> 계획가: 자, 그 생각에 대해서 좋다, 나쁘다라고 답하지 않겠어요.
>
> 개발업자: 괜찮아요.
>
> 계획가: 왜냐하면 이 땅에 할 수 있는 것만 생각하고 있기 때문이에요.
>
> 개발업자: 예.
>
> 건축사: 합법적으로…
>
> 계획가: 그게 기준입니다. 자, 입주 가구가 9개, 10개, 11개, 20개, 혹은 50개가 될지는 모르겠어요. 현재 상태로 건물을 개발하는 것이라면,

14,000 평방 피트 면적은 심각한 문제가 안 될 겁니다. 그런데 문제는 제가 지역개발위원회의 위원이 아니라는 겁니다. 그런데 지역개발위원회가 결정의 권한을 갖는다는 게 중요해요. 그런데 당신이 현재 상태에서 가구를 과도하게 추가한다면, 개방 공간 확보를 위한 조치가 반드시 필요해요.

개발업자: 우리는 그걸 원치 않아요.

계획가: 좋아요. 어쨌든 당신이 걱정해야 할 것은 건축 부지 조건을 준수하는 것이에요.

이 때 개발업자가 질문을 하고, 계획가는 답변을 한 뒤에 바로 자신이 준비한 검토 목록 중에 다음 항목으로 넘어간다.

계획가: 다음으로 주차장에 대해서 진지하게 생각해봐야 해요. 조례에 따르면 주차장 설치 조건은 예전과 약간 달라졌어요. 아파트의 경우, 침실 하나짜리 아파트는 차량 한 대, 침실 두 개짜리 아파트는 차량 한 대 반, 침실 세 개 혹은 네 개짜리는 아파트는 차량 두 대분의 주차공간을 확보해야 합니다. 현재 당신 건물의 주차장은 어떤지요?

개발업자: 저희 건물은 현재 차량 17대를 주차할 수 있는 공간을 갖고 있을걸요.

그러나 주차장 조건은 새로운 조례의 두 가지 추가 규정 때문에 복잡한 문제를 초래하고 있다.

계획가: 주차장 조건과 관련해서 조례 제81조를 보아야 합니다. 여기에 주차장 설치에 관한 조건이 제시되어 있어요. 주차장을 건물 자리와는 떨어뜨리는 게 좋겠어요. 그러려면 주차장 위치를 다소 조정해야 할거에요.

건축사: 건물 앞쪽과 뒤쪽을 활용하자는 거지요.

계획가: 그런 부분을 잘 감안해서 배치해야 한다고 생각해요. 자, 이건 간

단한 배치도입니다. 물론 다르게 할 수도 있고요.

건축사: 예, 조정이 잘 되어 결과가 좋기를 바래요. 이제, 20,000 평방 피트 조항이나 주차장 설치 조항도 그리 크게 어렵지 않게 해결되리라고 봐요.

계획가: 알겠어요. 하지만 당신이 할 수 있는 것과 할 수 없는 것을 결정하려면 개략적인 배치도를 그려보아야 합니다. 여기 주차장 공간은 설치 조건을 고려하지 않고 그저 배치도에 그려 넣었어요. 우리가 그 부분을 아주 꼼꼼하게 들여다보았기 때문에 이제 추가 여유 공간을 찾아낼 수 있다고 봐요.

개발업자: 예.

계획가는 이제 마지막 조언을 한다.

계획가: 지역개발위원회의 청문회에서 원하는 결과를 얻으려면 방금 전 언급했던 문제들에 대해서 답변할 준비가 되어있어야 해요. 미리 예측하지는 마세요. 다만, 지역개발위원회 위원들은 당신들에게 현재 이 건축물에 어떤 문제가 있는지, 당신들이 원하는 것을 얻는데 어떤 것들이 필요한지를 확인할 겁니다.

개발업자: 글쎄요. 지금까지 그 문제를 충분히 다룬 게 아니었나요?

계획가: 다시 말하지만 속단하지 마세요.

개발업자: 알겠습니다.

계획가: 경제적으로도 고려해야 할 부분들도 있어요. 일단 당신은 오랫동안 소유해왔던 자산을 다루고 있어요. 비용이 점점 증가하는 상황에서는 그 건물의 수익성을 높일 필요가 있겠지요…

개발업자: 맞아요.

계획가: 그런데 청문회 사람들은 보다 구체적인 것을 알고 싶어 해요. 당신은 그런 부분들에 대해서 잘 대처해야 한다고 생각해요. 알겠습니까?

그러자 건축사는 새로운 방식으로 가능한 방법을 제시하고 있다.

건축사: 별 다른 방법이 없다면, 새로운 건물을 짓는 방법은 어떨까요?
계획가: 그러면 여러 가지 어려움들에 봉착하게 될 겁니다. 왜냐하면 다른
  변수들이 발생하기 때문이죠. 현재 부지 면적으로 새로운 아파트
  를 짓더라도 승인되기는 힘들 겁니다. 왜냐하면 도시개발위원회
  사람들은 아파트 신개축의 조건으로 20,000 평방 피트 부지 확보
  를 명시했기 때문이죠. 그리고 제 개인적으로 20,000 평방 피트
  이하 면적으로 새로운 건물을 짓는 것을 허용해주는 경우를 보지
  못했어요.

회의가 끝날 무렵 개발업자는 "해야 할 일을 다했다"라고 결론을 내린다.

기록 속의 사건.   계획가는 회의 시작 전에 가졌던 아젠다에 의거하여 행
동을 하고 있다. 그 과정은 개발업자가 작성했던 개발 계획안이 도시개발조례와
부합하는지 여부를 검토하는 작업으로 시작되고 있다. 실천가는 건축 부지 크기,
개방 공간, 주차장 등의 요인 순으로 그 작업을 진행하고 있다. 개발업자와 건축
사가 "개방 공간" 등 여러 가지 용어들의 의미에 대해서 질문하고, 여러 가지 가
능한 문제 해결 방안을 제안하고 있다. 용어의 의미에 대한 질의응답과 문제해결
방안에 대한 토론, 이 두 가지 활동은 서로 다른 방식으로 전개되고 있다. 개발
업자와 건축사가 제안을 하고 계획가는 타협의 형식을 취하면서 반응하고 있다.
개발업자는 20,000 평방 피트 조건 때문에 변화가 요구되는 상황에서 건물 공동
소유자인 삼촌의 제안 – 아파트 증축 – 에 관심을 가졌다. 그러자 계획가는 "나
는 좋다 나쁘다라고 확답을 하지 않겠다"라고 반응하거나, "나는 지역개발위원회
위원이 아니다"라고 주장하면서 자신이 갖는 권위의 한계를 밝히고 있다. 그리고
지역개발위원회 위원들의 반응에 영향을 미칠 수 있는 요인들을 구체화시켜 나가
는 작업을 계속해 나간다. 그리고 건축사는 새로운 건물을 짓는 가능성에 대한
질문을 하고, 이에 대해서 계획가는 "20,000 평방 피트 이하 부지로 새로운 건물
을 짓는 것을 허용해주는 경우를 보지 못했어요"라고 단호한 반응을 보인다.

이외에도 계획가는 학생의 시험 준비를 도와주듯이, 개발업자가 향후 지역개발위원회의 청문회에 대응할 수 있는 준비를 시킨다. 계획가는 예상 가능한 질문들을, 수용 가능한 답변들, 향후 해야 할 과제들을 제시해준다"… 그들은 당신이 앞으로 직면하게 될 문제들에 대해서 질문을 할 것입니다. 당신이 원하는 것을 하기 위해서 어떤 변화가 필요한가요… 그런 것들에 대해서 생각해보세요". 동시에 계획가는 자신이 결정을 내려줄 수 있다는 인상을 주지 않도록 노력한다."내가 판단할 문제가 아닙니다"

결국 계획가는 세 가지 과업을 수행하고 있는 것으로 보인다. 첫째, '개발 계획안을 검토하여' 도시 개발 조례를 위반할 가능성이 있는 부분들을 지적하고, 개발 계획안의 변경 필요성에 대해서 개발업자에게 '조언한다', 둘째, 계획가는 개발업자가 지역개발위원회에 출석하기 전에 '청문회에 대비하는 준비를 도와준다', 셋째, 계획가는 개발업자의 계획안에 대해서 비판적으로 검토하고, 문제가 될 가능성이 있는 부분은 분명히 지적해주는, 즉 '개발업자와 협상을 하고 있다'

계획가와 개발업자는 바로 이런 세 가지 과업들을 중심으로 발생하고 있는 문제들을 규정하고 해결하려고 노력한다.

계획가는 개발 계획안을 검토하는 과정에서 세심하고 조심스럽게 접근하고 있다. 계획가는 자신이 분석하고 평가한 결과의 흔적을 남기려 무던히 애쓴다."이 항목들은 잊지 마세요… 당신이 앞으로 개발 계획안에 대한 보완 작업을 본격적으로 하게 되면 이 자료를 드릴게요." 동시에, 계획가는 자신의 권위가 갖는 한계를 분명하게 밝힌다. 즉 위원회의 행동은 단지 예상할 수 있을 뿐이고, 의사결정도 계획가 자신의 몫은 아니라는 점을 자주 언급한다. 즉 계획가는 개발업자가 계획안을 최종 안으로 간주할 가능성을 경계하면서, 계획안을 예비적인 안으로 간주하고 엄밀하게 검토해야 한다는 점을 강조하려 노력한다.

계획가는 개발업자에게 부정적인 정보도 알려주면서 조례를 위반할 가능성이 있는 부분들을 주의깊게 다루고 있다. 이때 계획가는 개발업자를 낙담시키지 않도록 조심스럽게 대처하고 있다.

보다 상세한 계획안을 보지 않더라도, 유일하게 변경이 필요한 부분은
건축 부지에 관한 것입니다.

여기서 계획가는 개발업자의 최종적 계획안을 폄하하지 않지만 아직 그것을 보지 못했다는 점을 지적하면서 변화가 필요할 것이라는 점은 강조하고 있다. 그가 어떤 잠재적 문제점을 지적할 때는 그 해결책을 어렵지 않게 여기도록 유도하고 있다.

> 자. 이건 단지 하나의 가능한 배치도입니다. 또 다른 방법들이 있을 수 있다고 믿어요.

그리고 실천가는 자신이 지적한 부정적인 정보들을 "좋은 소식"들로 포장하여 개발업자가 긍정적인 방향으로 받아들이도록 애쓰고 있다:

> 건물 구조 자체는 전혀 문제가 되지 않아요. 하지만 조례를 고려하여 전체 계획안을 세심하게 살펴봐야 해요. 알겠어요? 이제 건축 조건과 관련해서 건축 감리사와 함께 세부 사항을 처리할 수 있는 시점에 이르렀다고 봐요.

계획가는 부정적 정보는 최소화시키는 방식으로 처리하고 있다. 해결책은 쉽게 여기도록 하고 가급적 좋은 소식을 전해주면서 그렇게 한다.

계획가는 개발업자의 청문회 준비를 도와주면서 위원회가 납득할 수 있는 답변의 형식을 가르쳐 준다. 그러나 그는 그런 답변에 대한 평가는 계획가 자신이 아니라 위원회 사람들이라는 점을 분명히 밝히고 있다:

> 자, 미리 판단하지 않았으면 합니다. 아무튼 청문회 위원들이 확인하고자 하는 바는 바로 당신이 어떤 문제를 안고 있느냐겠지요.

계획가는 개발업자 스스로 세부적인 문제들을 해결해야 나가야 할 것이라고 조심스럽게 말해주고 있다:

> 계획가: 건축 비용이 증가하는 최근 상황에서 당신은 그 건물의 잠재적 수

익성을 높일 필요가 있겠지요.

개발업자: 물론입니다.

계획가: 그러나 위원회 사람들은 구체적인 것을 알고 싶어 할 겁니다. 그
리고 그게 당신이 해결해야 할 문제이기도 하고요. 알겠지요?

계획가에게 주어진 문제는 다음과 같다: 계획가가 위원회의 평가자 역할을 대
신하지 않고 혹은 개발업자가 해야 할 일을 대신하지 않으면서, 개발업자로 하여
금 위원회에 출석하여 올바른 답변을 할 수 있도록 하는 것이다.

개발업자가 대안으로 아파트 가구 증축 혹은 건물 재건축 등 새로운 제안을
할 때마다, 계획가는 상충되는 조건들을 충족시키는 것이 자신의 일인 것처럼 대
응하고 있다. 또한 계획가는 개발업자가 위원회에서 거부될만한 제안을 하지 않
도록 애쓰고 있다.

…현재 건축 부지에서 할 수 있는 건 그 정도에요… 그게 바로 한계에
요… 당신이 부지에 할 수 있는 건 한계가 있어요… 그건 바로 정해진 기
준criterion이 있기 때문입니다.

그러나 계획가는 개발업자가 혹시 위원회가 수용할 수도 있는 제안을 제시하
는 걸 좌절시키지 않으려 애쓰고 있다.

…현재 상태로 건물을 개발하는 것이라면 14,000 평방 피트는 심각한
문제가 안 될 겁니다.

계획가는 지역개발위원회의 행동을 예측할 수 있고, 지역개발위원회의 행동에
영향을 줄 수도 있다는 인상을 심어주면서도 자신의 권위에는 한계가 있다는 점
을 분명히 한다.

… 나는 좋다 나쁘다라고 확답을 하지 않겠어요…

… 나는 지역개발위원회 위원이 아닙니다… 그것은 그들의 결정에 달려

있어요.

계획가는 개발업자의 계획안을 검토하고, 개발업자의 지역개발위원회 출석을 준비시키는 과정에서 협상의 방식으로 일종의 균형자로서 행위를 하고 있다. 개발업자로 하여금 낙담하지 않도록 하면서도 그의 계획안을 비평하려 애쓰고 있다. 그리고 아주 엄격하면서도 관대한 자세로 임하고 있다. 개발업자가 자신의 제안에 대한 책임을 다하도록 하면서 올바른 방향으로 안내하려 애쓰고, 권위를 보이지 않으면서도 권위 있는 행동을 하고 있다.

역할과 상황을 규정하기.   계획가는 자신의 입장에서 문제를 규정짓고 그에 따라서 나름대로 행동을 하고 있다. 그런 문제 규정과 문제 대처 행동은 그 자신의 역할 규정에 따른 결과라고 볼 수 있다. 계획가는 이 일을 시작하기 전에 이미 자신에게 허용 가능한 역할을 알고 있다. 다른 분야의 실천가처럼, 자신의 사무실 벽에 지도와 챠트를 붙이고 설계도를 직접 제작하는 역할을 할 수 있다. 아니면 지역사회 운동 조직자 및 후원자로서 역할을 할 수도 있다. 그러나 이 실천가는 중재자의 역할을 하기로 결심하였다.

계획가는 자신의 도시에 좋은 것을 구현하려고 노력한다. 그는 그 작업을 혼자서 하지 않는다. 계획가는 노사협상가, 결혼상담가, 조정자 혹은 브로커처럼, 당사자들이 자신의 일을 주도하도록 하고 그런 과정을 지원하는 방식으로 행동한다. 즉 다른 사람들의 계획에 영향을 주는 대리적인 계획자로서 역할을 수행하고 있다. 계획가는 개발업자, 위원회와 상호의존적 관계 속에서 중재적 역할을 하고자 한다. 계획가의 조언과 조력이 없다면, 개발업자는 당국으로부터 건축 허가를 받기 위해서 극복해야 할 장애 요인들을 이해할 수도 없을 것이고 협상도 불가능하게 될 것이다. 또 개발업자의 제안들이 없다면, 계획가는 도시에 좋은 것을 구체화하기 힘들게 될 것이다. 지역개발위원회와 지역개발조례가 없다면 계획가는 자신의 역할을 수행하지 못할 것이다. 계획가가 개발 계획안을 검토하고 수정하는 과정이 없다면, 지역개발위원회의 규제 업무는 원만하게 수행되지 못할 것이다.

이러한 상호의존성은 계획가와 개발업자가 함께 하는 "검토 게임review game"을 위한 중요한 조건이 된다. 개발업자는 자신의 계획안에 대한 검토와 조언을 받기 위해서 계획가를 찾는다. 이런 상황을 계획가는 개발업자와 협상 과정에서 이용한다. 개발업자는 계획가가 갖고 있는 좋은 도시 조성자로서의 이미지를 인정해주면서 반대급부로 계획가는 개발업자가 지역개발위원회의 승인을 얻어내도록 도와준다. 계획가는 다음과 같이 말한 적이 있다.

> 어떤 사람이 특정 케이스를 갖고 오면, 나는 즉각적으로 협상의 여지와
> 조력의 기회를 파악해낸다. 그리고 아마도 어느 정도 양보는 할 수 있지만,
> 내가 살고 일하는 이 도시에 이익이 되도록 하는 것은 포기하지 않는다.

계획가는 자신의 아이디어에 개발업자가 동의하도록 만들면서 검토 게임의 승자가 되려고 노력한다. 동시에 개발업자가 지역개발위원회 청문회를 무사히 통과할 수 있도록 도와준다. 개발업자는 큰 대가를 치르지 않는 양보를 하면서 그 게임에서 승자가 되려고 한다. 그러나 계획가는 이 과정에서 검토 게임의 패자가 될 수도 있다. 즉 좋지 않은 계획을 그냥 허용하거나, 좋은 계획을 좌절시키는 경우이다. 개발업자 역시 검토 게임의 패자가 될 수 있다. 자신의 계획안이 통과되지 않거나, 계획안이 통과되지만 너무 큰 대가를 치르는 경우에 그러하다.

계획가는 검토 게임을 원만하게 진행하기 위해서 개발업자와 지역개발위원회의 신뢰를 확보해야만 한다. 그래서 계획가는 개발업자와 지역개발위원회와 상호작용 과정에서 자신의 중재적 역할을 인정받고 그들의 기대를 충족시키려 노력하고 있다. 회의 시작 시점에서 계획가는 제도와 관련된 문제들을 정리하면서 자신의 역할을 정당화한다. 계획가는 다음과 같이 설명한다.

> 예전 도시개발조례에 의하면 보고서 제출 의무 조항 같은 것은 없었어
> 요. 우리 스스로 보고서를 만들고 보관하면 그만이었죠. 그런데 새로운 도
> 시개발조례에는 여러 가지 엄격한 조건들이 제시되고 있어요. 우리는 예전
> 처럼 하는 대로 하면 되지만, 이젠 다양한 경우들에 관련된 구체적인 사안
> 들을 준비해나가야 합니다. 그 사안들은 조례에 포함되어있어요.

또한 계획가는 개발업자와 지역개발위원회 위원들의 마음속에 자신에 대한 기대감을 갖게 만들고자 한다. 그렇게 함으로써 계획가는 지역개발위원회 위원들이 자신의 전문성을 존중하고, 개발업자는 자신의 영향력과 노하우를 존중하게 만들려는 것이다. 그리고 계획가에 대한 기대감은 관습화되어야 하고 계속 강화되어야만 한다.

따라서 계획가는 이중 목표를 갖고 있다. 계획가는 도시 환경을 개선하기 위해서 검토 게임의 승자가 되어야만 한다. 그러나 자신의 역할 수행에 토대가 되는 신뢰도 유지해야만 한다. 이러한 이중 목표는 서로 충돌하는 것이지만, 때문에 계획가의 균형자로서 행동이 요구되는 것이다.

계획가는 개발업자의 계획안을 검토하면서 관련 조례와 상충되는 부분들을 찾아내야 한다. 상충되는 부분들에 대해서 위원회가 승인할 것인지 아니면 거부할 것인지 여부를 추정해야만 한다. 그리고 위원회의 부정적 반응을 피해갈 방법들을 고안해내야 하고, 그런 방법들에 대한 위원회의 반응도 예측해야만 한다. 이를 위하여 계획가는 실천지knowledge-in-practice를 갖추고 있어야 한다. 덧붙여 계획가는 지역개발위원회가 지닌 규제 역할에 반하는 행동을 하는 사람으로 인식되지 않도록 해야 한다. 왜냐하면 그렇게 인식될 경우 지역개발위원회와 개발업자는 계획가를 중재자로서 받아들이지 않을 것이기 때문이다. 또한 계획가가 전문적인 지식이나 영향력을 결여하고 있다고 인식되는 경우 성공적인 협상을 진행할 수 없다. 따라서 계획가는 개발업자가 수용불가능한 계획안을 제시할 때 그것을 거부할 수 있을 정도로 단호한 자세를 견지해야 하는데, 만일 그렇게 하지 않을 경우 지역개발위원회의 신뢰를 상실하게 될 것이기 때문이다. 그러나 계획가는 개발업자의 제안을 무조건 무시해서는 안 된다. 그렇게 할 경우 개발업자가 수용 가능한 제안을 할 가능성을 막아버릴 수 있기 때문이다.

계획가는 개발업자의 계획안을 검토하면서 위원회의 질문들을 예상해보고 그 가운데 중요한 것과 그렇지 않은 것을 구분하고 수용 가능한 답변들을 결정해주어야 한다. 또한 개발업자가 문제점들을 제대로 이해하고 있는지를 판단하고, 개발업자가 스스로 해결할 수 있는 것과 그렇지 않은 것을 구분하며, 개발업자가 스스로 문제 해결 방법을 찾아내도록 독려해야만 한다. 동시에 계획가는 개발업자의 제안들과 동일한 생각을 갖고 있는 것으로 비쳐지지 않도록 해야 한다. 왜냐하면 그렇게 될 경우 계획가는 중재자로서 역할을 더 이상 인정받지 못할 것이기 때문이다.

계획가와 개발업자의 협상 과정은 익숙한 틀을 따라 진행되고 있다. 계획가와 개발업자는 각자 이해관계를 갖고 협상 과정에 참여한다. 각자 자신이 원하는 바를 전달하고 서로 원하는 바를 이해하며, 각자 제안을 하고 그에 대한 서로의 반응을 이해한다. 또한 각자 원하는 바를 얻기 위해서 서로 원하는 바를 들어주는데, 이 때 가급적 적게 주면서 가능한 많은 것을 얻기 위해서 노력한다. 이 과정은 각자가 목표로 한 것을 이룰 때까지 혹은 협상이 중단될 때까지 계속된다. 따라서 계획가는 효과적인 협상이 진행될 수 있도록 개발업자의 계획안의 이해득실을 잘 파악해야 하고, 자신과 개발업자의 협상 결과물에 대한 위원회의 가능한 반응들과 협상 결과물에 의한 도시 영향력을 충분히 파악해야 한다.

계획가는 바로 이런 여러 가지 사안들의 균형을 잡아가는 것을 자신의 역할로 규정하고 있다. 계획가는 중재자로서 신뢰를 확보하면서도 효과적인 검토 작업을 수행하기 위해서 철저함과 명료함을 견지하고 현재 진행 중인 검토 활동은 예비적인 과정에 불과하다는 점을 개발업자에게 보여주려 노력한다. 계획가는 중재자로서 역할을 유지하면서도 개발업자의 계획안이 위원회에서 승인될 수 있도록 위원회 질문에 대한 답변 방법을 이해시키고 한편으로 개발업자의 제안에 자신의 생각이 전적으로 개입되지 않도록 애쓰고 있다. 서로간의 제안의 흐름이 단절되지 않도록 하면서 협상 과정을 순조롭게 진행시키기 위하여 계획가는 부정적인 정보를 전달하면서도 그런 정보들에 대해서 개발업자가 거부감을 갖지 않도록 노력하며, 자신의 합법적 권위를 유지하면서도 개발업자의 제안에 대해서 양보를 할 수 있으나 때로는 거부할 수도 있는 능력을 보여주려 노력한다.

협상 과정에서 계획가의 균형자로서 역할과 행위는 예상치 못한 결과를 초래하기도 한다. 계획가와 개발업자는 분명히 협상을 하고 있는 것으로 보인다. 실제로 계획가는 그들이 협상을 하고 있다고 말하였다. 그러나 공개적인 회의 장면에서 그들은 자신들이 하고 있는 바를 은폐하려 시도하는 인상을 준다.

개발업자가 어떤 사안에 대한 양보를 얻어내려 할 때, 삼촌과의 대화 내용을 언급하면서 간접적으로 접근한다. 이에 대해서 계획가는 다음과 같이 반응한다.

> [저는] 그게 심각한 문제될 것이라고 [생각지 않아요]. 하지만 저는 지
> 역개발위원회 사람이 아님을 알아야 합니다.

개발업자는 삼촌이 조례 규정을 확인해달라고 요청한 것처럼 보이면서 자신의 생각을 간접적으로 밝혔던 것이다. 이에 대해서 계획가는 위원회의 반응을 예측하는 것처럼 보이면서 자신의 생각을 밝힌다.

이처럼 우회적인 접근방법을 사용하는 이유가 무엇일까? 그들은 왜 게임을 하지 않는 것처럼 보이는게 게임의 성패를 좌우할 것처럼 행동할까? 계획가 입장에서 보면 그것은 자신의 이중 목표로 인한 상충하는 조건들로 설명이 가능하다. 계획가는 개발업자와 협상을 해야 하는데, 그로 인해 계획가는 지역개발위원회의 결정을 예측할 수 있고 영향을 미칠 수 있다고 주장해야 한다. 그러나 이런 주장은 개발업자에게 자신이 지역개발위원회의 역할을 대신하는 것으로 비춰질 수 있다. 당연히 지역개발위원회는 자신들의 권위를 침해하는 이런 상황을 좋지 않게 생각할 것이고, 이로 인해 개발업자는 압박감을 갖거나 심지어 뇌물을 제공해야 할지도 모른다는 생각을 가질 수 있다. 그래서 계획가는 자신의 권위를 확인하려 할 때마다 "나는 지역개발위원회 사람이 아니에요!"라고 했던 것이다.

개발업자의 경우, 계획가가 지역개발위원회에 영향력을 갖지 못한다고 가정하는 것처럼 행동한다. 계획가의 경우, 자신이 영향력이 없는 것처럼 보이면서 개발업자에게 양보 요구를 하지 않고 있는 것처럼 보이게 한다. 즉 계획가가 영향력을 갖지 않고 있다는 가정을 서로 공유함으로써 마치 공모 관계 형태로 서로 행동하고 있는 것이다. 계획가는 자신에게 권위가 없는 것처럼 행동함으로써, 개발업자는 양보를 요구하지 않는 것처럼 보이게 하는 방식으로 행동하고 있다.

그러나 검토 게임을 "공공연한 비밀"활동으로 만들어버리는 이러한 공모 관계는 이미 모호한 상태에 있는 협상 과정에 또 다른 모호한 특성을 추가시킨다. 검토 게임에서 조례를 위반할 가능성이 있는 사안들은 모두 협상 가능한 대상이 된다. 계획가는 그런 것들을 협상의 대상으로 삼겠다는 의사를 말할 수도 있고 그

렇지 않을 수도 있다. 덧붙여 계획가와 개발업자가 실제로 참여하는 검토 게임을 서로 묵시적으로 인정할 수 없다면, 그들의 모호한 참여와 모호한 반응은 결코 공개적으로 명료하게 이해될 수 없을 것이다.

*실천 중 앎*knowing-in-practice*의 자기강화 시스템.* 계획가의 균형자로서 행위는 자신의 중재적 역할을 규정했던 고유한 방식으로부터 시작된다. 계획가는 지역개발위원회의 권위를 침해하지 않고 개발업자와 협상을 해야 하기에 그가 가진 이중 목표는 본질적으로 모순적일 수밖에 없다. 그러나 이것만으로 계획가의 균형자로서 행위가 요구되는 조건을 설명하기에는 충분하지 않다. 계획가가 개발업자 그리고 지역개발위원회와 상호작용하는 과정에서 발생하는 문제들을 규정하고 해결하는데 사용하는 행위 이론theory of action을 살펴보아야 설명이 가능하다.

계획가의 인간관계 행위 이론interpersonal theory of action은 나와 Chris Argyris가 제안한 소위 Model I 행위 이론과 일치한다.4 Model I 행위 이론을 따르는 사람은 다음과 같은 가치를 추구한다:

- 내가 스스로 설정한 과업은 완수해야 한다.
- 타인과 승자독식 게임을 한다면, 반드시 승리하도록 노력하고 패배는 피하도록 한다.
- 분노 혹은 후회와 같은 부정적 감정을 자제한다.
- "냉정을 유지하고, 설득적이고, 합리적 논증을 사용 한다"는 의미에서 이성적이어야 한다.

이런 가치들을 만족시키기 위하여 다음과 같은 행동 전략을 취하게 된다.

- 과업을 주도적으로 실행한다.

---

4 Chris Argyris와 Donald A. Schon, Theory in Practice(San Francisco: Jossey—Bass, 1974)를 참고하라.

- 그런 행동이 필요한지를 검증해 볼 필요 없이 전적으로 자신을 보호하기
  위한 행동을 한다.
- 보호받기를 원하는지를 검증해 볼 필요 없이 전적으로 타인을 보호하기
  위한 행동을 한다.

상호작용 관계에 있는 사람들이 Model I 행위 이론에 따라서 행동하게 될 때 그 결과는 다음과 같이 예측할 수 있다. Model I 행위 이론을 채택하는 사람들의 행동 세계 – 경험있는 사람들간의 상호작용 세계 – 에는 승리 아니면 패배 협상만이 존재한다. 그런 세계에서 사람들은 방어적 행동을 하게 되고 상대방도 방어적 행동을 할 것이라고 믿는다. 타인의 행동의 원인은 사적으로 검증된다. 왜냐하면 공개적으로 검증하게 되면 자신의 이익이 침해받을 수 있다고 인식하기 때문이다. 그러므로 행동의 원인 탐색은 점점 더 자기 은폐적으로 되어간다: 즉 사람들은 원인 탐색의 결과를 반증하는 데이터를 찾아낼 수 없기 때문에, 자신의 생각과 감정을 숨기면서 상황을 주도하려는 소위 봉인과 지배mystery and mastery 전략을 이용하게 된다.

우리 인터뷰 자료에 등장하는 계획가는 Model I 행위 이론에 따라 개발업자와 회의에서 문제들을 규정짓고, 그 문제들을 해결하려는 방법도 구상한다. 계획가는 개발업자와 함께 하는 검토 게임을 일종의 승리 혹은 패배 게임으로 인식하고 있다. 그는 봉인과 지배 전략으로 문제들을 규정하고 해결하려 시도하고 있다.

예를 들면, 계획가는 개발업자가 알 필요가 있는 것들을 미리 결정해 둔 상태이다. 계획가는 개발업자에게 올바른 메시지를 전달하기 위해서 개발업자의 건축사를 회의에 참석시킨다. 건축사를 참여 시킨 이유는 그렇게 하는 것이 개발업자가 계획안에 대한 토의에 좀 더 세밀한 주의를 기울일 수 있기 때문이다. 계획가는 회의 시작 시점에서 먼저 회의 아젠다를 소개하고 그 아젠다에 따라서 치밀하게 회의를 진행한다. 자신이 중요하다고 생각되는 메시지들은 특별히 강조하고, 자신의 통제 전략을 강화하기 위해서 전문성을 이용하고 있다주차장 공간 문제 처리.

개발업자가 부정적 정보에 방어적으로 반응하지 않도록 계획가는 개발 계획

안에 대한 비판으로 개발업자가 받는 충격을 은폐하거나 완화시키는 다양한 조치를 구사하고 있다. 계획가는 개발업자의 제안들을 개발업자 자신의 것으로 다루어야 한다고 충고하면서 지역개발위원회 청문회를 위한 준비를 시키고 있다. 그리고 계획가는 공식적으로 부정하는 권위를 내보이면서 개발업자와 협상을 한다. 동시에 개발업자와 협상을 하지 않을 것처럼 보이면서 자신과 공모하도록 유도하고 있다.

중재적 역할 그 자체는 계획가에게 어떤 행위 전략도 제시해주지 못한다. 계획가가 자신의 중재적 역할을 재규정함으로써 그런 전략들을 만들어내는 것이다. 계획가의 균형자로서 행동은 그가 중재적 역할의 모순적인 요구들을 수용하고 타인의 마음속에 발생하는 인상들을 일방적으로 통제하여 그 요구들을 관리하려 시도한다는 사실로부터 기인하게 된다. 그러므로 계획가 자신의 역할 정립, 회의 문제 규정, Model I 행위 이론 등은 일종의 자기 강화적 시스템을 구성하게 된다. 계획가는 자신의 행위 이론에 맞추어서 역할과 문제를 규정했다고 할 수도 있고, 아니면 자신이 규정한 역할과 문제들에 맞추어서 행위 이론을 발전시킨 것이라고 할 수 있을 것이다.

행위 중 성찰의 한계 (Limits to Reflection-in-Action)

계획가는 자신의 실천 행위에 대해서 성찰하기를 좋아하는 사람이다. 실제로 우리 연구에 참여하려는 그의 의지는 이런 자세에서 기인한다. 그러나 그는 자신의 일방적인 통제 방식의 '전략'들에만 성찰의 범위를 국한하였다. 예를 들면, 그는 인터뷰 과정에서 설명, 억양, 눈 맞춤과 같은 수사적인 도구들로 실험하는데 시간을 보낸다고 언급한 바 있다. 그는 타인에게 원하는 인상을 심어주기 위한 전략들에 대해서 성찰한다. 하지만 정작 왜 다른 인상이 아니라 그 인상을 심어주고자 하는지 그 이유, 즉 자신의 역할 틀, 문제 상황, 혹은 행위 이론에 대해서는 성찰하지 않고 있다.

사실상, 계획가의 균형자로서 행위와 봉인 및 지배 전략strategy of mystery and

mastery은 그 자체 성찰에 영향을 받지 않는 모종의 실천지knowing-in-practice 시스템에 갇혀 있다. 계획가는 다른 행동을 하는 것처럼 보이면서 모종의 행동을 하고 있어서, 자신의 가정을 공개할 수 없거나 혹은 공개적인 검증의 대상으로 삼기가 어려울 수 있다. 자신의 신념에 대한 침해 가능성으로 인해서 성찰을 하지 않으려 하는 것이다. 또한 계획가는 균형자로서 행위를 스스로 관리하고, 타인을 대상으로 자신의 이미지를 조작하고, 신념 노출의 위험을 방지하느라 너무 바빠서 자신의 실천 행위를 발생시키는 문제 상황에 대해서는 성찰할 기회가 거의 없다. 게다가 동일한 이유로 인해서 보다 광범위하고 심층적인 성찰이 필요한 자신의 해석상의 오류들을 감지할 수도 없다.

그런 오류를 보여주는 한 사례가 인터뷰 자료에 나타나고 있다.

계획가와 회의가 끝난 뒤에 실시된 인터뷰에서 개발업자는 자신의 프로젝트를 계속 추진하지 않기로 결심했다고 밝혔다. 개발업자는 돌보아야 할 다른 투자 사업들도 많아서, 오랜 시간이 소요되고 성가신 일들이 많은 청문회 준비 과정에 힘을 쏟고 싶지 않다고 하였다. 계획가와 회의를 진행하는 가운데 그런 결심을 굳혔는데, 개발업자는 그런 생각을 회의 중에는 드러내지 않았다.

마침내 계획가는 개발업자의 결심을 알게 되었고 충격을 받았다. 왜냐하면 그는 변경해야 할 것들을 최소화시키려 노력했고, 단 한 가지 변경할 사항도 쉽게 해결할 수 있어서 그 프로젝트를 계속 추진하는데 방해가 되지 않을 것이라고 믿었기 때문이다.

그러나 그 단 하나의 변경 사항도 개발업자에게는 크게 다가 온 모양이다. 개발업자도 계획가와 비슷한 방식으로 모종의 봉인과 지배 전략으로 대응한 것이다. 개발업자는 프로젝트의 실현 가능성에 대한 사적 검증을 실행하였고, 부정적 결과가 드러나자 프로젝트를 포기하기로 일방적으로 결정하였다.

계획가와 개발업자의 행위 이론은 부정적 정보를 회피하고, 가정을 사적으로 검증하고, 타인에 대한 일방적 통제 등의 자신만의 행동 세계를 만들어 내는데 기여하고 있다. 이런 상황에서 개발업자는 자신의 결심을 드러낼 수 없었다. 그렇게 하면 계획가가 개발업자를 끌어들인 검토 게임의 중요한 특징인 "공공연한 비밀"이라는 조건을 위배하기 때문이다. 사실 결심을 드러내는 행위에는 Model I

행동 세계에서는 존재하지 않는 어느 정도 상호간의 신뢰가 필요하다. 상호간의 신뢰가 없다면, 계획가와 개발자는 서로 자신의 가정들을 공개적으로 검증할 수 없기 때문이다.

그 결과 개발업자가 단 하나의 변경 필요성을 알게 된 순간부터 계획가는 자신의 노력이 헛된 것이 되어버린 사실을 알지 못했다. 계획가는 개발업자의 그런 가정을 뒷받침할 정보에 대한 접근이 차단되었기 때문이다.

그럼에도 불구하고, 현실과는 반대로 계획가가 자신의 잘못을 인지했었더라면 어떤 일들이 발생할 것인지를 물어보는 것은 흥미로운 일이다. 이런 탐구를 할 수 있었더라면 계획가는 어떻게 되었을까?

이는 매우 특별한 종류의 질문이다. 왜냐하면 계획가가 정보를 알기 위해서는 개인적인 가정들을 공개적으로 검증하는데 도움이 되는 아주 다른 행위 이론에 따라서 행동했어야 했다. 즉 Model II 행위 이론이 그것이다. Model II 행위 이론에 따르면 위의 질문은 다음과 같이 제시될 수 있다. 계획가가 Model II 행위 이론에 따라 행동했다면 어떤 상황이 전개되었을 것인가?

Model II 행위 이론을 따르는 사람은 다음과 같은 가치들을 만족시키려 노력한다:

- 타당한 정보를 교환한다.
- 관찰이 가능한 데이터와 정확한 보고서를 찾아서 타인에게 제공한다. 그렇게 함으로써 원인 발생의 타당한 근거를 제시한다.
- 자유롭고 지적인 선택을 할 수 있는 여건을 조성한다.
- 개인적 이해관계, 자신 능력의 한계, 상대방에 대한 통제 욕구로 초래되는 방어 메카니즘으로부터 탈피하여 상호이익을 위한 영역이 존재함을 인식하려 노력한다.
- 이미 결정된 사안들에 대해서는 내적 헌신도를 높인다.
- 외적 보상이나 처벌 때문이 아니라 내적으로 만족하기 때문에 헌신할 수 있는 여건을 조성하려 노력한다.

이런 가치들은 서로 연관되어 있다. 타당한 정보는 지적 선택에 필요하다. 선택의 자유는 도전 가능한 목표들을 선택하는 능력에 의존하고, 그런 능력은 또한 타당한 정보에도 의존한다. 이런 조건 하에서 개인은 자유롭게 내려진 결정에 내재적으로 헌신할 가능성이 높아진다.

이러한 가치들을 구현하는 행동 전략들로 다음과 같은 것들이 있다:

- 공동 과업을 설계하고 공동 과업 환경을 조성한다. 그렇게 하여 관련 당사자들이 자유로운 선택과 내재적인 헌신을 위한 작업을 수행해나갈 수 있다.
- 자신과 타인의 보호를 공동 활동의 접점으로 삼는다.
- 직접 관찰 가능한 것들에 대해서 발언한다. 즉 자신의 추론의 근거가 되는 데이터를 제시하여 추론에 대한 반박의 여지를 제공한다.
- 개인적 딜레마가 의존하는 가정들에 대한 공개적 검증을 촉진시키기 위하여 개인적 딜레마는 겉으로 노출시킨다.

상호작용하는 당사자들이 Model II 행위 이론에 따라서 행동할 때, 그들은 다른 사람들에게 덜 방어적인 것으로 보이고 학습에도 개방적인 것으로 보인다. 그들은 자신의 입장을 고수하지만 그런 입장을 노출하고 검증받는데 주저하지 않는다. 그들은 위험 부담이 큰 아이디어들에 대한 상호적인 탐색을 허용하는 토론을 실시한다. 그들은 자신의 가정에 대한 공개적 검증을 허용하며 자기 은폐 행동은 하지 않는다. Model II 이론에 따른 학습 사이클이 가동되는데, 이는 자신의 목적 달성을 위한 수단이 될 뿐만 아니라 자신의 목적이 바람직한가를 확인하는 활동이 되기도 한다.

계획가가 Model II 행위 이론에 따라 행동했더라면, 그는 자신의 아젠다를 일방적으로 통제하는데 온 힘을 쏟지 않았을 것이다. 오히려 개발업자의 아젠다를 이끌어내려 노력했을 것이다. 그는 변경의 필요성을 알려주는 정보에 대한 개발업자의 반응을 검증해보려 했을 것이다. 그렇게 함으로써 계획가는 단 하나의 변경 필요성이 개발업자에게는 프로젝트 전체를 매력적이지 않게 만든다는 사실을 쉽게 발견할 수 있었을 것이다.

계획가가 그런 부정적 정보를 인식할 수 있었더라면, 자신의 중재적 역할이 지닌 모순적 요구들에 대한 접근 방식에 대해서도 성찰할 수 있었을 것이다. 계획가는 그렇게 보이지 않으려 하면서도 ─ 개발업자의 의도를 파악할 중요한 정보에 접근하는 문제를 악화시키는 조건 ─ 개발업자와 협상해야만 하는 자신의 입장에 대한 이유를 스스로 물어볼 수 있었을 것이다. 그런 상황은 계획가의 균형자로서 행위에서 기인한다. 그 균형적 행위는 봉인과 지배 전략으로 자신의 역할이 지닌 모순적 요구들을 관리하려는 시도였기 때문이다. 즉 개발업자와 지역개발위원회에 자신의 이미지를 조작하면서 자신의 목표들은 사적으로 은폐하여 자신의 역할이 지닌 모순 요구들을 관리하였던 것이다.

만약 계획가가 Model II 행위 이론에 따라 행동하였다면, "나의 딜레마를 공개한다면 어떤 일들이 발생할까?"라고 스스로 질문해 보았을 것이다. 그런 질문을 해보았다면 계획가는 지역개발위원회와 개발업자에 대한 자신의 행동에 도움이 될 단서들을 얻게 되었을 것이다. 물론 그렇게 하는 데는 리스크가 존재하지만 한편으로 중요한 혜택도 기대할 수 있다.

계획가는 자신의 역할에 대한 공개적 토론의 자리로서 개발업자와 함께 하는 "개발안 검토"회의를 이용하겠다는 전략을 지역개발위원회에 설득해 볼 수도 있었다. 계획가는 자신의 권위가 한계를 갖고 있다면 개발업자와 협상을 효과적으로 수행할 수 없다고 밝힐 수도 있었다. 그러면서도 계획가는 최종 결정은 지역개발위원회의 몫이라는 사실을 자신도 인정한다는 점을 강조할 수도 있었다. 계획가는 보고 라인을 명확하게 설정하고 동시에 보고 라인을 유연하게 활용하면서 지역개발위원회가 자신의 협상 과정을 모니터링 하도록 할 수도 있었다. 이와 같은 노출 과정이 지역개발위원회를 귀찮게 만들 수도 있지만 계획가에 대한 의심을 불식시킬 훌륭한 공개 검증의 기회가 되었을 수도 있다.

계획가의 행위는 지역개발위원회의 최종적인 승인에 구속되지만, 계획가는 개발업자에게 변경을 요구할 재량권을 보유하고 있음을 표현했어야 했다. 그랬더라면 계획가는 자신을 압박하거나 설득하려는 개발업자의 시도들을 저지하고 보다 열린 자세로 대했을 수도 있다. 아무튼 개발업자는 계획가와 협상을 해야 하고, 계획가는 자신의 목적대로 협상을 이끌어가는 자율성을 갖고 있다고 믿고 있었다.

이런 상황에서, 계획가는 자신의 균형자로서 행위 역할을 재정립해야 한다.

계획가의 중재적 역할이 지닌 핵심적인 갈등 요소는 사라지지 않을 것이다. 그러나 그 갈등은 공개적 갈등이어야 한다. 그것을 굳이 감추면서 협상 과정에 임할 필요는 없다. 그렇게 해야만 계획가는 포착되지 않는 실수를 더 이상 하지 않게 될 것이기 때문이다. 동시에 그는 Model II 행위 이론에 따른 행동을 할 것을 요구받게 될 것이다. 그는 더 이상 균형자로서 행위를 얼마나 성공적으로 수행했는지를 평가받는 것이 아니라 공개적으로 협상할 수 있는 능력, 상호작용 활동의 통제권을 공유하는 능력, 타인의 목표를 효과적으로 탐구하면서도 자신의 목표를 달성하는 능력 차원에서 평가 받게 될 것이다. 그리고 장애 요소들은 추가적인 행위 중 성찰의 대상으로 삼게 될 것이다.

결론

도시계획가의 사례를 통해서 계획가의 역할이 어떻게 규정되는지 그리고 어떤 결과들이 나타나는지를 알 수 있었다. 나는 계획가의 역할들이 실천 상황과의 전체적 대화 과정 속에서 발전해온 과정, 즉 지난 수십 년 동안에 걸쳐 중앙집중식, 지원적, 규제적, 중재적 역할 등으로 변모해 온 과정을 보여주고자 하였다. 또한 중재적 역할을 수행하는 계획가의 사례 속에서 역할 틀, 행위 전략, 관련 정보, 대인간 행위 이론들이 서로 연결된 일종의 자기 강화 시스템이 어떻게 실천지를 구성하는지를 보여주고자 하였다. 이 사례에서, 계획가의 균형자로서 행위는 자신의 Model I 실행 이론Model I theory-in-use과 결부되어 있다. 내가 소개했던 대안, 즉 Model II 실행 이론Model II theory-in-use에 의하면 계획가의 중재적 역할은 재규정되어야 하며, 그 과정에서 사적인 딜레마들은 노출시키고, 사적인 가정들은 공개적 검증을 받아야 한다. Model I 행위 이론에 따르면, 원인 탐색, 즉 귀인 과정은 점점 자기은폐 성격을 띠게 되고, 행위 중 성찰은 일방적 통제 전략의 효과성 고려에 한정되는 경향이 있다. Model II 행위 이론에 의하면, 귀인 행위 오류들은 점차 겉으로 드러나게 될 것이고, 행위 중 성찰은 그 범위가 역할 규정 그 자체를 포함하여 실천지 전반으로 확장되어야 할 것이다. 계획가가 중재적 역할을 선택하는 한, 그는 그 역할에 내재된 모순을 피할 수 없다. 그러나 이런 제약 조건 하에서도 계획가는 역할 틀과 행위 이론을 선택할 수 있는 재량권을 갖고 있다. 이런 선택에 의하여 계획가의 행위 중 성찰 능력은 증진될 수도 있고 제한될 수도 있다.

Chapter 8

경영의 기예: 조직 학습
시스템 내에서 행위 중 성찰

Professional Contexts for
Reflection-in-Action

경영 분야의 분열 (the split in the field of management)

경영 분야는 전문가 지식에 관한 서로 대립되는 견해들로 인하여 오랫동안 갈등을 빚어왔다. 첫 번째 견해는 관리자를 일종의 기술자technician로서 경영 과학의 원리와 방법을 조직의 일상적 문제에 적용하는 실천 행위를 하는 자로 본다. 두 번째 견해는 관리자를 일종의 장인craftsman으로서 명시적 이론과 규칙으로 환원될 수 없는 경영 기예의 실천가로 본다. 전자의 관점은 전문 경영의 아이디어가 유행하게 되었던 20세기 초반에 등장하였다. 반면에 후자의 관점은 훨씬 오래된 역사를 갖고 있는데, 소위 기법들의 체계로 경영을 바라보기 전에 일종의 기예, 즉 스킬과 지혜로 이해하는 입장이다. 그러나 전자의 관점은 시간이 지날수록 점점 더 위세를 떨치게 되었다.

경영 과학의 아이디어와 관리자와 기술자를 동일시하는 아이디어는 미국 산업계 전반에 걸쳐 일종의 사회 운동 차원으로 확산되어왔다. 이 사회 운동의 기원은 분명하지 않지만, 발전 과정에서 매우 중요한 이정표가 된 것은 바로 Frederik Taylor의 업적이다. 그는 1920년대에 일의 과학a science of work에 기초하여 인간 공학human engineering의 한 형태로서 경영을 이해하였다.[1] Taylor가 직접 그런 아이디어들을 고안했는지는 알 수 없지만, 분명히 산업 경영과 산업 컨설팅이라는 실천 행위에 그런 아이디어들을 구현해낸 최초의 인물임에는 틀림없다. 그는 기업 현장과 공공 행정에 지대한 영향력을 미칠 정도로 산업계 전 분야에 자신의 아이디어들을 대중화시켰다.

Taylor는 일work을 일종의 인간/기계 작동 프로세스로 간주하고, 그 프로세스를 측정 가능한 활동 단위로 분해하였다. 석탄 채굴부터 철강 제련에 이르기까지 모든 산업 현장의 프로세스는 그런 분해의 대상이 될 수 있었다. 작업 도구의 디자인, 근로자의 신체 동작, 생산 단계의 계열 등은 최적의 형태로, 즉 "최선의 방법"으로 조합될 수 있다고 보았다. Taylor는 관리자를 최적의 효율적 생산이 가능하도록 작업을 설계하는 자, 성과를 관리하고 감독하는 자, 보상과 처벌을 배분하는 자로 간주하였다. 특히 그는 관리자를 현장의 실험가, 행동하는 과학자로서 최선의 작업 방식을 도출하기 위하여 일을 설계하고 일을 수행하는 방법을 고안하는 실천 행위를 수행하는 자로 바라보았다.

Taylor의 관점들은 결코 고유한 아이디어가 아니었다. 한 예를 들면, Thorsten Veblen도 산업 현장은 일종의 조직 기계organizational machine의 특성을 갖는데 기업 관리자들은 성과 표준, 성과 측정, 업무 활동 분석 등에 더 많은 관심을 가져야 한다고 주장하였다. 그러나 그런 아이디어들을 실천 현장에서 최초로 구현한 사람은 Taylor였고, 오늘날 경영 과학으로 발전되어온 산업 공학, 효율화 전문성, 시간동작 연구 등도 Taylor의 아이디어에서 출발하였다.

2차 세계대전은 경영 과학 운동에 동력을 제공하였다. 그 이유는 2차 세계대전으로 인하여 첫째, 과학과 기술의 힘에 대한 인식이 제고되었고, 둘째, 오퍼레이션 리서치와 시스템 이론이 출현하였기 때문이다. 특히 2차 세계 대전 중 잠수함 탐지 및 어뢰 추적 문제 해결에 응용수학을 적용하려는 시도에 의하여 이런 추세는 더욱 강화되었고, 응용수학의 적용 결과는 나중에 제반 산업 현장 및 기

---

[1] Frederick Taylor, *Principles of Scientific Management* (New York: Norton and Co., 1967, first published 1911).

업과 정부 분야에 도입되기 시작하였다. 종전 후 경영과학은 성숙기에 접어들었다. 신설된 경영 대학들에서 교수와 연구자들이 공공 분야와 사기업 분야의 행정가, 관리자들과 협력하여 새로운 경영기법들을 탄생시켰다. 이제 경영과학은 관리가 필요한 모든 분야에 영향을 미치게 되었다. 생산 현장에만 적용되던 것이 영업, 인사, 교육, 재무, 마케팅, 정책, 기획 등에도 적용되기 시작했다. 새로운 경영기법들은 만병통치약처럼 계속적으로 개발되었고 구식 기법은 신식 기법으로 빠르게 대체되는 과정이 반복되었다. 가치분석, 목표관리, 제로베이스예산, 기획예산시스템 등은 잘 알려진 신경영기법 사례들 중 일부였다. 심지어 테일러주의에 대한 반작용으로 등장한 인간관계 운동도 하나의 경영기법으로 자리매김하게 되었다.

그러나 관리자들은 기술적 합리성에 기반을 두는 경영과학과 경영기법이 적용되기 어려운 실천 상황들이 존재하고 있음을 잘 알고 있었다. 경영 현장은 불확실하고, 독특하고, 변화무쌍한 특성을 지니고 있었다. 따라서 관리자들이 당면한 문제는 대부분 과학적인 분석 방법이나 해결 기법으로는 해결할 수 없는 소위 "혼돈스러운turbulent" 현상으로 다가왔다. 그리고 관리자들은 계산하고 분석할 여유가 없는 제한된 시간과 극심한 스트레스 속에서 여러 가지 독특한 경영 문제를 해결해야 함을 스스로 잘 알고 있었다. 이 때 관리자들은 자신들에게 필요한 것은 테크닉이 아니라 "직관"이라고 주장한다. 심지어 관리자들은 과학적인 경영기법들조차도 그 적용과 활용은 비합리적, 직관적 기예nonrational, intuitive artistry에 의거해야 한다는 사실을 잘 알고 있다.

경영 행위는 비합리적인 성격을 지닌다고 주장하는 이론가들이 있다. 2장에서 소개된 바 있는 Chester Barnard의 "비논리적 절차들", Geoffrey Vickers의 판단 기술의 분석, Michael Polanyi의 암묵지에 관한 성찰 등이 해당된다. 최근에는 캐나다 경영학자인 Henry Mintzberg도 관리자들이 마땅히 사용해야 할 방법들을 실제로는 실행하지 않는 모습을 목격하고 이제 관리자들의 실제 행동을 연구해야 한다고 주장한 바 있다.[2] 권위 있는 경영 대학들에서도 기업의 실제 사업

---

2 Henry Mintzberg, *The Nature of Managerial Work* (New York: Harper & Row, 1973).

및 경영 문제와 함께 관리자들이 수행해 온 다양하고 오래된 경험들을 중심으로 교육과정을 구성하고 운영해야 한다는 믿음을 갖기 시작했다. 실제적인 사업 문제 분석과 해결 경험을 통한 교육으로 경영에 필요한 보편적이지만 설명하기 어려운 능력을 길러줄 수 있다는 것이다.

경영 현장에 필요한 전문가 지식의 성격에 관한 서로 다른 관점을 지지하는 집단들이 존재한다. 기술적 합리성에 입각한 경영과학과 경영기법의 권위와 지위를 강조하는 집단과 불확실하고, 불안정하며, 독특한 실천 현장의 상황을 감안한 직관적인 경영 기예의 중요성을 주장하는 집단이 바로 그들이다. 이 두 집단 간의 분열의 징후는 일부 경영대학에서 두 집단을 대표하는 사람들, 즉 경영학 교수와 사례교육 실천가들이 서로 상대방의 의견에 귀를 기울이지 않는 모습으로 나타났다. 서로 상대의 관점을 인정하지 않고 자신만의 입장을 내세우고 있다.

전문가를 양성하는 대학에서 나타난 이런 분열 현상은 학생들과 실천가들에게 "엄밀성rigor이냐 적합성relevance이냐"하는 딜레마를 무거운 짐으로 지우게 되었다. 경영과학과 경영기법의 적용을 의미하는 엄밀한 경영을 강조하게 되면, 그런 경영을 하는 사람들 즉 엄밀한 관리자는 일상적 경영 실천 활동에 나타나는 기예를 무시하고 종종 조직에서 가장 민감한 문제인 불확실하고 불안정하며 독특한 상황을 의도적으로 회피하게 될 것이다. 그러나 경영의 기예art of managing를 최소한 기술할 수 있고, 그 자체가 지닌 엄밀성을 증명할 수만 있다면, 학생들과 실천가의 딜레마는 해결될 수 있을 것이다. 즉 경영의 기예를 경영과학의 담론에 편입시킬 수 있게 될 것이다.

경영의 기예 (The Art of Managing)

다른 분야와 마찬가지로 경영 분야에서도, "기예art"는 두 가지 의미를 갖고 있다. 기예는 직관적 판단력과 직관적 스킬, 즉 소위 실천지로서 현상과 행위에 대한 감각을 뜻한다. 기예는 관리자가 특정 행위 맥락 속에서 자신의 직관적 이해에 부합하는 것을 인식해내는 성찰reflection 능력을 의미한다.

관리자들은 행위 중 성찰reflection-in-action을 한다. 성찰이 유발되는 상황은 다양하다. 우선 불확실한 상황에 직면할 때, 관리자는 "아 정말 당황스럽네. 이걸 어떻게 이해해야 하지?"라고 하면서 성찰이 촉발될 수 있다. 아니면 모종의 기회에 대한 인식으로, 경영자는 "이걸 어떻게 해볼까?"라고 성찰이 발생할 수 있으며, 자신의 직관적 앎의 유효함에 대한 놀라움으로 경영자는 "내가 지금 무엇을 한 것이지?"라고 성찰을 시작할 수 있다.

성찰의 유발 상황이 무엇이든지간에 관리자의 행위 중 성찰은 기본적으로 다른 전문 분야의 행위 중 성찰과 유사하다. 즉 행위 중 성찰은 경험 현상의 즉각적 노출on-the-spot surfacing, 비판적 고찰criticizing, 재구조화restructuring, 직관적 이해의 검증testing of intuitive understanding의 과정으로 진행된다. 행위 중 성찰은 주어진 상황에 대한 성찰적 대화의 방식으로 이루어진다. 관리자의 행위 중 성찰은 그 자체로 고유한 특성을 지닐 수밖에 없다. 왜냐하면 관리자의 삶은 자신의 활동 무대이자 탐구 대상이 될 자신의 조직과 관련이 있기 때문이다. 따라서 행위 중 성찰은 바로 조직에서의 삶이라는 현상이 그 대상이 된다. 또한 조직은 축적된 지식의 저장고 그 자체이다. 조직 내 실천 행위의 원칙과 규칙, 사명감과 정체성의 이미지, 직무 환경 정보, 직무 수행 기법, 조직 스토리 등 소위 조직 내 실천 행위의 범례들이 지식으로 조직 내에 축적되어 있다. 관리자들은 행위 중 성찰을 할 때, 현재 상황에 맞추어 그런 조직 지식을 활용하게 된다. 나아가서 그들은 조직 학습의 주체로서 현재 이루어지는 탐구 활동으로 지식을 확장하고 재구조화하여 차후 탐구에 활용할 지식들을 창출해낸다.

한편, 관리자는 행위 중 성찰을 촉진하거나 방해하는 모종의 조직 시스템 속에서 생활한다. 조직 시스템은 새로운 발견을 긍정적으로 수용하기도 하지만 그것에 저항하기도 한다. 조직 시스템 내의 행동 세계 즉 구성원 관계의 패턴은 구성원들 사이에서 이루어지는 상호적인 행위 중 성찰 – 부정적 정보의 노출 방식, 모순적 관점의 해결 방향, 조직 내 딜레마의 공개적 처리 양태 등 – 에 개방적일 수도 아니면 폐쇄적일수도 있다. 따라서 조직 구조와 행동 세계의 존재 형태에 따라서 조직 탐구 방식이 조건화되므로, 조직 구조와 행동 세계는 항상 일종의 조직 '학습 시스템learning system'을 구성하게 된다. 결국 관리자의 행위 중 성찰의 범위와 방향은 그가 실천 행위를 하는 조직 학습 시스템에 의해서 강하게 영향을 받기도 하고 때로는 심각하게 제한되기도 한다.

관리자의 행위 중 성찰, 즉 기예를 제대로 기술하기 위해서는 이러한 조직 특성을 충분히 반영하여야 할 것이다. 다음 사례들은 성찰적 관리자들reflective managers이 일련의 조직 현상들에 어떤 관심을 보이고 어떻게 대응하는지를 보여주고 있다. 즉 다음 사례들은 조직 차원의 행위에 대한 외부 환경의 반응 해석, 조직 내에서 발생하는 문제 징후 진단, 조직 차원의 경험에 의한 학습 과정, 조직 차원 문제들의 규정 및 해결 방식에 대한 조직 학습 시스템의 영향 등과 같은 주제들을 중심으로 고찰될 것이다. 이 사례들은 기업 조직에 국한되는데 그 이유는 기업 조직의 관리자들이 다른 조직의 관리자들보다 더 자주 성찰을 하기 때문이 아니라, 그들이 나에게는 신선한 사례로 판단되기 때문이다. 따라서 해당 기업의 맥락 하에서 시장의 행동, 생산 공장의 문제, 제품 개발 지식의 획득 과정, 제품 개발 조직의 학습시스템 등을 중심으로 고찰해볼 것이다.

여기서 소개되는 사례들은 스스로 의식하지 못하지만 실제로는 성찰 프로세스를 실행하고 있는 관리자들의 이야기들이다. 관리자들은 항상 행위 중 성찰을 한다. 다만 자신이 하고 있는 행위 중 성찰에 대해서 의식하지 않고 있을 뿐이다. 그래서 관리자에게 필요한 기예들 중 가장 중요한 행위 중 성찰 능력을 단순히 사적인 역량으로 바라보는 경향성 때문에 그런 능력을 이해하기가 어려운 것이다. 관리자들도 자신의 직관적 사고 능력을 다른 사람들에게 표현할 수 있어야 스스로 인식할 수 있기 때문에 평소에 자신의 행위 중 성찰을 인식하지 못하는 것이다. 이처럼 경영의 기예가 지닌 이해 불가능성이란 특성 때문에 다음과 같은 결과를 초래한다. 우선 경영 전문가들 사이에 관점 대립이 지속되고 있고 그로 인해 현장 실천가들은 경영과학에 의거하여 실천 행위를 수행해야 하든지 아니면 본질적으로 이해 불가능한 기예에 의거하여 실천 행위를 수행하든지 둘 중 하나를 선택할 수밖에 없다는 잘못된 생각을 갖게 된다. 그리고 관리자들이 부하들에게 행위 중 성찰 방법을 가르칠 수도 없다. 즉 관리자들은 자신의 행위 중 성찰을 표현할 수가 없기 때문에 다른 사람들에게도 행위 중 성찰 방법을 가르칠 수가 없는 것이다. 그러나 관리자가 해야 할 가장 중요한 역할 중의 하나는 자신의 부하들에 대한 교육일 것이다. 과연 관리자가 부하들에게 행위 중 성찰 능력을 가르칠 수 있는 방법은 없는 것일까?

이런 이유들 때문에 어떤 방식으로 경영자들이 행위 중 성찰을 하고, 어떻게 그들의 행위 중 성찰이 제한되고 있는지를 보여주는 것은 매우 중요한 일이라고 생각된다.

시장 현상 해석.   기업은 시장과 지속적으로 상호작용한다. 시장은 종종 혼돈 상태에 있다. 따라서 현대 사회에서 시장의 동태에 대한 탐구는 기업에게 중요한 과업으로 다가온다. 시장에 관한 연구자와 전략가들은 마케팅 원리, 시장 행동 모델, 시장 탐색 및 분석 기법들을 개발해왔다. 그러나 관리자들이 실제 시장에서 만나는 현상들 중 대부분 시장 연구자와 전략가들이 내놓은 이론, 절차, 기법들로는 이해할 수 없고 해결할 수 없는 것들이다.

실제로 시장 조사는 전혀 상상하지 못한 새로운 상품에 대한 소비자들의 반응을 확인하는데 도움이 되지 못한다. 왜냐하면 직접적 경험이나 간접적 경험이 없는 상품에 관한 관심도를 물어본다면 어떤 사람들도 정확하게 답변할 수가 없기 때문이다. 다만 아직 존재하지 않는 상품이라 하더라도 잠재적 소비자들에게 상상력을 발휘하여 모종의 상품을 소유하고 있다고 가정하도록 하고 물어본다면 가능할지도 모르겠다. 그럼에도 불구하고 특정한 방식으로 포장하고 특정한 근거로 가격을 책정해서 신상품을 내놓았을 때 그 상품에 대한 소비자의 반응을 예측하는 것은 쉽지 않을 것이다. 하지만 소비자 패널을 구성하고 그들에게 신상품의 샘플을 제공해서 의견을 물어본다면 향후 시장 반응을 추론할 수 있는 정보를 얻을 수도 있을 것이다. 그러나 이런 소비자 패널의 의견과 실제 시장의 반응은 서로 차이가 있을 수밖에 없다. 사실 제조업자들은 대규모의 시장 조사 방법을 동원하여 시장 반응에 관한 정보를 얻고 있지만, 일부 잠재적 소비자나 소비자 패널에게 의견을 확인하는 지엽적 시장 조사 방식은 부정확한 결과를 낳고 있다.

이처럼 충분한 정보나 일정한 규칙이 없는 상태에서 관리자들은 신상품 개발에 관한 합리적인 의사결정을 내려야만 한다. 나아가서 관리자들에게는 신상품 개발의 각 단계에서 이루어지는 의사결정 행위들은 각각 고유한, 즉 경험하지 못한 사건들이 된다.

특정 신상품에 대한 마케팅은 일련의 검증 행위의 과정이다. 관리자들은 그런 마케팅 활동을 통해서 방대한 데이터를 수집하게 되고, 그런 데이터들은 신중한 해석이 필요하다.

2차 대전 종전 직후 3M사는 셀룰로즈 아세테이트 테이프를 새로운 상품으로 출시한 적이 있다. 이 테이프의 한 쪽은 감압접착물이 부착되어 있었다. 이 상품은 나중에 스카치 테이프라는 이름으로 불리워지게 된다. 원래 3M사는 이 상품을 책 수선 재료, 즉 버려질 물건을 보존하고 재활용하기 위한 목적으로 개발하였다. 그래서 상품의 이름도 'Scotch누르다'라 불리워지게 된 것이다. 그런데 소비자들은 정작 이 상품을 다른 용도로 다양하게 활용하고 있었다. 대부분 책 수선과는 전혀 관련이 없는 그런 용도였다. 즉 물건을 포장하고, 사진을 벽에 고정하고, 상표를 부착하고, 바닥을 장식하고, 심지어 머리카락에 웨이브를 주기 위한 용도로 사용하였다. 이런 예상치 못한 현상들에 대해서 3M 경영자들은 오히려 최초 마케팅 플랜이 실패한 결과로 받아들이지 않았다. 더불어 관리자들은 이를 운좋은 사건으로 받아들이지도 않았다. 3M 관리자들은 그들이 출시한 새로운 상품의 새로운 용도에 주목하였고, 이를 잠재적 시장을 발굴할 수 있는 기회로 이해하려고 노력하였다. 결국 3M은 포장, 장식, 머리손질 등 여러 가지 용도로 사용될 다양한 종류의 특수 스카치 테이프를 개발하여 홍보하기 시작했다.

3M 마케팅 담당 관리자들은 개발된 신상품을 일종의 투영검사법a projective test으로 소비자들에게 검증받고자 하였다. 그 결과 신상품에 대한 시장의 반응은 전혀 기대하지 않았던 것이고, 관리자들은 이에 대해서 성찰하기 시작했다. 그 결과 소비자들이 보여준 상품에 대한 여러 가지 활용 실태를 새로운 상품 마케팅의 원천으로 삼게 되었다. 이처럼 시장 지배력을 강화하려는 목적으로 취해진 3M 관리자들의 행위는 새로운 발견을 가능하게 해준 탐침의 역할을 했다. 즉 그들의 마케팅 과정은 바로 소비자와 성찰적 대화a reflective conversation with consumers 과정이었던 셈이다.

조직 문제 해석. 　　관리자가 자신의 조직에 문제가 있다는 징후를 처음 느

낄 때는 대개 그 문제에 대해서 명확하고 타당한 설명을 할 수 없는 경우가 허다하다. 예컨대 조직 내 다양한 구성원들은 서로 다른 위치에 있고 이해관계가 다르기 때문에 서로 모순되는 관점과 의견을 갖고 있어서 문제를 정확히 파악하기 어려운 것이다. 그래서 관리자들은 우선 조직 구성원들이 서로 다른 관점을 갖고 있음에 따라 발생하는 라쇼몽Rashomon 현상을 이해할 수 있어야 한다. 관리자는 상황을 탐구해나가는 과정에서 그 상황에 영향을 미칠 수 있는 사람들이다. 이 과정에서 관리자들은 해당 상황에서 무엇이 잘못되고 있는지 파악하는 방법을 알아야 하고, 잘못된 것을 교정할 능력을 향상시키는 방법도 알아야 한다.

다음은 과학 실험 기기를 제조하는 회사에 관한 사례이다.

약 15년 전에 전직 핵물리학자가 자신의 동료, 제자 몇 명과 함께 개발도상국에 근거지를 두는 회사를 설립하였고, 이 회사는 매년 100만불 정도 매출을 달성하는 사업을 영위하고 있다. 이 회사는 본부가 위치한 국가 이외에 13개 국가에 영업 및 서비스 조직들을 갖고 있다. 그리고 이 회사는 관련 사업 분야에서 약 15% 정도의 시장 점유율을 갖고 있다.

이 회사의 이사회 의장인 창업자는 두 가지 경영 원칙을 지켜왔기 때문에 자신의 회사가 성공할 수 있었다고 한다. 그 원칙은 첫째는 시장에서 낙오하지 않는 것, 둘째는 사업 분야의 변화에 대한 신속한 대응이다. 이 회사는 시장의 요구에 신속히 대응하는 제품을 출시하기 위해서 필요에 따라서 제품 개발 상의 문제점들이 해결되기도 전에 미리 시장에 제품을 출시하고 있다. 그리고 제품 개발과 관련된 문제점들을 해결하는 데는 고도로 숙련된 기술자들에 의존하고 있다. 고객들의 요구는 자주 변하고 있기 때문에 제품 생산량의 30%는 공학적 기술의 지속적인 개선으로 달성하고 있다. 그 결과 생산라인은 다품종 소량생산 체제, 즉 효율성보다는 속도와 유연성을 중시하는 작업장으로 운영되고 있다.

회사는 경직되고 고정된 조직 구조를 지양하고 있다. 회사에는 조직도가 없다. 조직 구성원들은 여러 가지 역할을 동시에 수행하고 있고 각자에게 주어지는 역할은 수시로 변하고 있고, 비공식적인 문제 해결 방식을 권장하는 관행을 유지하고 있다. 이와 관련하여 창업자는 "우리 회사는 불확실성이 없다면 존재할 수 없습니다"라고 말한 바 있다.

이처럼 회사 내에서 유연한 역할 수행은 조직 가치로 강조되어왔다. 이 회사의 창업자처럼 전직 핵물리학자였던 재무담당 부사장은 물리학의 새로운 분야를 공부하듯이 재무에 대해서 자기주도적으로 학습해왔다고 한다. 이 회사에서는 최고경영진 모두가 회사 내 주요 부서에 순환 근무하여 여러 가지 역할을 경험한 바 있다. 현재 이 회사의 사장인 G도 15년 전 회사 창립 때부터 지금까지 예산, 재무, 영업, 생산 업무를 모두 경험한 바 있다. 회사에서 G사장은 "우리 회사의 최고 엔지니어"라 불리고 있다. G사장도 창업자와 재무담당 부사장처럼 일은 "즐기는 것"이라고 여기고, "불가능한"요구를 부과하는 것을 좋아하며 주변 다른 사람들도 그렇게 하기를 기대하고 있다.

G사장은 회사에 위기가 닥치면 언제나 현장으로 달려간다. 그리고 평소에도 한 해 동안 3－4차례씩 현장에서 근무한다. 예를 들면 지난 해 신제품에 장착하는 소프트웨어 프로그램에 문제가 발생했을 때 이를 해결하기 위하여 현장에서 3개월 가량을 생활한 적도 있다.

지금 소개되는 사례는, 이 회사의 주요 생산 공장 두 곳에 공급될 금속 부품을 새로이 개발하고 있는 공장에서 발생한 위기 상황에 관한 것이다. 금속 부품 생산 공장은 주재 국가 정부로부터 각종 지원을 받고 있지만 충분한 노동 인력의 확보가 어렵고 여타 서비스 접근성이 떨어지는 교외 지역에 위치하고 있다. 이 공장의 관리자인 M은 다른 회사로부터 이직해 온 사람이다. 일 년 동안 공장 관리자로서 근무하는 동안, M은 제품 생산이 점점 지연되고 있는 문제를 안고 있었다. 최근 주요 생산 공장의 관리자들 중 한 사람이 이 문제를 G사장에게 보고하였다. G사장은 생산부문 부사장, 금속부품 공장 관리자 M, 그리고 다른 주요 생산 공장 관리자들과 함께 이 문제를 논의하게 되었다.

당초 이 문제를 보고한 공장 관리자는 상황을 다음과 같이 설명한다:

> 부품이 적시에 제공되어야 하는데 공장 관리자인 M은 효율성만을 강조하고 있어 우리 공장에 부품 조달이 지연되고 있습니다. 제품을 생산하자면 백 여 개의 서로 다른 부품들이 필요한데요. 유독 금속 부품 공장의 공급 지연으로 우리 공장 시스템에 중대한 문제들이 발생하고 있습니다. 우

리는 이 문제를 해결하기 위해서 작년 내내 밤낮없이 고생했습니다. 잠시 상황이 호전되기도 했습니다. 그런데 우리 공장의 금속 파트 팀장이 M과 는 더 이상 함께 일을 할 수 없다고 사직해버려서 문제가 심각해졌습니다. M은 금속파트 팀장과 원격으로 소통하려고 했습니다. 사실 M은 현장으로 내려가서 문제를 해결하려 노력했어야 해요. 아니면 우리 공장에서 직접 해당 부품을 만들어서 제품을 생산하는 게 더 나았을 것 같습니다. M은 문제를 해결할 능력이 부족합니다. 앞으로도 문제가 해결될 가능성이 전혀 없을 것 같습니다.

다른 공장의 관리자는 다음과 같이 말하고 있다:

M이 관리하는 공장은 M에게는 새로운 곳이고 새로운 사람들로 가득한 곳입니다. 그래서 소통의 문제가 있을 수밖에 없고 그 문제에 대해서 그곳 사람들은 유연하게 대처할 준비가 되어있지 않다고 봅니다. M은 효율성과 신속성이라는 서로 다른 요구로 압박을 받고 있습니다. 그래서 문제를 해결하지 못하는 것이라 생각합니다. 그 공장에는 새로운 지원 조직과 인력이 필요합니다. 그리고 부품 공장에서 무슨 일이 일어나고 있는지를 우리에게 알려주어야 합니다. 그렇게 해야 주문과 관련된 문제들을 파악하고 해결할 수 있지요. M과 공장 사람들은 우리에게 서비스를 제공하는 임무를 존재 이유로 삼아야 합니다. 그런데 그걸 받아들이지 못하고 있습니다. 사실 그들은 우리와 다른 역할을 갖고 있을 뿐인데도 마치 스스로 이류로 취급당한다고 생각하는 듯합니다.

M은 다음과 같이 말한다:

중앙에서는 비공식적인 문제 해결 방식을 강조하고 허용하고 있지요. 그런데 여기선 그런 문제 해결 방식이 통하지 않습니다. 우리는 좀 더 많은 규칙들이 있어야 한다고 봅니다. 유연성을 줄여야 해요. 규칙이 있어야 상황이 엉망이 되지 않도록 할 수 있어요. G사장님은 우리 공장의 생산 캐파 50%정도만 가동하고 새로운 주문에 대비할 여력을 비워두라고 하십니다. 그런데 그런 조치는 여기 사람들의 작업 방식을 비효율적으로 만들 뿐입니다. 효율적인 생산 활동이라는 원칙을 지켜야 한다고 봅니다. 그런데 부품을 제 때에 제공하라고 한다면 결국 비효율적인 방식으로 작업을 할 수밖에 없을 겁니다. 이런 상황이 저를 혼란스럽게 만들고 있습니다.

생산부문 부사장은 다음과 같이 말한다:

현 시점에서 M의 공장 문제는 G사장님에게 위기 상황입니다. 보다 정교하고 효과적인 관리 기법으로 의사소통 채널을 정리해야 한다고 생각합니다. 그리고 일의 우선순위로 인한 갈등도 해결해야 합니다. 회사에서 발생하는 문제들은 대부분 빈번한 공학적 기술의 변화로부터 기인된다고 봅니다. 공학적 기술 변화 문제는 필요한 자리에 필요한 사람을 배치해서 풀어야 한다고 봅니다. 그런데 우리에겐 중간 관리자들이 너무 부족합니다.

G사장에게 문제 상황을 보고했던 관리자는 말하기를,

사장님이 문제 해결을 위해서 노력하는 걸 알고 있습니다. 사장님 덕택에 그동안 해결되지 못한 문제들이 사라졌습니다.

이 관리자의 말처럼, G사장은 문제 상황을 해결하려고 지금도 최선의 노력을 다하고 있다.

G사장은 M의 공장에서 발생하는 생산 지체 현상에 관한 여러 가지 얘기들을 가만히 듣고 있다. 그러나 문제 상황의 전체 그림을 그리기 위해서 특정 얘기들만을 선택한다든지 아니면 모든 얘기들을 종합해본다든지 하는 방식으로 대처하지 않기로 했다. 다만 현재 발생 중인 라쇼몽 현상을 다음과 같은 중요한 문제들에 대한 모종의 징후로 받아들였다. 첫 번째 문제는 당사자들의 의사소통 부재 문제, 두 번째 문제는 다른 공장과 신규 공장 사이의 갈등 문제이다. G사장은 이두 가지 문제를 처리할 수 있는 하나의 프로세스를 만들어내는 것이 자신의 역할이라고 생각한다.

G사장은 문제 진단 활동을 문제 해결의 핵심이라고 여겼고, 문제 진단의 과업을 중앙 부서의 사람에게 맡기기로 하였다. 그는 생산부문 부사장과 본사 직원 세 사람에게 앞으로 3개월 동안 일주일에 이틀 정도 M의 공장에서 근무하라고 지시하였다. 생산부문 부사장과 직원 3명은 그 공장에서 현장 사람들과 함께 생산 지체 현상의 원인을 조사하고, 보고시스템을 점검·보완하고, 업무 프로세스상의 문제점들을 해결하는 임무를 수행하기로 한다.

G사장은 위기 상황을 극복하기 위하여 회사 내 관리 역량을 총동원하는 사내 전통을 따르기로 하였다. 그러나 G사장 자신은 직접 현장에 내려가지 않았다. 그는 자신의 역할을 문제를 파악하고 해결하는 과정으로서 프로세스를 설계하고 장착하는데 도움을 주는 활동에 한정하였다. 문제를 바라보는 서로 모순되는 관점을 해소하는 과업은 다른 사람들에게 맡겼던 것이다. G사장은 일종의 조직 실험을 실행한 것이고, 그 실험의 핵심은 서로 멀리 떨어져 있는 사람들을 긴밀하게 상호작용하도록 하는데 있었다.

관리자 M은 이런 조치를 호의적으로 받아들였다. M은 "이제 처음으로 사람들이 여기에서 실제 발생하는 일들에 대해서 자세히 알게 될 거라고 생각합니다. 이 공장에 새로운 생산 라인이 설치된다고 문제가 해결되지 않을 겁니다. 새로운 생산 라인 증설만으로 우리 회사가 성장하는 속도를 따라잡기는 어렵습니다. 하지만 분위기가 바뀌고 문제들을 더 잘 다룰 수 있다면, 우리는 점진적으로 생산 지체 문제를 잘 해결할 수 있게 될 것입니다. 저는 낙관적으로 봅니다."

G사장은 "아마 M이 여기 사람들이 그의 상황을 더 잘 이해한다고 느끼게 되면, M은 회사의 다른 부분에 대해서도 이해하기 시작할 것이고, 동시에 자신의 경영 방침에도 사람들이 더 헌신적으로 몰입하게 될 것입니다"라고 말한다.

G사장은 조직의 위기 상황에 대하여 집단적 행위 중 성찰collective reflec-tion-in-action 과정에 당사자들을 참여시키는 프로세스를 디자인하는 것으로 대응하였던 것이다.

제품 개발 과정 학습.　　　한 미국 소비재 회사는 신제품 개발 기업으로서 탁월한 명성을 지니고 있다. 이 회사 관리자들은 모두 자신의 회사 명성을 잘 알

고 있고, 그 명성은 새로운 제품에 대한 요구를 확인하고, 신제품을 개발하며, 신제품을 상업화하는 과정에 대한 조직 학습 활동이 성공했기 때문이라고 생각한다.

특히 이 회사의 관리자들은 조직 학습 활동 과정에서 신제품 개발 프로세스에 관한 이해, 조직 지식을 공유하는 기업 문화의 수용, 조직 지식의 사용자이자 공헌자로서 자기평가에 대한 감각을 보유하고 있다. 관리자들은 제품 개발에 관한 조직 지식을 탐구하고 활용하기 위하여 조직 구조 상의 위계를 넘나들 수 있는 재량권을 갖고 있다. 다음은 이 회사의 관리자들이 제품 개발 과정에서 경험했던 조직 학습 과정에 대한 사례이다.

1. "목표는 변화가능하다."

기술 부문 관리자는 "우리 회사의 제품 개발 과정은 직원들이 항상 개방적 태도로 업무의 목표를 재규정할 수 있어서 언제나 승리하는 게임이 된다"라고 말한다. 일반적으로 제품 개발 프로젝트는 마케팅, 기술, 관리 부문 사람들이 함께 참여하여 추진된다. 일단 목표가 설정되면 관리 부문은 필요한 자원을 확보한다. 그러나 개발 과정이 진척됨에 따라서 기술 부문 사람들은 초기 설정했던 목표의 실현 가능성을 보다 잘 이해하게 되고, 관련된 '재료들'의 속성에 대해서도 더 잘 이해하게 된다. 원래 설정된 목표를 달성하는데 몇 가지 예기치 못한 어려움들이 존재한다는 점을 발견하는데, 한편으론 처음에 기대하지 않았던 기술적 잠재력도 발견하게 된다. 이러한 발견에 기초하여 그들은 목표를 재설정하는데, 이 때 마케팅 부문에서 고려해야 할 사항도 이해하게 된다.

일회용 휴지 개발 프로젝트를 수행한 개발팀의 팀장은 다음과 같이 말한다. "우리는 휴지의 흡수력이 아니라 흡수율이 중요한 변수라는 사실을 발견했다!" 그들에게 흡수율보다 흡수력을 개선하는 게 훨씬 더 어려운 작업이었다. 그러나 정작 소비자가 원하는 것은 바로 휴지의 흡수율이었다. 개발팀의 한 연구자는 "소비자 패널들이 더 이상 우리를 싫어하지 않게 되었을 때 드디어 우리가 올바른 궤도 위에 있게 되었다는 사실을 알게 되었다"라고 말하였다.

개발팀은 목표를 하나의 변화 가능한 변수로 가정하기 위해서 개발 과정 상의 재료들의 기술적 속성은 소비자가 생각하는 의미와 관련이 있다고 생각해야만 했다. 또한 개발팀은 기술적 요구를 마케팅 목표와도 관련지어 생각해야 했다. 개발팀은 마케팅 부문과 기술 부문의 입장 다툼을 허용해서는 안 된다. 왜냐하면 그런 입장 다툼은 마케팅 부문이 기술 부문에게 "우리가 팔 수 있는 제품을 만들어 달라!", 기술 부문은 마케팅 부문에 "우리가 만들 수 있는 제품을 팔아라!"라고 하는 갈등을 초래할 수 있기 때문이다. 기술 부문과 마케팅 부문은 위기 상황을 초래할지 모르는 불확실성을 서로 공유하면서 제품 개발 목표를 함께 재규정할 수 있어야 한다. 그리고 앞서 3M의 마케팅 관리자들처럼 제품 개발 과정 초기부터 목표를 명확하게 규정하고 유지해나갈 수 있다는 생각을 버려야만 한다. 개발팀은 개발 과정상에서 경험하는 여러 현상들 속에서 새로운 특성을 발견해내고 소비자 패널의 반응들로 새로운 의미를 확인하면서 제품 개발의 수단과 목적을 재구조화하는 방법을 배워나가야만 했다.

2. "개발 단위는 제품이 아니라 경쟁 게임이다."

제품 개발 팀의 구성원들은 스스로 경쟁 게임에 참여하는 사람이라고 생각한다. 소비재 제품은 여러 회사들이 차지하기 위해서 분투하는 전국적 규모의 시장을 갖고 있다. 이런 시장에서 게임의 승자가 되기 위해서는 시장 지배력을 구축하고 유지하고 확장시켜야 한다. 그래서 각 회사는 제품 개선, 광고 활동, 신제품 개발 등을 꾸준히 실행하고 있다. 경쟁 회사들은 각각의 조치에 대해서 서로 반대되는 전략을 구사하게 될 것이다. 그리고 이런 경쟁 게임은 각 제품의 라이프 사이클이 끝날 때까지 계속된다.

이 경쟁 게임에서 승리하는 회사는 특별한 개발 전략을 수립하고 실행하고 있다. 예컨대 특정 제품 개발높은 흡수율을 지닌 제품은 경쟁사로 하여금 상대적인 제품 개발을 촉발시키는데, 이때 이에 대한 훌륭한 대응 전략은 경쟁사의 조치들을 가급적 정확하게 예견하는 것이다. 개발 팀은 경쟁사의 조치들에 대처할 수 있도록 가능한 대응 조치들을 준비하고 있어야 한다. 따라서 제품 개발의 단위는 개별 제품이 아니라, 하나의 사이클을 갖는 경쟁 게임이 되어야 한다.

그러나 그런 경쟁 게임에서도 전 과정에서 항상 "현재 상황이 어떤가?"라는 물음을 제기해야 한다. 상황 해석에 따라 전략 구상이 달라질 수 있기 때문이다. 예를 들면 휴지 제품 개발 팀은 소비자들이 수용할 수 있는 품질의 기준을 수립하고 제품의 가격을 최대한 낮게 책정할 필요가 있다고 생각한 적이 있다. 그러나 한 경쟁사가 비슷한 품질을 유지하면서 더 높은 가격으로 책정된 신제품을 출시하면서 자사 제품보다 소비자들에게 더 많은 호응을 얻게 되었다. 개발 팀은 이 상황을 어떻게 해석했을까?

이 회사의 부사장은 다음과 같은 제안을 하였다. "고가 제품을 개발해보는 게 어떨까?" 이 제안은 개발팀을 당황스럽게 만들었는데, 왜냐하면 자신들이 추구하는 전략에 역행하는 것이기 때문이었다. 그러나 그들은 바로 그 제안을 거부하지는 않았다. 우선 시장 상황을 지켜보기로 했다. 그 후 개발팀은 "우리 제품이 시장에서 저가 브랜드 제품 시장에서 어느 정도 지배력을 갖고 있다는 점을 확인한 뒤에 우리는 편안한 마음으로 고가 제품 개발에 착수할 수 있게 되었습니다. 사실 우리가 저가 제품을 고수하고 저가 제품을 개선하는 데만 매달렸다면, 나중에 우리 제품은 회사 매출을 갉아먹게 되었을 겁니다"라고 말한다.

시장의 신호로 개발팀은 상황에 대한 새로운 그림을 그릴 수 있었고, 그로 인해서 타사 브랜드와 비교하여 자사 제품의 시장 지위를 수정할 필요성을 느끼게 된 것이다. 상황을 새롭게 이해함으로써 소위 "고가 제품 개발"이라는 새로운 전략을 만들어낼 수 있었다.

3. "변증법적 문답이 지속되도록 해야 한다."

일반적인 기업 문화의 풍토에서 직원들 간의 '변증법적' 행동은 찾아보기 어렵다. 그러나 이 회사 관리자들은 변증법적인 문답 대화를 자유롭게 하고 있다. 변증법적 문답이란 제품 개발 프로세스에 참여하는 직원들끼리 서로 갈등적인 견해들을 노출하고 해결하는 대화 행위를 말한다.

기술 부문 부사장은 변증법적 문답 방식으로 자신의 역할을 규정한다. 그는 "나는 엔지니어링 부문과 개발 부문, 홍보 부문과 생산 부문이 서로 다른 관점을 노출하고 토론하는 모습을 보면 기분이 좋아집니다. 내가 할 일은 그런 대화들이 활발하게 이루어지도록 하는 겁니다."라고 말한다.

그리고 어떤 사람은 "갈등이 활발해야 하고 겉으로 노출될 수 있도록 만들어야 합니다. 일단 갈등이 확인되면, 당사자들이 그 갈등을 해소하도록 해야 하며 그 결과를 다른 사람들에게 알리도록 해야 하고요. 하지만 갈등을 노출하지 않고 어정쩡하게 합의를 해버리면 소위 합법적 갈등legitimate conflicts의 기회를 상실하게 될 것입니다. 사람들이 그런 갈등에 대해서 대화하지 않는다면 마음이 편치 않아요.”

이 회사에서는 “합법적 갈등”이 항상 이루어지고 있다. 제품 개발 상황은 복잡성을 띠고 있기 때문에 엔지니어링 부문과 연구 부문, 홍보 부문과 생산 부문, 총무 부문과 재무 부문 사람들이 주어진 상황과 대응 전략에 대해서 상이하고 모순되는 견해를 초래할 수밖에 없다. 따라서 관리자의 책무는 그런 갈등을 억압하지 않고 회피하지 않는 것이다. 그런 갈등을 “해소working out”하는 과정에서, 상황에 관한 조직 학습과 제품 개발에 관한 조직 학습이 이루어지게 된다. 그러나 누구도 그 갈등이 어떻게 해결될 것인지를 예측할 수 없고, 그 과정은 당사자들의 상호적인 행위 중 성찰reciprocal reflection-in-action에 의해서 좌우될 것이다.

조직 학습 시스템의 한계

위 회사가 추진한 제품 개발 과정은 조직 학습 현상을 보여주는 좋은 사례인데, 이 회사의 조직 학습 시스템은 관계자의 행위 중 성찰을 제약하기도 한다.

애초에 나는 컨설턴트로서 회사 제품 개발 책임자들의 “소진burn-out”문제를 해결해달라는 요청을 받았다. 회사 내 여러 업무를 두루 경험한 사람을 선발하고, 육성하고, 유지하기란 쉬운 일이 아니다. 그런 사람들은 음주, 건강, 이혼, 스트레스 문제들을 빈번히 겪기 마련인데, 이 회사도 마찬가지 상황이었다. 이 회사의 테크놀로지 담당 부사장은 그 이유를 알고 싶어 했다.

이를 위하여 나와 회사 사람들은 제품 개발 과정에 대한 분석을 하는 방식으로 연구를 진행하기로 합의하였다. 연구 대상인 된 X제품 개발 과정에 대한 스토리는 회사 내에 널리 알려져 있었다. 회사 사람들은 그 스토리에 대해서 거의 비슷한 소감을 밝히고 있었다: “X제품 개발은 미리 예상했어야 했고 더 잘 처리했어야 했던 문제점들 때문에 거의 실패할 뻔 했었다. 그러나 결국 우리 스스로 해결해냈다.”

이 제품 개발 과정에 대한 연구는 다음과 같은 세 가지 질문에 맞추어 진행되었다.

- 문제점을 발견하고 인정하는데 시간이 오래 걸리는 이유가 무엇인가?
- 도움을 요청하지도 않고 도움을 주는 사람이 있어도 수용하지 않는 이유가 무엇인가?
- 어떻게 난국을 돌파했는가?

이 회사에 제품 개발 과정은 브레인스토밍 회의로 시작된다. 그 회의에서 개발 전문가들은 "우리 회사의 가전제품 부품은 소비자에게 어떤 혜택을 줄 수 있을까?"라는 질문으로 출발하였다. 그들이 기본적인 제품안을 도출하고 난 뒤에 적용 가능한 기술을 탐색하기 시작했고 그 결과 그들의 목적에 부합하는 특별한 기술을 발견하게 되었다.

회사 관행에 의해서 제품 개발 과정에서는 일련의 테스트들이 실시되었다. 먼저 개발될 제품들이 갖는 이점들에 근거하여 제품 효과성을 테스트하였는데, 이때 발생 가능한 부작용도 테스트하였다. 예를 들면, 테스트 중 하나는 제품을 욕조에 담그고 부식 상태를 확인하는 실험이다. 그 다음에 소비자 패널을 이용한 "블라인드" 테스트들도 실시되었고, 최종적으로 시장 현장에서 테스트를 실시하였다. 이러한 일련의 테스트 과정들을 성공적으로 통과하였는지 여부를 논의하기 위한 기술 개발 전문가들과 일반 관리자들의 대화는 매우 중요하다. 왜냐하면 회사 내 투자 관리 부분의 관리자 입장에서 그들의 의사결정의 근거가 되기 때문이고, 그런 의사결정은 바로 그런 표준화된 테스트의 결과에 의해서 좌우되기 때문이다.

소비자 패널 테스트를 통과한 제품은 첫 번째 지역 시장에서 테스트 과정을 거쳤다. 시장 테스트가 실시된 지 2개월 후에, 그 제품을 채택하게 될 가전제품 회사로부터 다음과 같은 회신을 받았다. "이 제품은 기계에 들러붙을 수 있고 그래서 기계가 과열될 수 있습니다. 화재 위험이 있습니다."이 회신에 대한 개발팀 구성원들의 반응은 "우리는 그렇게 생각하지 않습니다"였다. 가전제품 회사는 제품개발 회사의 경영진에게 공식적이고, 위협적인 내용을 담은 편지를 보내왔다: "당신들이 이 제품을 시장에 출시한다면, 우리는 우리 회사 기계를 사용하지 말라는 딱지를 붙여 놓아야 할 겁니다."

이런 문제가 드러나자, 회사 내 사람들은 이 문제에 대해서 진지하게 논의하기 시작했다. 그 문제를 전혀 알지 못했던 최고 관리자는 격노했다. 이에 세 가지 특별 과업 팀이 구성되었고 그들의 활동에 의해서 두 가지 해결책이 제시되었다. 해결책들은 최고 관리자에 의해서 승인되었고 제품 수정안에 반영되었다. 그러나 이렇게 수정된 제품도 새로운 문제에 봉착하였다. 즉 시장 테스트를 위해서 해야 할 일이 무엇인가라는 문제이다. 이전 제품은 소비자 패널의 블라인드 테스트를 통과하였고, 경영진들도 "우리는 이전 시장을 유지해야 한다. 우리가 투자한 것은 바로 원래 제품이고, 그 제품은 우리 회사의 정해진 테스트 과정을 통과했지 않는가"라고 말했다. 기술개발 전문가들은 극렬히 반발했다. 그러나 최고 관리자는 "우리는 필요하다면 책임을 질 수 있어. 하지만 당신들이 해야 할 일은 가능한 방법을 제시해야 하는 거야"라는 입장을 표명하였다.

최고 관리자는 다음과 같이 말한다. "제품은 일종의 블랙박스라고 생각한다. 우리는 테스트를 통과한 것들에 대해서만 결정을 내리기만 하면 되요. 그 블랙박스 뚜껑을 열어볼 필요가 없어요. 왜냐하면 그렇게 되면 혼란스러워지기 때문이지." 반면에 기술개발 전문가들은 "우리는 일반적 확률을 원하는 것이 아니라 세세한 부분들에 대해서 결정을 해야 합니다. 제품이 테스트를 통과하도록 하는 게 무엇인지를 잘 알고 있습니다. 하지만 우리는 그런 테스트들을 항상 신뢰하는 것은 아닙니다."라고 말하였다.

일 년 후 첫 번째 테스트는 실패했고 수정된 제품으로 새로운 테스트를 실시하였다. 그러나 기술개발 전문가들은 이런 식으로 하게 되면 여전히 중요한 문제가 해결되지 않은 채로 남게 된다고 생각하였다. 이제 개발 작업이 시작된 지 2년이란 시간이 흘렀고, 이미 3천만 달러라는 막대한 개발 비용이 투입된 상태가 되었다.

두 번째 테스트 과정에서 또 다른 중요한 문제가 발생하였다. 수정된 제품은 테스트 과정을 나름 잘 통과하였는데, 제품이 장착되는 가전제품에 부식 현상을 일으킨다는 불만들이 나오기 시작했다. 이런 불만들은 실험실에서 침지시험을 통해서 전혀 부식 현상을 일으키지 않는다는 테스트 결과가 나온 후에 나온 것들이다. 이에 대해 기술개발 팀은 그런 불만을 무시하기로 결정하였다. 일부 제품 사용자들에 의해서 발견된 부식 현상은 다른 원인들에 의해 유발된 현상이라고 본 것이다.

그러나 부식 현상 문제를 전해들은 회사 연구소의 연구원들은 다른 견해를 갖고 있었다. 연구원 한 사람이 제품의 재료를 비누거품을 담은 깡통에 넣고 하루 밤 동안 놓아두었다. 다음 날 아침 깡통에 부식 현상이 일어났다. 연구원들은 부식된 깡통을 기술 부문 부사장에게 가져갔다. 그러나 부사장은 "심각한 문제가 아닙니다. 걱정할 필요가 없어요."라고 말했다. 그러나 시장 현장에서 보고서들이 올라오면서, 연구소의 연구팀은 부식 현상이 사실임을 확신하게 되었다. 연구팀은 부식 과정을 설명하는 모델을 개발하고, X선 분광법을 이용하여 그 모델을 테스트하고, 인근 대학의 저명한 컨설턴트들에게 자문을 받았다. 이러한 연구팀의 활동에 개발팀은 "당신들은 이런 조치에 확신이 있는 겁니까? 왜 이런 일을 해서 우리를 곤란하게 만들지요. 다른 좀 더 도움이 되는 일을 하면 안되나요?"라고 반발했다.

연구팀은 그런 반응에 실망감을 감출 수 없었다. 연구팀장은 연구원들에게 X 제품에 대한 어떤 작업도 더 이상 진행하지 말도록 조치했다. 이러자 기술 부문 부사장은 개발팀장을 해고했고, 연구팀 소속의 한 연구원을 개발팀장으로 새로 임명했다. 새로운 개발팀장은 자신의 전 동료들의 도움을 받아서 부식 현상이 사실임을 밝혔다. 이런 과정은 회사 내에 또 다른 위기 상황을 초래하였다.

기술 부문 부사장은 개발팀, 연구팀과 연석 회의를 개최하였다. 이 회의에서 부사장은 "당신들은 경영진에게 이 문제를 해결할 수 있다는 것을 보여줄 만한 사람들이 아닌가? 어떻게 될지 몰라도 믿음을 갖고 대안을 만들어내길 바랍니다."라고 말하였다. 이로서 부식 현상 문제를 해결할 새로운 프로세스가 가동하기 시작했다. 그리고 연구팀도 문제 해결을 위한 작업에 참여하기로 하였다. 연구팀은 부식 현상 문제를 해결하고 가전제품에 영향을 주지 않는 새로운 재료를 찾아냈다. 하지만 개발팀은 연구팀이 "성급하게 반응했고 자신들의 영역을 침범했다"고

비난했다. 이에 대해서 연구팀의 새로운 팀장은 기술적이고 정치적인 타협안을 제시하였다. 새로운 재료를 이전 재료 10%와 서로 섞어 사용하는 것이다. 그 결과 새로운 테스트 결과는 부식 현상이 해결되고 제품이 정상 작동되고 있음을 보여주었다. 연구팀의 어느 연구원이 말한 것처럼, "모든 과정은 물밑 작업 형태로 진행되었어요. 왜냐하면 경영진의 신경을 거슬리지 않게 하고 그들의 신뢰를 이끌어내야 했기 때문이에요. 그렇지만 문제가 부각될 때마다 항상 동일한 이슈가 있었어요. 새롭게 적용한 요소는 적절한 것이었는가? 부작용은 없는가? 우리는 마치 게릴라전처럼 작업을 진행했고, 과학을 무기로 사용했어요."

개발팀과 연구팀의 상호작용은 행위와 반응이 순환되는 과정으로 진행되었다. 개발팀은 자신의 과업과 영역에 대한 통제권을 유지하면서도 자신들의 과업 수행에 대한 경영진의 신뢰를 얻고자 했다. 이를 위하여 개발팀은,

- 연구팀이 지적하는 문제점들을 수긍하지 않았고,
- 연구팀의 발견을 신뢰하지 않았으며,
- 지엽적이고 중요하지 않는 문제점들에 집착하면서 자신의 입장을 고수하고자 했고,
- 그들 자신의 과업 수행은 은밀히 진행했다.

연구팀은 실망하고 분노했고, 개발팀을 불신했으며, 자신들의 자존감이 훼손되고 있다고 느꼈다. 그래서 그들은 다음과 같이 보복했다.

- 증거 자료를 제시하면서 항상 공격적인 자세로 대처했고,
- 과학을 대응 무기로 삼았고,
- 책임자가 명령해도 자신들이 하고자 하는 바를 계속 진행했고,
- 과업을 자신들의 것으로 만들고자 했고,
- 개발팀을 무시하고 경영진에 직접 접촉하려 했다.

이러한 연구팀의 전략들은 개발팀이 더욱 분노하고 불신하고, 좌절하도록 만들었고, 개발팀이 스스로를 보호하고 승리하고자 하는 태도를 더욱 조장하였다.

연구팀과 개발팀이 이런 행동을 반복함으로 인해서 제품 개발 과정이 허망한 노력, 중복되는 작업, 지체되는 문제 인식이라는 좋지 않은 결과를 초래하고 있었다. 때문에 개발팀은 연구팀에게 도움을 요청할 수 없었고, 연구팀이 도움을 주려할 때조차도 그것을 이용할 수 없었다. 두 팀간의 이러한 행위와 반응의 순환 과정이 증폭되면서, 연구자들과 개발자들은 더욱 더 협력하기가 힘들어졌다. 그러자 경영진은 이런 상황을 중단시키기 위한 조치들을 취했다. 인사 이동을 단행했고 위기 순간에 직접 개입하였다.

이런 패턴은 소위 "장막 속에 영웅주의heroism under a tent"였다. 관련하여 개발 과정에 참여한 사람들 중 일부가 한 말을 여기서 인용해보자. "사람들이 내게 X제품 개발 작업을 하지 말라고 했어요. 하지만 저는 멈추지 않을 겁니다," "당신이 현재 하고 있는 일에 대해서 경영진에게 말하지 마시오," "문제가 발생하면 먼저 해결하고, 그 다음에 그 문제에 대해서 알리세요."

이 패턴은 무엇으로 설명할 수 있을까? 이 질문에 답하기 위해서는 연구/개발 과정을 보다 넓은 범위의 맥락 속에서 살펴보아야 한다. 왜냐하면 연구자들과 개발자들은 소위 "제품 개발 게임"이라는 훨씬 더 포괄적인 프로세스에 관여하고 있기 때문이다. 이 게임은 주로 네 가지 변수, 조직 구성원들의 헌신, 신뢰, 자신감, 역량과 관련이 있다.

새로운 제품을 출시하기 위해서는 우선 경영진이 자원을 투자하려는 헌신commitment이 필요하다. 그러나 경영진의 헌신은 쉽게 얻기가 힘들다. 경영진은 본래 철저한 사람들이다. 경영진 중 한 사람은, "우리 회사는 매우 철두철미하다. 우리 회사는 연구를 잘 하지만, 어떤 것도 쉽게 수용되는 경우는 없다"라고 말한다. 경영진은 연구 개발을 불신하는 경향이 있어서 지원을 쉽게 하지 않는다. 한 경영자는 "우리가 신경을 쓰지 않으면 저들은 우리를 가볍게 여기고 속이려 드는 경향이 있어요"라고 말한다. 물론 경영자들은 연구개발이 중요하다는 사실을 잘 알고 있다. 기업의 성장이 연구 개발의 성과에 좌우되기 때문이다.

그러므로 경영자들은 썩 내키지는 않지만 모종의 프로세스에 헌신해야만 한다. 하지만 경영자들은 자원 투자를 할 때 쉽게 내주지는 않는다. 그리고 일단 자원을 투자하면 개발 책임자가 그 성과에 전적으로 책임지도록 만든다. 그래서 경영진의 헌신을 획득하고 유지하려 할수록 투자비용이 증가하고 서로간의 갈등이 노출될수록 더욱 더 예민한 과정이 될 수밖에 없다.

개발 관련자들은 사내에서 자신들의 신뢰를 유지하면서 경영진의 헌신을 획득하고 유지하고자 제품 개발 게임에서 이기려고 애쓴다. 이 과정에서 개발 게임 참여자들의 신뢰도는 주식 시장의 주식처럼 움직인다. 즉 참여자의 성공이나 실패에 따라 그 참여자의 신뢰도가 등락하게 된다. 즉 회사 내에 신뢰도 시장이 존재하는 것처럼 말이다. 회사 구성원들은 어떤 희생을 치르더라도 자신의 신뢰도를 유지하려고 애쓴다. 왜냐하면 신뢰도를 상실한 사람은 어떤 일도 할 수가 없게 되기 때문이다. 개발팀의 예전 팀장이 말한 것처럼, "문제가 발생하고 그로 인해 나의 신뢰도가 떨어지면 나는 회사에서 죽은 목숨이나 마찬가지입니다."

자신감과 역량은 서로 밀접한 관계가 있다. 사람들은 조직 내에서 자신의 지위가 어느 정도 인정되느냐에 따라 달라지는 "자신감 탱크confidence tank"를 갖고 있다.

신뢰, 헌신, 자신감, 역량은 상호의존적 관계에 있다. 즉,

"더 많은 신뢰를 받을수록, 더욱 큰 자신감을 갖게 된다."

"더 큰 자신감을 가질수록, 더욱 더 큰 자신감을 가진 것으로 보여진다."

"더 큰 자신감을 가진 사람으로 보일수록, 더욱 더 신뢰롭고 역량을 갖춘 사람으로 보이게 된다."

반대로,

"신뢰를 잃는다면, 자신감을 잃게 된다."

"자신감을 잃는다면, 무능하게 보이고 더 많은 신뢰를 잃게 된다."

이렇기 때문에 회사에는 마치 자신감이 넘치는 사람들로 가득한 것처럼 보인다. 설령 문제가 있을지라도 신뢰를 유지하기 위하여 자신감이 있는 것처럼 보이는 게 중요하기 때문이다. 실제로, 기술 부문 관리자 중 한 사람은 젊은 후배들에게 다음과 같이 충고한다고 한다:

"경영진의 헌신을 획득하기 위해서는 자신이 하는 일들에 대해서 최대한 알

려주도록 해야 해. 하지만 그 경영진을 불편하게 해서는 안 된다. 설사 내가 그 일을 할 수 있다는 확신을 갖지 못하더라도, 필요한 일을 하는 데는 주저하지 말라. 그리고 비록 상사가 안 된다고 할지라도 필요하다고 생각되면 그 과업을 계속해서 밀고 가도록 하라."

그래서 '영웅주의' 그리고 '봉인과 신비'전략은 제품 개발 게임에서 승리를 위한 중요한 구성 요소가 된다. 개발 게임은 승리자들에게 조차도 이중 구속a double bind[3]의 상황을 초래한다. 이런 게임을 하는 자들은 결국 어떤 결과를 낳더라도 패배할 수밖에 없는 상황에 놓일 수 있다. 게임의 한 참여자는 말한다,

"내가 할 수 있을지 확신이 없는 일에 대해서도 회사의 지원을 얻어내기 위해서는 최선을 다해야만 합니다. 그래서 때로는 제 역할을 하기 힘든 작업에 나의 신뢰도를 걸고 영웅처럼 행동하고 비밀을 은폐하는 행동을 할 수밖에 없어요. 실패하면 큰 걸 잃게 되긴 하지만, 그렇다고 아무 것도 하지 않는다면 아무 것도 성취할 수 없게 됩니다"

그러나 경영진 중 한 사람은 이렇게 말한다.

"일단 자네가 나서기만 한다면, 언제든지 기회를 얻을 수 있고 결국 게임에서 승리할 수도 있을 거야. 왜냐하면 조직은 풍부한 자원을 갖고 있고, 자네 목표를 달성할 시간을 충분히 주기 때문이야. 자네가 역량과 자신감을 갖고 있다면 말이지. 그러나 좌절하지 않고 끈기있게 계속 일을 추진해 나가는게 중요해"

결국 제품 개발 과정은 외줄 타기처럼 언제든지 추락할 수 있는 활동이다. 게

---

3 Gregory Bateson의 연구에서 나온 용어로서 이중 구속은 도저히 빠져나갈 구멍이 없는 좌절을 의미한다.

다가 불만이나 불평도 해서는 안 되는 활동이다. 그렇게 하면 자신감을 결여한 사람으로 낙인을 받는다. 그래서 경영진과 연구소 사이에서 중재자 역할을 해야 하는 제품 개발 책임자는 매우 큰 압박감을 갖게 된다. 그러나 책임자는 문제점들을 은폐하여 자신의 신뢰도를 보호하려다가, 그 결과 개발 과정에서 발생한 문제점들을 무시하는 태도를 보인 것이다. 조직 차원의 헌신을 유지하기 위해서는, 제품을 급격하게 변화시키지 않는 게 필요할 것이다. 그러나 일단 어떤 문제점이 드러나게 된다면, 이 사례에서 본 것처럼 관계자들이 모두 "달려들어 싸우게 된다." 그들은 자신의 과업에 대한 통제권을 유지하려 애쓰는데, 그로 인해서 타인의 도움을 마치 자신의 신변을 위협하는 행동으로 받아들였던 것이다.

제품 개발 과정을 이와 같은 게임의 측면에서 살펴봄으로써, 사례 연구 시작 시 가졌던 물음에 대한 답변을 얻을 수 있었다. 게임 도중에 경험하는 문제들이 회피될 수 없는 시점까지도 계속 무시되는 경향을 이해할 수 있다. 그런 문제들이 노출되는 경우에 왜 "과도하게 해결되는지" 그 이유도 분명하게 알 수 있다. 위기를 초래한 근본적 프로세스를 수정하지 않고, 당면 위기를 해소하는 "응급조치적patching" 해결로 회사가 위기 상황을 벗어나는 이유도 이해할 수 있다. 그러나 제품 개발 책임자들이 과도한 스트레스를 받고 그로 인해서 "소진burn out"되는 이유도 분명하게 알 수 있다.

제품 개발 게임을 일종의 조직 학습 시스템으로 보다 넓은 관점으로 바라보게 될 때, 제품 개발 게임이 관계자들의 행위 중 성찰의 방향과 범위를 결정한다는 사실을 알 수 있다. 위기 상황이 나타나면, 관리자들은 위기 상황을 탐구의 대상으로 삼는다. 그러나 관리자들은 그런 위기 상황을 초래하는 프로세스들에 대해서는 공개적으로 성찰하지 않는다. 왜냐하면 공개적 성찰을 하게 되면 개발 팀이 관리자들에게 하고 있는 속임수 게임이 드러나기 때문이다. 그래서 이런 종류의 게임들은 조직 내에서 "공공연한 비밀open secrets"이면서 공개적 논의의 대상으로 삼을 수 없다.

경영진은 제품 개발 과정을 승리 가능한 게임으로 만들기 위한 전략들에 대해서 성찰하였다. 그러나 경영진이나 제품개발 책임자들도 현재 게임의 조건을 형성하고 있는 Model I 실행 이론들Model I theories-in-use에 대해서는 성찰하지 않고 있다. 모든 게임 참여자들은 자신의 목표를 달성하려 애쓰고 있을 뿐이다. 경영진은 불확실성의 짐을 개발팀에게 떠넘기려 하고, 개발 책임자들은 신뢰를 유지하면서 경영진의 지원을 얻어내려 한다. 각 참여자는 실패자라는 낙인을 받지 않고 신뢰를 유지하기 위해서 적극적으로 노력하고 있다. 각자는 상황에 대한 일방적 통제권을 갖고 승패 게임에서 승리하기 위해서 전력을 다하고 있다. 그리고 각자는 게임에서 승리할 수 있는 전략이라고 믿는다면, 다른 사람들이 제공하는 건설적인 부정적 정보를 무시하기도 한다. 게임 참여자들은 이런 전략들을 잘 알고 있을지 모른다. 그러나 그들은 이런 전략들을 공개적 행위 중 성찰public reflection-in-action의 대상으로 삼지 않는다. 왜냐하면 그렇게 할 경우 처절한 승패 게임의 세계에서 자신이 위험에 처할 수 있고, 현재 사례와 같이 제품 개발 게임의 측면에서 보면 그런 행위는 자신감 부족으로 보일 수도 있기 때문이다.

그러나 사례 속의 회사 구성원들은 그 게임을 잘 알고 있었다. X제품 사례에 등장하는 사람들에게 사례 연구의 결과를 보여주었을 때 긍정적인 반응이 나타났다. 대부분 참여자들은 혼자 힘으로 사례 스토리에 대한 큰 그림을 그려낼 수 없었지만 그들 모두는 그 그림의 타당성은 함께 인정하고 있었다. 특히 일부 참여자는 그 연구 결과에 대해서 매우 만족하였다. 왜냐하면 이 연구가 자신들이 그동안 관행처럼 여기고 숨겨왔던 공공연한 비밀open secret을 잘 드러냈다고 느꼈기 때문이다. 하지만 몇몇 예외적인 경우를 제외하고, 그 시스템이 변화될 수 있다고 믿는 사람은 없었다. 변화 시도는 리스크가 너무 크고, 첨예한 이해관계의 대립이 발생하고, 시도 자체가 성공 가능성이 낮은 것으로 보였기 때문이다.

경영의 기예와 한계 (The Art of Managing and Its Limits)

이 장을 시작할 때 제시했던 연구 문제들로 돌아가서, 우리의 관심을 모았던 경영 실천 사례들로부터 도출될 수 있는 교훈들을 논의해보자.

이 장의 사례들에 등장하는 관리자들은 행위 중 성찰을 종종 하고 있다. 우리 제품에 대해서 소비자들은 어떻게 생각하고 있는가? 우리 조직에서 나타나는 문제 징후들의 이면에 실제로 어떤 일들이 벌어지고 있는가? 경쟁자들로부터 무엇을 배울 수 있는가? 라는 물음으로 시작하여 관리자들은 자신들이 경험하는 독특한 현상들을 이해하려 노력하고 있다. 그들은 직관적인 이해를 드러내고, 그에 대해서 의문을 가져 본다. 그리고 새로운 해석의 결과를 검증하기 위하여 현장 실험on-the-spot experiments을 실행한다. 그들의 실험들은 자신의 문제 자체를 재구성할 만큼 놀라운 결과를 종종 낳게 된다. 즉 관리자들은 자신의 상황과 성찰적 대화 과정에 참여하고 있는 것이다.

관리자들은 특정한 조직의 맥락 속에서 활동하고 특정한 조직 현상에 대처해야 하므로 다른 분야 전문가들과는 다른 행위 중 성찰을 한다. 그들은 조직 내에 축적된 지식의 레퍼토리를 사용하는데 그 레퍼토리는 독특한 상황 맥락에 맞게 변형되어 활용된다. 그리고 관리자들은 조직 학습의 주체로서 조직 지식의 개발과 축적에 기여한다. 과학 실험 기기 회사의 G사장이 보여준 제품 개발 지체 현상에 대한 탐구 활동은 조직 내부 환경의 문제 진단을 위한 훌륭한 전형이 된다. 그리고 소비재 제품 회사에서 관리자들은 새로운 관리자들이 활용할 수 있는 케이스, 교훈, 방법을 포함한 조직 지식 레퍼토리를 구성하는 과정을 보여주는 좋은 사례이다. 그러나 관리자들은 특정한 조직 학습 시스템, 즉 조직 탐구의 방향을 안내하고 제약하는 일련의 게임과 규칙 시스템 내에서 조직 학습의 주체로서 행위한다. X제품 사례는 일정한 위기 패턴이 형성되고 동시에 그 원인에 관한 공개적 행위 중 성찰이 제약되는 학습 시스템을 보여준다.

결과적으로 이 회사에서 조직 학습 시스템은 행위 중 성찰에 영향을 받지 않고 있다. 조직 학습 시스템은 공개적인 토론의 대상이 되지 못하고 있다. 관리자들이 논의를 하지 않기 때문에 그 시스템을 묘사조차도 할 수 없다. 물론 관리자들은 조직 외부인이 제시하는 묘사에 대해서는 인정할지도 모른다. 제품 개발 게임에 관한 공개적 논의가 가능하다면 일반 관리자들이 제품 개발 과정에 내재된 불확실성으로부터 회피하는 전략들과 기술 부문 사람들이 경영진 지원의 상실을 우려하여 스스로를 보호하려는 전략들을 노출시킬 수 있을 것이다. 그러나 당시 상황에서 그런 전략들이 공개적으로 노출된다면 제품 게임의 규칙들이 지켜지지 않고, 관계자들의 권위와 통제력이 상실되는 리스크를 수반하게 될 것이다.

이런 맥락에서 X제품 개발 과정은 조직 학습 시스템이 자체 치료를 거부하는 원인이 된 경우를 보여준 사례이다. 이 회사의 관리자들은 조직 내에 자신들의 삶에 적용하는 행위 이론들을 개선하지 않고서는 그들 자신의 학습 시스템들에 대한 행위 중 성찰 범위를 확대할 수가 없을 것이다.

경영의 기예에 행위 중 과학science in action과 같은 것이 포함된다는 사실을 인정한다면, 경영 분야의 대립과 분열 현상을 해소할 수 있을 것이다. 관리자들이 기예를 발휘할 때, 그들은 독특하고 변화무쌍한 상황에 관한 모델을 구성하고 현장 실험을 설계하고 실행할 수 있는 능력을 드러내 보인다. 또한 그들은 상황이 지닌 의미와 행위가 지향하는 목표에 대해서 성찰할 수 있는 능력을 드러내기도 한다. 따라서 유능한 관리자들이 실제로 하고 있는 것을 광범위하게 파악하고 정교화할 수 있을 때, 보다 종합적이고, 유용하며, 성찰적인 경영 과학을 구성할 수 있게 될 것이다. 따라서 실천가는 경영 과학의 사용자이면서 개발자가 되어야 할지도 모르겠다.

그러나 경영의 기예를 확인하고 정교화한다는 것은 기예와 기예의 한계에 대해서 성찰한다는 것을 의미한다. 즉 관리자들이 행위 중 성찰을 하는 방식과 더불어 그런 행위 중 성찰 방식을 제약하는 실행 이론들theories-in-use과 조직 학습 시스템에 대해서도 성찰해야 한다는 것이다.

Chapter 9

전문가의 행위 중 성찰 패턴과 한계

Professional Contexts for
Reflection-in-Action

다양한 전문직 분야들에서 행위 중 성찰 사례들을 살펴보았다. 이제 이 연구를 시작할 때 가졌던 질문들 중 두 가지를 논의할 시점이 되었다.

1. 여러 전문직 분야들에서 행위 중 성찰의 공통점과 차이점은 무엇인가?
2. 여러 전문직 분야들에서 행위 중 성찰의 한계점은 무엇인가?

항상성과 변동성 (Constancy and Variation)

나는 2부에서 서로 다른 종류의 전문직들에 종사하는 실천가들이 자신들의 실천 활동에 발휘하는 기예art, 특히 실천가들이 불확실하고, 불안정하고, 독특한 상황들에 대처할 때 발휘하는 기예적인 탐구 행위들의 공통점들이 무엇인지를 보여주려고 노력하였다. 그 공통점은 바로 행위 중 성찰 패턴, 즉 "상황과의 성찰적 대화"라고 할 수 있다. 건축 디자인, 심리 치료, 과학기반 전문직, 도시 계획, 경영 분야들의 사례를 통하여 행위 중 성찰 패턴의 다양한 변형 형태들을 보여주었다.

각 사례들에서 실천가들은 공통적으로 모종의 실천 문제를 해결하려는 노력으로서 탐구 행위를 하고 있다. 일부 사례에서 실천가들은 무엇인가를 만드는 것을 자신의 문제로 규정한다반도체 증폭기, 고흡수성 휴지 제품, 반면에 다른 사례에서 실천가들은 무엇인가를 이해하는 것을 자신의 문제로 규정한다전통적인 생산 프로세스가 효과적인 이유, 영양실조의 원인.

탐구자는 처음 규정한 문제와 일치하지 않는 현상을 발견하는데 열린 자세로 임하고 그 결과는 애초의 문제를 재규정할 수 있는 근거가 된다. 그러므로 새로운 금속 표면 도색 프로세스의 발견은 "전통적인 프로세스와 새로운 프로세스의 효과성을 설명하는 방법"이라는 새로운 질문을 낳게 된다. Bell 연구소 소속 과학자들이 Bardeen의 표면 상태 이론을 검증하려 했을 때, 그들은 예상하지 못한 증폭 효과 현상을 발견하였고 이 현상에 대한 새로운 설명이 필요하였다. 또한 Wilson이 처음에 영양 공급 모델을 구성하고 모델 활용 상의 문제점을 발견하였을 때, 그는 지역 사회 구성원들이 영양실조 완화를 하나의 실험 과제로 삼고 그들 스스로 해결 방법을 찾도록 도와주게 되었다. 제품 개발 연구자들은 고흡수성 휴지 제품을 개발하면서 높은 "흡수력"이 아니라 높은 "흡수율"로 개발 목표로 설정하게 되었다.

이처럼 모든 사례에서 실천가의 탐구 활동의 방식은 다르지만, 모두 일종의 문제 규정 실험을 출발점으로 삼고 있다. 문제 규정 실험은 탐구자가 상황 속으로 들어가서 당해 상황의 문제를 규정하고, 자신이 선택한 원리와 원칙을 적용하되 상황의 반향에 대해서 열린 자세로 임할 때 가능하게 될 것이다. 덧붙여 탐구자는 문제를 규정하는 과정에서 예상치 못한 결과에 대해서 성찰하게 되면, 새로운 문제를 설정하고 새로운 목표를 수립하기도 한다.

이와 같은 탐구 과정에는 두 가지 중요한 프로세스들이 존재한다. 이 프로세스들에 대해서는 앞서 Quist의 건축 디자인과 수퍼바이저의 심리치료 활동을 비교하면서 이미 언급한 바가 있다. 탐구자는 독특한 성격을 지닌 현상들을 만나게 되면, 그 새로운 현상들에 대한 범례exemplar나 생성적 메타포로서 다루게 될 평소 익숙한 지식 레퍼토리 중 일부를 활용한다. 그래서 Wilson의 경우 영양 실조 현상을 영양 공급 모델에 의거하여 생각해보았고, 제품 연구자들은 인공모 페인트 붓을 일종의 펌프에 비유해 보았던 것이다. 나아가서 탐구 과정에는 또 다른 프로세스가 개입된다. 즉 탐구자가 만나는 현상들에 대한 공통점들을 인식하게 되면 그 공통점들에 대해서 성찰하게 되는데 이때 탐구자는 새로운 가설들을 수립하게 된다는 것이다. 그러나 탐구자는 이 가설들을 실험적 행위들로 검증하게 되는데, 그런 실험적 행위들은 상황을 구성하기 위한 조치들로 작용하고 상황을 탐색하기 위한 탐침으로 작용한다. 이 책에서 소개된 사례들에서 보여주는 탐구자로서 실천가의 성찰적 대화 과정에서 이러한 실험적 행위들이 잘 드러나고 있다.

지금까지 나는 성찰적 전문가의 실천 활동의 다양한 기예들에서 나타나는 패턴의 유사성을 강조하였지만, 한편으로 중요한 차이점들도 존재한다. 이러한 차이점들은 "과학적hard 전문직"과 "사회적soft 전문직", "구호helping 전문직"과 "기능적 전문직", 그리고 "기존 전문직과 유사 전문직"을 구분하는 특성 이상의 의미를 지닌다. 이런 차이점들은 다양한 분야의 실천가들이 하는 행위 중 성찰 과정에서의 항상적인 것들 사이의 서로 다른 특성이라 생각한다.

- 실천가들이 실재를 기술하고 실험을 실시하기 위하여 사용하는 매체, 언어, 레퍼토리
- 실천가들이 문제 상황, 탐구 평가, 성찰적 대화에 사용하는 이해 체계 appreciative systems
- 실천가들이 현상을 이해하는데 사용하는 포괄적 이론들overarching theories
- 실천가들이 자신의 과업을 설정하고 자신의 상황을 경계지우는 역할 구조 틀role frames

이런 것들을 항상적인 것, 즉 항상성을 지닌 것이라 부른다고 해서 그것들이 절대적으로 불변하는 것이라는 의미는 아니다. 그것들도 성찰의 결과 때때로 변화한다. 그러나 특정 현상을 설명하는 이론이나 특정 문제 상황에 대한 일정한 구조 틀 보다는 다소 더 느린 속도로 변화할 뿐이다. 그러므로 항상적인 것들은 실천가로 하여금 행위 중 성찰 과정에서 자신의 이론과 문제 구조가 해체될 수 있도록 해준다. 사실상, 이처럼 견고함의 특성을 지닌 항상적인 것들에 의거하여

실천가는 변화하고 격동하는 상황을 인식하고 대응할 수 있게 된다. 그리고 항상적인 것들 사이의 차이점 때문에 우리는 개별 전문직 혹은 여러 전문직들에서 이루어지는 행위 중 성찰 과정 상의 의미있는 차이점들을 이해할 수 있는 것이다.

건축사의 스케치 패드, 환자와 의사의 관계, 엔지니어링 실험실의 도면과 실험 모형, 계획가와 개발업자의 대화 혹은 회사 관리자들간의 상호작용 관계 등이 행위 중 성찰의 매개체가 된다는 것은 어떤 의미인가? 매개체는 사실상 언어와 레퍼토리와 분리하여 생각할 수 없다. 실천가의 탐구 활동에서 그 분야의 매체, 언어, 레퍼토리는 모두 "재료stuff"가 되는데, 실천가는 그런 재료들을 혼용하여 탐구 과정에서 모종의 조치를 취하고, 실험을 수행하고, 탐색을 추진한다. 그래서 매체, 언어, 레퍼토리 등을 다루는 능력은 실천가에게 일상적 대화를 위한 화술만큼이나 자신에게 주어진 상황에 대한 성찰적 대화를 위하여 중요한 능력이다.

Quist은 디자인 작업 중 사용하는 스케치 패드, 축소 모형, 그리기/말하기 언어에 대한 자신만의 감feel을 활용한다. 엔지니어의 실험 디자인 작업도 온도 조건, 공기 노출, 침지 수준에 따른 금속 변화에 대한 자신만의 감에 의존하고 있다. Wilson, 수퍼바이저, 도시계획가, 관리자들은 각자 자신의 실천 활동에 관련된 매체, 언어들에 대한 감에 의존하여 상상적 리허설을 실행하는 가상 세계를 구성하고 있다. 매체와 언어에 대한 감이 이처럼 중요하기 때문에 실천가가 기예를 초보자들에게 절차, 규칙, 이론들을 전수하기는 쉽지 않다. 숙련된 실천가가 자신의 사고 방법을 설명과 시연으로 초보자에게 가르치기도 어렵다. 또한 전문직 분야마다 실천가의 매체, 언어, 레퍼토리에 대한 감이 다르기 때문에 다른 분야의 실천가들은 이해하기가 어렵다.

실천가들의 행위 중 성찰을 가능하게 하는 매체, 언어, 레퍼토리에 대한 감을 개발하는 방법에 대해서는 알려진 것이 거의 없는 상태이다. 이 문제는 앞으로 흥미롭고 기대되는 연구 주제가 되리라고 본다. 행위 중 성찰 과정에서 매체, 언어, 레퍼토리에 대한 감을 포함하는 실천가의 이해 체계appreciative system의 항상성은 필수 요건이다. 왜냐하면 실천가의 이해 체계가 항상성을 유지해야만 최초의 문제 상황의 틀 규정을 가능하게 해주고, 실천가가 상황과 사후 대화를 통하여 문제 상황을 이해할 수 있도록 해주기 때문이다. 그러므로 Quist가 건축 현장이 평탄하지 못한 상태를 고려하여 문제 상황 규정을 할 수 있었고, 복도의 의미를 발견함으로써 문제 상황을 재규정할 수 있었다. 그리고 Wilson은 실험적 모델링, 실험적 시도, 현상들의 관계성 탐색, 고정 관념의 문제 탐색 등을 실시하는데, 이것은 프로세스-플로우 모델과 톱니바퀴 실험이라는 이해 체계를 보유하고 있기 때문에 가능한 것이었다. 만약 실천가의 이해 체계가 수시로 변화한다면, 성찰적 실천에 의한 탐구 활동이 가능하지 않게 될 것이다. 왜냐하면 그들이 직면하게 될 여러 사건들은 관련 없이 발생하는 이야기들에 불과할 것이기 때문이다. 또한 탐구자가 현장 실험on-the-spot experiment을 실시하면서 그 실험의 종료 시점을 판단할 수 있는 것도 이해 체계가 항상성을 지니기 때문이다. 탐구자는 자신의 실험 행위를 상황 변화에 대한 이해에 근거하여 조절하기 때문이다.

이해 체계의 유사성은 전문직 분야의 탐구 공동체의 존재 양식과 관련이 있고, 이해 체계의 상이성은 전문직 분야들 사이에서 그리고 전문직 분야 자체 내부에서 이루어지는 행위 중 성찰 과정의 상이성과 관련이 있다. 그런 상이성 때문에 서로 다른 학파 출신의 건축가들이 동일한 장소와 프로그램에도 서로 다른 방식으로 접근하고 서로 다른 결과물을 산출할 수 있는 것이다. 나아가서 도시계획가, 관리자, 엔지니어들도 모두 상황과의 성찰적 대화에 참여하는데 외부자에게는 유사하게 보일지라도 사실은 서로 다른 탐구 활동을 하는 것이며, 그로 인해서 서로 다른 종류의 결과를 낳게 되는 것이다. 이와 같은 변동성은 객관성 문제를 낳게 된다. 모종의 탐구 과정에서 사용되는 방법과 결과에 대한 평가는 단순한 의견과는 다르다는 측면에서 객관적이라 말할 수 있을지 모른다. 그러나 탐구 방법과 결과를 실제 상황에서는 객관적으로 접근할 수 없을지 모른다. 그러므로 그런 상이성을 해소하는 것은 탐구자들이 서로의 이해 체계에 접근하고 하나의 이해 체계를 다른 이해 체계에 의거하여 해석해내는 능력에 의해서 좌우될 것이다.[1]

---

1 Thomas Kuhn은 그의 저서 "과학 혁명의 구조" 후기에서 문제 구조(frames)에 대한 여러 가지 이해 체계들을 해석하는 방식에 대해서 논의하고 있다. Kuhn은 모종의 공유된 패러다임 내에서 특정 논쟁에 대한 관계자들이 서로 합의에 도달할 수 있도록 하는 "설득"과 과학자들이 때때로

Quist는 건물 구조, 지표 상태, 공간 이동에 관련된 이론들을 잘 알고 있다. 총기 표면 도색 문제에 관한 작업을 하고 있는 엔지니어들은 금속 표면의 속성에 관한 이론들을 잘 알고 있다. Quist도 엔지니어도 모두 다 자신들이 만나게 되는 특정 사태들에 적합한 이론들을 적용할 수 있는데, 이는 주어진 현상에 대해서 예측을 하거나 주어진 현상을 통제하는데 이용된다. 예를 들면 Quist는 구조 역학 이론을 적용하여 특정 하중을 지탱할 수 있는 빔 구조물의 최소 크기를 계산할 수 있다. 그러나 Quist도 엔지니어도 앞서 내가 말했던 포괄적 이론overarching theories을 지니고 있지는 않은 것처럼 보인다. 포괄적 이론이 특정 사태를 예견하고 통제하는데 적용될 잣대를 제공하지는 못한다. 대신에 포괄적 이론은 특정 사태를 설명하고 구성하는데 필요한 언어들을 제공하고, 특정 사태를 해석하는데 필요한 테마들을 제공할 수 있을 뿐이다. 이런 맥락에서 수퍼바이저는 심리 분석 이론을 활용하고, Wilson은 프로세스-플로우 모델링을 활용하고 있다. 그래서 실천가는 포괄적 이론으로 특정 상황의 특정 현상을 충분히 설명할 수는 없다고 생각한다.

지금까지 검토했던 몇 가지 사례들에서, 우리는 실천가들이 자신의 역할을 규정하는 방식에 대해서 살펴보았다. 도시계획가의 사례에서 실천가의 역할 규정에 실천 중 앎의 시스템이 어떤 영향을 미치는지 그 과정을 추적해보았다. 사실 사례 속에서 도시계획가는 자신의 역할 틀이 실천 상황이 변해도 비교적 안정적으로 그대로 유지되고 있었고, 때문에 그의 역할 틀은 자신의 실천 활동 범위를 규정하고 실천 활동에서 사용될 모범 사례, 사실적 정보, 해설 등 지식 레퍼토리를 선택하는 준거로 작동하였다.

그러나 때로는 실천가들이 자신의 역할 틀을 상황에 따라 서로 다르게 규정하기도 한다. 이러한 사실은 실천가들이 자신의 실천 활동에서 유용한 지식이 어떤 것인지 그리고 실천 행위 중에 실행해야 하는 성찰이 어떤 종류의 것인지를 결정하는 것을 이해하는데 도움이 된다. 실천가들이 제도적 맥락에 대처하는 방

하나의 패러다임에서 다른 패러다임으로 전환하는 "개종"을 구분하고 있다.

법에 대해서 생각해보자. 실천가의 역할과 제도적 맥락은 밀접하게 연관되어 있
다. 그러나 정작 실천가는 그 사실을 심각하게 생각하지 않는다. 예컨대 어떤 엔
지니어는 자신을 전문성을 갖춘 기술적 문제 해결자로서 자처하는데, 고객 관계
문제 처리는 자신에게 전문적이지 못한 활동이라 여긴다. 그러나 사회적 맥락의
범위가 넓어짐에 따라 전문적인 실천가는 자신의 과업을 다른 방식으로 규정하고
있다. 사회적 맥락, 즉 제도적 맥락이 실천 활동에서 중요한 역할을 한다면, 실천
가는 기존 이론으로 만족스럽게 해결할 수 없는 현상에 주의를 기울여야 할 것이
다. 즉 실천가는 자신만의 이론을 구성해야만 한다. 그리고 실천가는 자신에게
주어진 맥락과 관련된 이론을 성찰의 대상으로 삼아야 할 것이며, 실천가는 상황
에 관련된 사람들의 이론이 자신의 이론과 서로 조우하게 된다는 사실을 지각하
게 될 것이다. 그래서 실천가는 상황에 관련된 사람들의 이론은 계획되어야 할
대상으로 간주하고, 그 사람들을 일종의 계획가로 여기며, 그들과의 상호작용을
일종의 성찰적 대화 형태로 전개한다.

　　이런 식으로 탐구 활동의 항상성 속에서 나타나는 상이성은 실천가들의 행위
중 성찰의 범위와 방향에 영향을 미치게 된다. 그러나 항상성을 지닌 것들 – 매
체, 언어, 레퍼토리, 이해 체계, 포괄적 이론, 역할 틀 – 도 변화하기 쉽다. 특정
사건들로 인하여 변화가 촉발되지만, 항상성을 지닌 것들은 어떤 단일한 실천 행
위보다는 더 오랜 시간에 걸쳐서 변화하는 경향이 있다. 그리고 그런 변화는 실
천가들이 실천 활동과 관련된 사건들에 대한 성찰을 통하여 이루어지게 된다. 이
런 종류의 성찰은 전문성 개발과 실천 인식론의 중요한 연구 주제이고, 이는 앞
으로 더욱 심층적으로, 종단적으로 분석되어야 할 연구 대상이다.

행위 중 성찰의 한계 (The Limits of Reflection-in-Action)

　　무엇이 행위 중 성찰 능력을 제한하는가? 행위 중 성찰의 한계는 인간적인 조
건 혹은 실천 인식론에서 비롯되는 것인가? 그리고 그런 한계를 얼마나 극복할
수 있는가?

이 책에서 제시된 사례들은 실천가가 자신의 실천 행위 중에 무엇을 하고 있는지에 대해서 자주 생각하고 있다는 사실을 보여주고 있다. 전문가는 실천 활동 중에 행위 중 성찰을 자주 한다는 사실도 확인하였다. 그리고 실천 중 앎knowing-in-practice의 시스템이 행위 중 성찰의 정도와 범위를 어떻게 제한하는 지도 살펴보았다.

우리 연구에 의한 첫 번째 발견은 사고thinking가 행위doing를 방해한다는 보편적인 믿음이 옳지 않다는 사실이다. 두 번째 발견은 개인들 사이에서 혹은 조직 내에서 실천 중 앎knowing-in-practice의 자체적인 제약 조건, 즉 한계를 확인하였다.

우리는 사고가 행위를 방해하는 이유를, 첫째, 기예는 설명하기가 어렵기 때문에 행위에 관한 성찰reflection on action은 원래 불가능한 현상이고, 둘째, 행위 중 성찰reflection in action은 행위를 멈추게 만들기 때문이라고 믿는다. 이 두 가지 주장은 잘못된 것이다. 왜냐하면 사고와 행위의 관계를 잘못된 관점으로 이해하기 때문이다.

첫 번째 주장에 대해서 살펴보면, 앞서 "기예"는 두 가지 의미를 지닌다고 지적한 바 있다. 기예는 숙련된 장인의 직관적 판단intuitive judgments이나 블록 쌓기 전문가의 직관적 행위 중 이론intuitive theories-in-action과 같은 직관적 앎intuitive knowing을 의미한다. 나아가서 기예는 Quist의 디자인 작업이나 수퍼바이저의 진단 활동에서 본 것처럼, 그들의 기예는 직관적 앎에 관한 행위 중 성찰 능력을 의미한다. 이제 이 기예에 대한 설명이 가능할 듯하다. 이 책에 나온 사례들에서 실천가는 행위 중 성찰을 할 때, 자신의 직관적 이해를 설명할 수 있고, 행위 중 성찰 자체에 대해서도 설명할 수 있다는 사실을 보았다.

그러나 설명과 실재 사이에는 차이가 항상 존재한다는 점을 명심해야 한다. 실천가들이 기예를 실제로 시현할 때, 그 과정에서 나타나는 직관적 앎은 항상 설명할 수 있는 것보다 훨씬 더 풍부한 내용을 함유하고 있다. 또한 실천가의 기예 행위의 감feel 속에 내포된 내적 표상 전략internal strategy of representation은 기예 행위를 외적으로 설명하는데 사용하는 전략과는 다르다. 이처럼 기예의 실재와 설명 사이에 존재하는 불일치 때문에 어떤 일에 능숙한 사람이 남들이 모방할 수 없는 자신의 행위를 설명할 때면 그럴 듯해 보이지만, 그런 설명에 따라 실제 행위를 구현하는 것은 쉽지 않다. 그리고 그런 사람들은 자신의 행위를 설명하는 것이 매우 어렵다는 것을 잘 알고 있다.

그러나 기예의 실재와 기예의 설명 사이에 차이가 존재한다고 해서 실천가의 행위 중 성찰이 방해받는다고 볼 필요는 없다. Quist가 보여준 건축 현장에 대한 성찰 사례나 블록 쌓기를 하는 사람의 기하학적 중심에 대한 성찰 사례들을 보면 그들의 직관적 앎을 상대방에게 설명함으로써 성찰이 촉진되는 현상을 발견할 수 있다. 즉 기예의 실재와 설명 사이의 차이가 오히려 실천가로 하여금 자신의 이해를 검토하고, 검증하고, 재구조화하도록 도와주고 있다. 불완전한 설명이 성찰에 장애가 되는 것이 아니라는 말이다. 반대로 직관적 앎에 대한 완벽한 설명은 자칫 과도한 정보를 만들어낼 수 있다. 다른 설명이 더 적절할 수 있지만, 훌륭하지 않은 설명이라도 실천가로 하여금 자신의 직관적 이해를 평가하고 재구성하도록 해줄 수 있고 그 결과 상황을 개선하거나 문제를 재규정하도록 하는 새로운 행위를 하게 만들 수 있다.

행위 중 성찰은 언제든지 실행할 수 있으나, 항상 그런 것은 아니다. 한창 게임이 진행 중인 상태에서는 자신의 피칭에 대해서 생각하지 않는다고 주장하는 야구 선수와 자신의 몸을 움직이는 방법에 대해서 설명하려고 잠시 자신의 몸을 마비시킨 지네의 이야기를 통해서 성찰이 행위를 방해할 수도 있음을 알 수 있다. 이처럼 성찰이 행위를 방해하는 것은 다음과 같은 네 가지 이유 때문일지 모른다.

1. 사수가 사대에 섰을 때 성찰할 시간은 없다. 만일 잠시 생각하기 위해서 행동을 멈춘다면, 목숨이 위태로울 수 있기 때문이다.
2. 사람들이 자신의 행위에 대해서 생각할 때, 종종 그 행위의 유연한 흐름을 방해하는 복잡하고 다양한 상황에 직면할 수 있다. 이런 상황에 대해서 대개 무의식적으로 반응하게 되는데, 만약 그런 상황을 의식적으로 대응하게 되면 사고와 행동은 정지될 수 있다.
3. 행위 중 성찰reflection-in-action을 시작하게 되면, 행위에 관한 성찰reflection on action의 무한 반복이 촉발될 수 있다.

4. 성찰에 적합한 자세와 행위에 적합한 자세는 서로 양립불가능하다.
   Hannah Arendt는 다음과 같이 말한다.

지식 창출에 기여하지 못하고 실제적 요구와 목적으로 안내되지 않는 성찰은
모두 … "잘못된 것이다"… 그런 성찰은 결과가 어찌되던 간에 모든 행위, 모든
일상적 활동을 어그러지게 만든다. 모든 사고는 '멈추고 그 다음에 생각하라'고
요구한다… 그러나 그것은 지나친 의식이 신체 기능의 자율성을 마비시키는 것과
같은 방식으로 나 자신을 마비시키는 것과 같은 상태를 초래한다.[2]

이렇게 이해한다면, 행위 중 성찰은 의미상 모순이다. 이런 주장은 행위에 '관
한' 성찰reflection 'on' action의 가능성경기가 진행되는 동안에 결코 "생각하지" 않는다는 야구 선수조
차도 은밀하고 안전한 장소인 라커룸에서 이미 종료된 자신의 경기 영상을 되돌려 본다을 인정하지만,
행위 중 성찰reflection 'in' action의 위험성도 지적한다. 그러나 그런 주장은 참인 부
분들도 있으나, 무엇보다도 사고와 행위의 관계에 대한 잘못된 관점에 의존하고
있다. 관습적인 지혜와 실천적 기예를 혼동하고 있는 것이다. 사실 멈추고 난 다
음에 생각하는 것이 위험할 수 있다. 사격을 할 때, 운전을 할 때, 경기를 할 때
즉각적인 반응이 필요한 경우들이 종종 있다. 즉각적으로 반응하지 않으면 심각
한 결과를 초래할 수 있다. 물론 모든 실천 상황들이 그런 것은 아니다. 행위 시
폭action-present, "동일한 상황"에 머물러 있는 시간 폭은 경우에 따라서 달라지고, 자신이
하고 있는 일들을 생각해 볼 여유가 있는 경우들이 많다. 예를 들면, 의사의 환
자 치료, 변호사의 변론 준비, 교사의 문제 학생 대처 상황들이 그런 경우에 해
당된다. 이런 상황들은 몇 주, 몇 달, 몇 년에 걸쳐서 전개되는 과정을 거칠 수
있는데, 그 과정에서 빠르게 지나쳐 가는 여러 가지 에피소드들은 각각 성찰의
기회를 제공해주는 시간적 간격들로 구획될 것이다.
　　행위 시폭, 즉 진행 중인 상황의 시간 폭의 아무리 짧아도 행위자는 자신의

---

2 Hannah Arendt, *Thinking*, Volume I of *The Life of the Mind* (New York: Hartcourt Brace
　Jovanovich, 1971).

행위에 대해서 생각할 수 있도록 스스로 훈련할 수 있다. 분초를 다투는 테니스 경기에서 노련한 선수는 다음 샷을 계획할 시간을 갖는 방법을 스스로 학습한다. 사실 짧은 시간의 순간적 망설임이 경기를 이기게 할 가능성을 높일 수 있는데, 그 이유는 행위자가 자신의 성찰에 필요한 시간을 정확하게 알고 있고, 그 성찰을 자신의 행위 흐름에 통합되도록 할 수 있기 때문이다. 건축가, 음악가, 의사들과 같은 실천가들은 행위의 속도를 늦추고 행위의 반복과 변화를 시험하는 가상 세계를 구성하고 활용한다. 결국 실천의 기예는 실천가들이 실천 활동 과정에서 행위 중 성찰을 위한 기회를 만들어가는 방법에 의존할 것이다.

직관적 앎은 그 자체 내적 복잡성을 지니고 있는데 그런 특성을 지나치게 강조하게 되면 행위를 설명하는 방법의 문제를 도외시하게 된다. 자신의 몸 움직임을 설명하기 위해서 동작을 멈춘 지네에 관한 얘기를 소개하면서, Seymour Papert는 의식으로 노출되는 재료가 지닌 내적 복잡성이 아니라 그런 내적 복잡성을 표현하는 방식들에 초점을 두어야 한다고 주장하였다. 어떤 설명들은 다른 설명들보다도 행위를 이해하는데 더 유용할 수 있다. 예컨대, "너는 어떻게 그렇게 움직일 수 있지?"라는 질문을 받은 지네는 "난 물결 모양으로 움직이면서 앞으로 나아가는 거야"라고 정지하지 않은 채로, 즉 행위를 중단하지 않은 채 대답할 수 있다. Seymour Papert의 지네처럼 훌륭한 코치는 자신의 수행 행위에 대한 '느낌'을 타인들에게 전달하는데 도움이 되는 메타포"몸을 비스듬하게 기울여봐!"를 활용하여 스스로 행위의 복잡성을 파악하는 방법을 터득한다.

다른 한편 행위에 관한 모종의 처방은 일시적으로 활동 자체를 방해할 수도 있다. 예컨대 테니스, 골프, 악기를 배우는 사람에게 탁월한 수준의 행위를 이해할 수 있도록 도구테니스 라켓, 골프 클럽, 악기 등를 잡는 방법을 보여주고 따라 해보라고 한다면, 즉 탁월한 수준의 행위의 정지된 상태를 관찰하게 되면 행위의 즉시성spontaneity을 상실할 수 있다. 이처럼 행위의 즉시성을 상실한 성찰은 그 행위를 결국 방해하게 된다. 행위자가 이런 대가를 치를 수 있는지 여부는 위험 부담을 감수할만한 여건을 스스로 만들어낼 수 있는 행위자의 능력에 좌우될 것이다. 또한 행위의 즉시성을 일시적으로 상실하는 것이 어느 정도로 가치가 있는지는 행위자의 판단 능력에 의해서 결정될 것이다. 그러나 어떤 경우라 할지라도 행위자는 행위 중에 곤란하거나 불만족스러운 상황에 직면하게 되면 행위 중 성찰을 시도할 가능성이 높아진다.

행위 중 성찰이 무한 회귀적인 성찰을 촉발시킬 것이라는 두려움은 사고와 행위를 분리시켜 파악하는 잘못된 관점에서 비롯된다. 행위를 하는 것과 사고를 하는 것을 분리시키면, 즉 사고는 행위를 준비하기 위한 것이고 행위는 사고의 결과를 실행하는 것으로 간주하게 되면, 그 분리된 사고의 영역으로 진입하여 사고에 관한 사고라는 무한 회귀 속에서 길을 잃어버리게 될 것이다. 그러나 현실에서 행위 중 성찰은 행위를 하는 것과 사고를 하는 것이 상보적인 모습으로 나타난다. 즉 행위를 하는 것은 실험적 행위의 검증, 조치, 탐색 과정에서 사고를 촉발시키고, 성찰은 행위와 그 결과에 피드백을 제공한다. 사고와 행위가 서로 영향을 주고 받고, 서로 경계를 지우기도 하는 것이다. 성찰이 촉발되는 것은 행위로 인한 뜻밖의 결과 때문이고, 성찰이 정지되는 것은 행위로 인한 만족스러운 결과 때문이다. 물론 탐구자는 상황과의 계속적인 대화로 성찰을 개선해나간다. 실천가는 자신의 탐구를 지속시켜나갈 때, 무한 회귀적인 성찰에 빠지지 않기 위해서 자신의 행위를 멈추지 않는다. 실천가가 탐구를 지속하게 되면 그의 사고와 행위는 서로 엮어지게 되어있다.

마지막으로 Hannah Arendt가 성찰이 "잘못된 것이다out of order"라고 할 때, 그 주장은 어떤 종류의 성찰을 염두에 두는가에 따라서 타당할 수도 있고 그렇지 않을 수도 있다. 행위자의 주의를 흩뜨리거나 행위자의 행위가 멈추어지는 그런 "실제적인 요구와 목적을 갖지 않는" 성찰이 분명히 존재한다. 성찰이 좋은 결과를 낳을 수도 있고 나쁜 결과를 낳을 수도 있다. 그것은 행위자가 어떤 관점으로 행위를 바라보느냐에 따라서 그렇게 된다. 베트남 전쟁을 수행하는 동안 당시 Lyndon Johnson 대통령의 자문가들은 정부 내 전쟁수행 관련 위원회의 성찰 활동이 실용적이지 못하고 잘못되고 있다는 소감을 종종 밝힌 바 있다.[3] 이 당시 성찰로 인하여 행위가 방해되는 경우들이 있는데, 이런 경우들이 영웅적인 모습

---

3 David Halberstam, *The Best and the Brightest* (New York: Random House, 1972)에서 George Ball과 Charles Bohlen의 보고서

으로 그려지기도 하였다. 이와 달리 덜 극적인 경우에, 현재 행위와 일치하지 않는 성찰이 이중 관점double vision에 의해서 유지될 수도 있다. 이중 관점은 행위를 멈추고 사고를 하는 것을 막아주고, 그것은 행위가 진행 중인 상태에서 상황에 대한 다양한 관점들을 유지하는 능력을 의미한다. 그러므로 이중 관점은 탐구자의 행위를 방해하지 않고 오히려 상황과의 성찰적 대화라는 행위 방식을 따르도록 준비하는데 도움을 준다.

행위의 멈춤을 필연적으로 초래하는 성찰이란 존재할 수 없다. 성찰을 위해서 행위의 멈춤을 일어나는 것은 행위 시폭action-present 내에서 성찰을 할 기회를 흘려보내는 행위, 행위의 속도를 늦출 수 있는 가상 세계를 구성하는 능력의 부재, 이중 비전의 존재에 대한 무지, 행위에 대한 유용한 설명을 상상상해내지 못하는 무능력, 사고와 행위의 분리 관점 등의 이유 때문이다.

실천가들은 실제 실천 활동 중에 행위를 멈추지 않고 행위 중 성찰을 실행한다. 기예는 설명이 불가능하다는 믿음처럼, 성찰로 인한 행위의 멈춤에 대한 우려는 실천 경험에서 기인하는 것이 아니라 성찰에 필요한 실천적 합리성에 관한 불완전한 모델에서 기인한다.

한편, 도시계획가는 자신의 문제 해결 전략에 대해서 성찰하지만, 자신의 문제 규정, 역할, 행위 이론에 대해서는 성찰하지 않았다. 소비재 회사 관리자들은 조직 위기 상황에 대해서 성찰하지만, 그런 위기를 촉발하는 조직 학습 시스템 자체에 대해서는 성찰하지 않았다. 관리자들의 성찰은 자신의 이해체계 내에서만 이루어졌다. 제품 개발관리자들은 자신들의 학습 시스템을 변화시키는 것은 불가능한 것으로 여기고, 단지 시스템을 부분적으로 개선할 수 있는 최선의 방법에 대해서만 성찰하고 있다. Quist와 Petra, 수퍼바이저와 레지던트의 대화 장면을 보면 그들은 상당한 수준의 기예행위 중 성찰과 관련하여 를 보여주고 있으나, 기예 자체에 대한 성찰이나 서로간의 상호작용에 대한 성찰은 거의 찾아볼 수 없다.

결국 개인이나 조직이 보유한 실천 중 앎knowing-in-practice의 체계를 유지시키는 프로세스가 실천의 기예를 신비로운 것으로 만들고 있다고 본다. 실천가가 자신의 탐구 활동에 대해서 성찰하지 않을 때, 그는 자신의 직관적 이해를 암묵적으로 고수하게 되고, 자신의 성찰 범위가 지닌 한계에 대해서 무관심해지게 된다.

이처럼 실천 활동을 신비화하는 경향과 행위 중 성찰이 지닌 한계를 치유하는 방법은 동일한 것이다: 즉 실천 중 앎의 시스템과 행위 중 성찰 그 자체에로 관심을 돌려야 한다. Quist와 수퍼바이저는 학생들에게 시범으로 보여주는 기예 자체에 대해서, 시범을 보여주는 과정에서 발생하는 상호작용 과정에 대해서 성찰해야만 한다. 도시계획가는 자신의 행위 중 성찰의 한계와 자신의 역할로 규정한 균형자로서 행위에 대해서 성찰해보아야 한다. 소비재 회사 관리자들은 자신들이 하고 있던 부분적 수정 작업들과 그런 부분적 수정 작업을 요청한 조직 학습 시스템 자체에 대해서 성찰해야만 한다.

그러나 이런 성찰 과정은 순환적인 것이다. 예를 들면 도시계획가는 자신의 실천 중 앎의 자기강화 시스템 때문에 자신이 규정한 역할인 균형자로서 행위에 대해서 성찰하지 못하고 있다. 자기강화 시스템은 성찰에 저항한다. 왜냐하면 도시계획가는 자기강화 시스템으로부터 벗어나려는 시도는 불확실성을 초래하고 그로 인해서 스스로를 보호하려 할 것이기 때문이다. 실천가는 자신의 역할, 대인간 실행이론interpersonal theory-in-use, 조직 학습 시스템에 주목하면서 자신을 제약하는 성찰 활동의 순환 고리를 깨뜨리는 시도를 해야 할 것이다. 아무튼 실천가가 자신의 행위 중 성찰 활동의 범위를 확대하고 심화하려 하지 않고, 실천가가 그동안 회피해왔던 것을 볼 수 있도록 다른 사람이 도와주지 않는다면, 그 실천가는 더 이상 발전할 수 없을 것이다.

이런 문제들은 앞으로 행위 중 성찰 교육 이론 차원에서 좀 더 심도 있는 논의가 필요한 이슈들이다.

PART 03

결론

Conclusion

Chapter 10

전문직의 사회적 위상

Conclusion

도입

　1부와 2부에서, 나는 행위 중 성찰이란 아이디어에 기초하는 실천의 인식론에 대해서 논의하였다. 마지막 3부 결론에서는 행위 중 성찰에 근거하는 실천의 인식론으로부터 도출되는 시사점을, 전문가의 사회적 역할, 전문가와 고객 관계에서 자율과 권한, 전문가에게 유익한 연구의 유형, 성찰적 실천에 우호적인 제도적 맥락, 전문가 활동의 정당화 근거로서 사회 진보와 복지 개선 등을 중심으로 탐색해보고자 한다. 이런 문제를 다루면서 성찰적 실천 인식론을 기술적 합리성 모델과 전문직에 대한 급진적 비판과 비교해볼 것이다. 전문가를 기능적 전문가로 바라보는 것은 '기술주의 프로그램Technological Program'의 유토피아적 이상과 결부되어 있고, 전문직을 탈신비화하는 경향은 또 다른 유토피아적 비전, 즉 기득권 집단과 전문가 엘리트의 지배로부터 해방이라는 비전과 연결되어 있다. 물론 이 장에서 다룰 주제인 성찰적 실천론의 사회적 함의들이 방금 언급했던 전문가에 대한 극단적 관점들 사이에서 중간 정도에 위치될 것이라고 단언하지 않을 것이다. 그 이유는 성찰적 실천론의 사회적 함의들을 세 가지 측면으로 비교해보면 잘 드러나게 될 것이다.

먼저 지난 400여 년 동안 전문가의 지식 소유권 주장은 주로 고등 교육 기관에서 실시된 과학적 연구 결과로 도출된 이론과 방법에 그 뿌리를 두고 있다. 그리고 전문가의 지위, 즉 전문가의 사회적 임무, 자율성, 면허 등에 대한 권리 주장은 기술적 합리성과 그에 바탕을 둔 기술주의적 프로그램에 기반을 두고 있다.

다른 한편 급진적 비평가들은 사회 지배 집단을 위한 도구라고 전문가를 공격하는데, 이를 기술적 합리성 모델에 대한 비판과 연계시키고 있다. 즉 전문가들이 기술주의적 프로그램에 따라 행동하고, 전문가의 지식 소유권을 주장하는 것은 허상이라고 비판하는 것이다. 이반 일리치Ivan Illich[1]가 저술한 탈학교사회에서는 기능적 전문성은 허구이며, 그것은 사회 지배 엘리트에 의한 갖지 못한 자 – 빈곤층, 피착취자, 소수 인종 – 에 대한 사회 통제 도구로 묘사되고 있다. 기능적 전문가의 사회적 임무, 자율성, 면허 등에 대한 권리 주장은 사회적 혜택의 극단적인 불공정한 분배를 초래하고, 인간이라면 살고 싶지 않은 기술주의 사회를 창출한다는 것이다. 전문가의 전문성은 공허한 환상에 불과하다. 전문직은 사회 통제를 목적으로 사회가 공인하는 지식을 선취하기 위한 수단으로 작동한다.

이런 주장들은 전문직에 대한 철저한 탈신비화 작업과 전문직에 의한 폐해를 치유하기 위한 전략 실행을 정당화하는 논리로 활용되고 있다. 치유 전략들 중한 가지는 희생자, 즉 힘없는 고객들이 자신의 권리를 자각할 수 있도록 교육시키고 그들 스스로 권리를 보호할 수 있도록 조직화시키는 것이다. 다른 한 가지는 새로운 유형의 시민 실천가 – 시민 도시계획가, 시민 건축가, 시민 의사 – 들을 양성하는 것이다.[2]

한편 기득권을 가진 기관에 취업을 가능하게 해준다고 믿고 기술적 숙련도를

---

1 Ivan Illich, *Deschooling Society*, Vol. XLIV of the World Perspectives series, Perennial Library (New York: Harper & Row, 1970). 이에 대한 보다 학술적인 문헌으로는 Magali Larson, "Professionalism: Rise and Fall," in *International Journal of Health Services*, 9(4), 1979.

2 이러한 견해는 Paul Halmos, *Professionalism and Social Change, The Sociological Review Monograph* 20 (University of Keele, December 1973)을 참조하라.

높이려 애쓰는 전문직 학도들이 오히려 전문직의 탈신비화라는 급진적 비전을 지지하는 현상을 심심찮게 찾아볼 수 있다.

그러나 전문가 지식의 탈신비화 주장은 전문가 지식에 대한 두 가지 서로 다른 의미가 있음을 상정하고 있다. 하나는 전문가의 지식은 벌거숭이 임금님의 새로운 옷이라는 의미를 내포한다. 다른 하나는 전문가는 알만한 가치가 있는 것, 즉 설명 가능하고, 최소한 다른 사람들이 이해할 수 있는 것을 알고 있다는 의미이다. 후자의 의미에서 보면, 전문가 지식의 신비화로 인하여 실천지 knowledge-in-practice가 복잡하고 은밀하고 형언할 수 없고 탐색 불가능한 지식이 되어버린 셈이다. 어찌보면 전문가도 심지어 전문가 반대자도 모두 전문가 지식을 신비화하는 작업에 기여해왔다고 볼 수 있다. 따라서 전문가 지식의 탈신비화 작업은 실천가의 지식 소유권의 허구를 드러내는 작업으로 삼기보다는 실천가의 지식을 진지하고 치열하게 탐구해야 하는 작업으로 접근해야 한다. 전문가 지식의 탈신비화 작업은 전문가들이 주장하는 지식 소유권을 그 근본부터 파헤치는 일로부터 시작되어야 한다. 그리고 전문직에서 굳건히 지키고자 애쓰는 권리들, 즉 사회적 임무, 자율성, 면허 부여 등의 권리에 대해서 비판해보아야 할 것이다. 그러나 나는 전문가 지식의 탈신비화를 주장하는 급진적 사회비평가보다는 전문가 스스로의 비판적 자기성찰이 더 중요하다고 생각한다. 성찰하지 않는 실천가는 스스로 전문가 지지자 혹은 전문가 반대자로 생각하는지와 관계없이 똑같이 한계가 있고 문제가 있는 사람들이기 때문이다.

전문가-고객 관계 (the professional-client relationship)

우리 사회에서 일상화된 전문가 실천의 사회적 맥락 속에서 전문가는 서비스를 공급하는 자이다. 전문직 분야에 따라 서비스를 제공받는 사람의 호칭은 다르다. 변호사, 회계사, 건축가, 엔지니어에게는 "고객client"이고, 외과의사, 치과의사, 심리치료사 등에게는 "환자patients"이며, 교사에게는 "학생 혹은 지도학생"이 된다. 사회복지사에게는 "고객clients", "케이스", 혹은 "카운슬리counselees"로 불린다. 이렇게 서로 다른 명칭을 사용하는 이유는 서비스를 제공받는 사람과 서비스를 제공하는 사람인 전문가와의 관계가 다르다는 특성을 반영하는 것이지만, 일반적으로 서비스를 제공받는 사람은 대부분"고객client"이란 명칭으로 불린다.

우리 사회에서 '전문직a profession'이 의미하는 바를 이해하는데 전문가─고객 관계는 중요한 역할을 한다. 전문가의 역할이 사회적 지원보다는 사회적 통제와 관련이 있는 경우 혹은 사회적 지원과 사회적 통제 사이의 관계가 모호하고 논란이 되는 경우에 전문가들에게 그들의 서비스를 제공받는 사람을 "고객"이라고 부르는 것은 상당히 어색하게 다가올 것이다. 경찰이 바로 그런 경우이다. 교사, 관리자, 혹은 사회복지사도 비슷한 경우라고 할 수 있다. 오늘날 관리자, 엔지니어, 건축가, 도시계획가, 의사, 변호사 등 다양한 유형의 전문가가 관료주의 하에서 포섭됨에 따라서 그들의 상사, 부하, 혹은 동료들을 고객으로 부르는 게 어색하게 여겨지는 것은 당연하다. 그러나 이 때 그런 어색함은 "고객client"이란 단어의 용법, 즉 특별한 과업 시스템 속에서 권한, 복종, 교환 역할을 점유하는 개인들을 지칭하는 방식과 관련이 있다. 서로 다른 많은 집단들을 상대하도록 요구받는 지위를 점유하는 전문가들 ─ 도시계획가, 학교 교장, 공무원 등 ─ 은 그들의 서비스를 제공받는 자를 고객이 아니라 "구성원constituents" 혹은 "이해관계자stakeholders"로 부르는 경향이 있다.

그러나 여러 경우들에 있어서 "고객"이라는 말이 역설적이고, 애매모호하고, 때로는 부적절하게 사용되는데, 문제는 그것이 전문직 구성원들에게 성가심의 원천이 된다는 사실이다. 고객이란 말의 그런 속성으로 인해서 전문가─고객 관계를 분명하게 규정할 수 없게 되면, 전문가는 자신을 전문적인 서비스 제공자로 바라보는 관점을 침해받게 된다. 경찰은 자신을 전문직에 종사하는 자로서 지위를 갖고 있다고 보고, 자신이 서비스를 제공하는 대상은 시민들이라고 규정하면서 사회 서비스 차원의 '구호helping' 전문가라는 역할을 스스로 부여한다.3 엔지니어, 건축가, 관리자, 각종 전문가들은 자신들의 전문직 지위 유지를 위하여 전문

---

3 예를 들면, John Van Maanen, "Observations on the Making of Policemen," *Human Organization*, 32, 4 (Winter 1973): 407─418 참조.

직 단체의 포럼 등에서 위협이 되는 관료주의 문제에 대해서도 종종 공개적 토론을 한다.[4] 그리고 도시계획가, 학교 교장, 조직 컨설턴트 등에게 "고객은 누구인가?"를 결정하는 것은 매우 시급한 문제가 된다. 이 물음의 의미는 "전문가가 누구를 대상으로 자신의 지위를 규정해야 하는가?"와 관련이 있다. 왜냐하면 전문가는 전문적인 지식에 대한 소유권으로 자신의 권위를 행사하고 자율성을 누리는데, 이것은 모종의 전문가—고객 관계의 틀 안에서 이루어지기 때문이다.[5] 이런 주장은 과거 전통적인 전문가—고객 관계의 특징들이 무엇이었을지, 그리고 전문가—고객 관계가 전문가 지식의 변화와 함께 어떻게 달라지는지를 시사해주고 있다.

전통적 실천 인식론과 연결되는 전통적인 전문가—고객 관계는 상호작용 당사자의 행동을 지배하는 모종의 공동 규범, 즉 일종의 계약 관계로 묘사될 수 있다. 법적 시스템에 공식적인 근거를 두기도 하고 당사자간의 비공식적인 이해에 근거를 두기도 하는 이러한 규범들은 전문가와 고객이 서로에게 기대하는 바를 결정하게 된다.

전통적인 전문가—고객의 계약 관계에서, 전문가는 자신의 특별한 역량을 고객에 제공하고 신뢰를 얻으려 노력하며, 주어진 권한을 사익 추구에 사용하지 않겠다는 묵시적 합의 하에 행동한다. 반대급부로 고객은 전문가의 권위를 인정해주고 전문가의 지시를 수용하며 전문가의 서비스에 대한 보상을 제공한다는 암묵적 동의 하에 행동한다. 또한 고객은 비공식적이고 심리적인 계약 관계 차원에서 전문가를 존중해야 하는데, 전문가의 판단에 도전하거나 전문가가 제시한 설명 이상을 요구하지 않기로 한다. 이런 방식으로 고객은 전문가의 자율성을 존중하기로 동의하고 행동한다.

이와 같이 계약의 기본 틀을 유지하면서 전문가와 고객은 각자 일정 정도의 재량권을 갖게 된다. 고객은 전문가를 존중하고 전문가의 조언을 따르지만 전문

---

4 Marie Haug, "Deprofessionalization: An Alternate Hypothesis for the Future," in Halmos, *Professionalism and Social Change*.

5 Everett Hughes, "The Professions in Society," in *The Canadian Journal of Economics and Political Science*, 26, 1 (February 1960): 54–61.

가의 의견에 어느 정도 도전할 수도 있다. 반대로 전문가는 고객의 사회적 지위, 보상 능력, 우정 혹은 책임 관계에 대한 인식에 따라서 고객 문제에 동정심을 갖고 상황에 대처하는 정도와 자신의 특별한 지식을 고객을 위해서 사용하는 정도를 결정할 수 있다.

또한 전통적인 계약 관계 하에서 전문가의 책무성 문제는 동료 전문가들에 의해서 판단된다. 전문가가 고객에게 직접적인 책무성을 지게 되지만, 고객의 요구를 충족시켰는지 여부를 스스로 판단하는 데는 한계가 있다. 전문가의 법적인 책무성 문제는 극단적인 계약 위반 상황, 예를 들면 의료 과실 상황과 같은 경우에 발생한다. 하지만 그런 법적인 차원을 넘어서는 책무성 문제는 동료 전문가들이 판단할 수밖에 없다. 그러나 전문가─고객 관계는 사적인 영역으로 간주되어서 전문가의 책무성 이행 여부를 동료 전문가들이 확인할 수 없는 경우가 허다하다. 때문에 책무성 보장의 제도적 메카니즘 결여는 최근 전문직에 대한 환멸감 확산에 일조하였다. 예를 들면, 요양원 스캔들, 메디케어 남용, 워터게이트 사태에서 일부 변호사 행동 등이 그런 사례에 해당된다. 물론 이러한 공공 추문들에서 나타난 전문가의 규범 위반 사태에 대해서 보여준 대중의 분노가 최소한의 책무성 메카니즘으로 작용할 수 있다는 사실을 시사하기도 한다. 그럼에도 불구하고 전문가의 책무성을 공적으로 확인할 수 있는 사례들이 상대적으로 드물기 때문에 전문가─고객 관계에서 계약 위반 패턴이 생각보다 더 광범위할지도 모른다. 즉 현존하는 책무성 메카니즘으로 상황을 판단하거나 교정하는데 충분치 못한 실정이라는 것이다.

전통적인 계약 관계의 전형적인 경우는 의사─환자 관계와 변호사─의뢰인 관계이다. 이런 관계들은 전문가에게 부여되는 지위, 권위, 자율성이 비교적 명확한 경우들이다. 그러나 Glazer가 분류했던 비주류 전문직minor professions ─ 목사, 교사, 사회복지사 등 ─ 은 전통적인 전문가─고객 관계의 특성들을 모두 갖고 있지 못하다. 하지만 비주류 전문직의 전문가들은 의사, 변호사의 고객 관계를 모방하고 그런 관계의 규범 체계를 추종하려 애쓰고 있다.

최근 전문직 비판은 전문가─고객 관계에 대한 관점이 의미 있는 변화 과정을 거치고 있다는 사실을 시사해준다. 전문직 비판가들은 전문가의 권위와 고객의 복종이라는 전문직 정당화 논리를 거부하면서 전통적인 전문가 – 고객 계약 관계를 근본적으로 부정하고 있다. 전문직 비판가들은 전문가와 고객을 본질적으로 대등하면서도 대립적인 관계에 위치시킨다. 즉 환자, 복지수혜자, 심지어 죄수의 권리를 주장하면서 전문가 통제에 저항하고 고객의 저항적 평등권adversarial equality을 내세우고 있다. "시민 전문가citizen professionals"운동은 전통적인 전문가 – 고객 계약 관계를 비전문가들간의 서비스와 보상의 교환 관계라는 새로운 계약 관계로 대체하려고 한다.

그러나 이와 같은 비판적 접근법들도 그 자체 결함을 갖고 있다. 과도한 전문가 통제에 저항하여 고객들을 조직화할 때, 그런 조직적인 저항 방법도 최악의 전통적 전문가 행위처럼 일방적 통제와 비성찰적 행위로 흐를 가능성이 높기 때문이다. 빈곤층을 대변하는 변호사가 주택 문제를 집주인의 세입자 박해 문제로 바라보면서 합법적인 보호책을 만들려 할 수 있다. 그러나 그 변호사가 주택 문제의 근본 원인을 따져보지 않고 무조건 호전적인 방식으로 대처하면 세입자의 처지를 곤란하게 만들 수도 있다. 왜냐하면 집주인들이 자신의 자산을 보호하기 위하여 주택 임대를 제한하는 행동을 할 수 있기 때문이다. 따라서 일반 시민들이 스스로 시민 전문가로서 보건전문가, 도시계획가, 건축가의 역할을 하면서 융통성이 없고 고압적인 전문직 실천가들을 견제하는 집단이 될 수 있으나, 자칫 전통적인 전문가가 보유한 전문적 지식을 무시하고 간과하여 고객들을 잘못된 길로 인도할 수도 있다. 이상의 문제들은 두 가지 이슈와 서로 연관되어 있다. 첫째 이슈는 전문가에 대한 적대적 자세와 전문가의 특별한 지식이 제공하는 혜택을 조합하는 문제의 어려움이고, 둘째 이슈는 시민 전문가도 자신의 특별한 지식 권리와 자율성 보장을 요구하면서 고객 관계를 남용할 수 있는 전문가 행세를 여전히 할 수 있다는 것이다.

그러면 성찰적 실천 혹은 성찰적 실천가라는 새로운 전문가 관점은 전통적인 전문가 – 고객 계약 관계에 대해서 어떤 시사점이 있을까?

먼저 성찰적 실천이라는 아이디어가 전문가 책무성과 고객 권리 문제를 완벽하게 해소시키지는 못한다는 점을 미리 밝혀두고자 한다. 나의 관심사는 전문가가 성찰적 실천가로서 행위 할 때 전문가 – 고객 관계가 어떻게 변형되는가를 보여주고자 하는데 있다.

성찰적 실천이 상황과의 성찰적 대화 형태로 나타나는 것처럼, 성찰적 실천가와 고객의 관계도 문자 그대로 성찰적 대화의 형태로 나타난다. 전문가는 자신의 전문성을 주어진 상황의 맥락 속에서 인식한다. 전문가는 자신뿐만 아니라 자신의 고객들의 입장에 비추어 자신의 능력을 활용한다. 전문가는 자신의 행위가 고객에게 의도한 바와 다른 의미를 가질 수 있음을 알고 자신이 무엇을 해야 할지를 파악하는 능력을 갖고 있다. 또한 전문가는 자신이 이해하는 바를 고객들에게 이해시키고자 하는 책임감을 갖고 있는데, 이는 스스로 알고 있는 바에 대해서 새롭게 성찰할 필요성을 자각시킨다. 예를 들면, 의사는 환자에게 금연을 종용할 수 있는 반면에 환자의 삶에서 끽연이 심각한 스트레스를 조절하는 방법이 될 수도 있다고 생각해야 할지도 모른다. 자신의 질병을 언급하기 꺼려하는 백혈병 환자에게 대놓고 끔직한 병명을 거론하지 않아야 하는 이유에 대해서 고민해야 할지도 모른다. 환자가 현실을 받아들이지 못한다는 사실을 알고, 의사는 환자와 대화를 나누면서 백혈병도 여러 가지 종류가 있고 현재 환자의 질병은 어떤 상태에 있는지를 이해시키려 노력할 수도 있다. 즉 전통적인 관점의 전문성을 재구성해야 한다는 것이다. 고객의 경험 차원에서 의미를 탐색하는 자세와 역량이 전문성에 포함된다는 것이다. 말하자면 전문가는 성찰적 실천가로서 고객과의 성찰적 대화를 통하여 자신의 전문성이 지닌 한계를 발견하려 노력하는 사람이다.

성찰적 실천가는 일정한 자격과 기술적 역량을 지녀야 하지만, 무엇보다도 그의 권위는 자신이 보유한 특별한 지식을 고객과 상호작용 행위 속에서 발휘하는 능력으로부터 나오게 된다. 고객에게 맹목적인 믿음을 강요할 수는 없다. 자신의 전문적 역량이 저절로 드러나는 과정에서 그 믿음의 증거를 보여줄 수 있어야 한다. 고객과 실천가는 모두 서로 완전히 소통할 수 없고 정확하게 설명할 수 없는 모종의 자신만의 지식을 만남의 상황에 적용한다. 고객과 실천가는 아직 서로에 대한 지식과 신뢰가 결여된 상태에서 만남을 시작한다. 그러나 일단 고객과 실천가는 상호불신의 상태를 자발적으로 연기한 상태로 소통을 시작할 수밖에 없다6.

즉 실천가와 고객의 성찰적 계약 관계에서 고객은 실천가의 권위를 완전히 수용하는데 일단 동의하지 않고 단지 실천가의 권위에 대한 믿음을 잠시 연기할 뿐이다. 실천가와 고객은 성찰적 계약 관계를 시작할 때 각자 다음과 같은 사안들에 대해서는 자발적으로 동의하면서 임한다. 고객은 실천가와 함께 자신에게 도움이 되는 바를 상황 속에서 탐색한다. 고객은 자신이 경험하는 바를 이해하려 노력하고, 자신이 이해한 것에 대해서는 실천가가 접근하도록 허용하며, 자신이 이해하지 못하거나 수용하지 못할 때에는 실천가에게 저항한다. 또한 고객은 실천가가 제공한 서비스에 대해서 보상을 하고 실천가가 발휘한 역량을 인정해준다. 한편 실천가는 자신의 능력이 닿는 한 최대한 숙련된 서비스를 제공하고, 고객이 전문가의 조언과 행위를 이해하도록 도와주기로 한다. 실천가는 언제든지 고객의 저항을 수용할 준비가 되어있고, 필요하다면 자신의 암묵적 지식에 대해서도 성찰할 수 있어야 한다.

실천가는 전통적 계약 관계에서와 달리 성찰적 계약 관계에서 자신의 고객에게 보다 직접적인 책임을 진다. 그런 책무성을 보장할 다른 수단들도 여러 가지 존재한다. 즉 동료 리뷰, 고객 모니터링과 함께 '태만행위 방지절차'로서 대중 시위 혹은 법적 소송 등과 같은 수단으로 전문가의 책무성을 확인할 수 있다. 그러나 그런 책무성 보장 메커니즘은 성찰적 계약 관계에서는 다른 방식으로 작동되어야 할 것이다. 기존 책무성 보장 메커니즘은 본질적으로 적대적인 구조로 기능하기 때문에 그런 구조에 대한 탐구 행위가 허용되도록 해야 할 것이다. 이 문제는 이 장의 후반부에서 다시 논의할 것이다.

성찰적 계약 관계 구축에는 몇 가지 중요한 제약점들이 있다. 즉 계약 관계를 형성하는데 시간이 걸리고 노력이 든다. 그리고 다룰 만한 가치가 있는 문제일 때 그런 계약 관계가 의미가 있다. 가끔 고객들이 단지 공적인 증명이나 관행적인 처방만을 원하는 경우들이 있다. 또한 위기 상황이지만 실천가는 주어진 단순 과업만을 해야만 하는 경우도 있다. 즉, 성찰적 대화가 필요 없는 경우들이 있다.

그래서 위급한 사태나 비일상적 상황에서 성찰적 계약 관계 형성이 의미가 있고 가치가 있다. 그러나 전통적 계약 관계와 달리 성찰적 계약 관계를 구축하

---

6 Samuel Taylor Coleridge에 의해서 시를 감상할 때 필요한 자세를 설명하기 위해서 최초로 도입된 이 용어는 교육에 관한 현대적 논의에서 일반화되고 있다.

는 어려운 일이다. 그런 어려움은 바로 전문가와 고객 모두에게 요구되는 역량과 충족시켜야 할 기대 수준이 다르기 때문이다.

먼저 실천가의 입장에서 생각해보자. "주류" 전문직에 속하는 실천가는 권위와 자율성을 강하게 바라는 사람들이기 때문에 고객과 성찰적 계약 관계를 맺는다는 일 자체가 애초 보장받은 권위를 포기해야 하고 고객에게 일정 정도 통제력을 양보해야 한다는 문제에 봉착하게 된다. 더욱이 실천가의 위치가 취약한 상황에 놓이는 경우 단순한 서비스 제공자로 취급받는 사태가 발생할 수 있다. 예컨대 학부모의 비합리적인 요구에 대응하지 못하는 무력감으로 고민하는 교장, 목전의 이익 때문에 품질과 안전을 희생하는 경영자의 명령에 압박감을 갖는 엔지니어, 조직의 융통성 없는 업무 관행으로 시민들을 외면하는 공무원 등의 경우를 들 수 있다. 그런 경우에 실천가는 미약하나마 혹은 부분적으로라도 전문가로서 지위를 갈구하지만, 고객과의 성찰적 계약 관계 구축은 쉽지 않은 일이다.

성찰적 계약 관계를 구축하려면 낯선 역량이 요구된다. 실천가는 성찰적 계약 관계에서 일상적 역할을 수행할 수 있으나, 종종 자신이 직면한 불확실한 상황을 이해할 수 있어야 한다. 그리고 자신이 보유한 전문성을 사적이고 신비한 것으로 보이도록 해야 하지만 때로는 자신의 실천지knowledge-in-practice를 공개적으로 성찰하고 자신에 대한 고객의 저항을 허락할 수 있어야 한다.

실천가는 성찰적 계약 관계 구축 과정에서 새로운 역량을 습득하고 적용하는 가운데 전문가로서 누릴 만족의 원천을 일부 포기하고 다른 만족의 원천을 찾아간다. 종종 권위에 대한 보상, 불가침의 안락, 전문가로서 존경으로부터 기인하는 만족을 포기해야 한다. 실천가에게 열려 있는 만족은 대개 발견으로 인한 만족이 된다. 즉 고객을 위한 조언의 의미 발견, 새로운 실천지의 발견 그리고 자기 자신에 대한 발견에 따른 만족이 그런 것들이다. 그리고 실천가는 자신의 실천 활동에 대한 연구자가 될 때, 그는 일종의 자기개발 프로세스에 참여하게 된다. 동일한 기법을 반복적으로 실행하는 실천 활동에서 실천가는 자신에게 주어지는 여가 시간을 단순히 한숨을 돌릴 수 있는 시간 정도로 아니면 극단적인 경우에는 조기 은퇴 시점이 다가온 것으로 여길 수 있다. 그러나 전문가가 실천 활동 속에서 연구자로서 행위 할 수 있다면, 실천 활동 그 자체는 자기 쇄신의 원천이 된다. 자신의 실천 활동 중의 오류를 인정하고 그로 인한 불확실한 결과를 인정한다면 그것은 자기 방어의 대상이 아니라 자기 발견의 원천이 될 수 있을 것이다.

사실 실천가가 "내가 하는 일에서 만족감을 주는 게 무엇일까? 그런 경우를 많이 만들려면 어떻게 해야 할까?"라고 스스로 물어보는 것 자체는 해방감을 느끼게 해줄 수 있다. 'MIT 교사 프로젝트' 참여 교사들은 그런 질문을 생애 처음으로 해보았고, 그 결과 그들에게 가장 만족스러운 경험은 아이들의 사고 방식을 인정해주고 그들 스스로 학생 입장에 서보았던 일이라고 소감을 밝히고 있다. 그것은 스스로 억누르고 사적인 것으로 감추어야 한다고 생각했던 혼란스러운 문제들을 직접 체험하고 노출할 수 있었기 때문이다.

전문가와 성찰적 실천가가 각각 자신의 실천 활동 속에서 느끼는 만족감의 원천과 필요한 역량의 요구 사이에 존재하는 차이점은 다음과 같다.

전문가Expert	성찰적 실천가Reflective Practitioner
나는 어떤 분야에 대해서 잘 알고 있다고 생각하고 불확실한 상황에서도 잘 알고 있는 것처럼 보여야 한다.	나는 어떤 분야에 대해서 잘 알고 있지만, 내가 유일하게 해당 상황에 적합하고 중요한 지식을 갖고 있는 것은 아니다. 불확실한 상황은 나와 사람들에게 학습의 원천이 될 수 있다고 본다.
고객과 거리를 두고 전문가 역할에 집중한다. 고객에게 내가 전문성을 갖고 있다는 느낌을 주되, 일종의 "도움을 주는 사람sweetener"이라는 공감과 배려의 느낌을 전달한다.	고객의 생각과 감정에서 연결고리를 찾는다. 해당 상황에서 고객이 나의 전문성에 대한 존경심을 발견하도록 만든다.
전문가로서 외면적 모습에서 고객이 존경과 인정을 하도록 만든다.	전문가로서 허울을 더 이상 유지할 필요가 없게끔 고객으로부터 자율성을 확보하고 고객과의 실질적 연대감을 찾는다.

전문가-고객 계약 관계는 고객에게도 모종의 역량을 요구하고 새로운 만족의 원천을 제공한다.

우선, 고객에게 어떤 실천가를 선택할 것인가 하는 문제는 그 자체로 새로운 경험이 된다. 실천가를 선택할 때 전문성 평판항상 '블랙박스'로 존재에 의존할뿐더러 성찰적 계약 관계를 어느 정도로 수용하는가도 고려해야 한다. 실천가가 주어진 이슈에 대해서 기꺼이 대화할 용의가 있는지, 해당 이슈를 여러 가지 다른 관점으로 고려하는지, 스스로 불확실한 상태를 드러내려 하는지, 이슈에 대한 고객의 견해에 대해서 관심을 가지려 하는지, 고객의 저항을 거부하지 않고 열린 자세로 대하는지, 현장 실험을 기꺼이 실행하려하는지, 고객 자신의 지식에 대한 그의 입장은 어떤 것인지? 전문가로서 '잘 알고 있다'라고만 주장하는지 혹은 전문가 자신의 이론이나 모델에 맞지 않는 현상을 이해할 수 있는 대안들에도 관심을 갖고 있는지에 따라서 선택을 해야 한다.

고객의 입장에서 전문성을 갖고 있고, 해당 분야를 "잘 알고 있다"고 하는 사람을 원한다면, 상기 고려 사항은 실천가를 선택하는데 무용할 것이다. 그러나 상기 고려 사항을 토대로 실천가를 선택하고자 한다면, 고객은 전문성의 비밀이란 유혹을 떨쳐 버릴 수 있어야 하고, 새로운 질문 능력을 갖추어야 한다. 즉 실천가의 과장된 주장과 합리적 주장을 분별하기 어려울 때, 실천가가 지닌 지식 소유권에 대해서 의문을 제기할 수 있어야 한다. 이 때 고객은 특정 분야에서 자신보다 더 높은 수준의 기술적 지식을 지닌 사람들을 관리하는 사람들의 문제와 유사한 문제를 갖게 될 것이다. 전문가를 거느린 관리자들이 사용하는 방법들 중 몇 가지가 실천가의 고객 선택에 유용하게 사용될 수 있을 것이다. 예를 들면,

- "그가 보유한 지식이 아니라 그 사람을 판단하라." 그에게 도전하고, 그 도전에 어떻게 반응하는지를 지켜보라. 성찰적 역량을 나타내는 자신감과 겸손함의 겸비, 특정 입장에 대한 논리적 정당화, 개방적인 탐구 자세 등을 갖추고 있는지를 확인하라.
- "나 자신의 무지를 최대한 활용하라." 무지를 인정하는 것을 두려워 말고, 이해를 위한 도움을 요청하고 그런 도움을 얻을 수 있다고 믿어라.
- "위기의 원인에 대해서 물어보라." 상대의 한계까지 밀고 가보라. 실천가가 제시한 대안들에 어떤 위험 요인들이 있는지를 물어보라.
- "한 가지 이상의 관점을 밝히도록 요구해보라." 특정 사안에 대한 여러 가지 다른 접근 방식을 비교하는 것은 정상적이고 합법적인 것이다. 회

의를 자주 가져서 적절한 질문 감각과 비판적 의식을 함양하도록 하라.

　이러한 전략들을 효과적으로 이용하려면 고객은 훌륭한 관리자가 지닌 능력을 보유해야만 한다. 고객은 상대가 방어적 태도를 취할 구실을 제공하지 않으면서도 적대적이지 않은 자세로 실천가의 지식에 대해서 질문하고 도전할 수 있어야만 한다. 고객은 실천가 지식의 한계에 대한 감각을 지녀야 한다. 그런 감각은 전문가 역량 수준에 따른 예상되는 행동을 예측할 수 있도록 해주기 때문이다.

　말하자면, 유능한 고객competent client은 성찰적 실천가처럼 행동해야만 한다. 스스로 문제를 해결할 수 있는 것처럼 보일 필요는 없지만, 실천가로 하여금 자신의 실천지에 대해서 성찰하도록 자극하면서 성찰적 대화를 할 수 있는 역량을 배양해야만 할 것이다.

　성찰적 계약 관계 속의 고객에게 해당되는 역량과 만족을 전통적 계약 관계 하의 고객의 역량과 만족과 비교하면 다음과 같다.

전통적 계약 관계	성찰적 계약 관계
전문가에게 모든 것을 일임하고, 그런 신뢰에 기반한 안전감을 얻는다.	나는 나의 사례를 전문가와 함께 이해하고, 그 과정에서 나는 보다 높은 수준의 참여와 행위에 대한 감각을 얻는다.
보호받고 있다는 편안함을 느끼고, 나는 단지 전문가의 조언을 따를 뿐이고 모든 일이 잘 될 것이라 여긴다.	나는 상황에 대한 일정 정도 통제력을 행사할 수 있다. 전적으로 전문가에 의존하지 않고, 전문가도 내가 가진 정보와 행동에 의존한다.
최상의 전문가로부터 봉사를 받는다는 사실에 기쁨을 느낀다.	나는 전문가의 역량에 대해서 내 판단을 검증해볼 수 있다는 사실에 기쁘다. 전문가가 가진 지식, 그의 실천 행동으로 인해 전개되는 현상, 그리고 나 자신에 대한 새로운 발견으로 흥분을 느낀다.

　위 표에서 왼쪽은 고객이 아이처럼 취급될 때 나타나는 안락함과 위험함이 내포되어 있고, 오른쪽은 전문가와 공유하는 탐구 활동 과정에서 적극적 참여자

가 됨으로써 나타나는 감사함과 우려감이 내포되어 있다.

　　전통적 계약 관계에서 성찰적 계약 관계로 전환하고자 하는 실천가와 고객은 상호작용 과정에서 적용될 규칙과 기대수준을 결정해야 한다. 전통적 계약 관계가 아니라 성찰적 계약 관계에 따라 새로운 방식으로 행동하기를 원한다면, 이전과 다른 종류의 딜레마를 경험할 수밖에 없다. 예를 들면, 성찰적 계약 관계에 따라 행동하는 실천가는 환자의 자신감을 상실하게 만들 수 있는 것인가? 고객의 입장에서는 간섭으로 받아들일지 모르는 실천가의 의미 탐색 활동은 합당한 것인가? 고객의 신변에 위협이나 위험이 될 수 있음에도 불구하고 굳이 복잡한 문제 상황을 노출시켜도 되는가?

　　그런 딜레마는 실천가와 고객의 행동 세계behavioral world와 밀접한 관련이 있다. 실천가와 고객의 행동 세계는 각자 위험을 회피하고, 딜레마 상황을 은폐하고, 봉인과 지배를 실행하는데 이용될 수 있다. 따라서 그들의 행동 세계는 성찰적 계약 관계 구축에 장애물이 될 수도 있다. 하지만 행동 세계는 일종의 인공물로서 실천가와 고객이 공동으로 만들어내는 창조물이다. 따라서 실천가와 고객은 자신들의 행동 세계를 성찰적 계약 관계가 요구하는 방향으로 변화시킬 수 있다. 그렇게 하려는 의지와 역량을 갖추고 있다면 말이다. 실천가와 고객 중 한 쪽이 그런 변화를 시도할 수 있고, 그런 변화 시도에 대해서 상대방의 지원을 점진적으로 얻어내려 노력할 수 있다.

　　전통적인 실천가-고객 관계 하의 행동은 앞서 언급한 바 있는 Model I 방식으로 이루어진다. 즉 승/패 게임의 형식을 따른다. 실천가의 영향력이 크든 적든 상관없이 항상 그렇다. 예를 들면, 고객이 순종적인 것처럼 행동하다가 실천가의 통제를 벗어나게 되면 자신의 입맛대로 행동한다. 고객은 실천가의 통제를 피하고자 "대안적 의견"을 제시하는 다른 실천가를 이용하여 서로 경쟁시킴으로써 이득을 추구할 수도 있다. 혹은 실천가의 통제를 약화시키고자 실천가가 지닌 전문성에 대하여 문제 제기를 할 수도 있다. 이러한 고객의 전략에 대해서 실천가는 자신의 강력한 지위를 이용하여 순응하지 않는 고객에 대해서 위협을 가하는 방식으로 대응할 수 있다("이렇게 하면 어떤 결과가 초래할지 당신이 더 잘 알거에요!" 혹은 "위험을 감수한다면 그렇게 해도 좋아요!"). 혹은 실천가 자신의 지위를 이용하여 저항하는 고객을 실천 활동에서 배제시키려 할 수 있다. 실천가는 자신의 전문성 범위를 넘어서 전문적 지식에 대한 권리를 더 강하게 내세우거나 고객의 통제를 강화할 목적으로 자신의 전문적 지식을 봉인하는 전략을 사용할 수도 있다.

이와 같은 게임은 심각한 결과를 초래할 수 있다. 고객 입장에서 자신이 통제될 수 없다는 점을 보여주기 위해서 실천가의 전문적 조언을 따르지 않는 사태가 발생할 수 있다. 또한 실천가 입장에서 자신의 전문적 지식에 대한 권리를 내세우게 되면 고객의 문제 상황을 해결할 수 있는 효과적인 새로운 방법을 찾아낼 탐구 활동이 어려울 수도 있다. 그리고 실천가의 조언이나 처방에 대해서 고객이 갖는 의미를 제대로 이해하지 못하면, 실천가는 효과적인 개입의 기회를 놓쳐버릴 수도 있다.

고객의 상황이 불확실하거나 독특하거나 혹은 불안정적일 때, 그런 통제와 회피 게임들은 또 다른 함축적 의미를 갖는다. 그런 상황에서 취해야 할 행위 중 성찰reflection-in-action이 실천가를 "약자"로 보일 수 있게 만들기 때문이다. 즉 상황의 불확실성을 인정하고, 탐구 실험의 필요성을 주장하게 되면, 그로 인해 소위 통제와 회피 게임 하에서 실천가의 통제 능력 상실로 비쳐질 수 있다.

그러므로 그동안 친숙하게 보아왔던 실천가-고객 관계의 Model I 세계는 실천가의 행위 중 성찰reflection-in-action 능력을 저해할 가능성이 높다. 이는 실천가와 고객이 각자 개별적으로 성찰을 진행할 때 그럴 가능성이 높아진다. 즉 실천가가 고객의 의도와 의견에 대해서 갖는 가정들을 검증하기 위한 성찰을 실행할 때, Model I 세계 - 승/패 게임, 통제와 회피 게임 - 는 장애물로 작용하게 될 것이다.

이런 유형의 실천가-고객 관계는 Argyris와 내가 말했던 "일차적 방해 고리 primary inhibitory loop"7현상을 보여주는 좋은 사례이다. 교정이 불가능한 오류 상태

---

7 Chris Argyris and Donald A. Schon, *Organizational Learning* (Reading, Mass: Addison-Wesley, 1978). 일차적 방해 순환 고리(primary inhibitory loop)는 행위 전략과 반학습적 결과의 자기강화적 패턴을 말한다. 방해 순환 고리가 일차적이라는 말은 관련되는 사람들이 직접적인 면대면 토론 중에 사용하는 실행이론(theories-in-use)으로 순환 고리를 이해한다는 뜻

는 Model I 식 실행이론theories-in-use을 강화하고, Model I 식 실행이론으로 그런 오류 상태가 강화되기도 한다. 주어진 상황이 불확실하거나 애매모호할 때, 탐구자가 비일관적이거나 불일치하는 지식들을 지니고 있을 때, 자신의 오류를 발견하고 교정하는 일은 어렵고 나아가서 불가능해질 수 있다. 예를 들면, 주어진 상황이 불확실하면 사람들은 가져야할 기대 수준이 분명하지 않게 되고 그로 인해서 기대 수준에 따른 결과를 예측하는 것도 어려워진다. 상황에 대한 설명이 애매모호하면 그 상황을 직접 검증하기가 어려워진다. 탐구자의 지식 체계가 내적으로 일관성을 갖지 못하면 동일한 결과를 오류로 볼 수도 있고 그렇지 않을 수도 있다. 즉 자신의 지지이론espoused theory과 실행이론theory-in-use이 서로 일치하지 않는다면, 사람들은 모종의 결과를 오류로 받아들일 수 있고 오류가 아닌 것으로 받아들일 수도 있게 된다.

상황 속에서 오류를 발견하고 교정하기 위해서 이러한 상태를 제거하거나 완화시켜야 할 것이다. 예컨대, 상황이 불확실하다면 상황에 대한 모델을 구성하고 검증할 필요가 있다. 설명이나 규칙이 모호하다면 그 설명이나 규칙을 검증할 수 있도록 정확하게 기술하면 될 것이다. 그러나 일차적 방해 순환 고리 상태 하에서 상황의 불확실성은 이론 구성을 어렵게 만들고, 모호성을 명료성과 정확성으로 전환시키기도 어렵게 만든다. 상황의 불확실성은 실천가나 고객으로 하여금 각자 불확실성을 부정하도록 만드는 모종의 방어적 반응을 촉발시킬 수 있다. 모호성은 통제를 행사하거나 통제를 회피하기 위한 수단으로 이용될 수 있다. 예를 들면, 환자 행동을 통제하려는 의사의 노력을 방해하기 위해서, 환자는 자신의 증상을 의도적으로 모호하게 표현할 수 있다. 고객으로 하여금 더 의존하게 하여

이다. 일차적 방해 순환 고리에 놓여진 사람들은 각자의 행동 전략과 가정들에 근거하여 상대방을 곤란하게 만드는 대화를 하고 그로 인하여 중요한 이슈들에 관련된 감정들을 표현하거나 은닉하게 되어 결국 그 이슈들을 공개적으로 논의할 수 없도록 만든다. 일차적 방해 순환 고리 하에서 관련자들의 방어적이고, 몰기능적인 반응들은 오류를 볼 수 없고 교정이 불가능하게 하는 정보들을 산출하게 되는데 그런 정보의 특성을 오류 조건(conditions for error)이라고 부른다. 오류 조건들에 의해서 관련자의 방어적, 몰기능적 반응들이 초래되기도 하고 역으로 방어적, 몰기능적 반응으로 오류 조건들이 강화되기도 한다.

통제를 하기 쉽게 만들기 위하여 변호사는 고객 상황에 대한 설명을 모호하게 할 수 있다. 즉 전문가는 고객을 통제하고자 일종의 봉인과 지배 전략으로서 모호성을 이용할 수 있다. 이에 대해서 고객은 동일한 전략을 수동적이고 순종적인 방식으로 구사할 수도 있다. 결국 교정 불가능한 오류 상황은 Model I 반응들을 유발하고, 순환적으로 이런 반응들은 교정 불가능한 오류 상황을 강화시키는 경향이 있다.

이러한 소위 자기강화 시스템을 분쇄하려면 Model I 행동 세계에 대한 모종의 작업이 필요하다. 한 쪽 당사자가 자신은 더 이상 승/패 게임의 참여자가 되지 않겠다고 결심하는 것으로는 충분하지 않다. 상대방도 동일한 결심을 할 수 있도록 행동 세계의 조건을 변화시키려 노력해야만 한다. 고객이나 실천가 어느 쪽도 이런 작업을 시작할 수 있다. 하지만 실천가가 좀 더 유리한 위치에 있다고 볼 수 있다. 아무튼 누가 시작하던지 간에 상대방의 방어적 자세를 해제시키기 위해서는 서로가 상호작용활동 과정에서 자신의 실행이론theory-in-use을 드러내야 할 필요가 있다. 왜냐하면 성찰적 계약 관계로 변화시키려는 과정에 내재된 딜레마들을 노출하고 탐구하는데 걸림돌은 바로 실천가와 고객의 방어적 자세 defensiveness이기 때문이다.

예를 들면, 그런 변화에 고객이 얼마나 준비되었는가에 대해서 실천가 자신의 입장이 아닌 고객의 입장에서 생각해볼 수 있다. 실천가는 자신의 고객이 선택할 수 있는 대안들에 대해서 진지하게 고려해볼 수 있다. 또한 실천가는 고객이 무엇을 얼마나 알고자 원하는지를 확인해볼 수 있다. 그리고 실천가는 자신의 탐구 활동에 고객을 일정 정도 참여시킬 수도 있다.

이와 함께 실천가는 자신의 딜레마에 대한 입장을 밝힐 수 있다. 예를 들면, 고객에게 상황에 대한 이해 수준의 변화 필요성을 알려주면서도 고객에게는 위협이 되거나 혼란스럽게 할 위험에 대해서 경고해줄 수 있다. 이런 조치는 실천가로 하여금 두 가지 성과를 거두는 효과를 가진다. 첫째, 자신의 행동이 고객에게 위협이 되거나 혼란을 줄 수도 있는 사실을 인식할 수 있게 만든다. 둘째, 고객으로 하여금 상황에서 경험하는 딜레마와 부정적 감정을 기꺼이 드러낼 수 있도록 만드는 행동 방식을 모델링해낼 수 있다.

고객은 실천가의 행동이나 말의 의미에 대해서 자신이 이해하는 바를 밝힐 수 있다. 이때 고객은 자신이 이해하는 바를 실천가도 동의하고 있는지를 확인하는 방식으로 할 수 있다. 또한 고객은 자신의 상황에 대한 개인적 성찰을 인정해 줄 수 있는지를 물어볼 수 있다.

그러나 새로운 계약 관계로 변화시키는 것이 순조롭게 이루어지지는 않는다. 실천가나 고객이 서로에 대해서 갖는 기대 수준은 쉽게 변하지 않기 때문이다. 또한 실천가와 고객의 상호작용 활동에서 스트레스와 두려움을 갖게 되는 상황들이 빈번하기 때문이다. 나아가서 새로운 계약 관계를 맺기로 한다고 해서 성찰적 대화 역량이 저절로 습득되는 것은 아니다. 실천가와 고객이 새로운 상호작용 방법을 실험하고자 하는 의지를 강화하고, 새로운 유형의 행동을 할 수 있는 능력에 대한 자신감을 고양하면, 새로운 계약 관계에 따른 만족 경험이 증가할 것이다. 그러나 그런 변화는 점진적이고 고통스럽게 진행된다.

한편 성찰적 계약 관계 구축에 우호적인 조건들이 이미 조성되어 있는 경우도 있다. 그러나 때로는 그 조건들이 성찰적 계약 관계를 형성하려는 고객의 준비 태세에도 불구하고 전통적인 계약 관계를 고수하려는 전문가들의 의지 때문에 훼손되기도 한다. 그리고 고객 스스로 실천가의 봉인 전략을 묵인하는 행위로 인해서 성찰적 계약 관계로 변화하는데 걸림돌이 되기도 한다.

연구와 실천

연구와 실천의 관계에 대한 전통적 관점이 여전히 작동되고 있다. 예컨대, 비주류 전문직 양성 학교들이 겪고 있는 딜레마 상황에 대한 Glazer의 설명과 전문가 지식 체계에 대한 Schein의 주장에는 연구와 실천 관계에 대한 전통적 관점이 내포되어 있다. 전통적 관점은 대다수 전문직 양성 학교들에서 여전히 이론 탐구 지향적인 과학자들의 위상을 높이 평가하고, 스스로 응용과학을 가르치는 기관으로 치부하는 경향으로 나타나고 있다. 의학 분야에서 널리 알려진 격언 중에 "신체 기관 전체를 연구하는 사람들은 신체 부분 기관을 연구하는 사람들에게 경의를 표해야 하고, 신체 부분 기관을 연구하는 사람들은 세포를 연구하는 사람들에게 경의를 표해야 한다"는 말이 있는데 이는 연구와 실천의 관계에 대한 전통적 관점을 드러내는 말이다.

의학, 농학, 엔지니어링, 치의학, 경영학 분야의 실천가들은 대학 연구자들에 의해서 생성된 지식들을 이용할 수 있고 실제로 이용하고 있다. 그러나 이런 전문직 분야뿐만 아니라 Glazer가 말한 "비주류" 전문직 분야들에서는 과학적 지식으로 해결하기 힘든 실천 영역들이 존재한다. 게다가 서로 다른 길을 걷고 있는 연구자와 실천가들의 존재로 인하여 혼란은 더욱 가중되고 있다.[8] 실천가와 연구자들은 서로 다른 세계에 살아가고 있고, 서로 다른 일들을 추구하고, 서로에게 해 줄 말이 거의 없어지고 있다. 인지심리학은 학교 교사의 교육 활동에 거의 도움이 되지 못하고, 정책학은 정치와 행정 분야의 실천 활동에 기여하는 바가 없으며, 경영학 역시 경영 활동에 공헌하지 못하였다. 나아가서 실천과 연구의 분화는 "엄밀성rigor 혹은 적합성relevance"을 선택해야 하는 실천가의 딜레마를 심화시키고, 실천 상황을 연구에 의해 도출된 지식의 틀에 끼워 맞추도록 유혹하고 있다.

따라서 실천가들이 전문가 지식에 대한 전통적 관점을 거부하고 불확실성, 불안정성, 독특성, 그리고 갈등의 상황을 다루는 성찰적 연구자가 되고자 한다면, 이제 실천과 연구의 관계를 새로운 관점으로 재정립할 수밖에 없을 것이다. 이런 새로운 관점에 의하면 연구research도 실천가들이 수행하는 일종의 활동an activity of practitioners이어야 한다. 연구는 실천 상황의 특성으로부터 시작되고, 실천 현장에서 실시되며, 그 결과는 실천 행위와 즉각적으로 연결될 수 있기 때문이다. 또한 실천가들의 문제 틀frame 검증 실험 혹은 관련 이론 검증 실험들이 해당 실천 상황을 변화시키게 되면, 연구와 실천 간에 "교환exchange"이나 연구 결과의 "실행implementation"은 당연한 현상이 될 수밖에 없기 때문이다. 즉 연구와 실천의 교환은 즉각적immediate인 현상이며, 행위 중 성찰은 그 자체가 실행implementation

---

8 Martin Rein & Sheldon White, "Knowledge for Practice," DSRE Working-Paper, MIT, Cambridge, Mass, October, 1980. 참조

현상이 되는 것이다.

그러나 실천가의 행위 중 성찰reflection-in-action 능력을 함양하기 위해서 실천 현장 맥락 외부에서 실시되는 연구 유형들이 존재한다. 이러한 연구, 즉 소위 "성찰적 연구reflective research"는 아직 완전히 성숙한 형태는 아니지만 4가지 유형들로 이루어지고 있다. 1) 문제 및 역할 틀 분석frame analysis, 즉 문제 틀을 규정하고 자신의 역할을 결정하는 방법에 대한 연구이다. 이 연구는 실천가들로 하여금 상황에 대한 자신의 문제 상황 틀을 인식하고 비판하도록 도와준다. 2) 지식 레퍼토리 구성 연구repertoire-building research, 즉 실천가들이 당면하는 독특한 상황들에 적용하게 될 이미지, 범주 도식, 사례, 선례, 범례들을 기술하고 분석하는 연구이다. 3) 탐구 방법과 포괄 이론 연구methods of inquiry and overarching theories로서, 연구된 탐구 방법과 포괄 이론은 실천가들의 현장 변주on-the-spot variations 실행에 활용되는 매우 중요한 연구 유형이다. 4) 행위 중 성찰 과정the process of reflection-in-action 연구 역시 실천가들에게 도움이 된다.

이러한 성찰적 연구의 4가지 유형을 각각 관련 사례들을 통해서 간략히 설명하고, 향후 연구 의제를 개략적으로 제안하고자 한다.

*문제 틀 및 역할 틀 분석*frame analysis *에 관한 연구 :* 특정 시점에서 전문직 분야는 자체 실천 문제와 전문가 역할을 규정하는 특별한 방법들을 활용한다. Quist가 학교 건물 디자인 문제를 "평탄하지 못한 지표면에 모종의 원칙을 적용하는"것으로 규정하거나, Dean Wilson이 영양실조 문제를 "영양 공급 프로세스 상의 결함"으로 규정할 때, 이는 소속 전문직 분야에서 통용되는 방법으로 관심 대상에 초점을 맞추어 문제 틀을 규정한 것이다. 전문가는 그렇게 규정된 문제 틀에 의거하여 문제 해결 전략을 선택하고 상황 개선 방향을 설정하고 실천 활동에서 지향하는 가치를 결정하게 된다.

실천가로서 도시계획가는 자신의 역할을 균형자로서 행위하는 사람으로 규정하고, 그런 역할 틀role frame에 의거하여 실천 활동 맥락 속에서 경험하는 문제들을 이해하고 있다. 실천가가 자신의 역할 틀을 규정하는 행위는 문제 틀을 규정하는 행위보다 우선적인 것이고, 일단 규정된 역할 틀은 문제 틀보다 더 오래 유지된다.

실천가가 자신의 역할 틀이나 문제 틀을 갖고 있지 않다면, 무엇인가를 선택해야 할 필요성을 느끼지 못하게 된다. 실천가는 자신이 마주하는 상황의 실재를 구성하려 생각조차 하지 않게 되고, 결국 실재를 주어진 것으로 받아들이게 된다. 때문에 역할 틀과 문제 틀을 갖지 못한 도시계획가는 문제 해결을 위하여 주택 공급량을 유지하거나 증가시키는 전통적 방식으로 대응하게 된다. 개발경제학자 역시 개발도상국의 문제를 산업화의 가속화, 국민총생산 증대, 외환보유고 증가 등 통상적인 방식으로 해결해야 한다고 주장하게 된다.

실천가가 자신의 역할 틀이나 문제 틀을 갖고 있다면, 실천 활동에서 마주하는 상황의 실재를 구성하는 방식들이 있을 수 있다고 여기게 된다. 즉 실천가는 자신의 역할 틀이나 문제 틀로 자신이 우선순위를 두는 가치와 규범, 덜 중요하게 여기는 가치와 규범, 아니면 무시해야 할 가치와 규범을 확인한다. 그 결과 전문가 자신의 역할 및 문제 틀 인식은 항상 가치관의 딜레마를 수반하기 마련이다.

특정 전문가 공동체에서 문제 틀과 역할 틀 규정을 위한 다양하고 모순되는 아이디어들이 존재한다면, 해당 전문직에 종사하는 실천가, 교육자, 학생들은 딜레마에 직면하게 된다. 그러나 그런 딜레마들에 대해서 고민해보지 않고는 해당 전문직 공동체의 일원이 될 수 없다. 심리치료 분야 실천가들은 다양한 관점을 가진 서로 경쟁적인 "학파"들과 대면하고 있다. 이런 학파들을 Leston Havens은 객관적−기술적, 대인관계, 정신분석, 실존치료라는 범주로 구분한 바 있다.[9] 건축사들도 비슷한 처지에 있는데, 예를 들면 건축 방식의 역사적 변형 과정에 초점을 맞추는 "역사주의자"가 되기를 선택하는 건축사들이 있을 수 있다. 그들은 원래 역사적 전례로부터 벗어나려 노력하는 "현대 건축가"들과 같은 활동을 하고 있다고 믿을 수 있지만, 지금 그들의 활동은 건축사에서 또 다른 전통이 되고 있다. 일부 건축가들은 건축 자재의 특성을 활용하고 부각시키는 일종의 기술을 건축이라고 본다. 다른 건축가들은 새로운 시스템과 기술을 적용하는 공정 프로세

---

9 Leston Havens, *Approaches to the Mind* (Boston: Little, Brown, 1973).

스로서 건축을 바라본다. 또 다른 건축가들은 건물 이용자들이 설계에 참여하는 소위 사회적 프로세스로서 건축을 생각한다. 이처럼 건축 실천 활동의 문제와 건축사의 역할 틀에 대한 다양한 관점과 아이디어들이 존재하기 때문에 건축 분야의 실천가, 교육자, 학생들은 자신의 입장 선택과 관련하여 딜레마를 경험할 수밖에 없을 것이다.

사회복지사들은 자신의 역할을 임상사례해결사, 사회적 행동 관찰자 및 관리자, 사회복지서비스 제공자, 고객 권리 보호자 혹은 지역사회 운동가로 규정한다. 실제로 사회복지사들 중 일부는 1960년대 사회복지 분야의 호황기에 그런 여러 가지 역할 틀을 모두 경험한 사람들이 있다고 한다.[10] 도시계획가들도 정책 분석, 설계, 시민참여, 규제, 관리, 혹은 중재 등 여러 가지 역할들을 실천 활동에서 경험한다고 말한다. 의학 분야와 같은 과학기반 전문직science-based profession의 실천가는 환자 질병 진단 및 치료에 전념하는 임상 전문의, 지역사회주민을 위한 예방의학 실천가, 혹은 의료서비스 소외 집단의 대변자로서 자신의 역할을 규정하고 있다.

문제 틀 및 역할 틀 분석으로 실천가는 자신의 암묵적인 틀을 인식할 수 있고 그로 인하여 전문직의 가치 다원성professional pluralism에 내포된 딜레마를 경험하게 된다. 그런 분석을 통하여 실천가들 스스로 자신의 실천 활동의 실재를 적극적으로 구성하고 그들에게 허용된 문제 및 역할 틀이 다양하다는 사실을 인식하게 되면, 암묵적인 상태로 보유해온 문제 틀 및 역할 틀에 대한 행위 중 성찰이 필요하다는 자각이 일어나게 된다. 이와 같은 관점에서 Quist와 수퍼바이저는 자신의 학생들과 함께 건축 디자인과 심리치료 문제의 틀을 구성하는 과정에 대해서 성찰하고 있고, 도시계획가도 자신의 균형자로서 행위에 대해서 성찰하는 것으로 보인다. 전통적으로 전문직 분야의 대안적인 틀, 가치, 실천 접근법들은 전문직 공동체들에서 상호경쟁적인 학파들간의 논쟁으로 가시화되는 경향이 있다. 이와 관련된 논문들을 건축, 심리치료, 도시계획, 사회복지, 종교 분야에서 찾

---

10 Nathan Glazer, "Schools of the Minor Professions," *Minerva* (1974).

아볼 수 있다. 법학, 공학, 의학 관련 분야에서도 전통적 실천가들과 급진적 비평가들 사이에 전개되는 논쟁들을 보여주는 논문들이 있다. 이런 논문들에서 논쟁 전개 방식은 기본적으로 편향적이다. 특정 관점의 지지자는 자신의 인식 틀에 대해서 성찰하지 않고 그 인식 틀에 근거하여 자신의 입장을 방어하고 반대자의 입장을 공격하는데 집중한다. 그리고 이런 논문들의 독자들은 전문직 분야에 다양한 관점들이 존재한다는 사실을 인식할 수 있지만, 그런 관점들에 근거를 둔 실천가들의 서로 다른 문제 틀와 역할 틀에 대한 성찰 방법에 대해서는 도움을 받지 못하고 있다.

실재에 대한 접근 방식에 내재된 인식 틀에 대한 체계적이고 학구적인 성찰에 대해서는 지식사회학 분야에서 논의되고 있고, 특히 Karl Mannheim의 저작[11]에서 그 기원을 찾아볼 수 있다. Mannheim과 그의 추종자들은 특정 사회 집단에게 있어서 실재를 바라보는 관점은 그들이 처한 현실 상황에 집단 이해관계를 반영하여 형성된다고 주장하였다. 예를 들면, 지식사회학자들은 철학자, 과학자, 기타 학자들의 계급 이해와 가치가 그들의 "객관적" 연구 결과에 반영되어 드러난다는 점을 강조하였다. 그러나 초기의 지식사회학은 전문직 분야에서 인식 틀의 구성 과정보다는 정치 및 정치경제 이데올로기에 내재된 인식 틀을 밝히는 데 더 관심을 기울였다. 최근 지식사회학자들이 전문직에 대해서 관심을 기울이고 있지만, 그들의 관심사는 실천가의 관심사와는 거리가 있다.[12] 지식사회학자들은 실천가들이 소속된 학문공동체가 추구하는 연구에 관심을 기울일 뿐, 실천가들의 행위 중 성찰에 대해서는 별 관심을 두지 않는다.

전문직 연구자들 중 지식사회학의 영향을 받은 사람들은 실천가에게 도움이 되는 연구를 하면서 불가피한 문제들을 경험하기 시작했다. 예를 들면, 어떤 종류의 인식 틀 분석이 자신의 인식 틀에 대한 성찰을 원하는 실천가들에게 도움을 줄 수 있을까? 지식사회학은 전문직 실천가들에게 어떤 메시지를 제공할 수 있는가?

---

11 Karl Mannheim, *Ideology and Utopia* (New York: Harvest Books, 1936).

12 David Bloor, *Knowledge and Social Imagery* (London: Routledge & Kegan Paul, 1976).

이런 문제들과 관련하여 Leston Havens의 연구는 특별히 주목받을 만 하다. 그는 정신과 임상의이면서도 동료들을 위하여 글을 쓰는 연구자이기도 하다. 그는 자신의 전문직 분야 실천가들을 오랫동안 괴롭혔던 "여러가지 잡다한 입장들 babbles of voices"을 이해하는데 도움을 줄 목적으로 저술 작업을 해왔다. 그 결과물이 바로 「인간 정신 이해의 다양한 방식Approaches to Mind」이라는 제목의 저서인데, 그 저서에서 Havens는 체계적 절충주의systematic eclecticism[13]를 제안하였다. Havens는 정신과 분야에서는 여러 학파들이 실천에 관한 다양한 이론, 기법, 접근방식을 제안하고 있는데, 실천가들은 자신의 사례가 지닌 특성에 따라서 필요한 것들을 선택해야 한다고 보았다. 그리고 Havens는 정신과 의사들은 앞서 Tolstoy가 말했던 교육의 기예 습득 방식으로 심리치료의 기예를 습득해야 한다고 제안한다. 즉 심리치료사들은 다양한 정신과 분야 학파들로부터 특정 환자의 문제들을 해결하는데 도움이 되는 기법들을 스스로 도출할 수 있는 능력을 갖추어야 한다는 것이다.

Havens의 제안은 그 접근 방식의 효과성을 검증하지 않고 암묵적으로 믿음을 보인다는 측면에서 난점이 있다고 생각한다. 정신과 분야의 여러 학파들은 각자 심리치료사의 역할을 틀 지우는 방식에 대한 입장이 서로 다르다. 예를 들면, 사용하는 기법들, 치료사의 정체성, 환자에 대한 태도, 성공적인 치료 성과의 의미 등과 관련하여 실존주의 입장의 실천가와 심리분석 입장의 실천가는 서로 다른 생각을 갖는다. 단지 Havens는 특정 환자에게 가장 적합한 접근 방식의 선택 기준은 모든 환자들에게도 동일하게 나타나는 효과라는 암묵적인 믿음에 근거하는 것이라고 생각하고 있다. 그러나 어떤 학파의 접근 방식을 취하든 역할 틀이 달라지면 치료의 효과도 달라질 것이다.

정신과 분야의 제 학파들은 실천가들이 선택하는 기법에 대한 믿음의 원천이 될 수 있다. Havens는 절충주의 입장을 견지하면서 여러 학파들의 차이점들이 심리치료라는 분야로 융해될 수 있다고 가정한다. 그러나 Havens는 자신의 주장

---

13 Leston Havens, *Approaches to the Mind*.

의 타당성을 증명해내지는 못하였다. 아무튼 Havens는 「참여관찰Participant Observation」에서,14 독자에게 Harry Stack Sullivan이 주장한 "대인관계 정신의학 interpersonal psychiatry"에 대한 소개를 하고 있다. 여기서 그는 Sullivan의 기법들을 설명하는데 특히 Sullivan이 환자와 함께 관찰하고 분석한 자료를 바탕으로 환자와 자신을 연결시켜나가는 방식에 대해서 소개하고 있다. 즉 Havens는 환자가 넓은 시야를 갖도록 도와주는 "연구 프로젝트"에 환자를 몰입시키는 Sullivan의 시도를 자세히 기술한다. Havens는 이런 유형의 치료사가 된다는 것은 무엇을 의미하는지를 제시하면서 소위 실천 세계에 대한 내부자 관점an inside view of world of practice를 주장하고 있다. 그러나 Havens는 독자들이 Sullivan의 인식 방식과 실천 방식을 다른 학파들의 그것들과 비교해볼 수 있도록 자신의 관점을 변화시키는 모습을 보여주기도 한다.

Havens의 참여 관찰 연구는 정신과 치료 기법과 원리를 정리하여 소개하는 활동이 아니라 문예 비평 실습, 즉 작가나 예술가의 세계를 소요하면서 그들의 눈으로 바라보고 그들의 계획과 방법을 공유하도록 도와주는 활동에 더 가깝다. Havens의 참여 관찰 연구는 정신의학 분야에서 뿐만 아니라 다른 분야에서 문제 틀 및 역할 틀 성찰frame reflection을 하고자 하는 전문가들 모두에게 유용할 그런 종류의 틀 분석frame analysis이라고 생각한다.

결국 이런 방식의 틀 분석frame analysis 연구는 실천가로 하여금 자신의 역할 틀 규정에 특정 방식을 적용할 때 그가 창조하는 세계를 스스로 경험하는데 도움을 줄 수 있다. 즉 실천가가 특정한 역할 틀을 선택함으로써 수반되는 실천 문제의 규정과 해결, 실천가로서 자신의 역할 규정, 실천 활동의 성공과 실패의 의미 규정 등을 경험하게 해줄 수 있다. 또한 실천에 대한 접근 방식을 선택하는 기준을 규명할 수는 없지만, 실천가가 자신의 역할 틀을 규정하는 방법을 시도해봄으로써 그런 시도에 대한 감을 획득하고 실제 역할 틀을 적용할 때 그 결과가 어떻게 될지 그리고 관련된 시사점은 어떤 것이 있는지에 대한 감을 획득하는데는 도

---

14 Leston Havens, *Participant Observation* (New York: Jason Aronson, Inc, 1976).

움을 받을 수 있다. 나아가서 문제 틀 및 역할 틀 분석 탐구 활동은 실천가가 특정한 방식으로 자신의 역할을 규정한다면 어떤 종류의 사람이 되어야 하는지, 그가 필요한 역량이 무엇인지를 이해하도록 도와줄 것이다. 그리고 실천가가 자신이 갖고 있는 틀에 대한 성찰 노력을 계속하도록 만들 것이다.

*지식 레퍼토리 구성에 관한 연구*Repertoire-building research ：현재 알려진 행위이론, 모델, 방법으로 실천 상황을 설명할 수 없을 때도 우리는 그 상황을 익숙한 상황situation, 사례case, 선례precedent에 의거하여 이해한다는 점을 앞서 지적한바 있다. 지식 레퍼토리 구성 연구는 행위 중 성찰에 유용한 범례exemplar들을축적하는데 도움을 줄 것이다. 그리고 그런 연구는 전문직 분야별로 다르게 진행된다.

특정 법규, 규칙, 판례를 사건case에 활용하는데 익숙한 사람들이 바로 변호사들이다. 현재 사건의 판결에 관련되는 판례를 선택하고, 사건과 판례의 연관성을추론하는 방법에 익숙한 사람이 바로 판사이다. 판사와 변호사에 의해서 선택되는 판례와 판결된 사건은 나중에 범례로 활용된다. 범례는 새로운 사건들을 만날때마다 변호사와 판사가 찾게 되는 판례가 될 것이다. 범례는 사법 지식을 판결과 연결시키는 문제를 숙고하는 방법을 위한 예시가 될 것이다. 그러나 오늘날판례와 사건에 관한 연구들을 살펴보면, 특히 변호사의 일상적 협상 행위, 고객관계, 윤리적 행동 등은 간과되고 있다는 점에 주목할 필요가 있다. 최근 "변호사질lawyering"에 대한 관심의 증대로 그런 사례 연구들에 대한 요구가 점차 높아지고 있다.[15]

건축 분야에서, Duomo와 같은 특별한 건축물, 언덕 위 도시에 밀집한 이탈리아 건축물, 혹은 유명 건축가가 사용한 특별한 도구 등은 사례로 활용된다. 레퍼토리 구성 연구는 그런 사례들을 이해하는 작업을 넘어서 건축가의 문제 인식방법, 문제 해결 방안, 고유한 디자인 언어 활용 등을 분석하는 탐구 활동이다. 2

---

15 Gary Bellow, *The Lawyering Process* (Mineola, NY: The Foundation Press, 1978).

장의 Quist 사례 연구가 그런 연구로 볼 수 있다.

하버드 로스쿨 교육과정에 도입된 사례 연구법case method은 경영교육에도 적용되었다. 사례연구법은 하버드 경영대학을 비롯한 무수한 경영교육 기관들에 도입되었고, 여러 가지 다른 형태로 변형 발전되어왔다. 경영교육의 사례는 기업의 문제 상황이나 시장 규모 측정처럼 경영상의 실제 문제를 묘사한다. 그리고 학생들에게 사례와 관련된 주요 정보를 전달하고, 탐구 문제를 제시해준다. 이를 바탕으로 학생들은 사례 상황 속의 문제를 규정하고 해결 방안을 모색하게 된다. 이런 과정을 통하여 학생들은 경영 문제에 대해서 사고하는 방법을 습득하며 나아가서 일련의 탐구 프로세스를 경험하게 된다.

의학 분야에서 활용되는 사례사case histories는 환자의 불편 사항과 동반 증상, 의사의 진단과 관련 임상 증거, 처방 및 치료, 치료 결과, 예후 등을 기술한 문서 형태로 제공되고 있다. 이런 종류의 사례사는 형식을 갖추지 않아도 유용한 범례exemplar가 된다. 의사는 사례사를 이용하여 현재 사례에 적용할 수 있고, 사례사는 탐구 프로세스를 이해하는 데도 활용될 수 있다. 즉 사례사는 의사가 환자의 상태를 지각하고 묘사하는 방법, 환자의 불편 사항을 경청하는 태도, 질병 원인을 탐색하고 진단 및 치료 전략을 확인하며 그 전략을 검증하는 프로세스를 규명하는데 활용될 수 있다.

다양한 분야에서 레퍼토리 구성 연구가 실행되고 있지만, 지금까지 그 연구는 최초 상황, 후속 행동, 성취 결과만을 보여주는데 그쳤다. 그런 사례들은 행동, 성과, 맥락 사이의 관계를 보여주지만, 상황을 구조화하고 최종 성과에 이르는 과정 상의 탐구 경로를 보여주지는 못한다. 이와 같은 탐구 활동의 전개 과정을 잘 보여주는 사례 연구는 실천가에게 범례로 활용될 수 있을 것이다.

*탐구 방법과 포괄적 이론에 관한 연구*Research on fundamental methods of inquiry and overarching theories : 이 연구 유형은 앞서 소개된 연구 유형과 관련이 있다. 왜냐하면 실천가가 실천 상황에 활용하는 원리들은 자신의 문제 틀 및 역할 틀 그리고 지식 레퍼토리에 연결되기 때문이다. 탐구 방법 및 포괄적 이론에 관한 연구는 그 자체 나름대로 의의를 지니고 있다. 즉 이 연구 유형이 추구하는 이론과

방법은 기술적 합리성 관점의 이론 및 방법과는 그 의미가 다르기 때문이다.

특정 분야의 실천 활동에 적용되는 기본적 방법과 이론이라 함은 그 분야 실천가들이 경험하게 될 새로운 상황을 이해하도록 도와주는 디딤돌로서 사용하기 위해서 그동안 학습해왔던, 하지만 얼핏 보면 그런 상황들에 잘 맞아 보이는 그런 방법과 이론을 말한다. 이런 의미에서 그 이론과 방법을 포괄적 이론과 일반적 탐구 방법이라고 부른다. 그리고 실천가들은 이런 포괄적 이론과 일반적 탐구 방법으로 그들이 직면하는 상황을 재규정한다. 그래서 사람들은 이론이 상황에 적합하다는 말을 할 수 있는 것이다.

예를 들면 Dean Wilson의 영양공급 프로세스―플로우 모델과 수퍼바이저의 정신분석 이론이 그런 이론에 해당된다. Wilson이 사용한 프로세스―플로우 모델은 주어진 상황을 프로세스로 이해할 수 있다는 믿음의 전제 하에 프로세스를 측정, 기술, 분석하는 일련의 방법들로 구성된다. 그는 프로세스―플로우 모델 차원에서 아동의 영양 결핍 문제를 이해하기 위하여 프로세스 흐름을 구상하는 상상적인 재구조화라는 재능을 발휘하였다. 그리고 영양 공급을 위한 일련의 조치들과 그 조치들로 발생하는 손실 측면에서 영양 결핍을 초래하는 프로세스를 제시하였고, 그런 프로세스를 측정하는 방법들을 고안하고 검증하려고 하였다. 비슷하게 수퍼바이저도 심리분석 이론을 이용하여 환자의 자기패배적 행동 유발 원인이 되는 내적 갈등 모델을 제시하고자 하였다.

Wilson와 수퍼바이저 사례 모두에서 포괄적 이론과 일반적 방법은 실천가들이 상황을 재구조화하는데 이용되고 있다. 여기서 재구조화된 이론이나 모델은 상황에 대한 설명explanation을 제공한다. 나아가서 재구조화 방법은 그 자체로 실천가가 실행할 수 있는 일종의 개입책intervention이 된다.

이론과 방법에 대한 연구는 두 가지 유형으로 진행될 수 있다. 우선 첫 번째 유형은, 앞서 Wilson과 수퍼바이저의 실천 활동을 검토했던 것처럼, 실천가의 실천 활동 사례들을 검토하여 실천가의 인식 방법과 재구조화 방법을 확인하는 형태로 진행된다. 이런 유형의 연구는 실천가로 하여금 자신만의 고유한 인식 방법, 재구조화 방법, 개입 방법을 찾아내는데 도움을 준다.

두 번째 유형은 "액션 사이언스action science"의 형태로 진행될 수 있다. 액션 사이언스는 독특하고, 불확실하고, 불안정한 상황들에 관심을 갖는다. 액션 사이언스는 실천가 자신의 이론과 방법을 구성해낼 수 있는 '테마themes'를 개발하는 데 목적을 둔다.

액션 사이언스의 아이디어는 Kurt Lewin로부터 유래되었는데, Lewin은 실천가가 행위 중 성찰에 사용할 수 있는 자신만의 고유한 테마들을 발굴하는 연구를 하였다. 예컨대, Lewin의 액션 사이언스 연구는 조직 관리자들의 행위 이론 theories of action을 구성하고 검증하기 위하여 "문지기 역할gatekeeper roles", "민주적 집단 풍토와 권위적 집단 풍토", "해빙unfreezing"과 같은 메타포 개념들을 발굴해냈다. Chris Argyris는 자신의 저서 「엄밀한 연구의 내적 모순」[16]에서 메타포는 "적절한 모호성optimal fuzziness"이란 특성을 갖고 있는데, 그런 부정확성이 오히려 유용한 결과를 낳는다고 주장한다. 그러나 Lewin은 학생들이 그 자신의 메타포를 사회 과학의 이미지로 포장하려고 애쓰면서 엄밀한 연구를 실행하지만 그 결과는 무용한 것이 되어버린다고 지적한다. "민주적 풍토"를 구체적이고 다양한 요인들로 구체화하게 되면, 그 메타포는 더 이상 유용성을 갖지 못하게 된다는 것이다.

사회심리학 분야에서 액션 사이언스의 아이디어를 확산시킨 사람들이 Argyris와 William Torbrert인데,[17] 다른 분야들에서도 액션 사이언스를 추종하는 사람들이 나타났다. 도시계획 분야에서 컴퓨터 시뮬레이션 개발자로 잘 알려진 Britt Harris는 도시계획 실천가의 모델은 현상을 설명하거나 예측하는데 이론이 아니라, 독특하고 변화하는 상황에 대한 자신의 고유한 해석을 구성하는데 사용되는 메타포가 되어야 한다고 주장한다.[18] Harris가 메타포의 중요성을 지적한 이유는, 그가 2차 세계대전 이후 논리 모델을 개발하는 사람들이 관심을 가졌던 도시 현

---

16 Chris Argyris, *The Inner Contradictions of Rigorous Research* (New York: Academic Press, 1980).

17 William Torbert, *Creating a Community of Inquiry* (New York: John Wiley & Sons, 1976).

18 Britton Harris는 형식적 최적화 모델이 도시 계획 의사결정을 위한 메타포로 이용되고 있다고 지적하였다. *A Paradigm for Planning* (근간).

상은 복잡성, 불안정성, 독특성의 특성을 지닌다는 점에 주목하였기 때문이다. Harris의 생각으로는, 도시 성장 패턴은 정확하고 객관적 방식으로 설명할 수 없기 때문에 구체적 상황에 대처하는 인식 방법으로서 모델을 이용해야 한다고 본 것이다.

일부 도시계획가들은 Harris가 제안한 방식을 따르고 있다. 마치 Wilson이 "프로세스-플로우"를 이용하고, 수퍼바이저가 "내적 갈등"을 이용하고, 조직 관리자와 경영 컨설턴트들이 "문지기", "민주적 집단 풍토", "해빙"을 사용하는 것처럼 말이다. 그동안 액션 사이언스 연구의 발전 과정을 보면, 다음과 같은 질문은 실천가에게 관심의 대상이 될 것이다. 행위 중 성찰에 유용하게 활용되는 테마, 메타포, 명제의 특징은 무엇인가? 그런 테마, 메타포, 명제들을 사용하기 전에 그 타당성을 증명해줄 근거는 있는가? 현장 실험으로 도출된 증거를 테마, 메타포, 명제의 타당성 증거와 어떻게 관련지울 것인가? 액션 사이언스 연구에 적용되는 엄밀성의 기준은 무엇인가?

실천 활동의 맥락과 거리를 두고 있는 연구자들로는 액션 사이언스의 발전을 도모할 수 없다. 체계적 성찰을 위한 의지, 시간, 역량을 결여한 실천가도 마찬가지이다. 액션 사이언스의 발전은 성찰적 연구와 성찰적 실천을 통합하는 새로운 방법에 의해서만 가능할 것이다.

행위 중 성찰 과정에 관한 연구 Research on the process of reflection-in-action : 자신들의 행위 이론theories-in-action을 재구조화하면서 서로 다른 무게의 블록들을 균형 있게 쌓는 아동들의 활동을 소개한 바 있다. 아동들은 블록을 쌓으면서 균형을 잡는 과정에서 기하학적 중심 이론에서 무게 중심 이론으로 자신들의 행위 이론을 변경하였다. 이런 변경은 아동들이 블록 쌓기 활동을 통해서 자신의 오류 패턴을 인식하고, 블록의 성질을 탐구하는 행위로 관심을 이동시키는 과정에서 나타났다.

MIT 교사 프로젝트의 프로젝트 리더는 교사들이 행위 중 성찰을 하도록 유도하였다. 프로젝트 리더는 교사들이 피아노 조율과 달 공전 현상에 대한 자신만의 직관적 이해를 깨닫게 되면, 학생들의 직관적 이해 능력에도 관심을 기울이게 되고 그로 인해서 자신의 직관적 이해와 학교 지식 사이에 불일치하는 현상에 대해서 새로운 방식으로 생각하기 시작할 것이라는 가설을 수립하였다.

프로젝트 리더는 교사들의 행위 중 성찰을 촉진시키려 할 때, 행위 중 성찰을 조성하거나 방해하는 요인들이 존재한다는 사실을 알게 되었다. 즉 리더는 일부 교사들이 전형적인 고정 관념"저 아이는 숫자와 관련된 정보를 이해하지 못해." "그 아이는 아직 추상적으로 사고하는 방법을 배우지 못했어"을 이용하여 학생들의 행동을 설명한다는 점을 확인하였다. 그리고 리더는 교사들이 만족스럽지 못한 결과를 낳을지 모른다는 우려와 불안으로 실험 활동을 주저하고 있다는 점도 발견하였다. "아이들의 이성을 존중해주자"라는 아이디어를 실천에 옮김으로써 독단적이라고 치부해 버릴 수도 있는 학생 행동에 대해서 교사들이 호기심을 가지게 된 점도 발견하였다. 또한 리더는 교사들에게 수행하게 될 과업에 대한 이해도를 스스로 묘사해보라고 하면 종종 그 과업 자체를 재구조화하는 현상을 목격하였다

Chris Argyris와 나는 학생들로 하여금 그들의 대인 관계 행위 이론interpersonal theories of action에 대해서 성찰해보도록 하는 실험을 해보았다. 그 결과 우리는 앞서 교사들이 보였던 행동과 유사한 현상들을 발견하였다. 특히 실패에 대한 두려움이 그것이다.[19] 소위 Model II 행위 이론으로 실험을 수행하는 사람들은 종종 그 이론에 적합한 전략들을 종종 구안해내는 경우들이 있다. 그러나 새로운 행위 전략의 구안과 새로운 행위 전략의 실행 사이에 익숙하고, 패턴화된 반응들이 침투하여 원래 의도와는 벗어나게 되는 경우들을 볼 수 있다. 익숙하고 패턴화된 반응들과 같은 "자동적 장애물automatic intercepts"은 사실 사람들로 하여금 실패에 노출되지 않도록 하는데 도움을 주기도 하지만, 익숙한 관행routines에 따른 자신의 행위 결과를 합리화하는데 기여하게 된다.

이상의 행위 중 성찰 과정 사례들을 살펴보면, 결국 행위 중 성찰 과정에 인지적, 정서적, 집단역학적 영향이 서로 복잡하게 관계하고 있다는 사실을 알 수 있다. 즉 행위 중 성찰의 성격과 행위 중 성찰의 촉진 및 저해 요인들을 이해하

---

19 Chris Argyris & Donald A. Schon, "The role of failure in double—loop learning," unpublished memorandum, 1979.

고자 한다면, "인지적 정서 상태cognitive emotions"20와 사회적 맥락에 의해서 크게 영향을 받는 모종의 인지 과정a cognitive process에 주목해야 할 것이다. 이를 위하여 행위자의 행위를 '관찰'해야만 한다. 행위를 유발하게 되는 과업을 부여해주거나 스스로 과업을 선택하도록 하여 그 과업을 수행하는 과정에서 사고하고 행동하는 방법을 관찰해 볼 수 있다. 또한 행위자를 '면담'하여 과업을 수행한 과정에 대해서 물어볼 수도 있을 것이다. 나아가서 '연구'와 '개입'의 동시적인 실행 방식으로 행위자에게 모종의 실패 상황을 극복하는 방법에 대해서 숙고하도록 유도할 수도 있다. 다시 말하면, "지금 그 문제에 대해서 어떻게 생각하고 있는가?"라고 질문을 함으로써, 연구 대상자의 행동과 지식을 변화시키는 방식으로 의도적 혹은 비의도적 변화 개입의 효과를 노릴 수 있다.

위 사례들에 있어서 행위자가 갖는 과업에 대한 느낌, 과업 성과에 대한 느낌 그리고 연구자와의 관계에 대한 느낌은 모두 행위 프로세스의 중요한 요소들이 된다. 소위 "호손 효과"21는 연구자나 행위자에게 불가피한 부분이 될 수밖에 없는 것이다. 연구자 자신은 실험의 맥락에 영향을 미치고 있기에 그런 부분을 무시할 수 없다. 따라서 Geoffrey Vicker의 표현처럼, 연구자는 탐구하는 현상에 대해서 자신이 미치는 영향을 이해하려 노력해야 하는 '행위자로서 실험자an agent-experient'가 되어야 한다. 블록 쌓기 실험 사례 연구자들은 자신들의 행위 중 이론theories-in-action을 현장 검증하려 했던 시도들에 대해서 언급하고 있다. 그 과정에서 연구자들은 관찰과 개입이라는 전략을 동시에 실행하면서 연구 대상자들로 하여금 스스로 혼란을 경험하고 노출하게 하여 행위 중 성찰을 할 수 있도록 도와줄 수 있음을 알게 된다.

결국 연구자가 행위 중 성찰에 대해서 탐구할 수 있으려면, 그는 행위 중 성찰이 중요한 역할을 하게 되는 모종의 실험을 기획하고 실행할 수 있는 기예를

---

20 Israel Scheffler, "The Cognitive Emotions," *The Teachers College Record*, 79, 2 (Dec, 1977): 171-186.

21 실험에 참가한 개인이 자신이 관찰되고 있다는 사실을 알 때 자신의 행동을 바꾸거나 작업의 능률이 올라가는 현상

터득해야만 한다.

연구자와 실천가Researcher and Practitioners : 성찰적 연구에서 연구자와 실천가는 응용과학 관점의 교환 관계와는 전혀 다른 차원의 협력 방식을 보여준다. 실천가는 연구자의 산물을 단지 이용만하는 사람이 아니다. 실천가는 자신의 실천 행위에 적용하는 사고 방법들을 성찰적 연구자reflective researchers에게 드러내고, 성찰적 연구reflective research를 실천가 자신의 행위 중 성찰을 위한 보조 도구로 활용한다. 성찰적 연구자는 실천가의 실천 경험으로부터 괴리되지 않고, 실천가의 실천 경험에 대해서 자신의 경험을 우월성을 주장하지 않는다. 문제 틀 및 역할 틀 분석frame analysis 연구, 지식 레퍼토리 구성repertoire building 연구, 액션 사이언스 action science 연구, 행위 중 성찰 과정 연구 등 어떤 연구를 하든지간에 성찰적 연구자는 실천 경험에 대해서 내부자적 관점an inside view을 유지해야 한다. 요컨대 성찰적 연구를 수행하기 위해서는 근본적으로 실천가로서 연구자practitioner-researchers와 연구자로서 실천가researcher-practitioners 간의 일종의 파트너십이 필요하다.

이러한 파트너십은 다양한 모습으로 나타날 수 있다. Partlett의 특수교사와 카운슬러에 대한 연구22에서 볼 수 있는 것처럼, 연구자는 실천가에게 지원자로서 역할을 할 수도 있다. 성찰적 연구자는 실천가를 위한 컨설턴트의 역할을 하는 것이다. Jentz와 Ronco의 작업에서 볼 수 있는 것처럼,23 성찰적 연구를 실천가를 위한 계속전문교육의 활동으로 활용할 수도 있다. 그리고 연구자는 참여 관찰을 하는 과정에서 실천가의 입장을 견지할 수 있다. 실천가는 스스로 성찰적 연구자가 되어서 연구자와 실천가의 역할을 넘나들 수 있다.

이러한 파트너십은 전문직 양성 대학의 연구 활동에서 중요한 위치를 차지하고 있다. 따라서 대학과 실천가 조직은 새로운 관계를 맺어야 한다. 대학 교수들은 성찰적 실천을 자신의 연구 문제나 학생 인턴십 기회로서 뿐만 아니라 그들

---

22 Malcolm Parlett, "Reflecting on Practice," manuscript, London, England, 1981.
23 Barry Jentz와 Joan Wofford의 *Leadership and Learning* (New York: McGraw-Hill, 1979)를 참고하라.

자신의 성찰적 실천 활동에 접근해보는 기회로 삼아야 한다. 결과적으로 연구 중심 대학에게 주변적 활동으로 취급되던 활동들에 새로운 의미가 부여되고 있다. 그동안 부차적인 활동 혹은 필요악으로 간주해왔던 현장 작업, 자문 활동, 계속 교육은 연구 활동을 위한 매개체이자 그 자체로 중요한, 즉 대학의 핵심 활동으로 대우받고 있다.

반대로, 실천가 조직들은 그들 조직 자체를 연구와 교육의 중심으로 점차 바라보게 될 것이다. 대학 병원들이 응용과학의 모델로서, 연구 겸 교육 기관으로서 오랫동안 그 기능을 유지해왔던 것처럼, 기업, 로펌, 사회복지기관, 엔지니어링 단체, 건축사무소 등도 자체 구성원들의 행위 중 성찰의 중요성을 인식하게 될 것이고 따라서 행위 중 성찰을 촉진하는 성찰적 연구를 위한 공간으로 더욱 주목받게 될 것이다. 성찰적 연구의 아젠다는 성찰적 연구자reflective researchers와 실천가로서 연구자practitioner-researchers들과의 대화로부터 도출되어야 하고, 실천가들도 이해할 수 있는 연구에 적합한 것이어야 한다.[24] 그렇게 될 때 실천가는 성찰적 연구를 실행할 수 있게 되고, 연구 참여 결과 자신만의 통찰력을 습득하고 활용할 수 있게 될 것이다.

실천가와 연구자의 역할 경계는 이제 서로 침투 가능하며, 그로 인해서 연구 경력과 실천 경력은 상호 밀접하게 연관될 수밖에 없게 된다. 실천가와 연구자는 자신의 경력 경로에서 성찰적 연구와 성찰적 실천 어느 쪽에 비중을 두던지 상관없이 때로는 성찰적 연구자로서 때로는 성찰적 실천가로 활동할 수 있을 것이다.

전문직 양성 대학은 성찰적 연구의 중심으로 자리잡게 됨에 따라서 대학 내에서 기존 전통적 학문 구분에 따른 학과들과는 별개로 존재하게 될 것이고, 엄밀성과 적합성이라는 연구 활동의 기준도 자율적으로 수립해나가야 할 것이다. 그렇게 되면 연구 중심 학문들과 전문직 학문들 사이의 차별화된 지위 구분은 점차 사라질 것이라고 기대해볼 수 있을 지도 모르겠다. 이와 더불어 Glazer가 제기했던 비주류 전문직 학교들의 딜레마들도 점차 사라지게 될 것이라 예상해볼

---

24 Kevin Lynch는 도시 설계 연구의 아젠다에 대한 자신의 최근 제안서에서 이 점을 밝힌 바 있다.

수 있다.

그러나 실천과 연구의 새로운 역할과 관계가 이전의 그것들을 완전히 대체할
것이라고 쉽게 말 할 수 없다. 상대적으로 안정적인 실천 영역인 의학, 치의학,
농학, 공학 분야에서는 실천과 연구 관계에 대해서 신구 관점이 당분간 공존할
것이라고 보는 게 타당하다. 그러나 어떻게 공존한다는 말일까? 대학에서 실천과
연구의 관계에 대한 신구 관점이 모두 용인된다면, 아마도 대학은 중요한 발전의
기회를 상실할 것이고 그로 인해서 대학은 쇠락할지도 모른다. 만일 대학이 연구
와 실천, 성찰적 연구와 응용과학을 통합할 수 있는 방안을 찾고자 한다면, 이제
대학은 실천 인식론을 지적인 관심 대상만으로 삼을 것이 아니라 대학의 재설계
를 위한 준거로 삼아야 할 것이다.

성찰적 실천을 위한 제도적 맥락 (Institutions for Reflective Practice)

우리 사회에서 전문가들의 삶은 형식화된 관료주의 조직 체계에 의해서 점점
더 영향을 받고 있다. 이러한 관료주의 체제는 엔지니어, 의사, 변호사, 건축가,
교사, 사회복지사 등 전문가들의 실천 활동의 제도적 배경으로 작동되고 있다.
그리고 기업, 공공기관, 학교, 연구소, 로펌, 건축사무소 등과 같은 조직들의 업무
수행에 전문성을 지닌 실천가들은 필수적인 존재가 되었다. 이처럼 사회가 점차
전문가의 관리를 필요함에 따라 전문가들은 자신들의 전문 지식에 의존하는 관료
주의 체제 내에서 자신의 역할을 할 수밖에 없다.

Max Weber는 관료주의 현상이 조직 구성원의 전문화를 더욱 요구하고 심화
시키게 될 것이라고 예언한 바 있다. 또한 Weber는 관료주의화로 인하여 전문가
지식의 모델로서 기능적 전문성technical expertise 모델이 요구되고 강화될 것이라
고 예견하였다.

공직 업무는 일반적 규칙들을 따른다. 그 규칙들은 비교적 불변적이고,
철저하며, 학습될 수 있는 것들이다. 이러한 규칙들을 잘 알고 있다는 것

은 해당 공직자가 모종의 특별한 기능과 관련된 학습을 완료하여 기능적 지식을 지니고 있다는 것을 의미한다. 그런 지식에는 법, 행정, 혹은 관리에 관한 것들이 포함된다.[25]

관료주의화bureaucratization는 객관적으로 전문화된 기능을 발휘할 수 있는 최적의 기회를 제공해준다. 공직 업무는 전문화된 훈련을 거치고 지속적인 연습으로 더 많은 학습이 된, 분화된 역할 담당자에게 할당된다.[26]

그리고 Weber는 관료주의 조직의 형태가 점차 확산될 것이라고 전망하면서 직업들도 전문화되고 그로 인해서 사회적 삶의 관료주의화도 동반될 것이라고 예견하였다.

관료주의 현상에 대한 지적 관심이 태동한 과거부터 지금까지 관료주의는 기능적 전문성과 떼려야 뗄 수 없는 관계에 있었다. 그러나 기능적 전문성 관점에서 전문가 지식 관점으로의 변화로 인하여 관료주의 조직에 대한 사고와 관료주의 조직의 실재에 대한 의미 있는 변화가 일어나고 있음이 분명해지고 있다.

조직 학습organizational learning 현상에 대해서 생각해보면 이런 변화를 충분히 감지할 수 있을 것이다.

일반적인 조직들은 과업 시스템, 역할 및 규칙 시스템으로 구성되고, 그런 시스템 속에서 개인들은 조직 가치, 사명, 정책, 전략을 구현하는 행위자로서 기여하고 있다. 조직 구성원들은 각자 조직 환경, 행위 전략, 실천 경험에 관한 지식을 축적하여 추후 다른 구성원들이 활용할 수 있도록 한다. 즉 구성원 각자가 창조한 지식은 다른 구성원들의 역할 수행에 도움이 될 소위 조직 기억, 지도, 프로그램 등으로 저장된다. 예를 들면, 앞서 8장에서 소개된 회사 구성원들은 제품 개발에 관한 조직 학습에 공헌하고 조직 학습의 결과를 활용할 수 있었다.

---

25 Max Weber, "Bureaucracy," in Oscar Grusky and George A. Miller, eds., *The Sociology of Organizations* (New York: Free Press, 1940), p.7.

26 Ibid., p.13.

일반적으로, 조직이 생존을 위하여 환경 변화에 적응하고 자체 혁신을 추구하면 할수록, 조직 학습에 대한 관심은 높아진다. 다른 한편 조직은 조직 자체 삶을 안정시키고 예측가능하게 하는데도 관심을 기울인다. 때문에 조직은 일종의 협력시스템으로서 구성원들이 서로 반응을 예측할 수 있다는 전제 하에 존재하게 된다. 이때 학습을 위한 중요한 동인이 되는 조직 내 '예기치 못한 사태'는 조직의 원활한 기능을 저해하는 원인이 된다. 그러므로 조직은 자체 생존에 영향을 미치는 변수를 제거하고 조직 활동의 항상성을 유지하기 위하여 오류 탐색 및 교정 기능을 지닌 시스템을 구축하고 진화시켜 나간다. 결국 조직은 "역학적으로 보수적"[27]일 수밖에 없다.

의미 있는 조직 학습 – 조직의 기본 가치와 지식 구조를 의미 있게 변화시키는 학습 – 은 조직의 위기 상황 극복을 위한 해결 방안이자 동시에 탐구 주제이다. 그런데 조직 학습은 조직이 환경 변화에 효과적으로 적응하는데 필수적이지만, 조직 관리가 가능하도록 해 줄 항상성을 파괴할 수도 있다.

덧붙여 조직 학습 참여자들은 자신들의 행위의 방향과 내용을 결정짓는 특정한 사회적 시스템 내에서 생활하고 있다. 그들은 각자 고유한 이해관계와 행위 이론을 지니고 있고, 그 이해관계와 행위 이론은 자신들의 행동 세계를 창조하는데 영향을 미친다. 조직 학습 참여자들이 생활하는 행동 세계는 그들의 개인적 관점을 공개적으로 검증하고, 당면한 딜레마를 노출하고, 민감한 문제를 공적으로 논의할 수 있는 공간이기도 하다. 조직 학습 참여자들은 각자 조직 내 특정 하위 집단의 구성원으로 생활하면서 집단간 및 개인간 공격, 방어, 기만, 갈등에 연루되기도 한다. 이와 같이 사회적 시스템으로서 조직의 특성들이 조직 탐구의 경계와 방향을 결정하게 되므로, 조직은 그 자체가 "학습시스템"이 될 수밖에 없다. 물론 앞서 소개된 소비재 회사는 조직 학습을 심각하게 제약하는 사회적 시스템의 특성들을 갖고 있다.

---

27 현대 정치학 분야에서 생각하는 민주주의에 대한 사고의 근간을 이루는 이런 시각은 Seymour Lipset, Martin Trow, James Coleman의 Union Democracy(New York: Doubleday Anchor, 1956)에서 제안되고 있다.

    이런 관점에서 관료주의 조직은 성찰적 실천의 의미를 탐구해볼 수 있는 유용한 대상이 될 수 있다. 행위 중 성찰은 예기치 못한 사태surprise로 인해서 초래되는 결과이기도 하지만 예기치 못한 사태를 발생시키는 원인이기도 하다. 관료주의 조직에 소속된 한 개인이 모종의 성찰적 실천 프로세스를 시작하게 되면, 불확실성과 혼란스러움을 스스로 경험하고, 자신의 인식 틀과 행위 이론을 의식적으로 비판과 변화의 대상으로 삼게 되고, 그런 과정에서 그 개인은 의미 있는 조직 학습을 수행할 수 있는 역량을 증진시킬 수 있게 된다. 그러나 조직 학습 역량을 갖춘 개인은 기능적 전문성 발휘가 요구되는 안정적 규칙과 절차 시스템으로서 조직에 대해서 위험 인물이 되기도 한다.

    그러므로 대개 관료주의 조직은 성찰적 실천을 하는 전문가들을 꺼려한다. 한편 성찰적 실천에 익숙한 조직은 관료주의 조직과 아주 다른 특징들을 보인다.

    MIT 교사 프로젝트에 참여한 모 공립학교 교사들을 예로 들어보자. 이 학교의 교사들은 성찰적 교육의 가치를 배우고 성찰적 교육을 실천하는 경험을 하였다. 이 경험 사례는 관료주의 조직에서 성찰적 실천 활동이 어떻게 전개되는지를 이해하는데 도움이 될 수 있다.

    어떤 의미에서 보면, 학교는 모종의 지식 이론에 근거하여 운영된다. 교사는 가르치고 학생은 배우는 곳이라는 지식 이론에 의거하여 학교는 운영된다. 그런 지식 이론은 학교 세계 곳곳에 제도화된 형태로 뿌리를 내리고 있다. 예컨대 교과서, 교과과정, 수업지도안, 시험 등이 바로 그것들이다. Israel Scheffler가 말한 "영양공급nutrition"28 시스템 속에서 교사들은 학생들에게 지식을 공급하는 기능적 전문가들이다. 학생들은 처방전에 따라서 적당한 양의 지식을 공급받는다. 학생들은 공급받은 지식을 소화했다는 사실을 시험으로 증명해야 한다. 교과과정은 학습해야 할 정보와 스킬로 구성된 메뉴판이고, 차시별 수업지도안은 메뉴판 속의 개별 음식이 된다. 식당에서 이루어지는 모든 과정은 점진적이고 누적적인 교육의 과정이 된다.

---

28 Israel Scheffler, *The Language of Education* (Springfield, Ill: C.C. Thomas, 1960).

학교 공간의 배치와 학사 일정의 순서도 이런 식으로 결정된다. 학교 교실은 학년별, 학급별로 구분되어 교사 한 명과 20-30명 정도 학생들이 생활한다. 교사는 자신의 교실에서 독립적으로 자신의 업무를 수행한다. 교과과정은 연간, 월간, 주간, 일간 단위로 결정되고, 수업은 시간 단위로 일정 분량의 지식을 담은 지도안에 따라서 실시된다.

지식을 효율적으로 전달하기 위하여 모종의 통제 시스템이 필요하다. 다수의 학생들을 대상으로 지식을 효율적으로 전달하기 위하여 지식을 표준화된 단위로 구분하는 조치를 취한다. 그리고 학생들에게 지식이 효율적으로 전달되었는지를 확인하기 위하여 퀴즈, 시험 등의 방법을 적용하여 학습의 성공과 실패를 판단한다. 학생들의 학습 성취도에 따라 상장, 진급, 여타 수단을 활용하여 보상을 제공한다. 적절한 절차를 통과하지 못한 학생들은 실패자로 규정되어 특별 프로그램을 이수하도록 만든다.

교사들도 통제 시스템의 적용을 받는다. 교사는 학생 성과 측정 결과에 따라서 보상을 받거나 제재를 받는다. 또한 교사가 학생 교육과 통제의 중추로서 활동하는 것처럼, 교사의 상사들이 교사를 관리하고 통제하는 역할을 한다. 즉 교사의 상사는 교과과정, 수업지도안, 성과 평가, 보상과 제재 등의 수단으로 교사를 관리하고 통제한다.

교사와 학생의 통제에서 '객관성objectivity'은 최우선적인 가치가 부여된다. 즉 학생 성과나 교사 성과에 대한 주관적 판단보다는 정량적 측정이 더 중요하다. 즉 교수학습 경험에 대한 질적이고, 내러티브적 설명보다 정량적 측정이 더 선호된다. 정량적 측정이 중요하고 선호되는 이유는 바로 학생과 교사에 대한 통제 시스템에 일관성, 균질성, 정확성, 공평성이 담보된다고 믿게 해주기 때문이다.

교사의 학생에 대한 관심과 역할의 범위는 대체로 주어진 교과과정 내용과 활동의 범주 내에서 결정된다. 교사는 학생이 수업지도안에 제시된 내용을 습득하는데 성공했는가 아니면 실패했는가에 관심을 가진다. 학교 밖의 학생들의 삶 – 학교 밖에서 무엇을 하고 어떤 지식과 스킬을 발휘하고 있는지 – 에 대해서 교사는 관심을 두지 않는다. 학교에 도입되는 테크놀로지는 교과과정을 전달하는 교사의 역량을 확장시키는 기능을 한다. 컴퓨터, 영화, 시청각 장치는 교사의 소통과 시험, 반복과 연습을 위한 보조 도구로 활용된다.

도시에 위치하고 있는 공립학교들에는 몇 가지 특징들이 있다. 그 특징들은 특정 지식관과 그 지식관의 소통과 획득 방식과 관련이 있다. 또한 그 특징들은 관료주의 시스템 특성들과도 연관이 있다. 즉 공립학교는 객관적으로 결정가능한 규칙과 절차 시스템에 의해서 운영된다. 공립학교는 교과과정뿐만 아니라 교육행정에 필요한 평가, 의사소통, 통제, 관리 등의 기술을 포괄하는 모종의 지식체계를 갖추고 있다. 따라서 교육행정가들은 기능적 전문성technical expertise을 갖춘 것으로 가정되는 전문가specialists들이라 할 수 있다. 더불어 교육행정가들은 기능적 전문가로서 객관성objectivity과 절차적 세련됨procedural refinement에 높은 가치를 부여하고 있다.

학교 구성원, 시민, 비판가들의 지적처럼, 학교는 기술적 합리성과 관료주의적 효율성을 추구하는 기관으로서 부정적인 이미지를 갖고 있다. 학생들은 학교 생활에는 무관심하고 학교 밖 세계에서 진정한 열정과 창의적 능력을 쏟아 붓는다. 아니면 학생들은 배워야할 지식에 대해서 숙고하지 않고 그저 시험을 통과하고, 성적을 올리고, 진급하는 방법을 찾아내어 학교 시스템에 적응하는 노하우를 익히는데 몰두하고 있다. 교사들도 학생들이 무엇을 배우고 있는지 어떻게 배우는지에 대해서는 고민하지 않고 그들에게 부과된 성과 목표를 달성하려 노력함으로써 자신들에 대한 통제 수단에 적응하는데 골몰하고 있다. 학생들은 이러한 학교 시스템에 대해서 이중적 태도를 보이면서 교사들의 통제를 피하는 방법을 배우고 있다. 마치 정치 세계에서나 볼 수 있는 통제와 회피 게임들이 벌어지고 있고, 학교 관계자들은 각자 자신의 영역, 안전, 지위를 획득하거나 보장받을 요량으로 서로 연대를 형성하기도 한다.

기능적 전문가technical expert가 아니라 성찰적 실천가reflective practitioner로서 교사가 생각하고 행동한다면 관료주의적인 학교 시스템에는 어떤 일들이 벌어질까? 교사가 행위 중 성찰을 하게 되면 보수적인 학교 시스템에는 잠재적 위협이 될 것은 분명한 듯하다.

교사는 학생들의 입장과 견해를 이해하려 노력할 것이다. 예를 들면, 교사는 다음과 같은 물음을 스스로 던진다. 이 학생은 이 상황을 어떻게 생각할까? 이 학생이 경험하는 혼란은 어떤 의미를 지니고 있는가? 학생이 이미 알고 있는 것은 무엇인가? 교사는 이런 물음에 대한 답을 찾고자 노력함으로써 기존의 교수안에 구애받지 않고 새로운 교육적 아이디어를 도출할 수 있다. 예컨대, 교사는 학생들이 자주 범하는 실수들이나 오류들이 갖는 특징에 대해서 잠시 동안 고민해볼 수 있다. 이 학생은 왜 "36 + 36 = 312"라고 쓸까? 학생이 이런 잘못된 답을 도출하게 된 과정에 대해서 그 학생의 입장에서 이해하려 노력함에 따라, 교사는 그 학생이 연습할 수 있는 새로운 문제나 과제를 고안할 수 있고, 그리고 덧셈을 익힐 수 있는 새로운 방법들을 발견해낼 수 있다. 그러면 교사는 기존 교수안을 완전히 폐기하거나, 아니면 학생들이 현장에서 문제를 이해하고 변형시킬 수 있도록 간략한 교수안만을 가져야 할 것이다. 또한 교과과정은 반드시 학습되어야 할 내용을 담고 있는 자료가 아니라 주제 형태로 제시된 지식과 스킬 목록으로 삼아야 한다. 학생들은 서로 다르게 이해하고 행동한다. 따라서 성찰적 실천가로서 교사는 학생들은 각자 고유한 잠재력, 문제점, 학습속도를 지닌 고유한 세계a universe of one라는 사실을 이해하고, 자신의 교수 설계에 대한 행위 중 성찰을 해야 할 것이다.

그러나 자유롭게 성찰하고, 고안하고, 적용하는 실천 활동은 학교의 제도화된 공간 구성과 시간 질서와는 잘 맞지 않는다. 오히려 성찰적 실천 활동을 위하여 학교의 제도화된 공간과 시간은 재편되어야 한다. 교사가 30명 학생들을 모두 관리하려 한다면, 아마도 학생 개인의 견해와 입장을 제대로 이해하지 못할 것이다. 일정 단위로 세분화된 내용을 주어진 시간 내에 전달하는데 치중해야 한다면 교사들의 행위 중 성찰은 불가능할 것이다. 따라서 학급은 보다 소규모로 편성되어야 하고, 교사는 각자 재량권을 갖고 정해진 학사일정을 변형할 수 있도록 보장되어야만 한다.

자신의 교실에 안주하는 교사는 행위 중 성찰을 할 수가 없다. 교사는 자신의 개인적 고민과 통찰을 동료들과 소통할 필요가 있다. 그렇게 함으로써 자신의 생각을 검증할 수 있게 될 것이다. 교사는 학생에 대한 관심의 범위를 넓혀야 한다. 학생이 학교 밖 세계에서 할 수 있는 것들에 관심을 기울임으로써 교사는 직관력을 가질 수 있다.

성찰적 교사에게는 반복 연습의 교수 역량을 넘어서는 교육적인 기술이 필요하다. 그것은 학생들이 스스로 직관적 이해를 도모하고, 인지적 혼란을 경험하며, 새로운 방향의 이해와 행동을 탐색하도록 도와주는 그런 교육적 기술이다.[29]

책무성, 평가, 장학 등에도 새로운 의미가 부여될 것이다. 학생 성취에 대한 체계적 관리와 객관적 평가 방법은 교수학습활동의 개별적, 정성적 판단과 내러티브식 설명에 의존하게 될 것이다. 장학 활동은 교사들이 주어진 교과과정을 의도한 대로 실행하고 있는가보다는 교사들의 행위 중 성찰을 지원하고 조력하는데 초점을 맞추게 될 것이다.

성찰적 실천가가 되어감에 따라 교사들은 제반 규칙들로 규제되는 학교 시스템이 자신들을 구속하는 상황을 인식하게 되고 그에 대해서 저항하게 될 것이다. 더불어 교사들은 학교 시스템의 근간이 되는 지식 이론에 대해서도 저항하게 된다. 수업지도안, 학사일정, 고립된 교실, 교육성과의 객관적 평가 등과 같은 정형화된 질서에 대해서 거부할뿐더러 일정 양의 지식을 점진적으로 전달하는 장소로서 학교를 바라보는 시각에 대해서도 의문을 제기하고 비판을 하게 될 것이다.

사실, MIT 교사 프로젝트 참여 교사들은 프로젝트 활동으로 습득한 지식과 태도를 자신의 교실에서 구현해보려 노력하는 과정에서 다양한 종류의 경험을 할 수 있었다. 프로젝트 참여 교사들이 근무하는 학교들은 정도에 따라 차이는 있지만 앞서 묘사했던 전형적인 관료주의적 시스템와 유사한 모습이었다. 소수의 교사들만이 재량권을 갖고 자유롭게 일하고 있었고, 그들은 자신의 교실을 비전통적인 교육 활동의 영토로 만들고 있었다. 반면에 학교의 제도화된 일상에 전통적인 패턴과 요구가 지배하고 있다는 사실에 절망하는 교사들이 많았다. 그 중 몇몇 교사들은 교육에 대한 새로운 접근법이 "이제 학교에도 필요하다"고 느끼고 있었다.

프로젝트 결과 분명한 사실은 성찰적 교육 활동앞서 전문가와 고객 사이의 성찰적 관계처럼을 장려했던 학교에서는 일반 학교들에 존재하지 않거나 은폐되거나 중요시되

---

29 이러한 교수공학 기술의 사례가 다음 저술에 상세하게 소개되고 있다. Seymour Papert, Mindstorms, Children, Computers and Powerful Ideas (New York: Basic Books, 1981).

지 않는 갈등들과 딜레마들이 표면으로 드러나고 해결되고 있다는 점이다. 특정 집단 학생들의 학습 능력과 학습 문제에 제대로 대처하기 위해서 학교는 학생/교사 비율을 25:1보다 훨씬 더 적은 규모로 운영되도록 만들어야 했다. 학교 자원의 한계 상황에서 교과과정과 교육활동의 적절한 변형이 결정되는 기준을 설정해야만 했다. 그리고 교사들의 행위 중 성찰이 독려되는 학교에서 언급하는 "좋은 교육"과 "좋은 교실"은 제도적 차원에서 관심 대상인 이슈들이다. 그러나 그런 이슈들은 교육성과의 객관적 평가만으로 해소할 수 없는 문제들이다. 사실 중요한 문제는 교육성과의 객관적 평가와 개별교사의 질적 판단의 관계를 어떻게 설정하는가이다. 교장들은 자신의 역할을 규정할 때, 그 역할이 "수천 가지 꽃이 피도록 하는 것인지" 아니면 자신이 지향하는 수월성 기준을 고수할 것인지를 자문해보아야만 한다. 만일 교장들이 교사 행동의 자유 허용 혹은 참여민주주의 정신으로 전자를 자신의 역할로 선택한다면, 1960년대 대안학교들 중 일부 학교들이 그러했던 것처럼 지나친 관용과 지적 방만[30] 사태를 초래할 것이다. 반면에 교장들이 후자의 역할을 선택한다면, 즉 수월성 기준에 의존하여 학교 경영을 한다면, 교사들이 행위 중 성찰을 자유롭게 할 수 있는 여건이 마련되지 않을 것이다. 그러나 성찰적 교육을 지원하고 있는 한 학교의 교장은 교육의 질에 관한 자신만의 기준을 고수하면서도 동시에 교사들의 견해를 탐색하려 노력하였고, 잘못된 교육활동을 거부하면서도 동시에 교사들 스스로 자신의 행동에 대해서 숙고할 기회를 주고 있었다. 하지만 Model I 세계에 갇혀있는 대다수 학교들의 교장들은 중앙집중식 통제 실시와 "수천 개의 꽃 피우기" 사이에서 방황하고 있는 듯이 보인다.

성찰적 교육을 지지하는 학교의 교사들은 현존 지식 구조에 도전하고자 할 것이다. 교사들의 현장 실험on-the-spot experiments은 관행적인 교육 활동과 함께 학교 운영의 가치와 원칙에도 영향을 미칠 것이다. 모든 갈등과 딜레마는 표면으로 노출되어 교육적 논쟁의 대상이 될 것이다. 전통적인 조직 학습 시스템에서 갈등과 딜레마는 전면에 드러나지 않도록 억압되거나 집단 대립과 정치 투쟁을

---

30 Chris Argyris, "Alternative Schools: A Behavioral Analysis," *Teachers College Record*, 75, 4 (May 1974): 424−452.

초래하는 경향이 있다. 반면에 성찰적 실천을 지향하는 조직의 구성원들은 갈등과 딜레마를 전면에 드러내고 생산적 탐구의 대상으로 삼는 학습 시스템, 즉 조직의 가치들과 원칙들을 지속적으로 비판하고 재구조화하는데 도움이 되는 학습 시스템을 구축하려고 노력한다.

나는 MIT 교사 프로젝트에 참여한 교사들의 학교를 하나의 사례로 집중적으로 논의하였다. 그러나 우리 주변의 대부분 학교들도 다른 전문적 실천 활동을 수행하는 다른 관료주의적 조직들과 유사한 특성들을 보인다.

관료주의 조직의 전문가들은 해당 조직의 통제, 권위, 정보, 관리, 보상 제도와 관련된 모종의 지식구조와 시스템적 연결망 속에서 실천 활동을 수행한다. 그런 지식구조와 시스템 연결망은 기능적 전문성 이미지와 밀접하게 연결되어 있다. 산업 현장에서 엔지니어들과 관리자들은 전문화된 기능적 역할들을 담당하고, 매우 정교화된 절차들에 따라 행동하며, 위계적인 권위 체계 내에서 활동한다. 생산과 공정뿐만 아니라 마케팅, 영업, 인사, 재무, 관리 등 세부적인 업무 분야들도 점차 고유한 기능적 전문성으로 실천 활동을 규정하고 있다. 사실상 산업 현장은 기능적이고, 관료주의적인 합리성의 원형으로 인식되고 있다. 학교 비판가들도 교육의 "산업화industrialization"[31] 현상을 신랄하게 성토하고 있다.

대규모 사회복지기관, 병원, 건축사무소들도 기능적, 관료적 시스템으로 운영되고 있다. 이런 조직들에서도 전문가들은 모종의 전문화된 과업 시스템과 연결되고 성과 및 통제의 객관적 평가 수단에 종속된다. 이런 시스템 속에서 실천가들은 업무의 측정과 절차를 개선하는 기술의 발전에 점점 더 구속받고 있다. 비용 절감이라는 명목 하에 사회복지사들은 20세기 초 유행했던 시간동작 연구와 효율지향 전문성 연구의 대상이 되어버렸다. 오늘날 근로자 개인의 성과를 감독하고 통제하는데 컴퓨터기반 정보시스템이 점점 더 많이 활용되고 있다. 상대적으로 전문성이 낮은 근로자들의 업무는 컴퓨터화된 시스템으로 대체되는 상황이다.

---

31 예를 들면, Samuel Bowles and Herbert Gintis, *Schooling in Capitalist America* (New York: Basic Books, 1976).

관료주의 조직 내 기술주의 확산으로 인하여 전문가 업무는 협소한 기능적 전문성으로 규정되어버렸고, 이로 인해서 관료주의와 전문가주의 사이에 내적 갈등은 증폭되고 있다. 고도로 분화되고 기능적으로 운영되는 관료주의 통제 시스템 속에서 전문가들이 자율성을 가진 실천가로서 사고하고 행동할 수 있을지는 의문이다. 전문적 수월성의 기준을 달성하고, 전문적 기예를 함양하고, 전문적 실천 활동의 고유한 특성을 이해할 수 있는지도 사실 의문이다.

산업 현장의 전문가들은 단기적인 투자 회수를 위해서 제품 안정성을 등한시 하는 관리자들에게 화를 낼 것이다. 전문적인 사회복지사는 업무 효율성을 강요하는 통제 시스템이 각자 다른 문제를 갖고 있는 개별 고객들을 보살피는데 방해되기 때문에 자신의 실천 활동이 침해된다고 생각할 수 있다. 그들은 조립 생산라인에 서서 단순 반복 작업을 하는 저숙련 노동자들과는 다른 실천가들이라고 여기고 있기 때문이다.

전문가들이 성찰적 실천가로 변신하려 할 때, 전문가 업무의 관료주의화 현상에 내재된 긴장 상태는 증폭된다. 즉 행위 중 성찰을 하는 실천가는 자신이 해야 할 업무의 규정, 업무를 규정하는데 사용하는 행위 이론theories-in-action, 자신의 업무 성과에 대한 평가 방법 등에 대해서 의문을 제기한다. 동시에 실천가들이 담당해야 할 역할들을 결정하는 조직 지식 구조에 대해서도 의문을 제기한다. 자신의 실천 활동에 대해서 비판적으로 사고하는 사회복지사는 고객들 중 가장 도움이 절실한 사람들에 대해서 조직이 선택적으로 무관심을 보이는 행태에 대해서 비판을 가한다. 행위 중 성찰을 하는 엔지니어는 관행적인 품질 관리 시스템에 지나치게 의존하게 될 때 발생할 수 있는 오류 패턴들을 찾아낼 수 있게 된다. 요컨대 행위 중 성찰은 실천가가 의존하는 가정들과 기법들 나아가서 조직이 지향하는 가치들과 목적들도 표면화하여 검토할 수 있도록 해줄 수 있다.

특정 조직이 자체적으로 보유한 전문가 구성원들의 행위 중 성찰을 활성화시키고자 한다면, 그 조직은 다음과 같은 몇 가지 예외적 조건을 충족시켜야만 한다. 그 조직은 획일화된 업무 절차, 업무 성과의 객관적 평가, 상명하복의 통제 시스템 등 관료주의적 행태를 지양해야 한다. 반면에 그 조직은 성찰적 조직으로서 유연한 업무 절차, 복잡한 업무 과정의 질적 평가, 판단과 행위의 자율적 책무성 등을 최대한 보장할 수 있어야 한다. 또한 그 조직은 기술적 합리성을 강조하는 관료주의 조직과 달리, 구성원들의 모순적인 가치와 갈등을 있는 그대로 인정하는 그런 성찰적 조직으로 변화해야 한다. 나아가서 이러한 성찰적 조직의 조건들은 의미 있는 조직 학습 활동을 위한 필요 조건이 될 것이다.

관료주의 조직에서 성찰적 실천가가 겪는 고충은 조직 학습 활동의 한계와 관련이 있다. 의미 있는 조직 학습 활동을 하는 개인들에게 행위 중 성찰은 매우 중요한 요소이다. 물론 행위 중 성찰은 조직 안정에는 위협이 되는 요소이다. 하지만 행위 중 성찰에 의해서 조직의 가치와 원칙을 검토하고 재구조화하고, 그로 인해 발생하는 긴장을 지속적으로 유지하면서도 생산적 탐구 대상으로 전환하는 학습시스템이 성찰적 실천가의 조직에 필요하다. 성찰적 실천 활동을 지지하는 조직은 항상 조직을 변화시킬 수 있는 힘을 지닌 조직이 될 것이다.

전문직의 사회적 위치 (The Place of the Profession in the Larger Society)

기술적 합리성 전통에 의하면, 전문직은 학문 세계와 현실 세계를 왔다갔다 하면서 사회 발전의 토대 구축에 과학 연구의 성과를 활용하는 직업으로 인식된다. 전문직의 지식은 과학의 적용을 지향하는 기능적 전문성으로 간주되고, 전문직은 전통적 관점의 실천가와 고객의 계약 관계, 연구자와 실천가의 교환 관계를 지향한다. 그리고 전문가들은 그런 관계 하에서 활동할뿐더러 관료주의적 시스템 구조 내에서 자율성을 갖춘 전문가라는 그럴 듯한 치장을 하고 활동을 하게 된다. 아마도 현재 우리 사회에서 전문직의 위상은 이러한 기술적 합리성 전통이라는 시각에서 설명이 가능할 듯하다.

기술적 합리성의 전통은 여러 분야들에 영향을 미친다. 정책학 분야를 예로 들 수 있다. 공공 정책 수립 과정에 기술적 합리성 전통은 중요한 역할을 하고 있다. 기술적 합리성 전통은 공공 정책 형성 과정에 대한 지배적인 설명 모델이다. 기술적 합리성 관점에서 정책 수립은 일종의 사회적 선택 과정으로 인식한다. 즉 합리적인 정책 선택 행위는 여러 가지 가능한 정책들 중에서 사회적 이익을 극대화하고 사회적 비용을 최소화하는 정책을 선택하기 위한 소위 정책 분석에 의해서 이루어진다.[32] 정책 분석은 모종의 정치적 맥락 내에서 이루어지는 일종의 기능적 프로세스a technical process이다. 정책 분석가는 여러 가지 정책 대안들의 효과를 측정하고 비교하는 정교한 방법들을 적용하는데, 이 과정에서 다양한 방식으로 정치적 의사결정 프로세스를 활용한다. 왜냐하면 정치적 의사결정 프로세스에 의해서 정책 목표, 사회적 이익, 사회적 비용 등을 결정할 수 있기 때문이다. 이러한 정책 분석의 결과는 최종적으로 정책을 선택해야 하는 공무원들에게 투입물로 제공된다. 사실 이러한 정책 결정 모델 지지자들은 최근 정책 선택 과정이 정치 논리politics에 의해 지원되거나 혹은 왜곡되는 실행 프로그램들로 전환되고 있다는 점을 인정하고 있다.[33]

기술적 합리성 전통에 의거한 정책 결정 모델에 따르면, 공공 정책 분야에서 전문가들은 중요한 역할을 담당한다. 보건, 주택 정책 분야에서 전문가들은 기능적 전문성technical expertise을 제공한다. 그들은 정책 분석과 관련된 고객의 기술적 요구를 충족시킬 수 있다. 전문가들은 프로그램을 설계하고, 실행하고, 평가하고, 나아가서 입법 및 승인 기법의 전문가로서 정치적 의사결정 과정을 이끌 수 있는 사람들이다. 합리적인 사회적 선택 과정의 기술적 복잡성 때문에 전문가의 전문성이 더욱 요구되고 있는 것이다.

그러나 기술적 합리성을 비판하는 사람들은 공공 정책의 전문화 추세를 기술주의가 사회의 민주적 가치를 왜곡하고 있다고 지적한다. 전문가들은 기업가 이익을 위하여 소위 과학적 기법을 이용하는 자기중심적 엘리트이고 객관성과 가치중립이라는 미명 하에 주인과 자신의 이익을 추구할 뿐이라고 비판받는다. 전문가들은 고객을 통제하는데 자신의 특별한 지위를 이용하고 있고, 기술적 합리성

---

32 공공 정책 수립 과정을 합리적 선택의 프로세스로 인식하는 시각은 Richard Zeckhauser와 Edith Stokey에 의해서 제안되었다 (Richard Zeckhauser & Edith Stokey, *A Primer for Policy Analysis*, (New York: Norton, 1978).

33 예를 들면, Jeffrey Pressman & Aaron Wildavsky, *Implementation* (Berkeley: University of California Press, 1979).

을 따르는 정부 기관도 사회적 약자를 억압하는데 기능적 전문성을 이용한다고 비판받는다. 더불어 전문가들이 주장하는 예외적 지식 소유권은 허구에 불과하다. 왜냐하면 전문가가 지닌 전문성이라는 신비주의 이면에는 대중의 무지를 이용하여 조종하려는 의도가 전제되어 있기 때문이다.

이러한 급진적 비판 논리에는 사회 개혁을 위한 유토피아적 비전이 함축되어 있다. 우리 사회에 민주주의, 평등, 사회정의가 실현되기 위해서는 기술적 합리성으로 은폐되고 있는 계급 이익을 드러내서 전문직의 허구성을 폭로할 필요가 있다. 또한 전문가들이 적절치 못한 방식으로 지식을 사용해온 과정을 널리 알리고 전문직의 억압적 행태에 대해서 고발함으로써 사회정의에 헌신하는 시민전문가citizen-professionals 양성의 길을 열 필요가 있다. 동시에 공공 이익과 고객 권리를 전문가들이 훼손하는 상황을 막아낼 수 있는 반전문가counterprofessionals들도 필요하다. 전통적인 전문가들의 전문주의에 반대하는 반전문가들은 자신들의 입장과 논리를 바탕으로 현재 전문가들의 행위에 저항하는 사람들이다. 예컨대, 도시 재생 사업과 주택 개선 사업 등으로 피해를 보는 빈곤층의 이익을 대변하고, 의료전문가들의 차별적인 의료 행위로 인해 고통을 받는 환자들을 보호하며, 사회적 약자를 위한 법적 시스템 조성에 지원하는 역할을 수행하는 사람들이다. 같은 맥락에서, 과학 연구의 발견들이 계급 이익을 합리화하는 수단으로 이용되고 있다는 사실도 폭로해야 한다. 신고전주의 경제학의 보수적 편향, 도시계획가의 중산층 및 기업가 이익 편향, 산업공학자의 에너지 및 환경 문제의 "기술적 해결책technological fixes"집착 등을 비판하는 사람들, 즉 연구지상주의를 반대하는 사람 counterresearchers들도 필요하다.

공공 정책 분야에서 전문직의 탈신비화 작업은 합리적 사회 선택이라는 미명에서 벗어나는 형태로 진행되어야 한다. 이제 정책 분석은 합리적 선택이 아니라 정치적 이해관계의 합리화 과정으로 바라보아야 한다. 사회 개혁의 과제는 사회적 약자 — 흑인, 여성, 소수인종, 노인, 장애인, 죄수 — 들의 힘을 기르고 정책 결정의 정치적 과정에 그들의 영향력을 발휘할 수 있도록 만드는데 있다. 시민들로 하여금 군비 축소, 원자력 안전, 환경 보호 등과 같은 공적인 이슈들에 대해서 목소리를 낼 수 있는 단체를 조직해야 한다. 법적 시스템은 물론 선전, 파업,

데모 등 모든 사회 운동 역량을 동원하여 기득권층의 파워 게임을 종식시키거나 사회적 약자의 참여 권리를 보호하도록 해야 한다. 지난 20년 동안 반전문가 counterprofessionals들은 사회적 약자의 권리를 보호하고 공적 이슈에 관여하는 사회 단체들을 조직화하는데 중요한 역할을 해왔다. 그들은 정부와 기업 입장을 대변해 온 기존 전문가들처럼, 공공 정책의 결정을 위한 정치적 과정에서 정치적 행동을 위한 논리, 협상과 투쟁의 방법, 실제적인 전문성을 제공해왔던 것이다.

반전문가들의 도움으로 사회적 소수 집단과 일반 시민 집단이 공공 정책 변화 운동에 성공적으로 참여할 수 있었다. 이제 "특수 이해관계 중심의 정치"는 대세로 자리잡고 있다. 사회 각 분야에서 특수 이해관계 집단은 기득권층의 일방적 독점을 막는 법과 제도를 수립하는데 성공하고 있다. 최근 이런 성과에 대해서 보수주의자들이 반발하고 나서면서, 이제 공공 정책은 모든 관계자들이 - 기득권층, 기득권 반대자, 보수주의 반대자 등 - 스스로 전문성을 갖추고 정치적 각축을 벌이는 분야가 되고 있다.

물론 정치적 논쟁의 전문화가 반드시 공공의 합의로 귀결되는 것은 아니다. 오히려 정치적 논쟁에 전문성 개입은 정치적 갈등을 더욱 증폭시키는 부정적 결과를 초래하기도 한다. 그럼에도 불구하고 우리는 이런 과정을 정당화하는 민주주의에 대한 변치 않는 믿음을 갖고 있다. 그런 믿음은 민주주의에 대한 전통적인 반대자들도 급진적 비판가들도 의지하는 이론이다. 민주주의는 서로 대립하는 세력들이 경쟁하고 합의하는 장이고, 그로 인해서 한 집단이 다른 집단들에 대해서 영구적 기득권을 갖지 못하도록 해주는 장치이다.[34] 민주주의 이론에 의거하여 법정, 투표소, 협상테이블과 같은 정치적 분쟁 해결의 제도적 메카니즘 속에서 집단 갈등이 다루어진다. 이런 제도적 메카니즘에 전문성을 갖추고 있는 지지자들과 반대자들이 서로 각축을 벌이는 것이 바로 공공 정책 분야의 오늘날 모습이 되고 있다.

그러나 급진적인 비판가들의 사회 개혁 활동도 비판으로부터 자유로울 수 없다.

---

34 Lipset et al *Union Democracy*.

전문성의 탈신화화는 반전문주의를 주장하는 전문가의 전문성을 낮게 되는 모순적 현상을 초래하고 있다. 명백하게도 기득권층 지배로부터 해방된 세계에서도 특별한 지식에 대한 요구는 존재하고, 전문가의 전문성으로 무장한 기득권층의 세상에서도 반전문주의 전문성에 대한 요구가 존재하는 사태가 발생하고 있다. 전문가들은 여전히 그들이 전문가인양 행세하고 있다. 전통적인 전문성 지지자들뿐만 아니라 심지어 시민전문가들도 자신의 고객을 일방적으로 통제하고 자신의 지위를 유지하는 행태를 보이기도 한다. 사회주의 국가에서 시민전문가들은 또 다른 "신계급"으로 등장하였다. 즉 시민전문가들은 나태함과 비정함으로 상징되는 새로운 관료주의 시스템 하에서 활동하는 엘리트 집단으로 부상한 것이다.[35] 반전문가들은 기득권층의 이익을 봉쇄하는데 성공했을지 모르지만, 그들의 성공은 종종 원치 않는 부작용을 낳고 있다. 예컨대 환경보호주의자들이 택지 개발을 막는데 성공하였지만, 저소득층이나 중산층을 위한 주택 공급에는 악영향을 미치고 있다.[36] 1960년대와 1970년대 저항 운동으로 생겨난 규제 메카니즘은 원래 의도했던 사회 문제 해결에 전혀 도움이 되지 않았던 것으로 판명났다.[37] 그리고 분쟁 해결을 위한 전통적인 제도들조차도 종종 정치적 주장을 사회적 행동으로 전환시키지 못하고 있다.

도시 교육, 환경 규제, 주택 정책 등과 같은 분야에서 그 역할이 확대되어온 사법 시스템도 서로 대립하는 전문가들의 주장들을 중재하는데 한계를 보였다. 판사들은 전문가들의 기술적 입장 차이에만 치중하여 판결의 대상이 되는 정책이 지닌 실질적인 문제점에 대한 깊은 이해가 없이 법규를 기술적으로 적용하는데만 골몰하였다. 판사들은 도시 학교나 공공 주택 문제에 대해서 전문가들의 전문성에 의존함으로써 그들이 지닌 편견을 그대로 반영한 판결을 내리곤 하였다. 투표

---

35 Milovan Djilas, *The New Class* (New York: Holt, Rinehart & Winston, 1974).

36 Bernard Frieden, *The Environmental Hustle* (Cambridge, Mass: MIT Press, 1980).

37 1970년대 연구들을 보면 1960년대의 저항 운동들에 대한 반응하여 생겨난 여러 가지 규제 제도나 정책들이 비효과적이라는 사실을 증명해주었다. 예를 들면, Lawrence Bacow, *Bargaining for Job Safety and Health* (Cambridge, Mass: MIT Press, 1980).

제도는 공공 문제에 대한 안정적 해결책을 도출하는데 실패하고 있다. 전문가들의 판단이 엇갈리는 정책 문제에 대한 투표 결과는 종종 정치 세력의 동향에 의해서 결정되곤 하였다. 또한 선출직 공직자들은 정책적인 갈등 상황을 숙고하여 법적 타협점을 찾아내지만, 그 결과가 너무 모호해서 실제 담당 공무원들이 타협의 산물인 정책을 프로그램으로 전환하여 실행하려 할 때 문제가 발생하는 경우도 나타나고 있다. 이처럼 사법 및 투표 제도의 한계가 명백해짐에 따라서 협상 테이블의 중요성이 부각되었다. 주로 노사협상 분야에서 시작된 전문가 중재는 토지 이용, 오물 처리, 환경 보호 등의 분야로 확산되었다. 중재 역할의 확산은 아직도 성숙된 단계는 아니고, 앞으로 어떻게 발전해나갈지 더 지켜보아야 할 수준에 있다. 그러나 중재 활동의 위험은 전면에 드러나고 있다. 중재자는 자신의 목표를 이해 당사자간에 평화를 유지하는데 있다고 보는 경향이 있다. 그래서 도출된 합의를 위협하는 새로운 정보가 나타나면, 그 정보를 "위험한 지식dangerous knowledge"38로 간주하여 무시해버린다. 따라서 중재자들은 주어진 사태에 대한 충분한 이해도 없이 무작정 합의를 도출하는데 애쓰고 있는 실정이다.

서로 경쟁하는 사회 세력을 대변하는 전문가들이 정책 문제에 대해서 합의를 이루어내지 못할 때, 우리 사회는 재판, 투표, 합의라는 방법들로 해결해왔다. 그러나 그 문제가 기술적으로 복잡하고 다양하게 평가되는 특성을 갖고 있을 때, 선택한 해결 방법이 임의적 혹은 편의적인 결과를 초래하거나 결국 전문가 판단이라는 미덥지 않은 방법을 재도입해야 하는 현실은 전혀 놀라운 일이 아니다. 전문성을 사용하지 않으면 그로 인해서 어려움을 겪게 되고, 반대로 전문성에 의존하게 되면 그로 인해서 위험한 결과를 초래하는 현상이 반복되는 것이다.

급진적 비판가들의 사회 개혁 활동에도 유사한 모순이 존재한다. 그들은 지배 계급의 이익 추구에 기여하는 전문가들을 제거하고 봉쇄하고자 전문가의 전문성이 지닌 허구를 폭로하려고 노력한다. 그러나 그들도 전문가에 의존하지 않고는 기술적으로 복잡한 사회 문제를 해결하지 못할뿐더러 기득권층의 과도한 이권 추

---

38 Mario Cuomo는 자신의 저서 *Forest Hills Diary* (New York: Random House, 1974)에서 '위험한 지식'을 구절을 사용하면서 위험한 지식이 적용되는 사례를 예시하고 있다.

구에도 대항하지 못한다. 그래서 그들도 자신들이 비난하는 전문성을 도입해야 하는 죄악을 저지를 수밖에 없다.

　사회를 존재 가능하게 하는 행위가 특정 지식과 역량에 의존하는 한, 우리 사회는 전문가들에게 중요한 자리를 내줄 수밖에 없다. 그리고 전문직이 전통적인 지식 및 실천 모형에 의거하여 형성되는 한, 급진적 비판가들의 이념 개혁 혹은 제도 개혁으로는 전문성의 폐해를 근절시킬 수 없을 것이다.

　이런 상황에서 성찰적 실천이란 아이디어는 전통적인 실천 인식론에 대한 대안이 될 것이라고 믿는다. 성찰적 실천은 전문가-고객 계약 관계, 연구와 실천의 파트너십, 전문가 조직의 학습 시스템에 대해서 새로운 사고를 가능하게 해준다. 이제 성찰적 실천이 공공 정책 분야에서 전문가의 역할을 어떻게 다르게 바라볼 수 있게 하는지 그리고 보다 거시적인 차원에서 우리 사회에서 전문가의 위상을 어떻게 다르게 바라볼 수 있게 하는지에 대해서 논의해보고자 한다.

　성찰적 실천은 전문성의 탈신화화에 기여한다. 성찰적 실천은 전문가와 반전문가 모두에게 특정 지식이 인간을 위한 가치와 이익을 위한다는 기준으로 평가를 받아야 한다는 점을 알게 해준다. 또한 성찰적 실천은 불확실성, 불안정성, 독특성, 갈등 상황에서 기능적 전문성이 무력하다는 점도 깨닫게 해준다. 나아가서 성찰적 실천은 전문가들이 자신들의 전문성의 기반이 되는 연구 기반 이론과 기법을 적용할 수 없는 상황에 처할지라도, 그들이 행위 중 성찰을 할 준비가 되어 있음을 알려줄 수 있는 방법이 될 것이다.

　이런 관점에서 보면, 전통적 실천 인식론은 강제coercion라는 논리에 의해 지배되고 있음을 쉽게 알 수 있다. 전문가들은 계급 이익에 봉사한다거나 자신의 특별한 지위를 보호하려는 열망으로 동기화된다고 굳이 말할 필요도 없다. 왜냐하면 기능적 전문성을 갖춘 전문가들이 스스로 무엇인가를 "알고 있다"고 주장할 때마다, 그들은 주어진 상황에 자신만의 범주, 이론, 기법을 적용하고 있기 때문이다. 그들은 그런 자신만의 실천지knowledge-in-practice에 적합하지 않는 상황의 특성들은 무시하거나, 통제하거나, 회피하고 있다. 전문가들은 자신의 전문성 이미지에 부합하는 조직들에서 일할 때, 그들은 자신에게 부과된 성과 평가 기준에 따르는 기법들만을 제공하는데 책임이 있을 뿐이라고 믿는다. 그들은 자신의 분야 활동에서 목표를 재설정하고 문제를 재규정하는데 참여해야 할 구속도 없고 의무도 없다고 생각한다. 전문가가 활동하는 조직의 시스템도 일방적 통제 패턴을 유지해주면서 전문가의 전문성 이미지를 더욱 강화시키고 있다.

기술적 합리성에 대한 이런 비판들을 수용한다면, 이제 더 이상 전문가의 권한, 자율성, 면허 등을 무비판적으로 수용하지 못할 것이다. 기능적 전문성의 적용 범위에 중대한 문제가 있다면, 전문가들이 자신의 역량에 대한 배타적 권리를 내세우면서 시도하는 행동을 제한시켜야 한다. 그리고 기능적 전문가들이 자신들의 전문성 발휘에 주관적 가치를 개입시키고자 한다면, 즉 자신의 이해관계에 따라서 활동하려 한다면, 그들의 자유로운 활동에 사회적 제약 조건을 부과해야 할 것이다. 다른 한편, 기능적 전문성으로 해결할 수 없는 영역에서 예외적 지식을 보유한 전문가들은 존중해주어야 마땅하고, 자신의 전문성 한계를 넘어서는 상황에서 행위 중 성찰을 하는 실천가들 혹은 자신의 판단 틀에 대한 행위 중 성찰을 하는 실천가들도 그들의 특별한 가치를 인정해주어야 할 것이다.

이상의 논의를 고려한다면, 사회적 차원에서 전문직의 위상을 적절하게 묘사할 길은 없어 보일지 모른다. 성찰적 실천 관점에서 본다면 전문가는 더 이상 기술주의적 프로그램Technological Program을 실행하는 전위대도 아니고, 일반 시민들의 삶을 통제하는 악랄한 엘리트도 아니다. 내 생각에는 전문가는 사회적 대화 societal conversation의 참여자로 보는 것이 적당할 듯하다. 전문가들이 자신의 역할을 제대로 수행하고 있다면, 그들은 사회적 대화를 성찰적 대화로 이끄는 데 능숙한 사람일 것이다.

사회적 문제들과 해결 방안들이 공공연히 논의되는 과정에서 사회적 실재 reality에 대한 이해는 사회적으로 구성된다. 우리는 공적 제도, 대중 매체, 지식인 행동, 공공 토론 과정 등으로 사회적 이슈와 위기, 문제, 정책에 관한 강력한 대안을 구성하고 있다. 이런 대안들에 의거하여 행동할 때, 우리는 사회적 실재를 변화시킨다. 물론 대안들을 실현하는 과정에서 새로운 문제와 딜레마가 발생할 수도 있다. 그럼에도 불구하고 이런 방식으로 행동하는 "우리"는 이 사회의 주체 agents가 될 것이다. Geoffrey Vickers가 말한 행위자—실험자agents-experient로서 우리는 행위의 주체이자 동시에 행위의 대상이다. 우리는 이해해야 하고 변화시

켜야 하는 문제 상황 속에서 살아가고 있다. 그런 문제 상황에 대한 행위를 한다
는 것은 바로 우리 자신에 대한 행위를 하는 것과 마찬가지이다. 우리는 스스로
부분이 되는 사회적 상황과의 지속적인 대화에 참여한다. Quist의 경우와 같이
한 사람의 디자이너로서 자신의 디자인 상황과 대화하는 것처럼 말이다. Quist처
럼 우리도 상황에 대한 관점을 구성한다. 그 관점에 의거하여 행위하며 동시에
상황을 변화시킨다. 나아가서 예상하지 못했던 의미, 문제, 딜레마를 상황의 반향
back-talk으로부터 도출해내고 있다.

    그런 사회적 대화들의 관계망 속에서, 정책 형성이 이루어지는 세부적 과정들
은 ─ 사회 문제 이해, 관련 법률 입법, 정부 프로그램 설계와 실행 ─ 하나의 줄
로 연결되어진다. 사회적인 문제 규정 프로세스는 공공 정책 문제 규정의 프로세
스보다 훨씬 더 복잡하고 포괄적이다.39 공공 정책 형성 프로세스는 보다 포괄적
인 사회적 프로세스의 한 단면이자 때로는 부분이다. 공공 정책이 공공 행위로
설계되고 전환될 때 보다 거시적인 차원의 사회적 프로세스로 진입하게 된다. 과
거 30여 년 동안 "도시 범죄" 이슈가 사회적 문제로 대두되었다. 도시 범죄라는
사회 문제를 규정하는 것은 그 자체가 도시 삶의 실재를 이해해야 하는 복잡한
프로세스였다. 왜냐하면 그 프로세스에는 경찰, 판사, 교정 공무원, 시민단체, 사
회연구자, 소설가, 영화제작자, 대중 매체 등 이해관계자 각자가 자신의 역할을
갖고 있었기 때문이다. 이처럼 프로세스에 관련된 서로 다른 다양한 목소리들은
도시 범죄 현상의 이해에 관한 종종 서로 대립적인 관점들을 표출시켰다. 예를
들면, 도시 범죄 현상을 부유한 교외 지역으로 둘러싼 도심 속에 가난한 소수 인
종들이 밀집하여 거주하는 도시화의 결과로 바라보는 관점이 드러났다. 또한 도
시 범죄는 신속하고 확실한 처벌을 집행하지 못한 경찰과 법원의 문제라고 규정
하는 관점도 있었다. 도시 범죄를 빈곤층 문화에 의한 부산물이라고 보거나, 인
간 내면의 불가피한 악의 본성이 표출된 결과라고 보는 관점도 있었다. 이러한

---

39 Martin Rein와 나는 이런 주장을 "Problem─Setting in Policy Research, " in Carol Weiss,
   ed., *Using Social Research in Public Policy Making* (Lexington, Mass: D.C. Heath, 1977)
   에서 하였다.

다양한 목소리와 관점의 이해는 도시 범죄 현상에 대한 사회적 대책 마련을 위한 근거를 제공해주었다. 예를 들면, 1960년대 후반에 도시 범죄는 "인종차별사회"의 한 현상으로 간주되었다. 커너위원회Kerner Commission는 공식적으로 이 관점을 인정하였고, 이후 린든 존슨 정부의 위대한 사회 건설을 위한 도시 문제 해결 프로그램들은 이런 관점을 반영한 결과물들이었다. 그러나 나중에 프로그램 효과에 대한 의문 제기와 사회적 흐름의 변화로 인하여 도시 범죄 현상을 "법과 질서" 관점에서 바라보기 시작했고, 그것은 범죄자의 신속하고 확실한 체포와 처벌을 강조하고 구현하는 강력한 형사사법제도 및 정책 형성의 바탕이 되었다. 상기한 도시 범죄 현상에 관한 두 가지 관점은 여전히 우리 사회 내에 자리 잡고 있고, 시대에 따라서 두 가지 관점 중 하나의 관점이 상대적으로 우세한 모습을 보여 왔다.

공공 정책을 수립하기 전에 상황을 규정하고 방향을 결정하는 노력은 항상 지적이면서도 정치적인 과정이다. 사회적 실재에 대한 관점들은 특정 방식으로 상황을 이해하는 인지적인 구성물이고 정치적 파워의 도구이다. 따라서 보다 거시적인 차원의 사회적 대화 과정에서 이루어지는 문제 규정, 정책 규정, 상황의 반향 이해 등은 항상 지적인 탐구 행위이자 정치적 논쟁으로 특징 지워진다.

이 과정에서 종종 전문가들은 주도적인 역할을 수행한다. 사회 비평가, 정책 분석가, 연구자, 선출직 공직자, 행정가 등이 탐구 주체로서 활동한다. 그들의 사회적 실재 이해에 대한 기여는 그들이 참여하는 정치적 논쟁의 프로세스에서 드러난다. 일부 전문가들은 기득권층의 이익을 대변하고 다른 전문가들은 빈곤층과 반대자들의 이익을 대변한다. 예컨대 교정 공무원, 판사, 경찰, 사회연구자, 정책 분석가 집단은 도시 범죄 현상을 "법과 질서" 관점으로 이해하고, 다른 집단은 빈곤층을 희생자로 삼는 현행 사법 시스템이 초래한 결과로서 도시 범죄 현상을 바라보는 관점을 갖고 있다. 이처럼 서로 다른 관점을 가진 전문가들이 정책 형성 과정에서 ─ 보다 포괄적인 사회적 대화 속에서 ─ 자신의 역할을 수행함에 따라서 그들은 제도적 논쟁에서 한편의 입장을 대변하는 목소리가 되고 본질적으로 적대적인 정책 결정 과정을 이끌어가는 중요한 주체가 된다.

제도적인 논쟁은 불가피한 현상이다. 그런 논쟁 속에서 전문가의 전문성이 기득권층의 이익을 은폐하는데 의도적으로나 비의도적으로 이용될 수도 있다는 급진적 비판가들의 지적은 옳다고 본다. 그리고 전문가들이 자신들이 대변하는 조직의 강제와 통제를 인식하고 있다거나, 전문가들이 조직의 행동 변화를 이끌어내고 있다고 볼 만한 근거가 없다는 주장도 타당하다고 본다. 그러면서도 한편으론 기득권층의 행위에 저항하고 비판하면서 약자의 권익을 보호하려는 반대 조직의 존재와 그들의 사회적 가치를 부정할 수는 없다. 그러나 반대 세력이 전문성을 도구화함으로써 사회 양극화, 양극화 세력의 대립, 사회 문제의 심화 등으로 종국에는 사회적 탐구 활동이 불가능한 상황이 초래되는 현상을 우리는 목격하고 있다.

분명히 사회적 세력 집단들이 서로 대립하는 사회적 이슈들은 해결될 문제보다는 복잡한 난관으로 이해해야 한다.40 그런 난관 혹은 딜레마가 정치적 논쟁의 초점이 될 때, 서로 다른 입장을 대변하는 전문가들 때문에 사회 양극화, 대립 상황, 교착 상태 등이 발생하고 있는 것이다. 이처럼 서로 자신만의 입장을 위하여 분투하는 상태에서는 사회적 실재를 제대로 파악할 수 없고, 정책 선택을 초래하는 딜레마에 대한 공적 탐구도 불가능하며, 상황과의 "사후 대화"에 대한 성찰적 경청reflective listening도 어렵게 된다.

정책 결정 과정 상의 정치적 논쟁에 참여하는 전문가들은 대립적 상황에서도 탐구를 수행할 수 있어야만 한다. 그들은 실재에 대한 자신의 관점에 따라서 행위할 수 있어야 하고, 동시에 자신의 관점을 성찰의 대상으로 삼을 줄도 알아야 한다. 또한 반대 집단의 관점에 대해서 대립적인 자세를 견지하면서도 동시에 그 관점을 이해하려고 노력해야만 한다. 즉 서로 갈등 관계에 있더라도 전문가들은 상호적인 행위 중 성찰reciprocal reflection-in-action을 할 수 있어야만 할 것이다.

제도적 논쟁 속에서 사회 세력을 대변하는 집단들은 각자 실재의 한 단면만을 바라보고 그 결과 형성된 인식을 정치적 슬로건으로 종종 이용한다. 그렇게 되면 사회 문제에 대한 충분하고 심오한 이해에 바탕을 둔 공공 정책 수립은 불가능해질 것이다. 그런 상황에서 대립적 논쟁에 참여하는 사람들이 거시적 차원

---

40 Peter Marris and Martin Rein, *Dilemmas of Social Reform* (New York: Atherton Press, 1967). 참고

에서 사회적 대화를 성찰적으로 수행하기 위해서 반드시 성찰적 탐구를 수행해야만 한다. 문제는 과연 그들이 성찰적 탐구할 수 있는가이다.

이와 관련하여 나는 두 가지 경험을 한 바 있다.

최근에 소비자 보호 운동가들을 위한 한 학술대회에 참가한 적이 있다. 소비자 보호 운동 역사에서 여러 세대를 대표를 하는 사람들이 참여한 그 학술대회는 내게 매우 흥미롭게 다가왔다. 구 세대의 소비자 보호운동가들은 안전하지 못하고 열악한 품질의 제품을 판매하는 기업의 경영 활동을 저지하는데 일생을 바쳐 온 사람들이었다. 신세대 운동가들은 Ralph Nader가 창안한 폭로와 조직화의 기법을 활용하는데 관심을 갖고 있었다. 중간 세대 운동가들은 전통적인 소비자 보호운동 범위 내에서 활동하는데 전념하는 사람들이었다. 이처럼 그들은 서로 다른 성향과 입장을 가진 집단들이었지만, 소비자 보호 운동이 전환기를 맞고 있다는 데는 서로 공감하고 있었다. 소비자 보호 운동이 승리를 거두었지만, 그 승리는 이른바 상처뿐인 승리였다는 것이다. 기업들은 대대적인 홍보 활동을 통해서 소비자주의consumerism를 자신의 이익에 도움이 되는 방향으로 변화시켰고, 지금까지 어렵게 달성했던 규제 개혁은 실행이 불가능하게 되었다. 그래서 학술대회 참가자들은 대부분 소비자 보호운동의 미래 방향이 불투명해졌다고 생각하였다. 나는 관련 집단들의 대립적인 논쟁 과정에 협력적 탐구 활동을 접목시킬 수 있는 전략을 만들어낼 수 있는지에 따라서 소비자 보호 운동의 미래 방향이 좌우될 것이라고 주장하였다. 나의 이런 주장에 청중들의 반응은 세대별로 다르게 나타났다. 구세대들은 실현 불가능한 제안이라고 반응하였다. 서로 이해관계가 다른 집단들이 서로 협력하는 것이 어떻게 가능하다는 것인가라고 반문하였다. 중간세대들은 흥미를 보였지만 마찬가지로 회의적인 반응을 보였다. 신세대는 그 주장은 이미 실행되고 있고 그들에게 익숙한 것이라고 반응하였다. 예컨대, 그들은 소비자 보호를 위한 법규를 기업들이 지키도록 제품 안전성, 제품 신뢰도, 제품 품질 보증 준수를 위한 프로그램을 개발하는데 협력하고 있다고 주장하였다.

또 다른 경험 사례는 대규모 화학 회사에 종사하는 제품안전 부문 책임자와의 만남이다. 그는 일종의 조직 학습 문제에 대한 도움을 요청하였다. 그는 회사내 한 부서의 사람들이 연방 정부의 규제 담당자들과 협력하여 업무를 수행하는 방법을 배웠다고 말해주었다. 그리고 그 방법은 상당히 효과적이었다고 주장하였다. 부서 사람들은 개발된 새로운 화학제품이 환경에 미치는 영향력에 관련된 자료를 연방 정부 규제 담당자들에게 즉각적으로 공개하였고, 이 과정에서 연방 정부 규제 담당자들이 자료를 해석하는데 함께 참여하게 될 때 그들이 협력하는 자세를 보였다고 말하였다. 물론 자료를 너무 이른 시점에 공개할 경우 부정적 결과를 초래할 수도 있으나, 장기적 관점에서 보면 이런 접근 방식은 정부의 제품 승인 과정에서 발생하는 애로사항을 미연에 방지할 수 있었다고 한다. 자료를 완전하고 즉각적으로 공개함으로써 정부 규제 담당자들과 제품 연구자들이 서로의 관점을 탐색하고 이해하는 분위기를 조성할 수 있었기 때문이다. 한편 회사 내 다른 부서 사람들은 정부 규제 담당자들에 대한 접근 방식이 달랐다고 한다. 이 부서 사람들은 정부 규제 담당자들을 적대적인 사람들로 여겼고, 제품 승인에 필요한 정보만을 그들에게 제공하였다고 한다. 내가 면담한 회사 책임자는 이 부서 사람들이 앞서 언급했던 부서 사람들처럼 행동할 수 있도록 하는 방법에 대한 자문을 요청하였다.

물론 이러한 경험 사례들에 의하면 적대적 상황 속에서 협력적 탐구 가능성에 대한 관심을 불러일으키는데 한계가 있음을 알 수 있다. 이런 사례들은 기껏해야 협력적 탐구가 가능할 수도 있다는 예시에 불과할 뿐이다. 물론 몇몇 전문가들은 적대적 상황 속에서 협력적 탐구가 이루어지는 과정에 관심을 갖고 있고, 협력적 탐구를 이끌어내는 역량을 보여주기도 한다. 그러나 나는 현 시점에서 협력적 탐구에 대한 관심이 얼마나 널리 확산되어 있을지 혹은 그런 역량이 얼마나 널리 존재하는지에 대해서 분명하게 말할 수 없다. 최근 환경 및 에너지 관련 정책 분야의 전문가들이 이런 관심과 역량에 대한 논의를 시작하고 있다. 유럽에서 "새로운 사회 계약"의 지지자들은 전통적인 적대 집단들 – 정부, 노동조합, 기업 – 이 국가 경제 정책에 대해서 협력적 탐구 프로세스를 가동한다면 국가의 경제 정책 딜레마를 해결할 수 있는 방법을 찾을 수 있다고 주장한다. 예컨대, 경제 쇠락으로 고통 받는 몇몇 도시들에서 산업 민주주의 운동가들이 "미래 탐색 컨퍼런스search conference"를 개최함으로써 적대적인 집단들 – 기업가, 노동자, 지역정부 – 이 공동으로 지역 개발을 위한 장기적 차원의 협력적 탐구 활동을 추진한

바 있었다. 이와 관련하여 Eric Trist가 뉴욕주 제임스타운 시에서 실행했던 작업
이 주목할 만한 사례라고 할 수 있다.41

적대적 집단들 간에 협력적 탐구의 필요성에 대한 인식이 점차 증가하고 있
다. 성찰적 실천이란 아이디어는 우리 사회에서 전문가들이 사회적 상황과 성찰
적 대화를 주도하는 주체이자, 제도적인 논쟁의 틀 속에서 협력적 탐구를 주도하
는 주체여야 한다는 비전을 제시해준다. 그러나 오늘날 공공 정책 결정 과정에서
중요한 위치에 있는 전문가들이 상호적인 행위 중 성찰에 참여하는 방법을 배울
수 있을지는 장담할 수 없다.

앞에서 나는 몇몇 전문적 실천가들이 자신의 인식 틀과 행위 이론에 대한 행
위 중 성찰을 실행할 수 있는 역량을 갖추고 있다는 증거를 제시하였다. 나는 실
천가들이 스스로 창조한 행동 세계와 조직 학습 시스템 때문에 초래되는 행위 중
성찰의 한계들도 지적하였다. 나는 전문적 실천가들이 행위 중 성찰 역량을 개발
하고 심화하고자 한다면, 자신들이 실천 활동에 적용하고 있는 대인관계 행위 이
론들을 발견하고 재구조화해야 한다고 생각한다.

제도화된 논쟁 패턴과 제한적 학습 패턴을 그대로 인정해버리는 일반적인 사
회과학의 탐구 방식으로는 상호적 행위 중 성찰 역량을 규명하기는 어렵다. 상호
적 행위 중 성찰 역량은 전문가의 실천 행위 패턴을 다루는 액션 사이언스action
science로 탐구해야 할 문제이다.

---

41 Eric Trist, "New Directions of Hope," *Regional Studies*, 13 (Elmsford, N.Y.: Pergamon
   Press, 1979). 439－451.

색 인

역자 약력

옮긴이는 서울대학교 사범대학에서 학사, 석사를 졸업하고 미국 오하이오 주립대학교에서 HRD/ 성인교육을 전공하고 박사 학위를 취득했다. 현재 인하대학교 사범대학 교육학과 교수로 재직 중이며 한국인력개발학회 회장을 역임하고 있다. 대우인력개발원 과장으로 인적자원개발 현장에 입문한 뒤, 산업자원부 평가위원, 국가평생교육진흥원 자문위원, 한국직업능력개발원 자문위원, 교육부 정책자문위원으로 활동해왔다. 지은 책으로는 『인적자원개발론』, 『성인교육의 실천적 기초』, 『HRD 실무자를 위한 교육훈련프로그램 평가』, 『Workplace Learning - HRD학술총서』가 있고, 옮긴 책으로는 『실천공동체 CoP - 지식창출의 사회생태학』 등이 있다.

The Reflective Practitioner: How Professionals Think In Action
Copyright © Donald A. Schon

Korean Translation Copyright © 2018 by PYMATE
Korean edition is published by arrangement with Perseus Books Group,
through Duran Kim Agency, Seoul.

이 책의 한국어판 저작권은 듀란킴 에이전시를 통한
Perseus Books Group와의 독점계약으로
'피와이메이트'에 있습니다.
저작권법에 의하여 한국 내에서 보호를 받는 저작물이므로
무단전재와 무단복제를 금합니다.

전문가의 조건: 기술적 숙련가에서 성찰적 실천가로

초판발행	2018년 3월 15일
중판발행	2021년 11월 10일
지은이	도날드 쇤
옮긴이	배을규
펴낸이	노 현
편 집	안희준
기획/마케팅	이선경
표지디자인	김연서
제 작	고철민·조영환
펴낸곳	㈜ 피와이메이트
	서울특별시 금천구 가산디지털2로 53 한라시그마밸리 210호(가산동)
	등록 2014. 2. 12. 제2018-000080호
전 화	02)733-6771
f a x	02)736-4818
e-mail	pys@pybook.co.kr
homepage	www.pybook.co.kr
ISBN	979-11-88040-74-2 93370

* 파본은 구입하신 곳에서 교환해 드립니다. 본서의 무단복제행위를 금합니다.
* 역자와 협의하여 인지첩부를 생략합니다.

정 가   23,000원

박영스토리는 박영사와 함께하는 브랜드입니다.